Arduino

POUR LES NULS

Arduino pour les Nuls

John Nussey

FIRST
Interactive

Arduino pour les Nuls

Titre de l'édition originale : *Arduino® For Dummies®*

Collection dirigée par Jean-Pierre Cano
Traduction : Denis Duplan et Stéphane Bontemps
Mise en page : maged

Edition française publiée en accord avec Wiley Publishing, Inc.
© Éditions First, un département d'Édi8, 2014
Éditions First, un département d'Édi8
12 avenue d'Italie
75013 Paris
Tél. : 01 44 16 09 00
Fax : 01 44 16 09 01
E-mail : firstinfo@efirst.com
Web : www.editionsfirst.fr
ISBN : 978-2-7540-6429-3
Dépôt légal : 2e trimestre 2014

Imprimé en France par l'imprimerie Hérissey à Évreux (Eure) - N° 122369

Sommaire

Introduction

Arduino est un outil, une communauté, et une façon de penser qui transforme notre regard sur la technologie et l'usage que nous en faisons. Il a ravivé l'intérêt pour l'électronique chez de nombreuses personnes et leur a permis de mieux la comprendre, alors qu'elles pouvaient penser que l'électronique était restée loin derrière elles, sur les bancs de l'école.

Arduino est un minuscule circuit imprimé au potentiel gigantesque. Selon la manière dont vous l'approchez, il peut être utilisé pour émettre un signal en code Morse à l'aide d'une LED ou pour contrôler toute la lumière dans un bâtiment entier. Ses possibilités dépassent de loin tout ce que vous pourriez imaginer.

Arduino, c'est aussi une nouvelle approche pratique de l'éducation à la technique, qui abaisse le coût d'entrée pour ceux qui souhaitent utiliser l'électronique pour réaliser de petits projets et, je l'espère, trouver l'envie de se lancer dans des projets plus importants.

Une communauté composée de toujours plus d'arduinistes a vu le jour – des utilisateurs et des développeurs qui apprennent les uns des autres et qui contribuent à la philosophie open source en partageant les détails de leurs projets. Cette attitude des arduinistes et de ceux qui les aident est largement à l'origine du succès d'Arduino.

Arduino est plus qu'un « morceau de kit » ; c'est un outil. Un bout de technologie qui permet de comprendre et d'utiliser plus facilement la technologie d'aujourd'hui.

Alors, si la perspective de comprendre les possibilités illimitées de la technologie ne vous intéresse pas, refermez ce livre et remettez-le là où vous l'avez pris.

Autrement, continuez à lire !

À propos de ce livre

C'est un livre technique, mais ce n'est pas un livre pour les techniciens uniquement. Arduino a été conçu pour être utilisé par n'importe qui, qu'il soit technicien, créatif, habile ou simplement curieux. Tout ce dont vous avez besoin, c'est d'ouverture d'esprit ou d'un problème à résoudre, et vous découvrirez rapidement comment Arduino peut vous être utile.

Arduino a ravivé mon intérêt pour l'électronique et m'a donné accès à nombre de débouchés professionnels. J'ai écrit ce livre pour partager mon expérience. Lorsque je me suis rendu pour la première fois à un atelier Arduino, je ne savais pas programmer et je ne pouvais que vaguement me rappeler par quelle extrémité tenir un fer à souder (ne vous inquiétez pas, je parlerai de la soudure, entre autres). Actuellement, l'essentiel de mon travail consiste à élaborer des installations interactives, des prototypes de produits, et plus généralement à trouver de nouvelles manières de jouer avec la technologie en m'appuyant sur Arduino.

Je pense que c'est une excellente plate-forme qui réduit le coût d'entrée pour apprendre l'électronique et la programmation, permettant à des personnes qui n'ont pas beaucoup d'intérêt pour l'école de se plonger directement dans les domaines qui les intéressent, et de les explorer par eux-mêmes.

Quelques folles hypothèses

Ce livre ne présume rien de votre connaissance technique. Arduino est une plate-forme facile à utiliser pour apprendre l'électronique et la programmation. En tant que telle, elle est destinée à tous, que vous soyez un concepteur, un artiste ou que vous ne cherchiez qu'un passe-temps.

Ce peut aussi être une excellente plate-forme pour les gens qui sont déjà dans la technique. Peut-être avez-vous déjà programmé, et vous souhaitez que vos projets prennent corps d'une manière ou d'une autre ; ou alors, vous avez déjà travaillé avec l'électronique, et vous souhaitez découvrir ce dont Arduino est capable.

Qui que vous soyez, vous trouverez qu'Arduino a un grand potentiel. C'est à vous de décider ce que vous souhaitez en faire.

Ce livre démarre au niveau le plus élémentaire pour vous permettre de commencer à utiliser et comprendre Arduino. De temps à autre dans le livre, je peux me référer à des choses très techniques, qu'il vous faudra, comme toute chose, du temps pour comprendre. Partant des bases, je vous guiderai progressivement pour conduire des activités plus élaborées.

Ce livre repose pour l'essentiel sur mon expérience de l'apprentissage et de l'enseignement d'Arduino. Je me suis initié à Arduino à partir de rien, mais j'ai toujours trouvé que la meilleure manière d'apprendre était la pratique, en réalisant ses propres projets. La clé, c'est d'intégrer les bases que je présente dans ce livre, puis de s'appuyer sur ces connaissances en cherchant comment les mettre en œuvre pour résoudre des problèmes, pour créer des choses, ou simplement pour vous amuser.

Comment ce livre est organisé ?

Arduino pour les Nuls est organisé pour vous permettre de sauter d'un endroit à un autre au gré de vos besoins. Si vous avez déjà manipulé Arduino, vous souhaiterez sans doute sauter aux derniers chapitres, mais si vous avez oublié des bases, vous pourrez toujours entamer le livre par son début.

Partie 1 : Découvrir Arduino

Dans la partie 1, je vous présente Arduino en pointant les diverses circonstances qui ont créé un besoin pour Arduino et qui en ont par la suite influencé le développement. Je rentre ensuite plus en détail dans Arduino, en tant que dispositif physique, mais aussi en tant qu'environnement de développement, et je vous aide à télécharger votre premier schéma.

Partie 2 : Créer en dur avec Arduino

Dans cette partie, vous découvrez comment réaliser un prototype en utilisant des platines d'essais et d'autres composants afin de permettre à votre Arduino de mieux interagir avec le monde. En utilisant simplement quelques composants, vous pouvez tester toute une variété d'applications pour Arduino et construire la base qui servira à tous vos projets. Les chapitres de cette partie traitent de toute une variété d'entrées et de sorties, dont la lumière, le mouvement et le son. Vous pourrez vous appuyer dessus et les combiner pour réaliser vos propres projets.

Partie 3 : Bâtir sur des fondations

Une fois que vous avez acquis les bases, vous serez démangé par l'envie d'en faire plus. Dans la partie 3, je vous présente quelques projets du monde réel et je vous montre comment ils fonctionnent. Vous apprenez à réaliser votre propre circuit imprimé pour présenter votre projet dans le monde réel. Vous apprenez aussi à choisir le bon capteur pour faire le travail, et comment utiliser du code pour ajuster ou modifier le comportement de vos circuits.

Partie 4 : Libérer le potentiel de votre Arduino

Cette partie vous propose d'exploiter plus encore les possibilités de votre projet Arduino. Vous apprenez à utiliser des cartes filles pour enrichir votre Arduino de fonctionnalités spécifiques, à utiliser du matériel et des techniques pour développer votre projet, à hacker du matériel existant. Vous découvrez aussi comment communiquer avec Processing, le projet jumeau d'Arduino, pour combiner matériel et logiciel.

Partie 5 : Piger le logiciel

Si vous parvenez à cette partie, c'est que vous aurez acquis une bonne compréhension de la manière dont vous pouvez utiliser l'électronique et le matériel dans vos projets. Dans cette partie, vous apprenez à combiner cette connaissance du monde physique et le monde numérique du logiciel. Je vous présente quelques environnements de programmation open source, et plus particulièrement Processing, le carnet de croquis électronique que vous pouvez utiliser pour réaliser un vaste ensemble d'applications afin d'améliorer votre projet Arduino.

Partie 6 : La partie des Dix

La partie des Dix est un standard dans les *Pour les nuls*, dont l'objet est de fournir de l'information utile sous la forme de dix petits morceaux. Cette partie vous montre où vous rendre pour en apprendre plus sur Arduino, où acquérir des composants spécifiques pour Arduino, et où acquérir des composants électroniques en général.

Les icônes utilisées dans ce livre

Arduino pour les Nuls utilise des icônes pour attirer votre attention sur les points importants. Gardez un œil sur les suivantes :

Cette icône signale une information utile. Il peut s'agir d'une information technique pour vous aider à terminer un projet plus facilement, ou d'une réponse à un problème communément rencontré.

Les Arduinos ne sont pas dangereux par eux-mêmes ; en fait, ils sont même particulièrement sécurisés. Toutefois, s'ils sont utilisés dans un circuit sans avoir fait preuve d'assez d'attention et de soin, ils peuvent causer des dommages à votre circuit, à votre ordinateur, voire vous blesser. Lorsque vous tombez sur une icône Attention, veillez donc à prendre bonne note de ce dont il est question.

Il faut souvent considérer certains points avant d'entreprendre une tâche. J'utilise des icônes Souvenez-vous pour vous les rappeler.

Quelques informations sont plus techniques que les autres, et ne sont donc pas destinées à n'importe qui. Le bonheur avec Arduino, c'est que vous n'avez pas à comprendre tous les détails techniques sur-le-champ. Vous pouvez faire l'impasse sur ce qui est raconté à côté de cette icône si c'est trop compliqué pour vous sur l'instant ; vous pourrez toujours y revenir lorsque vous vous sentirez prêt.

Par où commencer ?

Si vous ne savez pas trop par où commencer, je vous suggère de partir du début. Vers la fin du chapitre 2, vous aurez assimilé les bases d'Arduino, et vous saurez où vous pouvez acquérir un kit pour continuer votre apprentissage.

Si vous avez déjà utilisé Arduino, vous souhaiterez sans doute vous rendre au chapitre 4 pour réviser vos bases, ou alors vous rendre directement à la partie qui vous intéresse.

Première partie

Découvrir Arduino

« Je pense que tu as oublié de me dire qu'il fallait retirer les composants avant de faire les trous. »

Dans cette partie

Mais qu'est-ce qu'un Arduino, exactement ? Dans les chapitres qui suivent, vous découvrirez tout sur ce petit circuit imprimé bleu, comment il a été créé, et à quoi il peut bien servir. Après une brève introduction, je vous montrerai toutes les choses dont vous avez besoin pour commencer avec Arduino et où vous pouvez l'acquérir. Ensuite, vous apprendrez comment mettre en œuvre le pouvoir stupéfiant d'une LED, en la faisant clignoter sur commande à l'aide de quelques lignes de code.

Chapitre 1

Qu'est-ce qu'Arduino, et d'où vient-il ?

Dans ce chapitre

- Découvrir Arduino
- Apprendre d'où vient Arduino et pourquoi il est si important
- Une introduction aux principes de base

Arduino est composé de matériel et de logiciel.

La carte Arduino est un circuit imprimé spécifiquement conçu pour utiliser un microcontrôleur ainsi que diverses entrées et sorties. Elle comprend aussi nombre d'autres composants électroniques qui permettent de faire fonctionner le microcontrôleur ou d'en étendre les fonctionnalités.

Les microcontrôleurs sont de petits ordinateurs confinés dans un unique circuit intégré, ou CI, et constituent un excellent moyen pour programmer et contrôler de l'électronique. Nombre de matériels, qu'on désigne comme des cartes à microcontrôleur, contiennent un microcontrôleur et d'autres connecteurs et composants qui permettent à un utilisateur d'y connecter des entrées et des sorties. Par exemple, il est possible de citer la platine Wiring, le PIC et le Basic Stamp.

Vous écrivez du code dans l'environnement de développement Arduino pour dire au microcontrôleur ce que vous souhaitez qu'il fasse. Par exemple, en écrivant une ligne de code, vous pouvez faire clignoter une LED. Si vous connectez un bouton-poussoir, vous pouvez ajouter une autre ligne de code pour que la LED s'allume quand le bouton est maintenu poussé. Ensuite, vous pourriez faire en sorte que la LED ne clignote que lorsque le bouton est poussé. Ainsi, vous pouvez facilement conduire un système à se comporter d'une certaine manière, ce qui serait difficile à faire sans microcontrôleur.

Tout comme un ordinateur conventionnel, un Arduino peut assurer une multitude de fonctions, mais il ne sert pas à grand-chose tout seul. Il a besoin d'entrées et de sorties pour être utile. Comme le clavier et la souris d'un ordinateur, elles permettent à l'Arduino de sentir des objets du monde réel et d'agir dessus.

Avant de continuer, il peut être utile que vous en sachiez plus sur l'histoire d'Arduino.

D'où vient Arduino ?

Arduino a commencé en Italie, chez Interaction Design Institute Ivera (IDII), une école en design d'interaction. C'est une école spécialisée dans le design, qui se focalise sur la manière dont nous interagissons avec les produits, les systèmes et les environnements numériques, et comment ces derniers nous influencent en retour.

Le terme de *design d'interaction* a été élaboré par Bill Verplank et Bill Moggridge vers le milieu des années 80. Le dessin de Verkplank repris sur la Figure 1-1 illustre parfaitement le principe de base du design d'interaction : si vous faites quelque chose, vous ressentez un changement, et c'est à partir de là que vous pouvez savoir quelque chose du monde qui vous entoure.

Quoiqu'il s'agisse d'un principe général, le design d'interaction se réfère plus spécifiquement à la manière dont nous interagissons avec des ordinateurs conventionnels à l'aide de périphériques, tels que les souris, les claviers et les écrans tactiles, pour naviguer dans un environnement numérique dont une représentation graphique est affichée à l'écran.

Il existe une autre approche, qu'on désigne par informatique concrète (*physical computing*, en anglais), et qui consiste à étendre la portée des programmes, logiciels ou systèmes informatiques. Grâce à de l'électronique, les ordinateurs peuvent capter plus d'informations sur le monde réel, et ainsi être plus à même d'agir sur ce dernier.

Ces deux domaines – le design d'interaction et l'informatique concrète – requièrent des prototypes pour comprendre et explorer les interactions. Or, produire des prototypes représentait une difficulté considérable pour des étudiants en design qui n'étaient pas techniciens.

En 2001, Casey Reas et Bengamin Fry ont commencé un projet nommé Processing. L'objectif était de permettre à des non-programmeurs de se mettre à la programmation en permettant facilement et rapidement de pro-

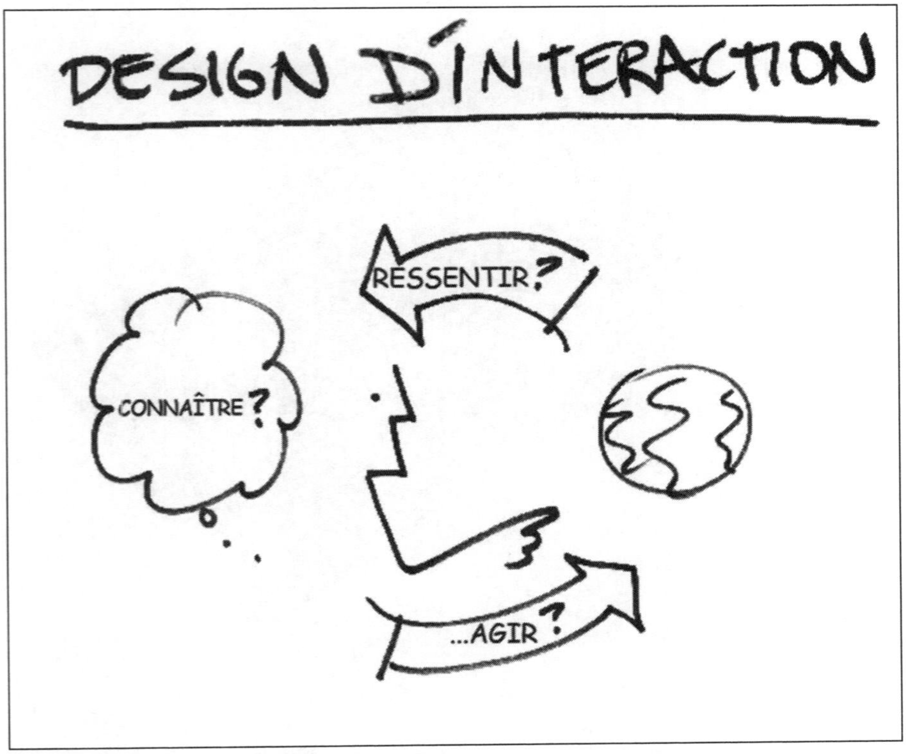

Figure 1-1 : Le principe du design d'interaction, illustré par Bill Verplank.

duire des représentations à l'écran. Le projet permettrait à l'utilisateur de disposer d'un carnet de croquis numérique pour tester des idées au prix d'un investissement temporel minimal. Le projet a ensuite inspiré un projet similaire pour tester des idées dans le monde réel.

S'appuyant sur les mêmes bases que Processing, Hernando Barragan a commencé à développer une carte à microcontrôleur en 2004, qu'il a nommée Wiring. Cette carte était le prédécesseur d'Arduino.

Tout comme le projet Processing, le projet Wiring cherchait à impliquer des artistes, des designers et d'autres personnes non versés dans la technique, mais Wiring devait les encourager à se lancer dans l'électronique plutôt que dans la programmation. La carte Wiring (représentée sur la Figure 1-2) était moins onéreuse que certains microcontrôleurs, tels que le PIC ou le Basic Stamp, mais elle constituait toujours un investissement non négligeable pour des étudiants.

En 2005, le projet Arduino démarra pour fournir un matériel bon marché et facile à utiliser que les étudiants en design d'interaction pourraient utiliser

Figure 1-2 : Une des premières cartes Wiring.

pour leurs projets. On dit que Massimo Banzi et David Cuartielles nommèrent leur projet d'après Arduin d'Ivera, un roi italien, mais des sources fiables m'ont rapporté que ce serait le nom d'un bar proche de l'université, ce qui pourrait avoir donné plus de sens au nom du projet.

Le projet Arduina puisa dans nombre des expériences générées par Wiring et Processing. Par exemple, l'influence de Processing se fait évidemment sentir dans l'interface graphique utilisée dans le logiciel Arduino. Cette interface fut initialement « empruntée » à Processing ; même si elle est similaire, elle a depuis été plus particulièrement adaptée pour Arduino. Je traite plus en détail de l'interface d'Arduino au chapitre 4.

Arduino conserva aussi la convention de nommage de Processing, désignant ses programmes comme des *croquis*. Tout comme Processing fournit aux utilisateurs un carnet de croquis pour concevoir et tester rapidement leurs programmes, Arduino leur donne une manière de mettre à plat leurs idées sur le matériel. Tout au long de ce livre, je montrerai de nombreux exemples de croquis qui permettent à votre Arduino d'accomplir une grande diversité de tâches. En utilisant et en modifiant les croquis de ce livre, vous pourrez rapidement comprendre comment ils fonctionnent, et vous enchaînerez sur l'élaboration des vôtres en un rien de temps. Chaque croquis est suivi d'une explication ligne par ligne de son fonctionnement pour être certain de ne rien laisser dans l'ombre.

La carte Arduino, représentée sur la Figure 1-3, fut conçue pour être plus robuste et mieux pardonner les erreurs que Wiring et d'autres microcontrôleurs antérieurs. En effet, il n'était pas rare que les étudiants et les professionnels, surtout quand ils venaient du design ou de la création graphique, cassent le microcontrôleur après quelques minutes d'utilisation, simplement en câblant de la mauvaise manière. Cette fragilité était un énorme problème, non seulement du fait du coût engendré, mais aussi pour le succès de la carte en dehors des cénacles de techniciens.

Figure 1-3 : La carte série Arduino originelle.

Il est possible de changer le microcontrôleur sur un Arduino. Si l'Arduino est endommagé, vous pouvez donc remplacer ce circuit plutôt que toute la carte.

Une autre différence importante entre Arduino et les autres cartes de microcontrôleur, c'est le prix. En 2006, un autre microcontrôleur populaire, le Basic Stamp, ne coûtait pas loin de quatre fois plus qu'un Arduino. De nos jours, une carte Wiring coûte toujours près du double d'un Arduino.

À l'occasion d'un de mes premiers ateliers sur Arduino, on m'a rapporté que le prix avait été élaboré en tenant compte des moyens des étudiants. Le prix d'un bon repas avec un verre de vin avoisinait alors les 30 euros, si bien que si vous deviez réaliser un projet, vous pouviez sauter ce repas et réaliser le projet à la place.

De nos jours, l'éventail des cartes Arduino disponibles est bien plus vaste qu'en 2006. Le chapitre 2 vous présentera quelques-unes des cartes Arduino et compatibles Arduino les plus utiles, en vous précisant en quoi elles diffèrent pour vous permettre de conduire différents projets. Aussi, le chapitre 13 vous expliquera tout sur un certain type de circuit, nommé *carte fille*, qui permet de doter votre Arduino de fonctionnalités utiles, et parfois phénoménales, comme par exemple pour le transformer en récepteur GPS, en compteur Geiger ou encore en téléphone mobile.

Apprendre en faisant

Bien des gens parviennent à utiliser l'électronique pour atteindre des objectifs très divers sans jamais rentrer dans les détails du sujet. Voici quelques écoles de pensée qui ont encouragé tout un chacun à se lancer dans l'électronique sans avoir reçu de formation particulière.

Le patching

Patching n'est pas seulement une ville des États-Unis ; c'est aussi une technique pour expérimenter des systèmes. L'exemple le plus connu de patching est l'ancien tableau de commutation téléphonique. Pour que l'opérateur vous permette de joindre votre correspondant, il devait attacher physiquement un câble.

C'était aussi une technique utilisée pour produire de la musique électronique, comme avec le synthétiseur Moog. Lorsqu'un instrument électronique génère un son, il génère en fait du courant. Différents composants présents dans l'instrument manipulent ce courant avant qu'il ne soit converti en un son audible. Le synthétiseur Moog modifie le chemin que le courant emprunte, l'envoyant vers différents composants pour lui appliquer différents effets.

Comme il existe un nombre énorme de combinaisons, le musicien procède largement par essais et erreurs. Toutefois, l'interface simplifiée lui permet d'y procéder très vite, sans avoir à beaucoup se préparer.

Le hacking

Hacking est un terme très utilisé pour faire référence aux agissements subversifs sur Internet. Mais plus généralement, le terme désigne l'exploration de systèmes afin d'en tirer le meilleur parti ou de les reconfigurer pour les adapter à vos besoins.

Entendu ainsi, le hacking est possible tant avec le matériel qu'avec le logiciel. Un excellent exemple de hacking matériel est le hack du clavier. Disons que vous souhaitez utiliser un gros bouton rouge pour faire défiler des images. La plupart des logiciels utilisent des raccourcis clavier, et la plupart des visionneuses de PDF font défiler les pages quand l'utilisateur presse la touche Espace. Partant, si votre seul souci est de faire défiler des images, vous pourriez souhaiter disposer d'un clavier réduit à une touche Espace. Comment faire ?

Il s'avère que les claviers ont été tellement perfectionnés qu'on y trouve un petit circuit imprimé, un peu plus petit qu'une carte de crédit (voir Figure 1-4). Ce circuit dispose de nombreux points de contact qui sont activés lorsque vous pressez les touches. Si vous pouvez trouver la bonne combinaison, vous pourrez connecter quelques câbles aux points de contact d'un côté, et à un bouton-poussoir de l'autre. Chaque fois que vous presserez le bouton, ce sera alors comme si vous pressiez la touche Espace.

Cette technique est idéale pour atteindre les résultats que vous souhaitez en contournant les méandres du matériel. Dans le chapitre bonus, vous en apprendrez plus sur les joies du hacking, et comment vous pouvez relier du matériel hacké à votre projet Arduino afin de contrôler facilement des périphériques sans fil, des appareils photo et même des ordinateurs.

Le détournement de circuits

Le détournement de circuits choquera les partisans de l'éducation traditionnelle et ravira ceux de l'expérimentation spontanée. Les jouets constituent la nourriture de base des auteurs de détournements, mais l'expérience peut être réalisée sur n'importe quel engin à base d'électronique.

En ouvrant un jouet ou un engin pour accéder à son circuit, vous pouvez modifier le chemin du courant pour affecter son comportement. Cette technique est similaire au patching, mais elle est bien plus imprévisible. Toutefois, quand vous avez trouvé des combinaisons, vous pouvez aussi ajouter ou remplacer des composants, tels que des résistances ou des interrupteurs, pour permettre à l'utilisateur de mieux contrôler l'objet.

Le détournement de circuits frappe généralement le son, et l'instrument une fois terminé devient un synthétiseur ou une boîte à rythmes rudimentaire.

Figure 1-4 : Le circuit imprimé d'un clavier, prêt à être hacké.

Deux des engins les plus populaires sont *Speak & Spell* (voir Figure 1-5) et la *Gameboy* de Nintendo. Selon leurs termes, des musiciens tels que Modified Toy Orchestra (`modifiedtoyorchestra.com`) « explorent le potentiel caché et le surplus de valeur latente qui réside dans la technologie redondante. » Pensez-y donc à deux fois avant de vendre vos vieux jouets sur eBay !

L'électronique

Quoiqu'il existe de nombreuses manières de détourner la technologie, vous finirez par vouloir plus de tout : plus de précision, plus de complexité, plus de contrôle.

Si vous avez découvert l'électronique à l'école, on vous a sans doute appris à construire des circuits en utilisant des composants spécifiques. Ces circuits sont basés sur les seules propriétés chimiques des composants et doivent être calculés en détail pour s'assurer que la bonne quantité de courant passe par les bons composants.

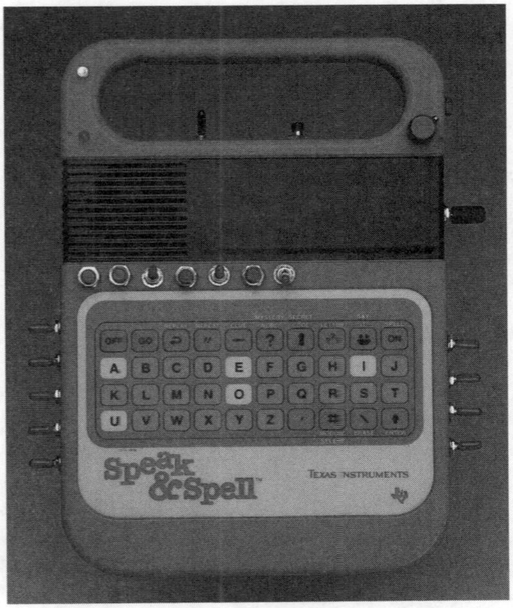

Figure 1-5 : Un jouet Speak & Spell détourné par Modified Toy Orchestra.

C'est le genre de circuits que vous trouvez sous la forme de kits chez Selectronic et autres magasins d'électronique pour effectuer une certaine tâche, comme une alarme pour cuire un œuf, ou une autre qui sonne quand vous ouvrez la boîte à biscuits. Ils font parfaitement leur travail, mais ils ne peuvent pas faire grand-chose d'autre.

C'est là qu'interviennent les microcontrôleurs. Ce sont de minuscules ordinateurs. S'ils sont utilisés avec une circuiterie analogique, ils peuvent permettre à cette circuiterie de se comporter de manière bien plus sophistiquée. Ils peuvent être reprogrammés pour effectuer différentes fonctions au besoin. Votre Arduino est conçu autour d'un de ces microcontrôleurs, et il vous aide à en tirer le meilleur parti. Au chapitre 2, vous pourrez observer de près l'Arduino Uno pour comprendre comment il est conçu, et ce dont il est capable.

Le microcontrôleur est le cerveau de votre système, mais il a besoin de données pour sentir des choses ou pour agir dessus. Pour ce faire, il utilise des entrées et des sorties.

Les entrées

Les entrées sont les sens de votre Arduino. Elles lui disent ce qui se passe dans le monde. Sous sa forme la plus élémentaire, une entrée peut être un interrupteur, comme celui qui vous permet d'allumer et d'éteindre la lumière chez vous. À l'autre bout du spectre des possibles, ce peut être un gyroscope, qui indique à l'Arduino la direction à laquelle il fait face dans les trois dimensions. Vous en apprendrez plus sur les entrées de base au chapitre 7, et vous découvrirez la variété des capteurs et comment les utiliser au chapitre 12.

Les sorties

Les sorties permettent à votre Arduino d'agir sur le monde réel d'une manière ou d'une autre. Une sortie peut être très subtile et discrète, à la manière d'un téléphone qui vibre, mais ce peut être tout aussi bien un affichage gigantesque sur une façade d'un bâtiment qu'on pourra voir à des kilomètres à la ronde. Le premier croquis de ce livre vous permet de faire clignoter une LED (voir le chapitre 4). De là, vous apprendrez à contrôler un moteur (chapitre 8), et même un grand nombre de sorties (voir chapitres 14 et 15) pour découvrir la variété des sorties dont vous pouvez doter votre projet Arduino.

Open source

Le logiciel open source, en particulier Processing, a eu une énorme influence sur le développement d'Arduino. Dans le monde du logiciel, l'open source est une philosophie consistant à partager les détails d'un programme et à encourager les autres à l'utiliser, le modifier et le redistribuer comme ils le souhaitent.

Tout comme le logiciel Processing est open source, le logiciel et le matériel Arduino le sont. Cela signifie que ce logiciel et ce matériel peuvent être librement adaptés à vos besoins. C'est sans doute du fait de cette ouverture qu'on retrouve l'esprit de la communauté open source dans les forums consacrés à Arduino.

Sur les forums Arduino officiels (`www.arduino.cc/forum/`) et sur bien d'autres dans le monde entier, les gens partagent avec leurs pairs codes, projets et questions. Ce partage permet à toutes sortes de gens, dont des ingénieurs expérimentés, des développeurs talentueux, des designers pratiques, et des artistes innovants d'apporter leur expertise à des novices complets dans l'un ou l'autre de ces domaines. Il permet aussi de cerner les centres d'intérêt des gens, ce qui amène jusqu'à déboucher parfois sur des améliorations ou des extensions du logiciel ou du matériel Arduino. Le site Web d'Arduino comprend une zone nommée *Playground* (www.playground.arduino.cc) où les gens peuvent télécharger leur code pour que la communauté puisse l'utiliser, le partager et le modifier.

Ce type de philosophie a encouragé une petite communauté à diffuser de la connaissance sur les forums, les blogs, et les sites Web, créant ainsi un vaste ensemble de ressources dans lequel les nouveaux arduinistes peuvent librement puiser.

C'est un étrange paradoxe : en dépit de la nature open source d'Arduino, on relève une grande loyauté à la marque Arduino – à tel point qu'il existe une convention de nommage Arduino consistant à rajouter -duino ou -ino au nom des cartes et des accessoires (pour le plus grand dégoût des membres de l'équipe Arduino italienne !).

Chapitre 2

Trouver votre carte, et vous y repérer

Dans ce chapitre

- Examiner l'Arduino Uno R3
- Découvrir les autres cartes Arduino
- Savoir où acheter des Arduino
- Trouver le bon kit Arduino pour débuter
- Aménager un espace de travail

Au chapitre 1, j'ai décrit Arduino dans des termes généraux, et il est maintenant temps d'y jeter un œil de plus près. Le nom *Arduino* désigne un ensemble de choses. Il peut s'agir de la carte Arduino, du matériel, de l'environnement Arduino – c'est-à-dire, un logiciel qui tourne sur votre ordinateur – et finalement, d'Arduino en tant que sujet, comme celui de ce livre : comment le matériel et le logiciel sont combinés en mobilisant un savoir-faire et des connaissances en électronique pour créer un kit utilisable en toute situation.

Ce chapitre est relativement court. Il vous offre un aperçu de ce que vous devez savoir pour commencer à utiliser Arduino. Peut-être avez-vous envie de vous plonger rapidement dans le sujet. Dans ces conditions, contentez-vous de parcourir ce chapitre, vous arrêtant sur les sujets que vous ne maîtrisez pas, et référez-vous-y ultérieurement au gré de vos besoins.

Dans ce chapitre, vous découvrez les composants utilisés sur la carte Arduino Uno R3, laquelle constitue le point de départ pour la plupart des arduinistes. Par ailleurs, vous découvrez les autres cartes Arduino disponibles, en quoi elles diffèrent, et quels sont leurs usages. Ce chapitre passe en revue une série de fournisseurs qui peuvent vous procurer tous les éléments dont vous avez besoin. Il examine aussi les kits de démarrage qui sont idéaux pour le débutant et pour accompagner cette lecture. Une fois que vous disposez d'un kit, vous n'avez plus besoin que d'un espace de travail pour démarrer.

Découvrir l'Arduino Uno R3

Il n'existe pas de définition unique de la carte Arduino ; on trouve nombre de cartes Arduino, chacune étant conçue pour convenir à différents usages. Choisir la bonne carte peut s'avérer redoutable, car le nombre des cartes s'accroît, des cartes toujours plus prometteuses apparaissant. Toutefois, une carte peut être considérée comme le squelette de tout matériel Arduino ; c'est celle avec laquelle la plupart des gens débutent et qui est adaptée à la plupart des usages. C'est l'Arduino Uno.

La carte la plus récente est pour l'heure l'Arduino Uno R3 (sortie en 2011). Considérez-la comme la carte Arduino de base. C'est un bon matériel, fiable, qui conviendra à de nombreux projets. Si vous débutez, c'est la carte qu'il vous faut (voir Figures 2-1 et 2-2).

Figure 2-1 : L'avant d'un Arduino Uno R3.

Uno est le mot italien pour le numéro un, qui correspond ici à la version 1.0 du logiciel Arduino. Les prédécesseurs ont pris toute une variété de noms, comme Serial, NG, Diecimila (10 000 en italien, pour signaler que 10 000 cartes avaient été vendues) et Duemilanove (2009 en italien, la date de sortie de la carte). Uno a débarqué dans la nécessité de mettre un peu d'ordre dans la dénomination des cartes. R3 fait référence à la révision des fonctionnalités de la carte, qui correspond à un ensemble de mises à jour, d'améliorations et de correctifs. Dans le cas présent, il s'agit donc de la troisième révision.

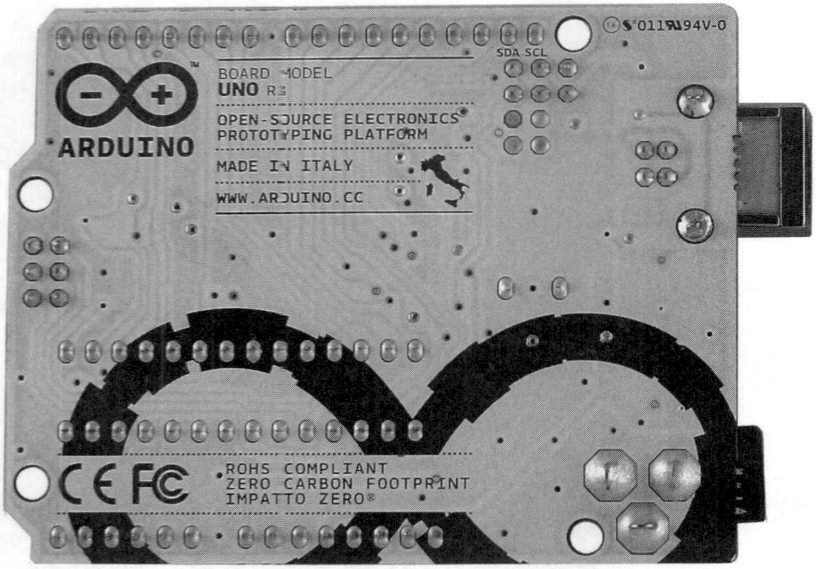

Figure 2-2 : L'arrière d'un Arduino Uno R3.

La carte comporte beaucoup de petits composants, décrits au fil de ce chapitre.

Le cerveau : le microcontrôleur ATmega328

Vous pouvez vous représenter le microcontrôleur comme le « cerveau » de la carte. Dans l'Arduino Uno, c'est un ATmega328, fabriqué par Atmel. C'est le gros composant noir qui se trouve au centre de la carte. On le désigne aussi par *circuit intégré* ou CI. Il n'est pas tout seul, étant placé sur un support. Si vous le retiriez, il serait tel que sur la Figure 2-3.

Ce même circuit se retrouve sous différentes formes, dites *packages*. Celui de l'Arduino Uno R3 est un package PTH, où les composants sont mis en contact avec la carte en glissant leurs broches par des trous. Une variante est l'Arduino Uno R3 SMD, où les composants sont mis en contact avec la carte en posant leurs broches à la surface de cette dernière. Le circuit SMD est bien plus petit, mais il ne peut pas être changé comme le PTH. À cela près, du moment que le nom du circuit est le même, il fonctionne parfaitement à l'identique ; seules les apparences diffèrent. Vous pourrez voir un autre exemple de circuit au chapitre 14, lorsque vous en apprendrez plus sur l'Arduino Mega 2560.

Figure 2-3 : Un microcontrôleur ATmega328 tout seul.

Les connecteurs HE

Le support du microcontrôleur connecte toutes les pattes du circuit ATmega328 à d'autres supports, désignés comme les connecteurs HE, qui ont été placés tout autour de la carte et libellés pour être faciles d'utilisation. Ce sont les supports noirs qui se trouvent donc sur les côtés de la carte Arduino. Ils sont répartis en trois groupes principaux : les broches numériques, les broches d'entrée analogiques et les broches d'alimentation.

Toutes ces broches véhiculent un courant, qui peut être envoyé en sortie ou reçu en entrée. Pourquoi ces broches sont-elles importantes ? Elles permettent de connecter de la circuiterie supplémentaire à la carte rapidement et facilement, ce qui est très pratique lorsque vous fabriquez un prototype avec une platine d'essais (décrite au chapitre 7). De plus, elles permettent de concevoir des cartes additionnelles, nommées cartes filles, qui peuvent se positionner parfaitement au-dessus de votre carte Arduino (voir le chapitre 13 pour plus d'informations sur les cartes filles).

Le même processus fondé sur l'émission et la réception de signaux se retrouve dans les ordinateurs modernes, mais comme ils sont bien plus sophistiqués qu'un simple Arduino, il est difficile de relier directement un ordinateur qui est habitué à traiter des signaux numériques (des 0 et des 1) à un circuit qui traite des signaux analogiques (des tensions allant de 0 V à 5 V dans le cas de l'ATmega328)

L'Arduino (reportez-vous au croquis de la Figure 2-4) est très particulier, car il est capable d'interpréter ces signaux électriques et de les convertir en signaux numériques que l'ordinateur peut comprendre – et inversement. Il vous permet aussi d'écrire un programme en utilisant un logiciel sur un ordinateur conventionnel, lequel programme sera converti ou compilé en utilisant l'environnement de développement (EDI) Arduino pour générer des signaux électriques que votre circuit peut comprendre.

En comblant cet écart entre numérique et analogique, il est possible de bénéficier des avantages d'un ordinateur conventionnel – facilité d'utilisation,

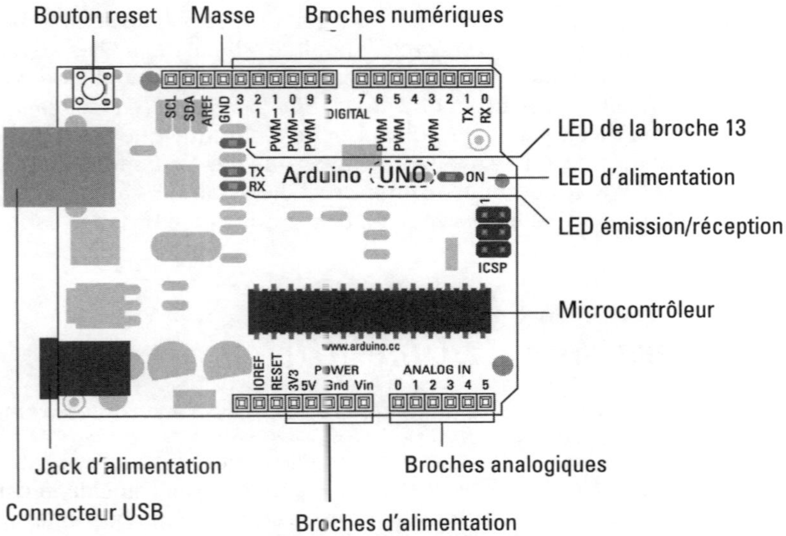

Figure 2-4 : Un Arduino Uno dont tous les éléments importants sont libellés.

interfaces ergonomiques, code qui est facile à comprendre pour un humain – pour contrôler un vaste ensemble de circuits électroniques, leur faisant adopter des comportements complexes assez aisément.

Les broches numériques

Vous utilisez les *broches numériques*, qui se trouvent le long du haut de la carte sur la Figure 2-1 (représentée précédemment), pour envoyer et recevoir des signaux numériques. Numérique signifie que le signal a deux états : haut ou bas. En termes électriques, cela signifie une tension de 0 ou 5 volts, sans tension intermédiaire.

Les broches analogiques

Vous pouvez utiliser les *broches analogiques*, qui se trouvent en bas de la carte sur la Figure 2-1, pour recevoir et émettre une valeur analogique. Une valeur analogique peut prendre une grande variété de valeurs. Dans le cas présent, elle peut être comprise entre 0 et 5 volts, mais elle peut être n'importe où entre les deux – 0,1 volt, 0,2 volt, etc.

Et la sortie analogique ?

Les plus attentifs d'entre vous auront remarqué qu'il ne semble pas y avoir de broches pour la *sortie analogique*. En fait, il y en a, mais elles se trouvent parmi les broches numériques, signalées en tant que PWM à l'aide du symbole « ~ ». PWM est l'abréviation de *Pulse With Modulation* (en français, MLI, pour Modulation de Largeur d'Impulsion), une technique que vous pouvez utiliser pour simuler une sortie analogique avec une sortie numérique. J'explique comment PWM fonctionne au chapitre 7. Le symbole ~ apparaît à côté des broches 3, 5, 6, 9, 10 et 11 ; vous disposez donc de 6 broches capables de PWM.

Les broches d'alimentation

Vous utilisez les *broches d'alimentation* pour distribuer du courant aux entrées et aux sorties en fonction des besoins.

La broche Vin, qui est l'abréviation de *Voltage in* (en français, tension d'entrée), peut être utilisée comme source de courant équivalente à celle utilisée par le connecteur d'alimentation (par exemple, 12 V). Vous pouvez aussi utiliser cette broche pour alimenter l'Arduino depuis une autre source.

GND signale les broches de masse (ou de *terre*), qui sont essentielles pour réaliser des circuits. On trouve aussi la troisième masse sur la broche 13. Toutes ces broches sont reliées pour partager la même masse.

Vous pouvez utiliser la broche 5 V pour alimenter les composants ou les circuits avec un courant de 5 volts.

Pour finir, vous pouvez utiliser la broche 3,3 V pour alimenter les composants et les circuits avec un courant de 3,3 volts.

Le connecteur USB

Pour indiquer au microcontrôleur de l'Arduino ce qu'il doit faire, vous devez lui envoyer un programme. Sur l'Uno, vous envoyez les programmes essentiellement via une connexion USB. Ce connecteur métallique est un port USB que vous pouvez relier à un câble USB A-B. Ce câble est similaire à celui utilisé par votre imprimante ou votre scanner, si bien que vous pourrez en trouver chez vous qui pourront servir de pièces de rechange. L'Arduino utilise l'USB tant pour l'alimentation que pour le transfert de données. Utiliser un câble USB convient parfaitement pour réaliser des applications qui consomment peu de courant et pour envoyer ou recevoir des données depuis l'ordinateur.

Le jack d'alimentation

À côté du connecteur USB, vous trouvez un autre connecteur ; celui-là sert à l'alimentation. Ce connecteur vous permet d'alimenter votre Arduino à l'aide d'une source de courant extérieure. Il peut s'agir d'un adaptateur AC-DC (semblable à un de ceux utilisés pour alimenter les produits électroniques grand public), une batterie, voire un panneau solaire.

Le connecteur fonctionne avec une prise centre positif de 2,1 mm. *Centre positif* signifie que la prise a une partie externe et une partie interne, et que la partie interne doit donc charrier un courant positif. Vous devriez pouvoir trouver ce genre de prise parmi les connecteurs standard de la plupart des boîtiers d'alimentation ; autrement, vous pouvez acheter le connecteur et le brancher vous-même via des fils.

ATTENTION !

Si vous connectez une alimentation dans le sens opposé (centre négatif), vous produirez ce qu'on appelle une « inversion de polarité ». L'Arduino Uno R3 dispose de composants pour résister à vos tentatives de générer une tension dans le mauvais sens, mais ces composants peuvent fondre alors qu'ils tentent de protéger la carte si vous envoyez trop de courant et s'il vous faut trop de temps pour sentir l'odeur de brûlé ! Si vous inversez la polarité en utilisant les broches Vin, 5 V ou 3,3 V, vous court-circuitez cette protection et vous détruisez presque instantanément plusieurs parties de votre carte, ainsi que l'ATmega328.

La tension recommandée pour la carte Uno R3 est comprise entre 7 et 12 V. Si vous fournissez trop peu de courant, votre carte risque de ne pas fonctionner correctement. Et si vous en fournissez trop, vous pouvez la conduire à trop chauffer, et finalement l'endommager.

Les LED

Les composants décrits ici sont minuscules. La carte Uno dispose de quatre diodes émettant de la lumière (LED, pour *Light-Emitting Diode*) nommées L, RX, TX et ON. Une LED est un composant qui produit de la lumière quand il est parcouru par un courant.

On trouve des LED de toutes formes et de toutes tailles dans presque tout matériel électronique de grande consommation, des phares de votre bicyclette à votre TV en passant par votre machine à laver. Elles sont presque inévitables. C'est un composant du futur, et vous en rencontrerez bien d'autres dans les nombreux exemples figurant dans ce livre.

Les quatre LED sont toutes utilisées pour indiquer l'activité de votre carte, comme suit :

- ON est verte et signifie que votre Arduino est alimenté.
- RX et TX signifient que des données sont reçues et émises par la carte.
- L est une LED très particulière, connectée à la broche 13. Elle permet de procéder à des tests afin de vérifier que la carte fonctionne bien comme vous le souhaitez.

Si votre Arduino est branchée, mais que vous ne voyez rien s'allumer, vous devriez sans doute vérifier de nouveau que :

- Votre câble USB est branché.
- Votre port USB fonctionne – essayez de brancher un autre matériel.
- Votre câble est bon – essayez un autre câble, si possible.

Si aucune de ces solutions ne fait s'illuminer les LED, il y a sans doute un problème avec votre Arduino. Votre premier réflexe devrait être de chercher sur Internet et dans les forums du site Arduino (`http://forum.arduino.cc`). Si vous n'arrivez toujours pas à vous sortir d'affaire, demandez au vendeur de vous remplacer l'Arduino.

Le bouton Reset

La carte Uno dispose aussi d'un bouton à côté du connecteur USB. C'est le bouton de réinitialisation (Reset). Il réinitialise l'Arduino ou l'arrête complètement lorsqu'il est maintenu appuyé un certain temps. Vous parvenez au même résultat en reliant par un câble la broche Reset à la masse, cette broche se trouvant à côté de la broche 3,3 V.

La carte contient bien d'autres composants, qui assurent tous des fonctionnalités importantes, mais ceux qui viennent d'être décrits sont ceux qu'il vous importe de connaître actuellement.

Découvrir d'autres cartes Arduino

La section précédente décrit la carte Arduino standard, mais vous devriez savoir qu'il en existe bien d'autres, toutes conçues pour répondre à différents besoins. Quelques-unes proposent plus de fonctionnalités, d'autres sont conçues pour être plus minimalistes, mais elles adoptent généralement un design similaire à celui de l'Arduino Uno R3. Pour cette raison, tous les exemples de ce livre sont basés sur l'Uno R3 (l'Arduino Mega 2560 est brièvement mentionnée au chapitre 14). Des versions précédentes de l'Uno devraient fonctionner sans modifications, mais si vous utilisez une carte plus ancienne ou plus spécialisée, veillez à bien suivre les instructions qui lui sont relatives. Cette section vous présente rapidement les autres cartes disponibles.

Les cartes Arduino officielles

Arduino est open source, mais c'est aussi une marque protégée. Pour garantir la qualité de ses produits, les nouvelles cartes doivent être approuvées par l'équipe Arduino avant d'être officiellement reconnues et de pouvoir prendre le nom d'Arduino. Vous pouvez reconnaître une carte officielle avant tout par son nom – Arduino Pro, Fio ou Llypad, par exemple. D'autres cartes, qui ne sont pas officielles, sont souvent nommées en mentionnant « compatible Arduino » ou « pour Arduino ». L'autre moyen pour reconnaître une carte Arduino officielle, fabriquée par l'équipe Arduino, c'est la marque (sur les versions les plus récentes) : elles sont turquoise, et le symbole infini figure quelque part dessus, avec un lien vers arduino.cc. Quelques entreprises ont réussi à faire reconnaître leurs cartes comme des cartes officielles, si bien que vous pourriez trouver leurs noms imprimés dessus, comme Adafruit Industries ou Sparkfun.

Comme le schéma d'une carte Arduino est open source, les cartes Arduino officieuses peuvent grandement varier, les gens les ayant conçues en fonction de leurs besoins. Elles sont généralement basées sur le même microcontrôleur, et sont compatibles avec le logiciel Arduino, mais il faut donc y prêter attention et faire un peu de lecture pour s'assurer qu'elles fonctionneront bien comme vous pouvez vous y attendre. Par exemple, Seeduino (par Seed Studio) est basée sur un Arduino Duemilanove ; elle est cent pour cent compatibles, mais elle dispose de divers interrupteurs, connexions et supports supplémentaires, et peut de ce fait s'avérer plus adaptée à certaines circonstances qu'une carte Arduino officielle.

Un débutant devrait choisir une carte officielle, car la majorité des exemples d'Arduino qu'on trouve en ligne sont basés sur ces cartes. Comme les cartes officielles sont plus largement utilisées, les erreurs ou les bogues dans leur design ont plus de chance d'être corrigés à l'occasion de la révision suivante, ou au moins d'être mieux documentés.

Arduino Leonardo

Leonardo est l'une des toutes dernières cartes de la gamme Arduino officielle. Elle adopte la même empreinte (forme de circuit imprimé), mais le microcontrôleur utilisé est différent, ce qui lui permet de reconnaître un clavier ou une souris d'ordinateur. Je donne plus de détails sur les différences avec l'Uno et comment l'utiliser dans le chapitre bonus.

Arduino Mega 2560 R2

Comme son nom le suggère, Mega 2560 est une plus grande carte que l'Uno. Elle est destinée à ceux qui en veulent plus : plus d'entrées, plus de sorties, et plus de puissance de calcul ! Le Mega dispose de 54 broches numériques et de 16 broches analogiques, alors que l'Uno n'aligne que 15 broches numériques et 6 broches analogiques. Cette carte sera présentée plus en détail au chapitre 14.

Arduino Mega ADK

L'Arduino Mega ADK est approximativement la même carte que le Mega 2560, mais conçue pour s'interfacer avec des téléphones Android. Cela signifie que vous pouvez partager des données entre votre mobile ou votre tablette Android et un Arduino pour élargir l'éventail des fonctionnalités de chacun.

Arduino Nano 3.0

L'Arduino Nano est un condensé d'Arduino qui ne mesure que 1,85 cm sur 4,3 cm. Ces dimensions sont parfaites pour réduire celles de votre projet. Le Nano a toute la puissance de l'Arduino Uno, puisqu'il utilise le même microcontrôleur ATmega328, mais il ne fait qu'une fraction de sa taille. Il tient aussi à merveille sur une platine d'essais, ce qui le rend idéal pour le prototypage.

Arduino Mini R5

Contrairement à ce que son nom suggère, l'Arduino Mini est bien plus petit que le Nano. Cette carte utilise aussi le microcontrôleur ATmega328, mais elle est plus concentrée, les connecteurs externes et le connecteur Mini-USB du Nano disparaissant. Elle est parfaitement indiquée si l'espace est pour vous un enjeu, mais il faut la manipuler avec soin lorsqu'on la connecte, car une connexion incorrecte peut facilement détruire la carte.

Arduino Ethernet

Cet Arduino a la même empreinte que l'Uno, mais il est spécifiquement conçu pour communiquer avec Internet. Plutôt que d'accéder à de vastes quantités de données disponibles via votre ordinateur, vous pouvez demander à votre Arduino Ethernet d'y accéder directement. Un navigateur Web sur votre ordinateur ne fait qu'interpréter le texte qui lui indique quoi afficher à l'écran : alignement, mise en forme, affichage des images, par exemple. Si ces commandes sont connues, l'Arduino Ethernet peut accéder au texte directement, et l'utiliser à toutes fins utiles. Une utilisation qui rencontre du succès, c'est d'accéder à Twitter pour afficher des tweets sur un écran LCD ou faire sonner une alarme chaque fois que vous êtes mentionné. On trouve quelques exemples dans le logiciel Arduino, mais vous aurez besoin de connaissances avancées en termes de développement Web pour utiliser cette carte.

Arduino BT

L'Arduino BT permet à votre Arduino de communiquer avec des engins Bluetooth à proximité. C'est parfait pour s'interfacer avec des téléphones mobiles, des tablettes ou n'importe quoi qui utilise le Bluetooth !

Les Arduino de contributeurs (approuvés)

Nombre de cartes Arduino sont maintenant standardisées et conçues par l'équipe Arduino, mais quelques-unes sont des contributions d'autres entreprises, telles qu'Adafruit Industries ou SparkFun, qui ont été reconnues comme des cartes officielles. Je dresse ci-après la liste des meilleures d'entre elles.

Arduino LilyPad

L'Arduino LilyPad était destiné aux projets combinant la technologie et les textiles pour aider le développement d'e-textiles ou d'électronique qu'il serait possible de revêtir. Le LilyPad et ses cartes innovantes (des circuits imprimés qui permettent d'intégrer facilement différents composants sans avoir à créer vos propres cartes) peuvent être cousues ensemble en utilisant un fil conducteur plutôt que du fil conventionnel. Cette carte a été conçue et réalisée par Leah Buechley du MIT (`http://web.media.mit.edu/~leah/`) et SparkFun Electronics. Si vous êtes intéressé par les e-textiles ou l'électronique dont on peut s'habiller, reportez-vous à l'excellent didacticiel sur le site de SparkFun pour découvrir la dernière version de la carte et le kit ProtoSnap ici : `http://www.sparkfun.com/tutorials/308`.

Arduino Fio

Le Fio (dont le nom entier est l'Arduino Funnel I/O) a été conçu par Shigeru Kobayashi dans l'idée de réaliser des applications sans fil. Il s'appuie sur la conception du LilyPad, mais il comprend un port mini-USB, un connecteur pour une batterie au lithium, et un espace pour un module sans fil XBee.

Arduino Pro

L'Arduino Pro est une version minimaliste et super plate de l'Arduino, réalisée par SparkFun Electronics, basée sur le même microcontrôleur que l'Uno R3. Il ne comprend pas les connecteurs HE, mais il a les mêmes fonctionnalités que l'Uno. Il est idéal quand votre projet est contraint par l'épaisseur. De plus, il dispose d'un support pour batterie qui vous permet de rendre facilement votre projet mobile.

Arduino Pro Mini

Le Pro mini est un autre produit de SparkFun qui pousse le minimalisme de l'Arduino Pro dans de nouveaux retranchements. À l'échelle des Arduino, celui-ci se tient entre le Nano et le Mini. Il ne dispose d'aucun des connecteurs HE ni du port Mini-USB du Nano, et il est légèrement plus étalé que l'Arduino Mini. Il ne dispose pas des fonctionnalités de sécurisation de l'Uno R3, alors prenez grand soin lorsque vous le câblez, car une mauvaise connexion peut facilement le détruire.

Acheter de l'Arduino

Initialement, l'Arduino n'était disponible que dans de rares échoppes dispersées dans le monde entier. Désormais, vous trouvez énormément d'endroits où acheter un Arduino, comme vous pourrez le constater par la suite. Plus loin, je vous présente aussi les kits pour débutants qui comprennent les composants de base dont vous avez besoin, solution que je vous recommande pour commencer vos entreprises arduinistes.

Le magasin officiel d'Arduino

Un bon endroit pour commencer est le magasin Arduino (store.arduino.cc). Vous y trouverez les dernières cartes et kits Arduino, ainsi qu'une sélection de composants. Toutefois, le site n'est pour l'heure qu'en anglais ou italien.

Les distributeurs en France

On trouve nombre de boutiques d'électronique qui existent depuis bien plus longtemps qu'Arduino. Désormais, en plus de vendre toutes sortes de matériels électroniques, ces boutiques commercialisent une quantité considérable de composants et d'équipements pour Arduino. Voici quelques-unes d'entre elles :

- **Lextronic :** `www.lextronic.fr`
- **Selectronic :** `www.selectronic.fr`
- **Gotronic :** `www.gotronic.fr`
- **Conrad :** `www.conrad.fr`

Amazon

La popularité d'Arduino est devenue telle qu'on en trouve maintenant sur Amazon (`www.amazon.fr`). La plupart des cartes Arduino ainsi que divers composants et kits y sont disponibles, même s'ils sont plus difficiles à trouver que sur des sites plus spécifiques.

Pour commencer : le kit du débutant

Vous en savez maintenant un peu plus sur la carte Arduino, mais ce n'est qu'un morceau du puzzle ; vous aurez besoin de bien d'autres éléments pour être en mesure de l'utiliser. Tout comme un ordinateur serait inutile sans souris et clavier, un Arduino serait inutile sans ses composants. Ou du moins, pas aussi amusant.

Nombre d'exemples de base permettent à l'arduiniste de base d'acquérir par la pratique la maîtrise des fondamentaux d'Arduino (dont il est question dans les chapitres 4 à 8). Vous pouvez y parvenir à l'aide de quelques composants élémentaires. Pour vous épargner le temps et l'effort de les trouver vous-mêmes, quelques entrepreneurs et entreprises ont assemblé des kits qui vous permettent de vous lancer dans des expérimentations sans attendre !

Nombre des kits disponibles ont été conçus par ces entrepreneurs et entreprises en fonction de leurs expériences, de ce qu'ils aiment et de ce qu'ils n'aiment pas. Vous pouvez trouver bien des composants qui feront le même boulot, mais dont l'apparence sera différente, selon l'usage qu'on leur réserve.

Tout cela pour dire qu'un « kit pour débutant » peut correspondre à quelque chose de très différent d'une personne à l'autre, surtout pour les débutants. Tout cela peut rajouter à la confusion lorsque vous entamez votre premier projet.

Voici une liste des composants élémentaires que tout kit pour débutant avec Arduino digne de ce nom devrait comprendre :

- **Arduino Uno :** La carte que vous connaissez et que vous adorez.
- **Un câble USB A-B :** Il est essentiel pour utiliser votre Arduino. Vous pouvez en trouver qui relient votre ordinateur à une imprimante ou à un scanner.
- **Des LED :** Les diodes électroluminescentes de différentes couleurs sont parfaites pour constituer une voie de retour visuelle dans vos projets, ainsi que pour tester des projets d'illumination à petite échelle.
- **Des résistances :** Ce sont des composants électriques fondamentaux utilisés pour s'opposer à l'écoulement du courant dans un circuit. Elles sont essentielles au bon fonctionnement de la plupart des circuits. Elles ont une valeur fixe indiquée à l'aide de bandes de couleurs qui se trouvent sur les côtés.
- **Des potentiomètres :** Ce sont des résistances variables qui s'opposent à la circulation du courant comme les résistances de valeur fixe, mais dont on peut justement varier la valeur. Ils sont plus particulièrement utilisés dans les équipements radios et hi-fi pour les boutons de réglage

de fréquence et de volume, mais on en trouve aussi destinés à d'autres usages, comme pour détecter une force appliquée à une surface.

- **Des diodes :** Ce sont des diodes comme les LED, mais elles n'émettent pas de lumière. Elles opposent une résistance considérable à la circulation du courant dans une direction, et très faible (dans l'idéal, nulle) dans l'autre. C'est pour la même raison qu'une LED ne fonctionne que dans un sens, mais au lieu d'émettre de la lumière, les diodes sont utilisées pour contrôler la circulation du courant dans votre circuit.
- **Des boutons-poussoirs :** On en trouve derrière la coque de bien des matériels électroniques grand public, comme les manettes de jeu vidéo et les télécommandes. Ils sont utilisés soit pour connecter, soit pour déconnecter des parties d'un circuit, ce qui permet à votre Arduino de capter des actions humaines.
- **Des photodiodes (LDR) :** Elles changent de résistance quand la lumière s'abat sur elles. Elles peuvent être utilisées à diverses fins selon la manière dont elles sont orientées par rapport à la lumière.
- **Des capteurs de température :** Ces capteurs vous indiquent la température ambiante du milieu où ils sont placés. Ils sont parfaits pour observer des changements dans votre environnement.
- **Des bipeurs piézos :** On les décrit techniquement comme des engins émetteurs de son discret. Ces composants peuvent être alimentés pour produire des notes ou de la musique. Ils peuvent aussi être reliés à des surfaces pour mesurer des vibrations.
- **Des relais :** Ces interrupteurs activés par l'électricité sont utilisés pour activer des circuits plus puissants en utilisant votre Arduino à basse tension. La moitié du relais est un électro-aimant, et l'autre un interrupteur magnétique. L'électro-aimant peut être activé par le courant de 5 V de l'Arduino, qui bascule l interrupteur. Les relais sont essentiels pour les projets visant à contrôler des illuminations et des moteurs importants.
- **Des transistors :** Ce sont les composants de base de tous les ordinateurs modernes. Ce sont des interrupteurs activés par l'électricité, semblables à des relais, mais l'interrupteur est activé par le courant et non manuellement. Cela signifie que sa bascule peut être hyper rapide, ce qui fait des transistors la solution idéale pour des opérations à haute fréquence comme l'illumination par des LED ou le contrôle de la vitesse de moteurs.
- **Des moteurs à courant continu :** Ce sont de simples moteurs électriques. Lorsque le courant passe dans le moteur, il tourne dans une direction ; et lorsque le courant est inversé, le moteur tourne en sens inverse. On trouve une grande variété de moteurs électriques, de ceux qui font vibrer votre téléphone à ceux qui servent dans des perceuses.

- **Des servomoteurs :** Ces moteurs embarquent une circuiterie qui analyse leur rotation. Les servomoteurs sont généralement utilisés pour des opérations requérant de la précision, comme l'ouverture de vannes ou le mouvement des articulations des robots.

Voici quelques-uns des kits les plus connus, par ordre de prix croissant. Ils comprennent tous les composants qui viennent d'être présentés, et n'importe lequel fait parfaitement l'affaire pour réaliser les exemples figurant dans ce livre :

- Le Starter Kit pour Arduino (ARDX) disponible sur `http://www.selectronic.fr/adafruit-kit-d-experimentation-ardx.html` pour 90,20 euros.
- Le kit Sparkfun Inventor par Sparkfun (représenté sur la Figure 2-5) disponible sur `http://www.lextronic.fr/P19085-sparkfun-inventors-kit--v31.html` pour 82,80 euros.
- Le kit Proto-PIC Boffin pour Arduino de Proto-Pic, disponible sur `http://proto-pic.co.uk/proto-pic-boffin-kit-for-arduinouno/` pour 80 euros.
- Le kit Arduino Starter Kit d'Arduino, disponible sur `http://www.lextronic.fr/P27664-starter-kit-arduino.html` pour 90,05 euros.

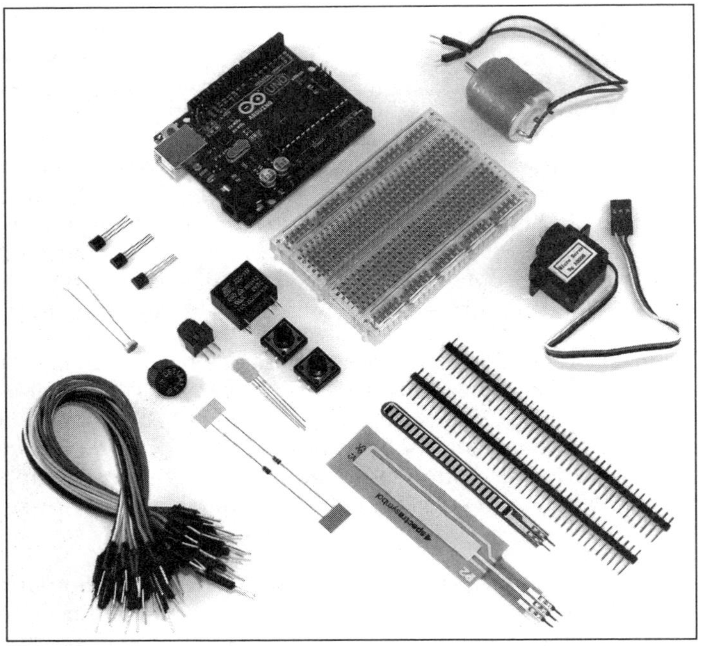

Figure 2-5 : Le kit SparkFun Inventor comprend un bon éventail de composants, dont des potentiomètres linéaires et sensibles à la flexion.

Tous les exemples présentés dans ce livre peuvent être réalisés avec n'importe lequel de ces kits, même s'ils diffèrent légèrement par le nombre et les types de leurs composants. Parfois, un même composant peut prendre différentes formes, alors veillez bien à lire attentivement la liste pour vous assurer que vous pouvez identifier chaque composant avant de commencer. On trouve des kits à meilleur marché, mais ils n'incluront sans doute pas certains composants, tels que les moteurs ou le jeu des capteurs.

Aménager un espace de travail

Pour travailler sur un projet Arduino, vous pourriez être assis sur votre sofa et travailler sur votre circuit, ou alors vous trouver en haut d'une échelle pour configurer une installation. Je suis passé par là ! Mais ce n'est pas parce qu'il est possible de travailler de ces manières qu'elles sont bonnes. Vous feriez bien mieux de vous aménager un espace de travail avant de vous lancer dans vos expérimentations, et c'est doublement important lorsque vous démarrez avec Arduino.

Travailler avec l'électronique est une affaire minutieuse. Vous manipulez beaucoup de minuscules composants très fragiles, et vous avez besoin de précision et de patience pour assembler votre circuit. Si vous êtes dans une salle faiblement éclairée et que vous cherchez sans cesse à équilibrer votre plan de travail, vous allez rapidement épuiser votre stock de composants, que ce soit en les perdant ou en les détruisant.

Tout ce que vous pourrez faire pour vous simplifier la vie sera une bonne chose. L'espace de travail idéal comprend :

- un grand bureau ou une grande table bien stable ;
- une bonne lampe de travail ;
- un fauteuil confortable ;
- une tasse de café ou de thé (recommandé).

Chapitre 3

Télécharger et installer Arduino

Dans ce chapitre

- Récupérer et installer le logiciel Arduino
- Prendre en main l'environnement Arduino

Avant de commencer à travailler avec votre carte Arduino, vous devez installer le logiciel prévu pour cela. C'est un logiciel semblable à ceux que vous avez sur votre ordinateur personnel, votre portable, votre tablette ou votre téléphone : il est requis pour utiliser votre matériel.

Le logiciel Arduino est du type environnement de développement intégré (EDI). C'est un outil qui est communément utilisé pour le développement logiciel et qui vous permet d'écrire, de tester et de télécharger des programmes. On trouve des versions du logiciel Arduino pour Windows, Macintosh OS X et Linux.

Dans ce chapitre, vous apprendrez où obtenir le logiciel pour la plate-forme que vous utilisez, et je vous guiderai pas à pas pour le télécharger et l'installer. De plus, ce chapitre vous propose de faire un tour du propriétaire de l'environnement dans lequel vous allez développer vos programmes Arduino.

Installer Arduino

Cette section vous explique comment installer l'environnement Arduino sur la plate-forme de votre choix. Les instructions sont spécifiques à l'installation de l'environnement de l'Arduino Uno R3, mais elles valent tout aussi bien pour les cartes précédentes, telles que Mega2560, Duemilanove, Mega ou Diecimila. La seule différence peut résider dans les pilotes requis pour l'installation sous Windows.

Installer Arduino pour Windows

Les instructions et les captures d'écran figurant dans cette section décrivent l'installation du logiciel Arduino et des pilotes Arduino Uno pour Windows 7. Toutefois, les mêmes instructions valent pour Windows Vista et Windows XP.

La seule difficulté est de passer à Windows 8, sur lequel il faut, encore pour le moment, mettre en œuvre quelques astuces pour installer les pilotes. Vous pouvez trouver des instructions sur `http://vx450-domotique.blogspot.fr/2013/04/installez-larduino-uno-sous-windows-8.html`.

Avec votre Arduino Uno et un câble USB A-B (représenté sur la Figure 3-1) à portée de main, suivez ces étapes pour récupérer et installer la dernière version d'Arduino sur votre version de Windows :

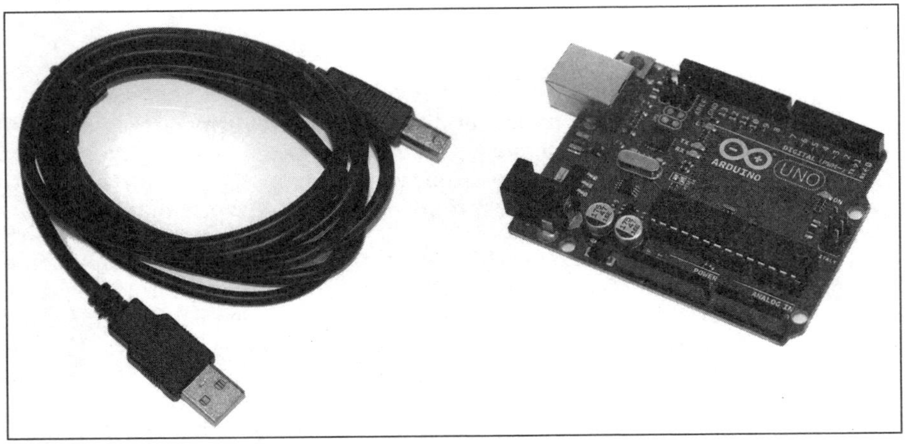

Figure 3-1 : Un câble USB A-B et un Arduino Uno.

1. **Ouvrez la page de téléchargement d'Arduino sur** `http://arduino.cc/en/Main/Software`**, et cliquez sur le lien Windows pour télécharger le fichier .zip qui contient une copie de l'application Arduino pour Windows.**

   À l'heure où j'écris ces lignes, le fichier zippé fait 92,9 Mo. C'est un fichier plutôt volumineux, si bien qu'il vous faudra quelque temps pour le télécharger. Lorsque le téléchargement est terminé, désarchivez le fichier et placez le dossier Arduino à un endroit approprié, comme :

```
C:/Program Files/Arduino/
```

2. **Branchez l'embout carré de votre câble USB dans l'Arduino et l'embout plat dans le port de votre PC pour connecter l'Arduino à votre ordinateur.**

   Aussitôt que la carte est connectée, la LED verte libellée ON indique que votre Arduino est alimentée. Windows fait alors de vaillants efforts pour trouver les pilotes, mais il va vraisemblablement échouer, comme représenté sur la Figure 3-2. Mieux vaut fermer l'assistant et installer le pilote vous-même, comme expliqué dans les étapes qui suivent.

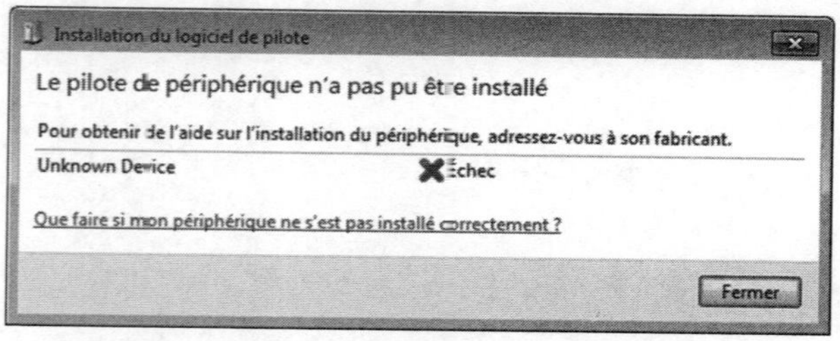

Figure 3-2 : Nouveau matériel trouvé – ou pas, selon le cas.

3. **Ouvrez le menu Démarrer et saisissez** `devmgmt.msc` **dans le champ de recherche, puis pressez Entrée.**

   La fenêtre du Gestionnaire de périphériques apparaît. Ce gestionnaire vous affiche tous les différents matériels et périphériques reliés à votre ordinateur, dont votre carte Arduino.

   Si vous regardez vers le bas de la liste, vous devriez tomber sur l'Arduino Uno, à côté duquel figure un point d'exclamation. Ce point d'exclamation signale que l'Arduino n'est pas encore reconnu.

4. **Cliquez du bouton droit sur l'Arduino Uno et sélectionnez Mettre à jour le pilote dans la liste qui apparaît ; cliquez ensuite sur Rechercher un pilote sur mon ordinateur (voir Figure 3-3).**

   La fenêtre affiche une nouvelle étape.

5. **Cliquez sur Parcourir pour trouver votre dossier Arduino.**

   Vous devriez trouver ce dossier dans celui où vous avez désarchivé le fichier .zip à l'étape 1.

6. **Dans votre dossier Arduino, cliquez sur le dossier Drivers, puis cliquez sur le fichier Arduino Uno.**

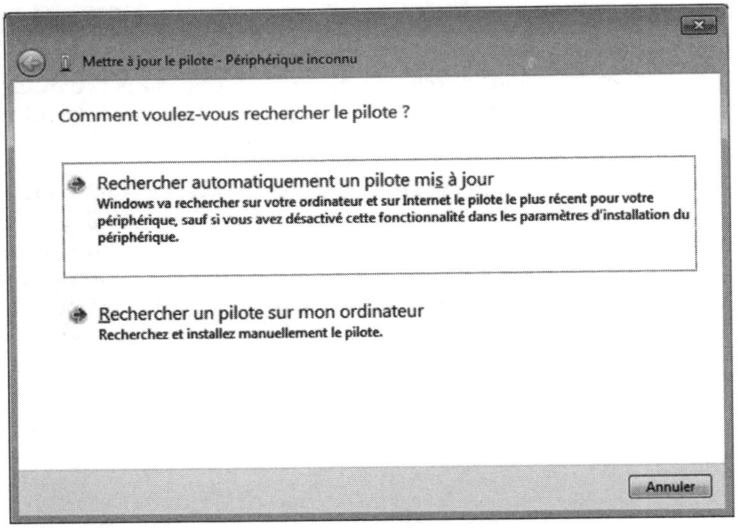

Figure 3-3 : Installer les pilotes dans le Gestionnaire de périphériques.

Notez que si vous êtes dans le sous-dossier FTDU USB Drivers, c'est que vous êtes allé trop loin.

7. **Cliquez sur Suivant, et Windows achève l'installation.**

Une fois que vous avez installé le logiciel, vous pouvez facilement lancer le programme en créant un raccourci sur le bureau de votre ordinateur ou dans son menu Démarrer, selon ce que vous préférez. Rendez-vous dans le dossier Arduino, localisez le fichier Arduino.exe, cliquez du bouton droit, et sélectionnez Créer un raccourci pour créer le raccourci en question. Double-cliquez sur l'icône du raccourci chaque fois que vous souhaitez démarrer l'application Arduino. Cela ouvre une fenêtre pour un nouveau croquis, comme sur la Figure 3-4.

Installer Arduino pour Mac OS X

Les instructions dispensées dans cette section décrivent l'installation du logiciel Arduino sur Mac OS X Lion, mais elles fonctionneront pareillement sur Leopard, Snow Leopard et Moutain Lion. Si vous utilisez une version antérieure du système d'exploitation, vous devrez faire des recherches sur le Web pour trouver des instructions spécifiques.

Suivez ces étapes pour installer le logiciel Arduino sur Mac :

Figure 3-4 : Une belle fenêtre turquoise Arduino dans Windows.

1. **Ouvrez la page de téléchargement d'Arduino sur** `http://arduino.cc/en/Main/Software`**, et cliquez sur le lien Mac OS X pour télécharger le fichier .zip qui contient une copie de l'application Arduino pour Mac OS X.**

   À l'heure où j'écris ces lignes, le fichier zippé fait 127 Mo. C'est un fichier plutôt volumineux, si bien qu'il vous faudra quelque temps pour le télécharger. Lorsque le téléchargement est terminé, double-cliquez sur le fichier et placez son contenu dans votre dossier Applications, comme sur la Figure 3-5.

2. **Branchez l'embout carré de votre câble USB dans l'Arduino et l'embout plat dans le port de votre Mac pour connecter l'Arduino à votre ordinateur.**

Figure 3-5 : Placez l'application Arduino dans votre dossier Applications.

Aussitôt que la carte est connectée, une boîte de dialogue apparaît, qui affiche le message `A new network interface has been detected` (voir Figure 3-6).

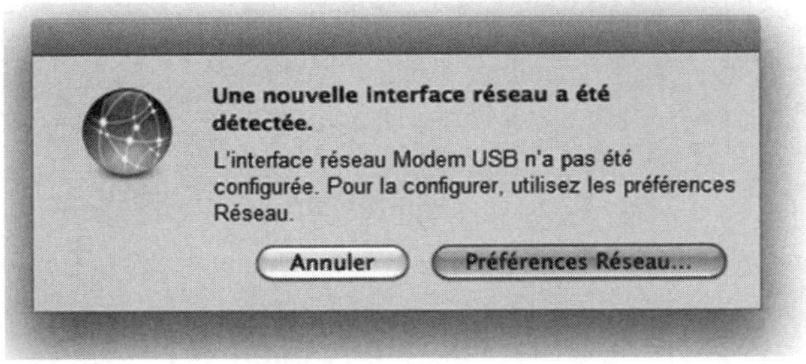

Figure 3-6 : Votre Mac va penser que la carte Arduino est une nouvelle carte réseau.

3. **Cliquez sur Préférences réseau, puis sur Appliquer dans la fenêtre qui apparaît.**

   Notez que votre Arduino apparaît dans la liste sur le côté gauche de la fenêtre comme étant Non configuré. Toutefois, croyez-moi sur parole, le logiciel est bien installé et votre carte Arduino fonctionnera.

4. **Fermez la fenêtre Préférences réseau.**

Pour démarrer l'application Arduino, rendez-vous dans votre dossier Arduino, localisez l'application Arduino, glissez-la sur le Dock, puis cliquez sur l'icône Arduino pour ouvrir l'application (la Figure 3-7 vous montre la fenêtre qui

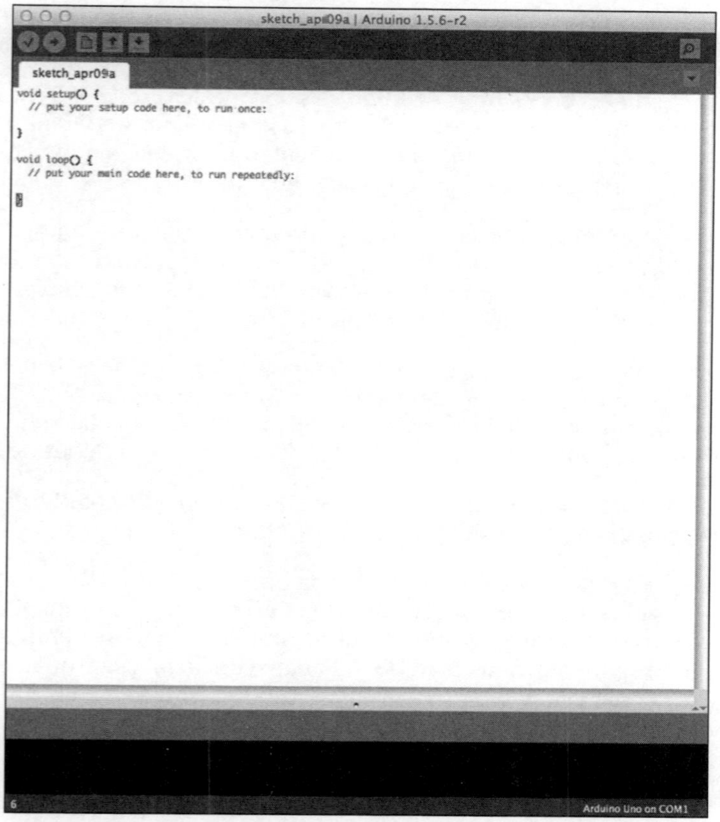

Figure 3-7 : Une magnifique fenêtre turquoise Arduino dans OS X.

apparaît alors). Si vous préférez, vous pouvez aussi glisser-poser l'application sur votre bureau pour créer un alias.

Installer Arduino pour Linux

L'installation sur Linux est plus complexe et dépend de la distribution que vous utilisez, si bien qu'il n'en sera pas question dans ce livre. Si vous utilisez Linux, vous serez probablement plus que compétent pour installer le logiciel et vous n'aurez aucun mal à relever le défi. Vous trouverez tous les détails requis pour installer Arduino sur Linux à l'adresse suivante

```
http://arduino.cc/playground/Learning/Linux
```

Passer en revue l'environnement Arduino

Les programmes écrits pour Arduino s'appellent des *croquis*. C'est une convention de nommage héritée de Processing, qui permettait aux utilisateurs de créer des programmes rapidement, de la même manière que vous pouvez croquer une idée dans un carnet de croquis.

Avant de jeter un œil sur votre premier croquis, je vous encourage à faire un tour du logiciel Arduino. À cette fin, cette section va vous guider. Le logiciel Arduino est un environnement de développement intégré, ou EDI, qui se présente sous la forme d'une interface graphique.

L'interface graphique vous permet d'interagir d'une manière visuelle avec l'ordinateur. Sans elle, vous devriez lire et écrire des lignes de texte, un peu comme lorsque vous devez saisir des commandes dans la ligne de commandes DOS, dans Terminal sur Mac OS X, ou comme au début de Matrix.

La fenêtre turquoise constitue l'interface d'Arduino. Elle est divisée en quatre zones principales (repérées sur la Figure 3-8) :

- **La barre de menus :** Semblable à la barre de menus d'autres programmes qui vous sont familiers, la barre de menus Arduino contient des menus déroulants pour tous les outils, paramètres et informations du programme. Sous Mac OS X, la barre de menus se trouve en haut de l'écran ; sous Windows et Linux, elle se trouve en haut de la fenêtre Arduino active.
- **La barre d'outils :** La barre d'outils contient plusieurs boutons qui sont communément utilisés lorsque vous écrivez des croquis pour Arduino. Ces boutons, qui sont aussi accessibles dans la barre de menus, permettent d'accomplir les actions suivantes :
  - *Vérifier* : Vérifie que votre code fait sens pour le logiciel Arduino. Aussi désigné par le terme de *compilation*, ce processus correspond un peu à une correction orthographique et grammaticale. Toutefois, sachez que si le compilateur vérifie que votre code ne contient pas d'erreurs évidentes, il ne garantit pas que votre croquis fonctionnera correctement.
  - *Télécharger* : Envoie votre croquis à une carte Arduino connectée à l'ordinateur. Votre croquis est compilé avant d'être envoyé.
  - *New* : Crée un nouveau croquis.
  - *Ouvrir* : Ouvre un croquis existant.
  - *Enregistrer* : Sauvegarde le croquis courant.

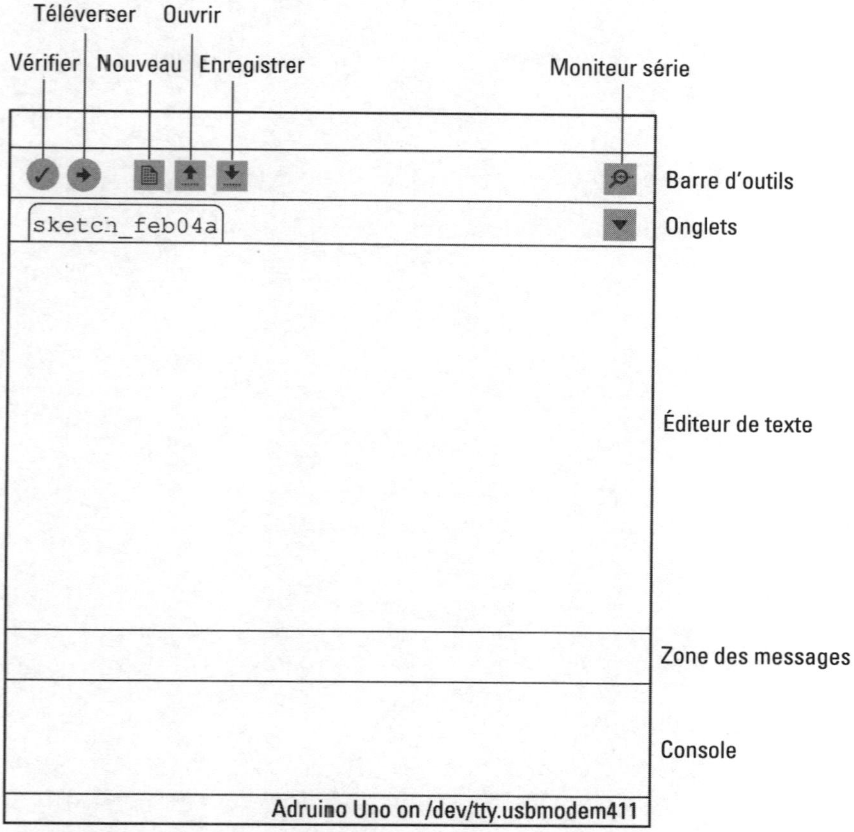

Figure 3-8 : Les zones de l'interface graphique.

- *Moniteur série* : Vous permet de visualiser les données qui sont envoyées ou reçues par votre carte Arduino.

- **Éditeur de texte :** Cette zone affiche votre croquis sous la forme de texte. C'est approximativement un éditeur de texte, mais qui comprendrait des fonctionnalités supplémentaires. Une partie du texte est coloriée, si ce dernier est reconnu par le logiciel Arduino. Vous pouvez aussi mettre en forme automatiquement le texte pour qu'il soit plus facile à lire.

- **Zone des messages :** Même après avoir utilisé Arduino des années durant, vous ferez toujours des erreurs (tout le monde en fait), et cette zone de messages est l'une des premières sources d'explications à laquelle vous vous référerez (Note : l'autre source est la carte elle-même, dégageant une forte odeur de plastique brûlé).

Chapitre 4

Faire clignoter une LED

Dans ce chapitre

- Trouver le croquis Blink
- Identifier votre carte
- Configurer le logiciel
- Téléverser Blink
- Réaliser votre premier croquis Arduino
- Expliquer le croquis
- Enrichir Blink

Réjouissez-vous. Vous êtes sur le point de faire votre premier pas dans le monde d'Arduino ! Vous avez acheté la carte, sans doute un kit de démarrage Arduino (peut-être auprès d'un des fournisseurs que je vous ai indiqués), et vous êtes prêt à démarrer.

C'est toujours une bonne idée d'aménager un plan de travail ou un bureau propre lorsque vous bricolez Il n'est pas rare qu'on laisse tomber ou qu'on range au mauvais endroit quelques-uns des minuscules composants avec lesquels on travaille, alors veillez à ce que votre espace de travail soit propre, bien éclairé et qu'il comprenne un fauteuil confortable.

De par sa nature, Arduino est un matériel qui conduit à pratiquer un travail manuel. La meilleure manière d'en apprendre plus sur Arduino, c'est donc la pratique – en travaillant avec ce matériel pour *faire* quelque chose. C'est exactement dans cet esprit que j'ai écrit ce livre. Dans ce chapitre, je vous guide via des étapes simples pour que vous parveniez à produire quelque chose.

Je vous guide aussi pour parvenir à téléverser votre premier croquis Arduino. Après cela, vous examinerez la manière dont il fonctionne et comment vous pouvez le modifier au gré de vos besoins.

Travailler sur votre premier croquis Arduino

Vous devriez maintenant avoir devant vous un Arduino Uno R3, un câble USB, et un ordinateur fonctionnant avec le système d'exploitation de votre choix (Windows, Mac OS ou Linux). La section suivante vous montre ce que vous pouvez faire avec ce petit engin.

Trouver le croquis Blink

Pour vous assurer que le logiciel Arduino communique bien avec le matériel, téléversez un *croquis*. Qu'est-ce qu'un croquis, direz-vous ? Arduino a été conçu pour permettre aux gens de prototyper rapidement des idées en utilisant des petits bouts de code qui matérialisent cette idée – un peu comme lorsque vous jetez une idée sur le papier. Pour cette raison, les programmes écrits pour Arduino sont nommés croquis. Toutefois, on utilise désormais Arduino pour réaliser des opérations toujours plus complexes. Ce n'est donc pas parce qu'on parle de croquis qu'un programme Arduino est forcément trivial.

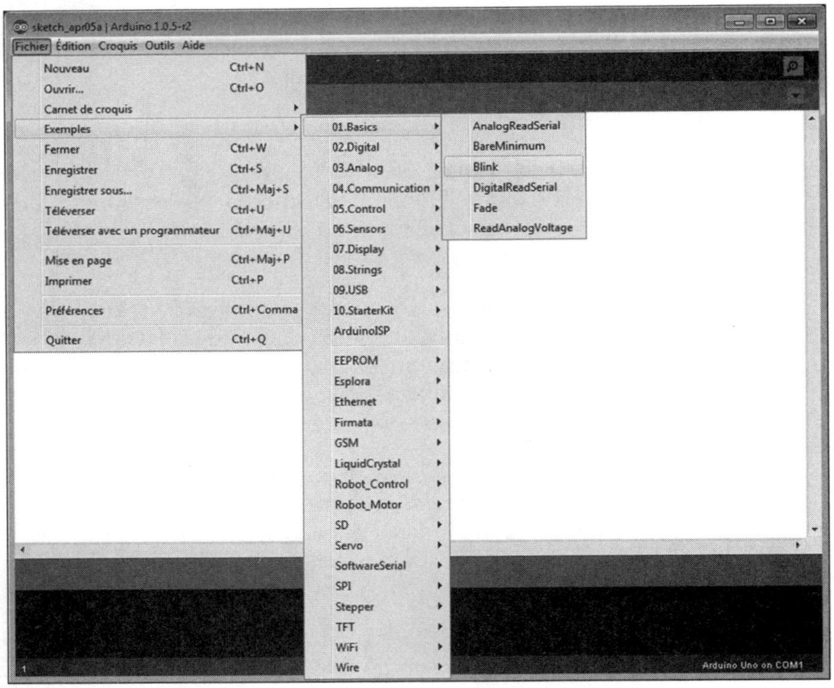

Figure 4-1 : Trouvez votre chemin dans le croquis Blink.

Le croquis que vous souhaitez utiliser ici s'appelle Blink. C'est sans doute le croquis le plus élémentaire que vous puissiez écrire, une sorte de « Hello, world ! » pour Arduino. Cliquez dans la fenêtre Arduino. Dans la barre de menus, sélectionnez Fichier->Exemples->01.Basics->Blink (voir Figure 4-1).

Une nouvelle fenêtre apparaît devant votre croquis vierge, comme sur la Figure 4.2.

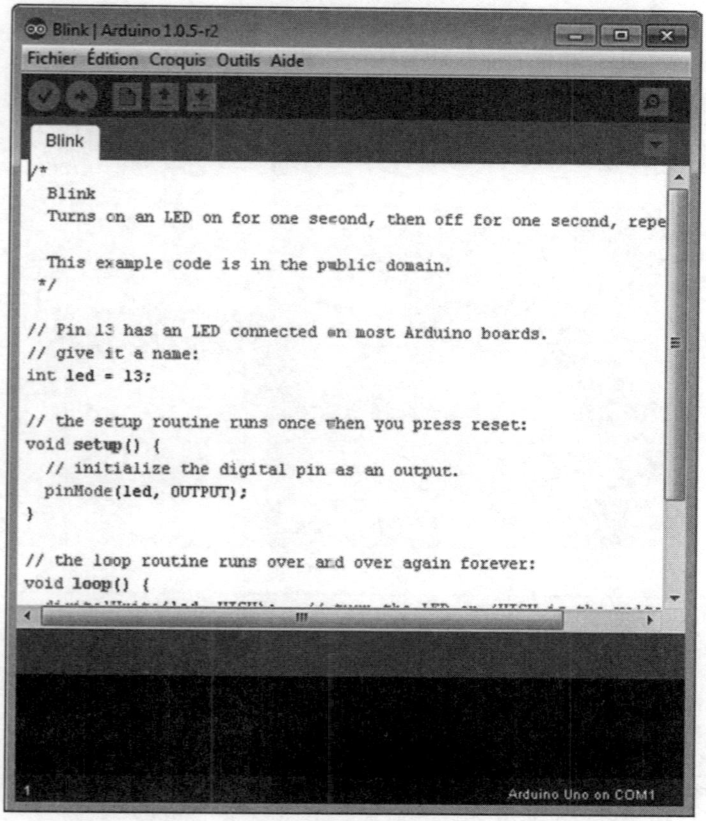

Figure 4-2 : Le croquis Blink pour Arduino.

Identifier votre carte

Avant de pouvoir téléverser votre croquis, vous devez vérifier quelques petites choses. Tout d'abord, vous devriez confirmer le type de carte que vous utilisez. Comme je l'ai mentionné au chapitre 2, vous pouvez faire votre choix parmi toute une variété de matériels Arduino et plusieurs variantes de la carte USB. La dernière génération de cartes USB est l'Uno R3. Si vous avez acheté du matériel neuf, vous pouvez être quasiment certain que c'est le type de carte dont vous disposez. Pour vous en assurer doublement, regardez l'arrière de la carte. Vous devriez lire des détails sur le modèle de la carte, sous une forme similaire à celle de la Figure 4-3.

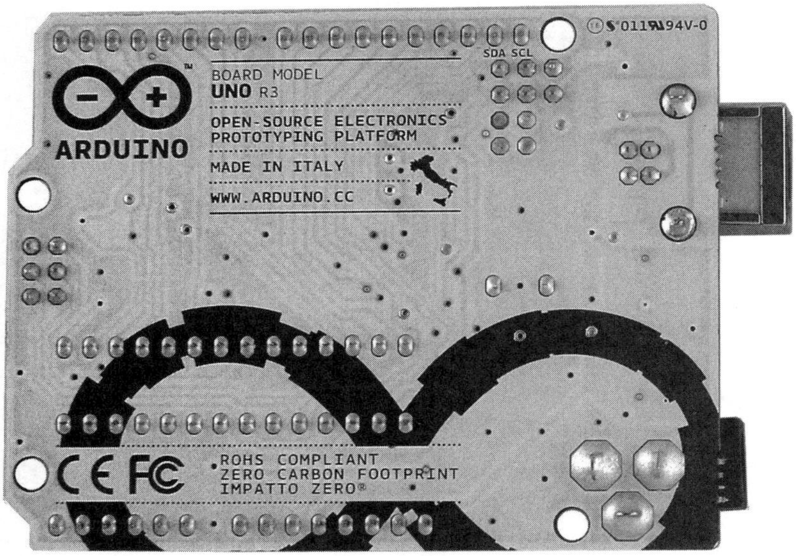

Figure 4-3 : L'arrière d'un Arduino Uno.

Vérifiez aussi le circuit intégré ATMEL sur l'Arduino. Comme je l'ai expliqué au chapitre 2, ce circuit constitue le cerveau de votre Arduino et ressemble au processeur de votre ordinateur. Comme l'Uno et les premières cartes permettent de remplacer ce circuit, il y a toujours une chance, surtout sur une carte déjà utilisée, pour qu'il ait été remplacé par un autre.

Quoique l'apparence du circuit ATMEL permette de le distinguer facilement sur une carte, il serait difficile de dire s'il a été changé en le comparant à un vieil Arduino. Ce qui permet de le savoir, c'est ce qui écrit sur le circuit. Dans le cas présent, vous recherchez la mention ATmega328-PU. La Figure 4-4 représente le circuit en gros plan.

Figure 4-4 : Gros plan sur le circuit ATmega328-PU.

Configurer le logiciel

Une fois que vous avez confirmé le type de carte que vous utilisez, vous devez fournir cette information au logiciel. Dans la barre de menus Arduino (en haut de la fenêtre Arduino sous Windows, et en haut de l'écran sous Mac OS X), sélectionnez Outils->Type de carte. Vous accéderez alors à une liste des différents types de cartes gérés par le logiciel Arduino. Sélectionnez votre carte dans la liste, comme sur la Figure 4-5.

Vous devez ensuite sélectionner le port série. Le port série est la connexion qui permet à votre ordinateur et au matériel Arduino de communiquer. *Série* décrit la manière dont les données sont envoyées, bit (0 ou 1) après bit. Le *port* est l'interface physique, dans le cas présent : la prise USB. Je reviens plus en détail sur la communication au chapitre 7.

Pour déterminer le port série, sélectionnez Outils->Port série. Une liste des matériels connectés à votre ordinateur apparaît (voir Figure 4-6). La liste contient tous les périphériques avec lesquels vous pouvez communiquer par série, mais vous n'êtes pour l'heure intéressé que par l'Arduino. Si vous venez d'installer Arduino et que vous avez branché la carte, elle devrait apparaître en haut de la liste. Pour les utilisateurs d'OS X, elle apparaît sous le nom / `dev/tty.usbmodemXXXXX` (où `XXXXX` est un nombre aléatoire). Sous Windows,

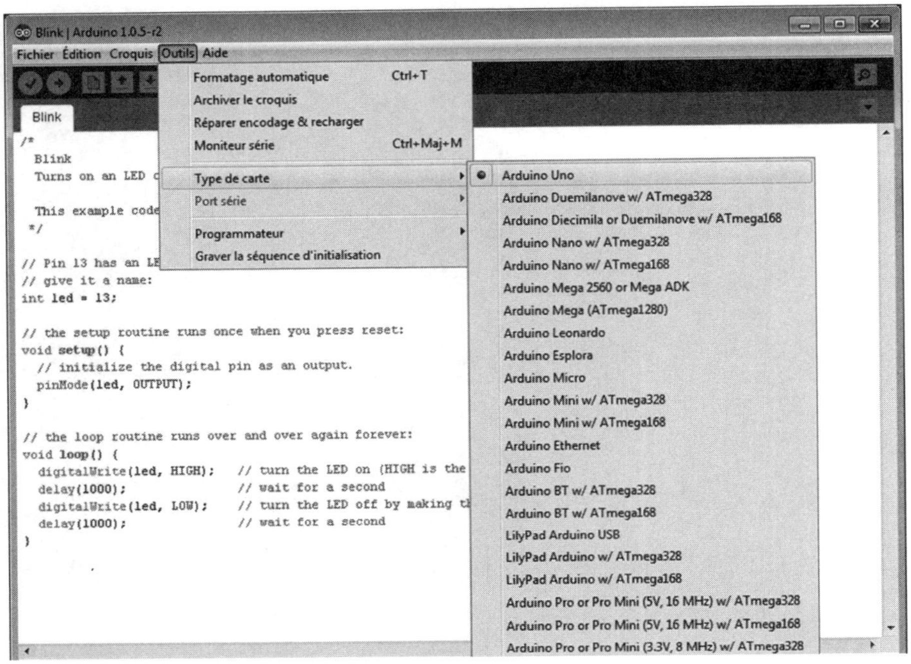

Figure 4-5 : Sélectionnez l'Arduino Uno dans le menu Type de carte.

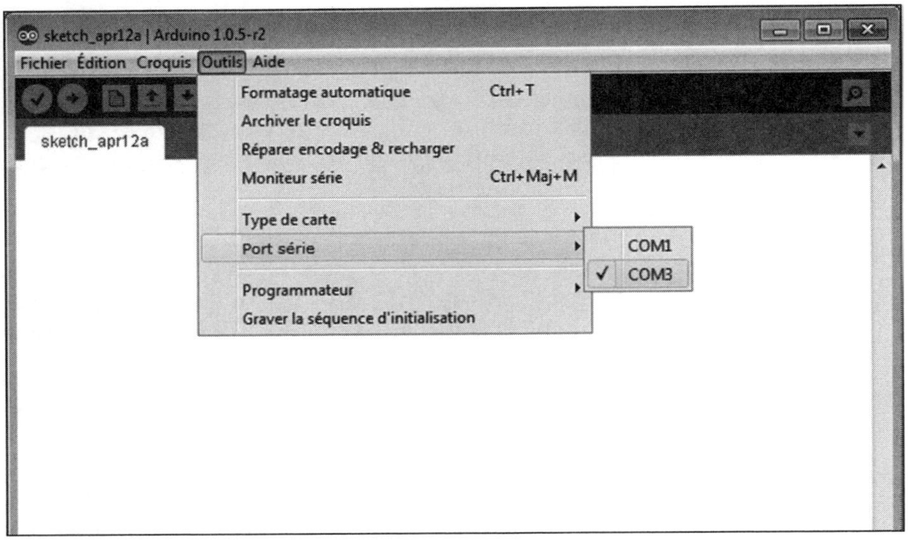

Figure 4-6 : Une liste des connexions séries disponibles dans l'environnement Arduino.

c'est pareil, mais les ports séries sont nommés COM1, COM2, COM3, et ainsi de suite. Le nombre le plus élevé correspond généralement au dernier périphérique connecté.

Une fois que vous avez trouvé le port série, sélectionnez-le. Il devrait apparaître en bas de l'interface de l'Arduino, avec la carte que vous avez sélectionnée (voir Figure 4-7).

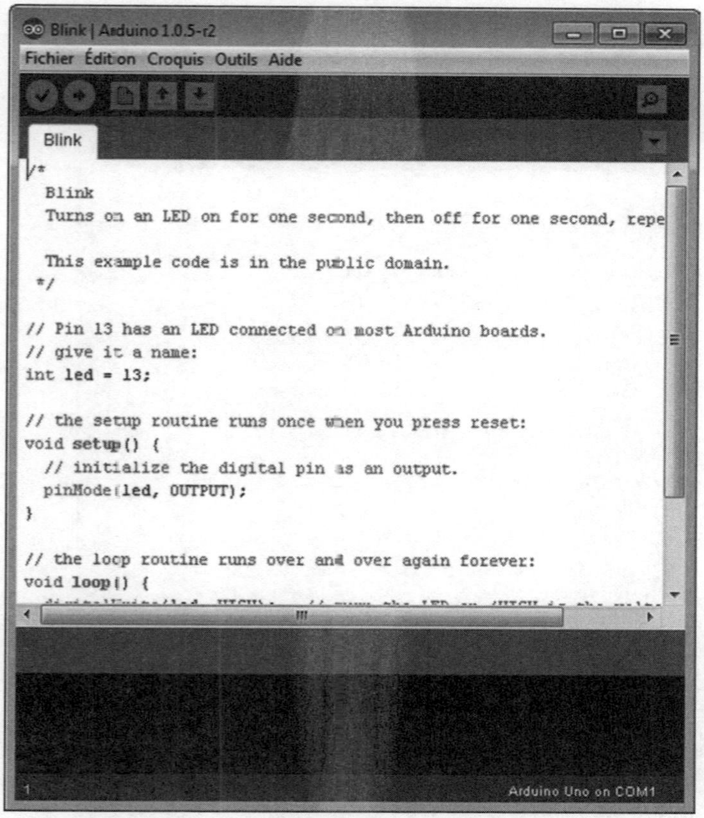

Figure 4-7 : L'interface Arduino une fois le port série et la carte sélectionnés.

Téléverser le croquis

Maintenant que vous avez signalé au logiciel Arduino avec quel type de carte vous communiquez et quel port série vous utilisez, vous pouvez téléverser le croquis Blink que vous avez localisé plus tôt dans ce chapitre.

Tout d'abord, cliquez sur le bouton Vérifier. Cela permet de vérifier le code afin de s'assurer qu'il fait sens. Cela ne signifie pas forcément que votre code fera ce que vous attendez, mais cela garantira que sa syntaxe est telle qu'Arduino sera capable de la comprendre (voir chapitre 2). Vous devriez visualiser une barre de progression et le texte `Compilation du croquis` (voir Figure 4-8) durant quelques secondes, puis le texte `Compilation terminée` une fois le processus achevé.

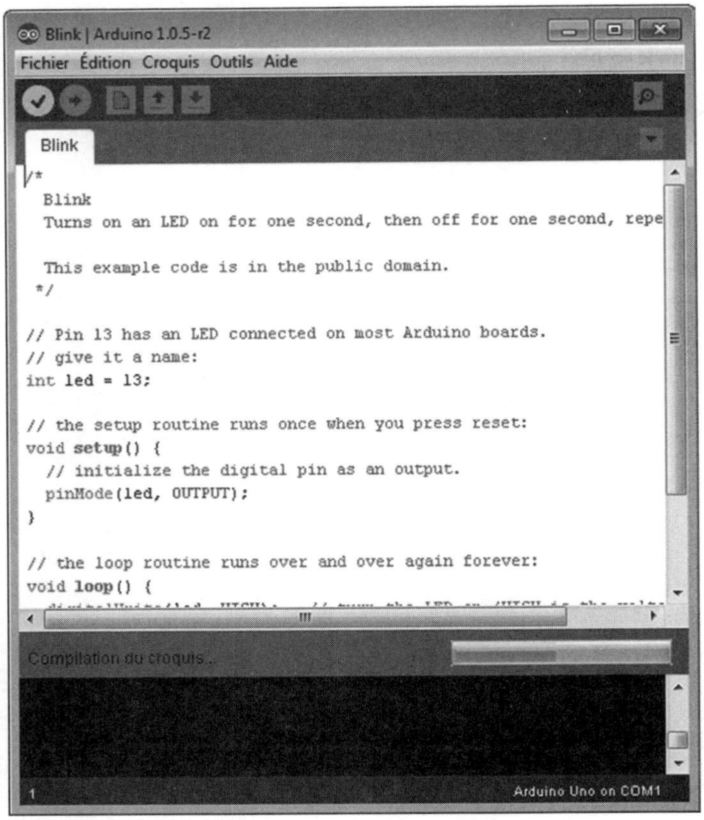

Figure 4-8 : Vérification du code.

Si le croquis est bien compilé, vous pouvez cliquer sur le bouton Téléverser à côté du bouton Vérifier. Une barre de progression apparaît, et vous visualiser beaucoup d'activité sur votre carte où les deux LED libellées RX et TX clignotent (voir le chapitre 2). Cela montre que l'Arduino est en train de recevoir et d'émettre des données. Après quelques secondes, les LED RX et TX cessent de clignoter, et le message `Téléversement terminé` apparaît en bas de la fenêtre Arduino (voir Figure 4-9).

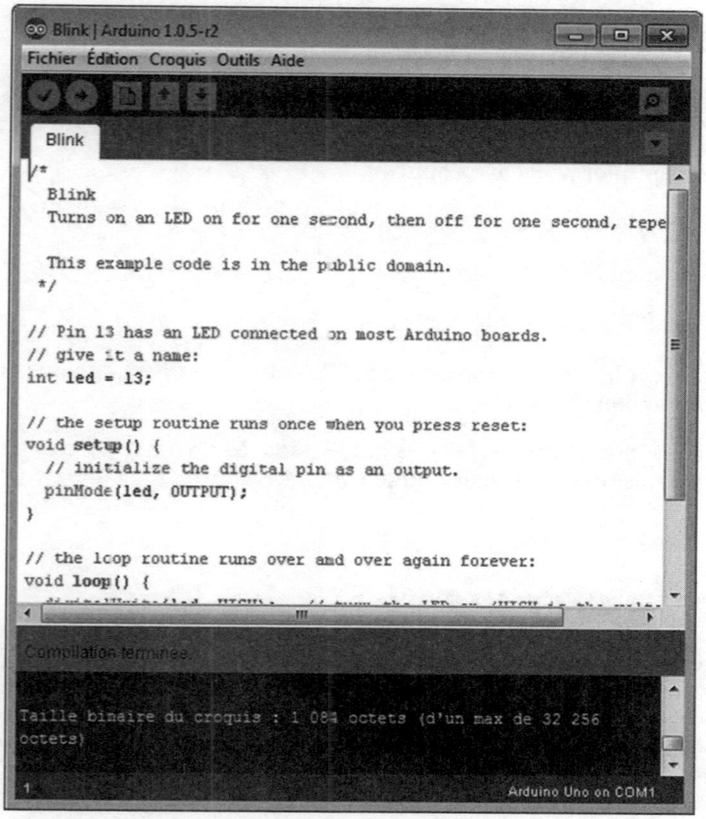

Figure 4-9 : L'interface a terminé de téléverser.

Félicitez-vous !

Vous devriez voir la LED libellée L clignoter d'un air rassurant : une seconde allumée, une seconde éteinte. Dans ce cas, vous pouvez vous donner une tape sur l'épaule. Vous venez juste de téléverser votre premier bout de code Arduino et donc de rentrer dans le monde de l'informatique concrète.

Si vous ne voyez pas la LED L clignoter, reprenez toutes les étapes précédentes. Vérifiez que vous avez installé l'Arduino correctement et tentez un nouvel essai. Si vous ne voyez toujours pas la LED L clignoter, recherchez de l'aide sur Internet et sur le site officiel d'Arduino.

Que s'est-il passé ?

Sans verser la moindre goutte de sueur, vous venez juste de téléverser votre premier croquis dans un Arduino. Bien joué.

Pour récapituler, vous avez donc :

- Branché un Arduino à votre ordinateur.
- Démarré le logiciel Arduino.
- Spécifié la carte et le port série.
- Ouvert le croquis Blink dans les dossiers Examples, et vous l'avez téléversé dans la carte.

Dans la section suivante, je vous guide dans les diverses parties de ce premier croquis que vous venez de téléverser.

Examiner le croquis

Dans cette section, je vous présente le croquis Blink plus en détail pour que vous puissiez comprendre ce qui se déroule. Lorsque le logiciel Arduino lit un croquis, il l'exécute très rapidement ligne après ligne, dans l'ordre. Partant, la meilleure manière de comprendre le code est de le passer en revue de la même manière, mais très lentement.

Arduino utilise le langage de programmation C, l'un des langages les plus utilisés de tous les temps. C'est un langage extrêmement puissant et versatile, mais il faut quelque temps pour s'y faire.

Si vous avez suivi les sections précédentes, le croquis Blink devrait maintenant être affiché à l'écran. Si ce n'est pas le cas, vous pouvez le trouver en sélectionnant Fichier->Exemples->01.Basics->Blink (voir Figure 4-1).

Une fois le croquis ouvert, vous devriez visualiser quelque chose de cet ordre :

```
/*
  Blink
  Active la LED durant une seconde, puis l'éteint durant une seconde,
  et ainsi de suite.

  Cet exemple est dans le domaine public.
 */
```

```
// La LED est connectée à la broche 13 sur la plupart des cartes Arduino.
// Donnez-lui un nom:
int led = 13;

// La routine setup est exécutée quand vous pressez le bouton reset:
void setup() {
  // Faire de la broche numérique une sortie.
  pinMode(led, OUTPUT);
}

// La routine loop boucle à l'infini:
void loop() {
  digitalWrite(led, HIGH);   // Allumer la LED (HIGH la tension haute)
  delay(1000);               // Attendre une seconde
  digitalWrite(led, LOW);    // Éteindre la LED en passant la tension à LOW
  delay(1000);               // Attendre une seconde
}
```

Ce croquis est composé de lignes de code. Lorsque vous considérez le code de loin, vous pouvez identifier plusieurs sections :

- des commentaires ;
- des déclarations ;
- une fonction loop ;
- une fonction setup.

Lisez la suite pour en savoir plus sur chacune de ces sections.

Les commentaires

Voici à quoi ressemble la première section de code :

```
/*
  Blink
  Active la LED durant une seconde, puis l'éteint durant une seconde,
  et ainsi de suite.

  Cet exemple est dans le domaine public.
 */
```

Un commentaire sur plusieurs lignes

Notez comment les lignes de code sont comprises entre les symboles /* et */. Ces symboles délimitent le début et la fin d'un *commentaire sur plusieurs lignes*, ou *bloc de commentaires*. Les commentaires sont écrits en langage naturel (ici, en anglais), et fournissent des informations sur le code, comme leur nom l'indique. Ils sont royalement ignorés par le logiciel lorsque le croquis est compilé et téléversé. En conséquence, les commentaires peuvent contenir n'importe quelle information utile à la compréhension du code sans interférer avec le fonctionnement de ce dernier.

Dans cet exemple, le commentaire vous indique le nom du croquis, ce qu'il fait (allumer la LED durant une seconde, l'éteindre une seconde, et répéter), et comprend aussi une note expliquant que le code est dans le domaine public. Les commentaires comprennent souvent d'autres détails tels que le nom de l'auteur ou de l'éditeur, la date à laquelle le code a été écrit ou modifié, une brève description de ce que fait le code, l'URL du projet, et éventuellement les coordonnées de l'auteur pour le contacter.

Un commentaire sur une seule ligne

Plus bas dans le croquis, à l'intérieur des fonctions `setup` et `loop`, vous trouvez du texte apparaissant à l'écran en gris comme les commentaires précédents. Ce texte est aussi un commentaire. Les symboles // signifient qu'il s'agit d'un commentaire sur une seule ligne et non sur plusieurs, comme vu précédemment. Tout ce qui est écrit après ces symboles est ignoré. Dans le cas présent, le commentaire décrit le code qui vient après :

```
// La LED est connectée à la broche 13 sur la plupart des cartes Arduino.
// Donnez-lui un nom:
int led = 13;
```

Ce qui suit le commentaire correspond à la section des déclarations du croquis. « Mais qu'est-ce qu'une déclaration », direz-vous ? Continuez votre lecture pour en savoir plus.

Les déclarations

Les déclarations sont des valeurs qui sont conservées pour être utilisées plus loin dans le programme. Dans le cas présent, une seule variable est déclarée, mais vous pourriez déclarer bien d'autres variables, voire inclure des bibliothèques de code dans votre croquis. Pour l'heure, il est simplement important de savoir que les variables peuvent être déclarées avant la fonction `setup`.

Les variables

Les *variables* sont des valeurs qui peuvent changer selon la manière dont le programme les utilise. En C, vous pouvez déclarer le type, le nom et la valeur de la variable avant le corps du code, un peu comme vous feriez l'inventaire préalable des ingrédients d'une recette.

```
int led = 13;
```

La première partie déclare le type de la variable, créant ici un entier (`int`, pour *integer*). Un entier est un nombre entier quelconque, positif ou négatif, si bien qu'aucune décimale n'est requise. Remarquez qu'avec Arduino, un entier peut prendre une valeur comprise entre -32678 et 32768. Au-delà, vous devez utiliser un autre type de variable, qu'on nomme `long` (vous en apprendrez plus à ce sujet a chapitre 11). Pour l'instant, un `int` fera largement l'affaire. Le nom de la variable est `led`, mais c'est juste pour y faire référence ; vous pourriez la nommer comme vous le souhaitez, en utilisant un nom significatif pour vous rappeler à quoi sert la variable. Enfin, la variable se voit affecter la valeur 13. C'est ici le numéro de la broche qui sera utilisée.

Les variables sont particulièrement utiles lorsque vous vous référez à une valeur de manière répétée. Dans cet exemple, la variable est nommée `led`, car elle fait référence à la broche à laquelle la LED est connectée. Chaque fois que vous souhaiterez vous référer à la broche 13, vous pourrez désormais utiliser le mot `led`. Cette approche peut vous sembler générer plus de travail au premier abord, mais si vous deviez changer de broche pour utiliser la 11, vous n'auriez ainsi qu'à changer la valeur affectée à la variable `led` une fois dans le code ; toutes les références à `led` qui suivent en tiendront compte automatiquement. Vous gagnerez donc énormément de temps, puisque vous n'aurez pas à passer en revue le code pour remplacer par `11` toutes les occurrences de `13`.

La déclaration ayant été effectuée, le code rentre dans la fonction `setup`.

Les fonctions

Les deux sections qui suivent sont des fonctions qui commencent par le mot-clé `void` : `void setup` et `void loop`. Une *fonction* est un bout de code qui effectue une tâche, laquelle est souvent répétitive. Plutôt que d'écrire le même code encore et encore, vous pouvez utiliser une fonction pour indiquer que le code doit être exécuté plusieurs fois.

Rappelez-vous comment vous procédez pour monter un meuble IKEA. Si vous souhaitez écrire les instructions à suivre sous forme de code, à l'aide d'une fonction, cela ressemblerait à quelque chose comme :

```
void monterUnMeuble() {
   acheter le meuble;
   déballer le meuble;
   lire les instructions;
   assembler les morceaux;
   contempler votre travail;
   jurer qu'on ne vous y reprendra plus;
}
```

La prochaine fois que vous souhaitez suivre ces instructions, plutôt que de les écrire de nouveau une à une, vous pourrez simplement appeler la procédure nommée `monterUnMeuble()`.

Ce n'est pas obligatoire, mais il existe une convention de nommage pour les variables et les fonctions lorsque le nom est composé de plusieurs mots. Comme vous ne pouvez pas utiliser d'espace, vous devez trouver un moyen pour indiquer où commence et où se termine un mot dans le nom ; autrement, le nom serait pénible à lire. La convention consiste à mettre en majuscule la première lettre de chaque mot, à commencer par le second. Cela améliore grandement la lisibilité de votre code lorsque vous devez le passer en revue. Je vous recommande donc de respecter cette règle dans tous vos croquis pour votre plus grand bénéfice et pour celui de ceux qui liront votre code !

Le mot *void* est utilisé quand la fonction ne retourne aucune valeur, et le mot qui suit correspond au nom de la fonction en question. Dans certains cas, vous pourriez souhaiter que la fonction soit alimentée par une valeur et qu'elle en retourne une, un peu comme vous saisissez les nombres à additionner sur une calculatrice qui vous retourne la somme.

`void setup` et `void loop` doivent figurer dans tout croquis Arduino ; c'est le minimum requis pour un téléversement. Toutefois, il est possible d'écrire vos propres fonctions pour accomplir les tâches dont vous avez besoin. Pour l'instant, vous devez simplement vous souvenir qu'il faut faire figurer `void setup` et `void loop` dans tout croquis Arduino que vous créez. Sans ces fonctions, le croquis ne compilera pas.

setup

`setup` est la première fonction qu'un Arduino va lire et qu'il va exécuter une seule fois. Son objet est de configurer l'Arduino, en assignant des valeurs et des propriétés à la carte qui ne changeront pas durant son fonctionnement. La fonction `setup` ressemble à ceci :

```
// La routine setup est exécutée quand vous pressez le bouton reset:
void setup() {
```

```
  // Faire de la broche numérique une sortie.
  pinMode(led, OUTPUT);
}
```

Notez à l'écran que le texte void setup est en orange. Cette couleur indique que le logiciel Arduino la reconnaît comme une fonction interne, à l'inverse d'une fonction que vous auriez écrite vous-même. Si vous modifiez la casse des mots pour Coid Setup, vous verrez qu'ils passent au noir, ce qui montre que le code Arduino est sensible à la casse. C'est un point dont il faut se rappeler, surtout tard la nuit, quand votre code s'obstine à ne pas fonctionner.

Le contenu de la fonction setup se trouve entre des accolades, { et }. Chaque fonction doit comporter cette paire d'accolades. Si vous avez trop d'accolades, le code ne compilera pas, et vous recevrez un message d'erreur qui ressemble à celui de la Figure 4-10.

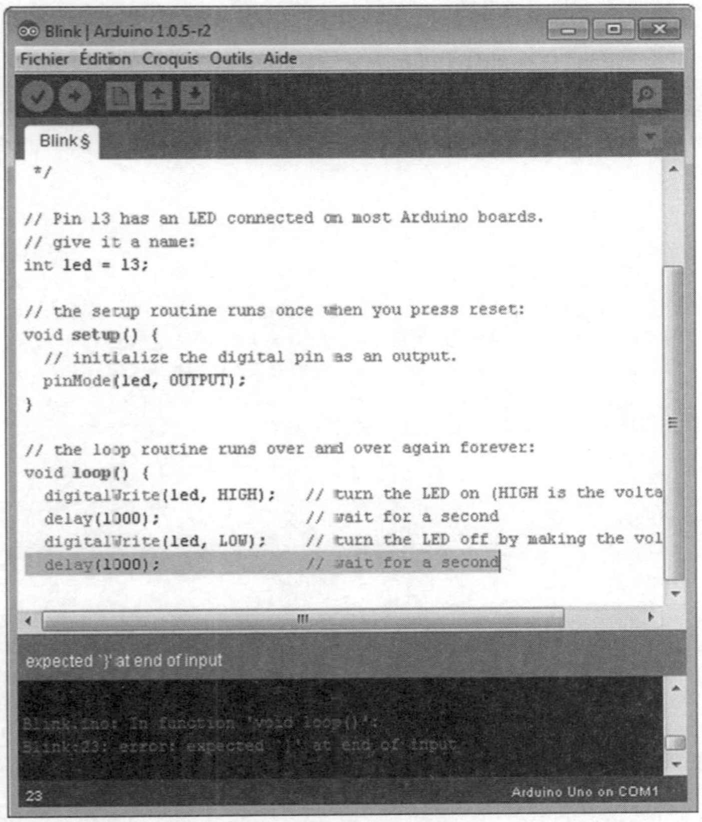

Figure 4-10 : Le logiciel Arduino vous dit que vous avez oublié une accolade.

pinMode

La fonction pinMode configure une broche particulière en sortie ou en entrée : soit pour émettre, soit pour recevoir des données. La fonction prend deux paramètres :

- pin : le numéro de la broche que vous souhaitez modifier
- mode : soit INPUT, soit OUPUT

Dans le croquis Blink, après les deux lignes de commentaires, vous tombez sur cette ligne de code :

```
pinMode(led, OUTPUT);
```

Le mot pinMode est en orange. Comme je l'ai mentionné précédemment, l'orange indique qu'Arduino reconnaît ici une fonction interne. OUTPUT est aussi coloré en bleu, ce qui permet de l'identifier comme une constante, c'est-à-dire une variable prédéfinie dans le langage Arduino. Dans notre cas, la constante indique le mode de la broche. Vous en apprendrez plus au sujet des constantes au chapitre 7.

C'est tout ce que vous devez savoir pour setup. La section suivante explore la fonction loop.

loop

La fonction suivante que vous rencontrez dans le croquis Blink est la fonction loop. Elle est aussi en orange, car Arduino reconnaît là une de ses fonctions internes. loop est une fonction, mais au lieu de n'être exécutée qu'une fois comme setup, elle est exécutée encore et encore jusqu'à ce que vous pressiez le bouton Reset sur la carte Arduino ou que vous coupiez le courant. Voici le code de loop :

```
void loop() {
  digitalWrite(led, HIGH);   // Allumer la LED (HIGH la tension haute)
  delay(1000);               // Attendre une seconde
  digitalWrite(led, LOW);    // Éteindre la LED en passant la tension à LOW
  delay(1000);               // Attendre une seconde
}
```

digitalWrite

Dans la fonction loop, vous trouvez de nouveau des accolades et deux fonctions orange : digitalWrite et delay.

La première est digitalWrite :

```
digitalWrite(led, HIGH);   // Allumer la LED (HIGH la tension haute)
```

Le commentaire indique « Allumer la LED (HIGH est la tension haute) », mais qu'est-ce que cela signifie exactement ? La fonction digitalWrite envoie une valeur numérique à une broche. Comme mentionné au chapitre 2, les broches numériques n'ont que deux états : haut (HIGH) ou bas (LOW), ce qui correspond au niveau de la tension qui leur est appliquée en référence à la tension du courant dans la carte.

Un Arduino Uno a besoin d'un courant de 5 V pour fonctionner, lequel est fourni par une source USB ou une alimentation externe, que la carte Arduino réduit à 5 V. Cela signifie que la valeur HIGH est équivalente à une tension de 5 V, et que la valeur LOW est équivalente à une tension de 0 V.

La fonction prendre deux paramètres :

- pin : Le numéro de la broche que vous souhaitez mettre sous tension
- value : Soit HIGH, soit LOW

En conséquence, digitalWrite(led, HIGH) signifie « envoyer 5 V sur la broche 13 de l'Arduino », ce qui suffit pour allumer la LED.

delay

Au milieu de la boucle loop, vous trouvez cette ligne :

```
delay(1000);               // Attendre une seconde
```

Cette fonction arrête le programme durant un certain temps, indiqué en millisecondes. Dans ce cas, la valeur est de 1000 millisecondes, ce qui correspond donc à une seconde. Durant cet intervalle, rien ne se passe. Votre Arduino attend seulement l'expiration du délai.

La ligne suivante dans le croquis est une autre occurrence de la fonction digitalWrite, qui passe à LOW la tension de la broche :

```
digitalWrite(led, LOW);    // Éteindre la LED en passant la tension à LOW
```

Cela indique à l'Arduino qu'il doit appliquer une tension de 0 V à la broche 13, ce qui éteint la LED. La ligne est suivie d'une autre occurrence de delay pour arrêter de nouveau le programme durant une seconde :

```
delay(1000);               // Attendre une seconde
```

À cet instant, le programme revient au départ de la boucle et se répète, à l'infini.

Ainsi, la boucle est la suivante :

- Envoyer 5 V sur la broche 13, allumant ainsi la LED.
- Attendre une seconde.
- Envoyer 0 V sur la broche 13, éteignant ainsi la LED.
- Attendre une seconde.

Comme vous le voyez, cela fait clignoter la LED !

Faire clignoter plus vivement

J'ai mentionné la broche 13 plusieurs fois dans ce chapitre. Pourquoi cette broche fait-elle clignoter la LED sur la carte Arduino ? La LED libellée L est connectée juste avant d'atteindre la broche 13. Sur les premières cartes, il était nécessaire de fournir votre propre LED. Comme une LED est tellement utile pour déboguer et générer un signal, il s'en trouve désormais une à demeure sur les cartes.

Pour aller plus loin, vous aurez besoin d'une LED provenant de votre kit. On trouve des LED de toutes formes, couleurs, et tailles, mais elle devrait ressembler à celle présentée sur la Figure 4-11.

Figure 4-11 : Une LED, prête à être utilisée.

Jetez un œil à votre LED, et remarquez qu'une patte est plus longue que l'autre. Placez la longue (l'anode, ou +) sur la broche 13, et la courte (la cathode, ou -) sur la broche GND (la masse). Vous verrez le que la LED clignote pareillement, mais plus vivement selon le type de LED que vous utilisez. Insérez la LED comme sur la Figure 4-12.

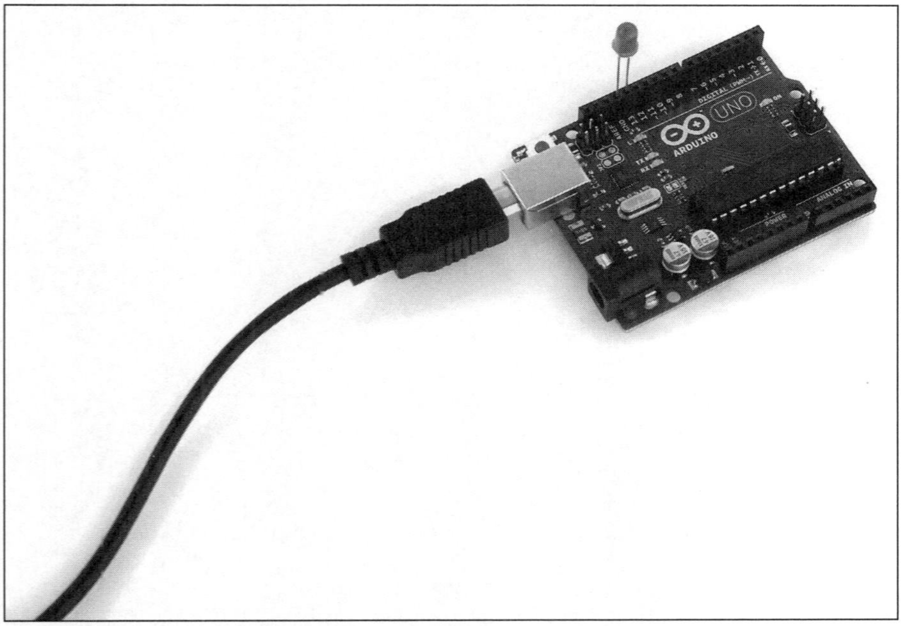

Figure 4-12 : La LED sur la broche 13 de l'Arduino.

La description de la fonction `digitalWrite` donnée dans la section précédente vous permet de savoir que votre Arduino envoie 5 V sur la broche 13 lorsqu'on spécifie `HIGH`. C'est peut-être une tension trop forte pour la plupart des LED. Fort heureusement, une autre fonctionnalité de la broche 13 est d'intégrer une résistance de rappel (pull-down). Elle permet d'appliquer une tension supportable à votre LED pour lui garantir une vie longue et heureuse.

Bidouiller le croquis

J'ai passé le croquis en détail, et j'espère que tout cela a fait sens pour vous. Quoi qu'il en soit, la meilleure manière de comprendre ce qui se passe, c'est d'expérimenter ! Essayez de modifier les délais pour voir le résultat que cela produit. Voici quelques choses que vous pouvez tenter :

- Faire clignoter la LED pour générer un signal SOS.
- Voir à quelle fréquence vous devez faire clignoter la LED pour qu'elle semble tout le temps allumée.

Deuxième partie

Rentrer dans le dur avec Arduino

« Je pense que j'ai réparé l'intercom. N'oubliez pas de parler au ventilateur du plafond lorsque la sonnette retentit. »

Dans cette partie

Prêt pour les choses sérieuses ? La partie 1 de ce livre constituait une introduction. Dans cette seconde partie, vous en apprendrez plus sur les outils de prototypage dont vous avez besoin pour créer vos projets. Vous plongerez légèrement dans la théorie de l'électronique avant de revenir à la pratique de votre carte Arduino. De là, vous découvrirez de nouvelles choses intéressantes sur le potentiel de votre Arduino en réalisant quelques exemples de base. Il ne vous restera qu'à penser à la manière dont vous pourriez utiliser Arduino pour réaliser vos propres projets.

Chapitre 5

Les bons outils du bon ouvrier

Dans ce chapitre

- Présentation de la platine, le canevas blanc pour les circuits
- Se doter des bons outils
- Devenir un limier électronicien, avec un multimètre

Au chapitre 14, j'ai traité d'une des applications les plus élémentaires d'Arduino : faire clignoter une LED. Cette application n'utilise que l'Arduino et quelques lignes de code. Quoiqu'il soit amusant de faire clignoter une LED, vous pouvez utiliser un Arduino pour réaliser toutes sortes de choses – des installations interactives, contrôler vos appareils ménagers, échanger avec Internet, pour ne citer que celles-là.

Dans ce chapitre, vous étendrez vos connaissances en découvrant l'art du prototypage et en découvrant comment utiliser quelques outils de prototypage de base pour faire mieux avec votre Arduino. Ces outils vous permettent de réaliser des circuits temporaires pour essayer de nouveaux composants, tester des circuits, et plus généralement créer des prototypes simples.

Trouver les bons outils pour travailler

L'objet du prototypage est d'explorer des idées, et c'est justement ce pour quoi Arduino a été conçu. La théorie est importante, mais vous apprenez souvent plus vite et bien mieux en procédant par expérimentation.

Cette section vous présente quelques outils et composants que vous pouvez utiliser pour commencer à réaliser les prototypes de circuits. Vous pourrez utiliser ces derniers pour réaliser vos propres projets.

Vous disposez d'un vaste éventail d'outils pour vous aider dans vos expérimentations. Vous trouverez ici une brève liste de ceux que je recommande. Les platines d'essais et les cavaliers se trouvent dans la plupart des kits ; ils sont essentiels pour réaliser les circuits pour votre projet Arduino. Les pinces à bec fin ne sont pas indispensables, mais hautement recommandées.

La platine d'essais

Les platines d'essais constituent la partie la plus essentielle de votre kit de prototypage. C'est la base sur laquelle vous pouvez prototyper vos circuits. Elles vous permettent d'utiliser temporairement des composants plutôt que de les placer sur un circuit et de les souder pour les tenir en place (il est question du soudage au chapitre 10).

La platine d'essais est composée d'un boîtier en plastique comportant des lignes et des colonnes de trous, sous lesquelles on trouve des rails en cuivre. Ces rails vous permettent de connecter rapidement et facilement les composants pour y faire circuler l'électricité.

On trouve des platines d'essais de différentes formes et dimensions, dont nombre disposent de connecteurs vous permettant de les relier de la manière qui vous arrange le plus.

La Figure 5-1 présente une platine d'essais des plus standard. Si vous deviez retirer la coque en plastique crème, vous accéderiez à des rails en cuivre qui courent le long de chacun des grands côtés de la platine, brisés en leur milieu. Ces rails sont généralement utilisés pour fournir une source d'alimentation (PWR) et une masse (GND), parfois libellées avec un symbole positif (+) ou négatif (-) ou une ligne rouge et noire ou rouge et bleue. Le rouge correspond toujours au positif (+), tandis que le noir ou le bleu correspond au négatif (-).

À la base, un « rail » PWR ou GND est une source de courant ou une masse. Les circuits ont souvent besoin de courant ou d'une masse pour différentes fonctions, et il arrive souvent qu'une source ne soit pas assez. Il se peut que vous deviez relier plusieurs composants à la même source de courant ou la masse ; pour cela vous les reliez au rail correspondant en utilisant au besoin des straps, dont il sera question plus loin. Un rail permet ainsi de démultiplier les possibilités de connexions.

Quoique les rails soient libellés, vous pouvez les utiliser pour n'importe quel usage. Toutefois, respecter les conventions permet de vous assurer que

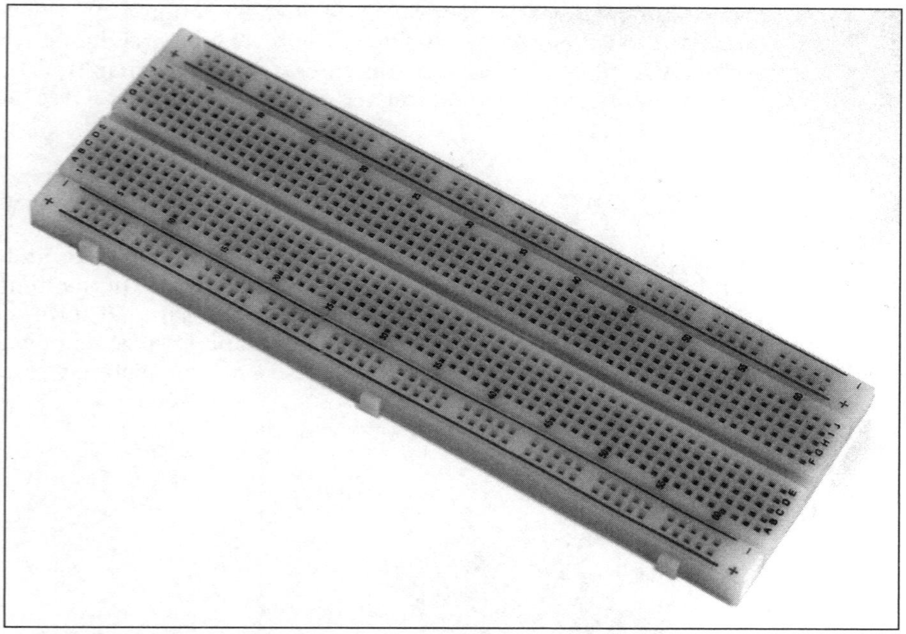

Figure 5-1 : Une platine d'essais.

d'autres personnes pourront facilement comprendre votre circuit ; je vous conseille donc de le faire.

En bas de la platine d'essais, on trouve beaucoup de petits rails parallèles aux petits côtés de la platine, séparés par une tranchée au milieu. La raison d'être principale de cette tranchée est de permettre l'insertion de circuits intégrés (tels que registre à décalage 74HC595 décrit au chapitre 15), car la tranchée signifie que les pattes qui se trouvent d'un côté ne sont pas connectées à celles qui se trouvent de l'autre. Beaucoup d'autres composants peuvent aussi tirer parti de cette tranchée, dont les boutons-poussoirs (dont il est question au chapitre 5) et les photocoupleurs (voir le chapitre bonus), ce qui vous permet plus facilement de réaliser votre circuit.

Lorsque vous placez un strap ou un composant dans l'un des trous, vous devriez sentir comme une résistance. C'est l'espèce de pince qui maintient le strap ou la patte en place dans le trou. Elle serre assez pour tenir les choses en place tandis que vous travaillez sur votre projet sur un bureau, mais pas trop, pour que vous puissiez facilement retirer le strap ou la patte avec vos doigts.

J'ai vu des gens ranger une platine d'essais dans un boîtier pour finaliser leur projet, mais ce n'est pas conseillé. Les composants les plus petits ou les straps les plus lâches peuvent facilement se déconnecter, et ce peut être particulièrement pénible de repérer ce qui ne fonctionne plus. Si vous travaillez sur un projet et que vous souhaitez le révéler au grand jour, vous devriez vous mettre au fer à souder (la soudure est traitée au chapitre 10). C'est ce qui vous permettra de faire durer vos projets, et c'est aussi très amusant !

Les straps

Les straps (représentés sur la Figure 5-2) sont essentiels pour utiliser votre platine d'essais. Ce sont des fils isolés assez courts qui permettent de relier vos composants aux rangées de votre platine d'essais, à d'autres composants, à votre Arduino. Un strap n'est pas différent d'un fil en général, mais il est généralement coupé court pour être utilisé avec une platine d'essais.

Figure 5-2 : Une sélection de straps.

Vous pouvez trouver des fils isolés n'importe où. Il peut s'agir de fils épais utilisés pour brancher n'importe quel matériel électroménager, ou des fils bien plus fins, comme ceux utilisés pour des écouteurs. À la base, un fil isolé est un fil métallique conducteur entouré d'un isolant qui vous protège de l'électricité, et qui protège le signal électrique de toute interférence extérieure.

Le fil le plus utilisé dans ce livre (et qui vous sera le plus utile dans vos projets Arduino) pourrait être classé dans la catégorie des fils d'équipement isolés. Ce type de fil est généralement utilisé à petite échelle pour des applications électriques à basse tension.

Le fil que vous utilisez est d une de ces deux sortes : monobrin ou multibrin. Un fil monobrin est composé d'un seul brin. Un tel fil est parfaitement conçu pour retenir la forme qu'on lui donne, mais si vous le pliez trop, il se rompt. C'est pourquoi ce type de fil est utile pour réaliser soigneusement des connexions sur votre platine d'essais du moment que vous n'aurez pas à trop les déplacer.

Un fil multibrin peut avoir le même diamètre qu'un monobrin, mais au lieu d'être composé d'un seul fil, il est composé de plusieurs, qui sont très fins. Ces petits fils sont torsadés, ce qui donne au fil plus de résistance à la courbure qu'un fil monobrin. Cette conception est similaire à celle des câbles de suspension des ponts. Les fils multibrins sont particulièrement adaptés aux connexions qu'on change souvent, et ils durent plus longtemps.

Vous pouvez couper les straps vous-même, mais on en trouve aussi des packs pratiques de différentes couleurs et de différentes longueurs. L'une et l'autre de ces solutions ont des avantages et des inconvénients.

Couper les fils vous-même est significativement meilleur marché, car vous pouvez acheter une grosse bobine de fil. D'un autre côté, si vous souhaitez disposer d'une gamme de couleurs, vous devrez acheter une bobine pour chacune, ce qui peut s'avérer un investissement considérable pour votre premier circuit. Les packs ne vous coûteront pas aussi cher au début, et vous donneront accès à la variété que vous recherchez. Vous pourrez acheter des grosses bobines lorsque vous serez certain d'en avoir le besoin.

Aussi, lorsque vous envisagez de couper les fils, n'oubliez pas la différence de finition des fils faits maison. Les fils monobrins sont généralement identiques, que vous les coupiez vous-même ou que vous les fassiez couper, mais ils se détériorent plus rapidement s'ils sont courbés. Les fils multibrins durent plus longtemps, mais lorsqu'ils sont coupés sur une bobine, ils peuvent s'effilocher aux extrémités comme au bout d'un fil de laine. Vous devez les tripoter souvent en les torsadant entre votre pouce et votre index entre deux usages pour vous assurer que les petits fils restent aussi droits et liés que possible.

Les straps multibrins multicolores vendus en packs présentent l'intérêt d'être soit soudés, soit d'être soudés à une broche de connexion d'un côté. Cette fabrication garantit que l'extrémité est aussi fiable qu'un fil monobrin, tout en bénéficiant de la souplesse du multibrin.

Dans l'idéal, vous devriez disposer d'un pack de straps multibrins multicolores pour commencer. Ce sont les composants les plus versatiles et les plus durables de votre kit. Il est bon d'en avoir toute une variété pour faire face à n'importe quelle situation quand on construit un circuit.

Des pinces à bec fin

Une pince à bec fin, représentée sur la Figure 5-3, est comme une pince classique, mais très pointue, idéale pour pincer des composants minuscules. L'électronique peut s'avérer un art délicat, et il est très facile de déformer les fragiles pattes des composants lorsqu'on les enfonce dans une platine d'essais. Ces pinces ne sont pas indispensables, mais elles permettent de faire preuve de plus de finesse et de précision en construisant des circuits.

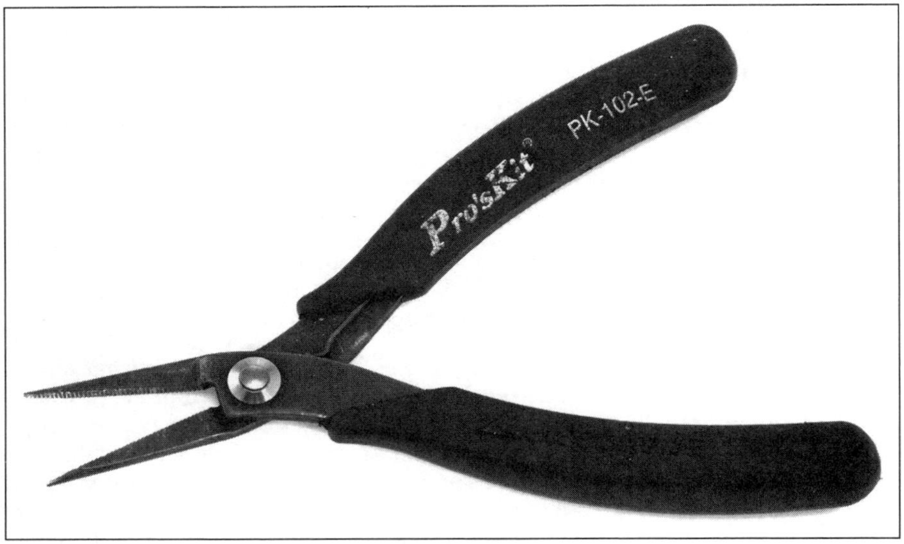

Figure 5-3 : Les pinces à bec fin : un choix de connaisseur.

Le multimètre

Un multimètre est un instrument pour mesurer la tension (en volts), l'intensité (en ampères), la résistance (en ohms). Il peut vous indiquer les valeurs de différents composants et ce qu'il se passe en différents endroits de votre circuit. Comme vous ne pouvez pas voir ce qui se passe dans un circuit ou dans un composant, un multimètre est essentiel pour comprendre son fonctionnement interne. Sans multimètre, vous devrez vous en remettre au pifomètre, ce qui est toujours une mauvaise idée en électronique.

La Figure 5-4 représente un multimètre numérique de milieu de gamme. Comme celui-ci, la plupart des multimètres comprennent :

Figure 5-4 : Un bon multimètre numérique peut souvent sauver votre projet.

- **Un affichage numérique :** C'est le même que sur votre réveil numérique. Comme le nombre de chiffres est limité, ceux qui figurent après la décimale se déplacent en fonction de l'importance du nombre affiché. Le nombre est produit par le multimètre en ajustant automatiquement le calibre (l'ordre de grandeur de la mesure maximale à effectuer), mais si votre multimètre n'est pas capable d'ajuster ainsi le calibre, vous devrez donc l'ajuster à la main.

- **Une molette de sélection du mode :** Cette molette vous permet de choisir entre les différentes fonctions d'un multimètre. Il peut s'agir de mesurer une tension, une intensité, une résistance, ainsi qu'une grande variété de calibres pour chacune de ces unités, comme mesurer une résistance jusqu'à cent mille, dix mille, cent mille ou un million d'ohms. Les meilleurs multimètres disposent d'un test de continuité qui vous indique si vos connexions sont bonnes, c'est-à-dire quand elles n'opposent qu'une résistance infime au passage du courant. Cette fonctionnalité m'a évité de passer en revue pendant des heures toutes les étapes de projets, et je recommande donc définitivement d'investir dans un bon multimètre de milieu de gamme qui en dispose.

- **Un jeu de sondes :** Ce sont les instruments que vous utilisez pour tester les parties de votre circuit. La plupart des multimètres sont livrés avec deux sondes ressemblant à des brochettes, qu'on met en contact avec les fils. Vous pouvez aussi trouver des sondes dotées de pinces crocodiles. Éventuellement, vous pouvez acheter ce type de pinces pour les connecter aux probes. Elles sont particulièrement utiles pour attraper les fils.
- **Un jeu de prises :** Les sondes peuvent être repositionnées dans différentes prises du multimètre selon l'usage. Dans le cas présent, ces prises sont libellées A, mA, COM et VΩHz. La prise libellée A sert à mesurer l'intensité de courants importants en ampères (A), jusqu'à 20 A. Il faut noter un avertissement signalant que le multimètre ne peut supporter un tel courant que 10 secondes au plus. Ces limites apparaissent sur une ligne entre la prise et la prise COM, ce qui indique aussi que les deux sondes devraient être placées pour l'une dans la prise A (sonde rouge), et pour l'autre dans la prise COM (sonde noire). La prise mA (sonde rouge) est pour le courant de moins de 500 mA. La prise COM (sonde noire) est une abréviation de Common (commun), et constitue un point de référence pour vos mesures. Dans la plupart des cas, c'est la masse de votre circuit, et on y branche la sonde noire. La prise marquée VΩHz (sonde rouge) est utilisée pour mesurer la tension (en V, pour volts), la résistance (en Ω, pour ohms), et la fréquence (en Hz, pour hertz) entre cette prise et la prise COM (sonde noire).

Utiliser le multimètre pour mesurer une tension, une intensité, une résistance

Tout arduiniste se doit de maîtriser certaines techniques de base pour vérifier le bon fonctionnement de son circuit. Les vols, les ampères et les ohms peuvent en théorie être calculés à l'avance (comme vous l'apprendrez au chapitre 6), mais dans le monde réel, nombre de facteurs peuvent intervenir, que vous ne pouvez anticiper. Si un de vos composants est défaillant ou si une connexion oppose une résistance, vous pouvez perdre des heures à localiser le problème, et c'est là où un multimètre devient essentiel pour le faire vite. Dans cette section, vous apprenez à mesurer la tension, l'intensité et la résistance, ainsi qu'à vérifier la continuité de vos connexions.

Mesurer la tension (en volts) dans un circuit

Il est essentiel de savoir mesurer une tension. Ce peut être pour tester la tension d'une batterie ou celle du courant parcourant un composant. Si les choses ne s'illuminent pas ou si elles ne vrombissent pas, vous avez peut-être perdu une connexion ou envoyé trop de courant, carbonisant ce que vous essayiez d'alimenter. C'est l'occasion idéale pour tester la tension dans votre circuit et vous assurer qu'elle est bonne.

Tout d'abord, vous devez vérifier que les sondes de votre multimètre sont branchées dans les bonnes prises. Ces prises devraient porter la mention V pour volts en ce qui concerne la sonde rouge, et COM pour la masse en ce qui concerna la sonde noire. Ensuite, vous devez configurer votre multimètre pour mesurer un courant continu (DC), ce qui peut être représenté par un signe V suivi d'une vague anguleuse, par opposition au courant alternatif (AC), qui sera représenté par le signe V suivi d'une vague courbée. Dans notre cas, mon multimètre dispose d'un bouton pour basculer entre AC et DC.

La tension est mesurée en parallèle, ce qui signifie que vous devez vous positionner de part et d'autre de la partie du circuit dont vous souhaitez mesurer la tension. La Figure 5-5 vous montre comment procéder. La sonde positive devrait toujours se trouver du côté positif, et la sonde négative, de l'autre côté. Si vous inversez les sondes, vous n'endommagerez pas votre circuit, mais vous lirez une valeur négative au lieu d'une valeur positive.

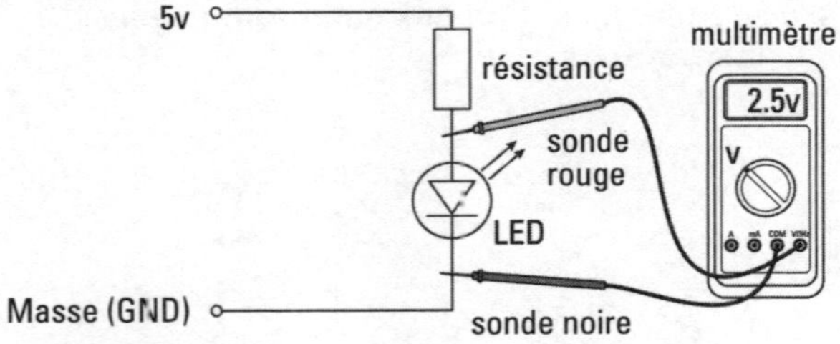

Figure 5-5 : Un multimètre est utilisé en parallèle pour mesurer une tension.

Une bonne manière de tester voter multimètre est de mesure la tension entre les broches 5 V et la broche GND de votre Arduino. Vérifiez que voter Arduino est bien branché, et connectez un strap sur chaque broche afin de vous y connecter plus facilement avec les sondes. Placez la sonde rouge sur le strap 5 V et la sonde noire sur le strap GND. Une valeur de 5 V devrait s'afficher à l'écran de votre multimètre, vous prouvant ainsi que votre Arduino génère bien une tension de 5 volts, comme attendu.

Mesurer l'intensité (en ampères) dans un circuit

Vous avez peut-être la bonne tension, mais vous pourriez ne pas avoir assez de courant pour alimenter la lumière ou le moteur que vous souhaitez piloter. La meilleure manière de le savoir, c'est de tester le circuit en mesurant l'intensité consommée et en la comparant à celle de l'alimentation que vous utilisez.

Vérifiez que vos sondes sont connectées aux bonnes prises dans le multimètre. Quelques multimètres proposent deux prises, une pour les courants très intenses, dont l'intensité est mesurée en ampères (A), et une autre pour les courants plus faibles, dont l'intensité est mesurée en milliampères (mA). Généralement, les circuits Arduino de base n'ont besoin que de quelques milliampères, mais si vous utilisez des lumières des moteurs ou d'autres matériels, vous devriez mesurer en ampères. Tournez ensuite la molette pour sélectionner le bon calibre : A, mA, voire μA (microampères).

L'intensité se mesure en série, ce qui signifie que le multimètre doit être placé dans la continuité des composants du circuit parcourus par le courant dont vous souhaitez mesure l'intensité, de sorte que le courant passe dans le multimètre comme si ce dernier n'était qu'un composant de plus. La Figure 5-6 vous montre comment procéder.

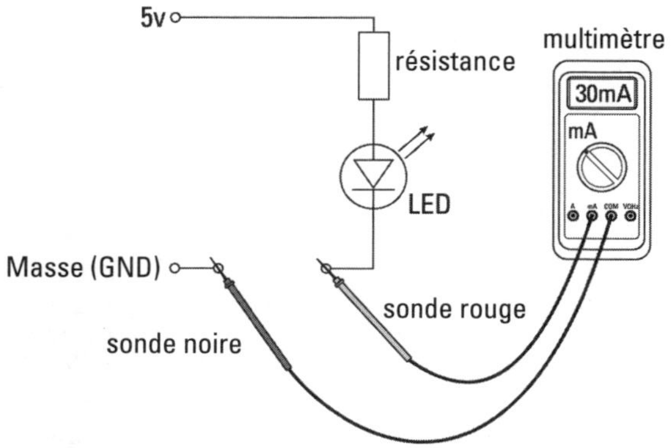

Figure 5-6 : Un multimètre est utilisé en série pour mesurer une intensité.

Si vous réalisez un circuit semblable à celui représenté à l'aide de votre platine d'essais, vous pourrez utiliser deux straps pour couper le circuit en un point, ce qui permettra de loger votre multimètre entre les deux pour faire la jonction. Cela permettra d'afficher l'intensité du courant dans le circuit.

Note : *Si vous faites clignoter quelque chose, vous faites sans doute varier l'intensité du courant. Stabilisez le courant pour en mesurer l'intensité maximale.*

Mesurer la résistance (en ohms) d'une résistance

Il est parfois difficile de lire la valeur d'une résistance, et il est alors nécessaire, voire simplement plus facile, de la mesurer à l'aide d'un multimètre. Réglez le multimètre sur Ohms, ou Ω, et placez une sonde sur chaque patte de la résistance, comme sur la Figure 5-7.

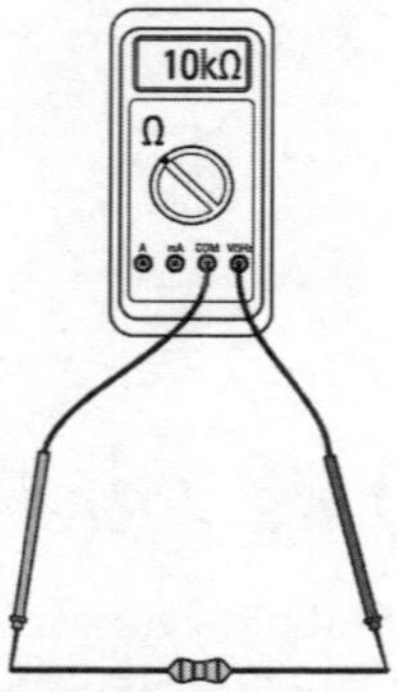

Figure 5-7 : Mesurer la résistance d'une résistance.

Mesurer la résistance (en ohms) d'un potentiomètre

En matière de potentiomètres, mieux vaut s'assurer que vous couvrez bien toute la plage de résistance qui est annoncée. Les potentiomètres sont comme des résistances passives, mais ils ont trois pattes. Si vous connectez les sondes sur les pattes latérales, vous devriez pouvoir mesurer la résistance maximale du potentiomètre, et cette mesure ne devrait pas varier, que vous actionniez ou non la molette du potentiomètre. Si vous placez les sondes sur la patte du centre et une autre des pattes, vous devriez pouvoir mesurer la valeur variable de la résistance, laquelle change quand vous tournez la molette, comme sur la Figure 5-8.

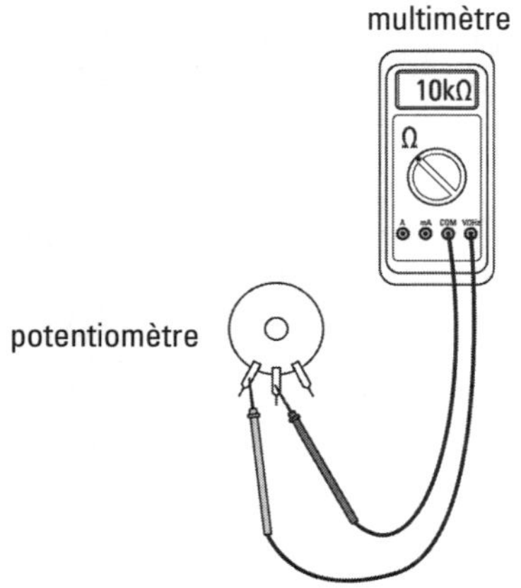

Figure 5-8 : Trouver la résistance d'un potentiomètre.

Tester la continuité (en bips) de votre circuit

Si vous disposez d'un multimètre de qualité, un symbole figurant un haut-parleur ou un son devrait figurer sur sa molette. C'est le testeur de continuité. Vous l'utilisez pour vérifier que les parties de votre circuit sont connectées, et le multimètre vous l'indique en émettant un son. Un son continu signifie que la connexion est bonne. Tournez la molette sur le symbole du test de continuité et touchez les extrémités de vos sondes pour vérifier que le test fonctionne. Si vous entendez un son continu, la connexion est bonne. Placez les sondes de part et d'autre de la connexion à tester, comme sur la Figure 5-9.

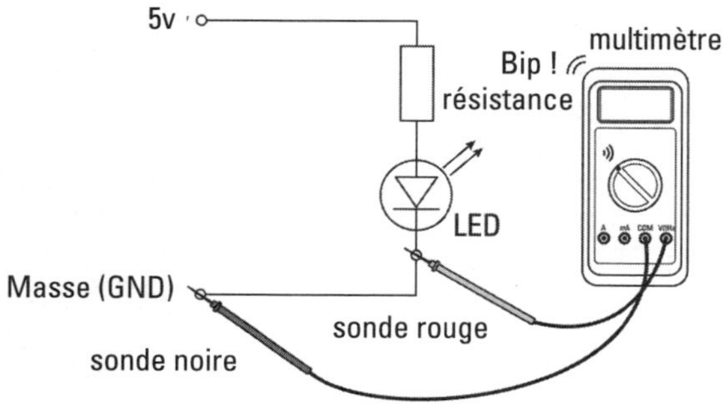

Figure 5-9 : Vérifier la continuité de votre circuit.

Chapitre 6

Une initiation à l'électricité et à la circuiterie

Dans ce chapitre

- Maîtriser l'électricité
- Comprendre quelques équations utiles
- Vous y retrouver dans les diagrammes de circuits
- Réaliser l'importance de la coloration syntaxique

Dans ce chapitre, je vous propose de vous initier aux fondamentaux de l'électricité. Dans les chapitres suivants, vous devrez rentrerer dans les détails de l'électronique ; il est donc important que vous disposiez d'une connaissance de base du comportement de l'électricité dans votre circuit.

Ce qui est formidable avec Arduino, c'est que vous n'avez pas besoin d'étudier l'électronique durant des années avant de l'utiliser. Ceci étant, mieux vaut connaître un peu de théorie pour assurer votre pratique. Dans ce chapitre, vous découvrirez quelques équations pour vous aider à réaliser un circuit équilibré et efficient ; vous découvrirez aussi des diagrammes de circuits, qui vous guident pour réaliser votre circuit ; enfin, vous en apprendrez plus sur la coloration syntaxique du code, qui peut vous faciliter la vie lorsque vous réalisez des circuits.

Comprendre l'électricité

L'électricité est l'une des choses que les gens considèrent comme allant de soi, mais qu'ils ont bien du mal à définir. Pour le dire simplement, l'électricité est une forme d'énergie résultant de l'existence de particules chargées (telles que des électrons et des protons), considérées soit statiquement sous la forme de charges, soit dynamiquement sous la forme d'un flux de charges, ou courant.

Cette définition de l'électricité la décrit au niveau atomique, ce qui est bien plus complexe que ce que vous avez besoin de savoir pour créer la circuiterie de vos projets Arduino. Il vous suffira de savoir que l'électricité est de l'énergie, et qu'elle se manifeste sous la forme d'un courant.

Pour illustrer l'idée du flux qu'est le courant, observons de plus près un simple circuit doté d'un interrupteur pour générer une lumière (voir Figure 6-1). Ce circuit est semblable à ceux que vous avez sans doute pu réaliser lors de cours de physique ou d'électronique à l'école sans utiliser Arduino, avec seulement une batterie, un interrupteur, une résistance et une LED.

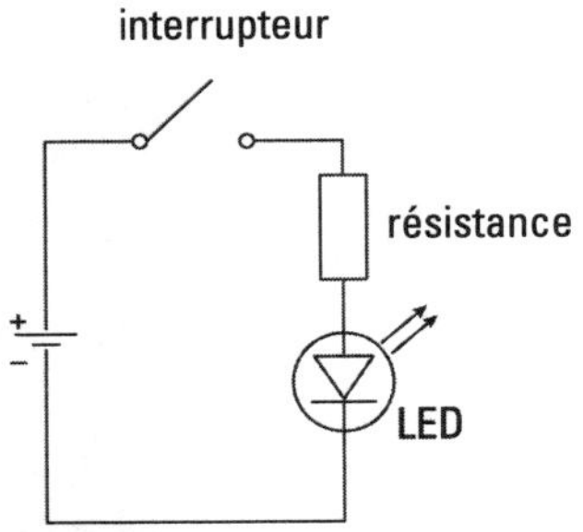

Figure 6-1 : Un circuit de base pour contrôler une lumière.

Dans ce circuit, on trouve une source d'alimentation électrique sous la forme d'une batterie. Sa puissance est exprimée en watts, faite de tension (en volts) et d'intensité (en ampères). La tension et l'intensité sont générées via la borne positive (+) de la batterie.

Vous pouvez utiliser un interrupteur pour contrôler le courant dans le circuit. L'interrupteur peut être soit ouvert, ce qui coupe le circuit et arrête la circulation du courant, soit fermé, ce qui ferme le circuit et lui permet de fonctionner.

Le courant peut être utilisé pour diverses applications. Dans le cas présent, le circuit alimente une LED. La batterie alimente la LED avec 4,5 V, ce qui est plus qu'une LED a besoin pour générer de la lumière. Si la LED devait être alimentée par une tension aussi élevée, vous risqueriez de l'endommager. Pour cette raison, vous avez besoin d'une résistance afin qu'elle « résiste » à la tension. Aussi, si la tension est trop faible, la LED ne brillera pas autant qu'elle le peut.

Pour terminer le circuit, le courant doit retourner à la masse, sur la borne négative (-) de la batterie. La LED tire autant de courant que nécessaire pour briller autant qu'elle peut.

En tirant du courant, la LED résiste aussi à son flux, s'assurant que seul le courant dont elle a besoin lui parvient. Si le courant n'est pas utilisé ou ne se heurte pas à la résistance de composants (c'est-à-dire, si la borne positive est directement connectée à la borne négative), tout le courant disponible sera tiré aussi rapidement que possible. C'est ce qu'on appelle un *court-cicuit*.

Les principes de base que vous devez maîtriser sont que :

- Un circuit électrique est, comme son nom le suggère, un système circulaire.
- Le circuit doit utiliser le courant fourni par une alimentation avant de boucler sur cette dernière.
- Si le circuit n'utilise pas le courant, ce courant ne peut aller nulle part et peut endommager le circuit.
- La manière la plus simple d'interagir avec un circuit est de l'ouvrir. En contrôlant quand et où le courant circule, vous contrôlez tous ses usages dans le circuit.

Utiliser des équations pour créer vos circuits

Vous connaissez maintenant les caractéristiques de l'électricité :

- La puissance en watts (P), comme 600 W.
- La tension en volts (V ou U), comme 12 V.
- L'intensité en ampères (I), comme 3 A.
- La résistance en ohms (R), comme 150 Ω.

Ces caractéristiques peuvent être quantifiées et mises en équation, ce qui vous permet d'équilibrer vos circuits afin de vous assurer que tout y fonctionnera harmonieusement. Il existe bien des équations pour déterminer toutes sortes d'attributs dans un circuit. Dans cette section, je vais traiter des deux équations les plus élémentaires qui vous seront les plus utiles lorsque vous travaillerez avec un Arduino : la loi d'Ohm et la loi de Joule.

La loi d'Ohm

La relation la plus importante à maîtriser relie la tension, l'intensité et la résistance. En 1827, Georg Simon Ohm a découvert que la tension et l'intensité étaient directement proportionnelles si on appliquait une équation des plus simples (souvenez-vous que « I » correspond à des ampères) :

V = I x R

Cette équation a été connue comme la loi d'Ohm. Il est possible de modifier l'équation pour obtenir la valeur que vous recherchez à partir des deux autres :

I = V / R

ou

R = V / I

Vous pouvez voir cette équation à l'œuvre dans un circuit. La Figure 6-2 vous montre un circuit des plus simples comprenant une alimentation et une résistance.

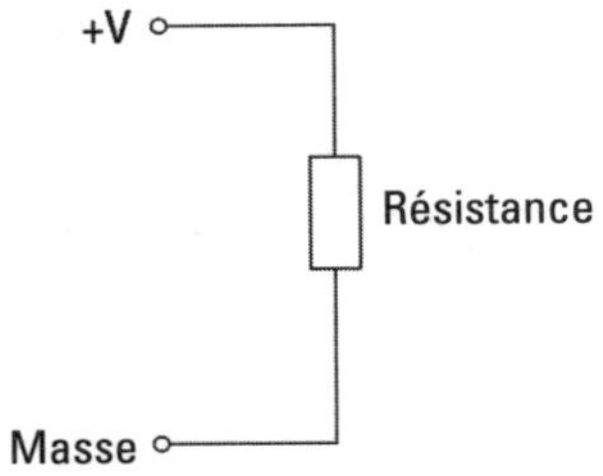

Figure 6-2 : Une alimentation et une résistance.

Dans de nombreux cas, vous connaîtrez la tension de votre alimentation et la valeur de la résistance, si bien que vous pourrez d'abord calculer l'intensité du courant, comme suit :

I = V / R = 4,5 V / 150 Ω = 0,03 A

Cette équation fonctionne avec toutes les combinaisons de valeurs dont vous disposez :

R = V / I = 4,5 V / 0,03 A = 150 Ω

V = I x R = 0,03 A x 150 Ω = 4,5 V

Le moyen le plus simple pour se souvenir de la loi d'Ohm est une pyramide (voir Figure 6-3). En éliminant n'importe lequel des éléments de la pyramide, vous retrouvez l'équation.

Figure 6-3 : La pyramide de la loi d'Ohm.

Je vous entends crier : « Mais à quoi ce calcul va me servir pour utiliser mon Arduino ? ». Voici un exemple concret d'une situation que vous pourriez rencontrer avec un circuit Arduino.

Les broches numériques d'un Arduino peuvent fournir jusqu'à 5 V, et c'est donc la tension la plus commune que vous utiliserez. Une LED constitue l'une des sorties les plus élémentaires que vous souhaiterez contrôler, et une LED standard nécessite une tension de 2 V et une intensité de 30 milliampères, ou 30 mA (0,03 A).

Si vous branchez la LED directement sur l'alimentation, vous verrez la LED briller intensément avant qu'un nuage de fumée et une odeur de brûlé ne se dégagent. Voilà ce que vous souhaiterez éviter ! Pour vous assurer que vous pouvez utiliser la LED encore et encore sans l'endommager, vous devriez ajouter une résistance.

La loi d'Ohm vous indique que :

R = V / I

Mais vous devez utiliser deux tensions différentes : celle de l'alimentation (la tension d'alimentation) et celle requise par la LED (la tension directe). La *tension directe* est un terme qu'on rencontre souvent dans les fiches techniques, surtout lorsqu'il est fait référence aux diodes. Elle indique la tension recommandée que le composant peut tolérer dans le sens où le courant est présumé s'écouler. Pour une LED, cette direction est de l'anode vers la cathode, l'anode étant connectée au positif et la cathode, au négatif. Les diodes qui ne sont pas électroluminescentes (dont il est question au chapitre 8) sont utilisées pour résister au flux du courant dans la direction inverse, de la cathode vers l'anode. Dans ce cas, le terme que vous devrez rechercher sur la fiche technique est *tension inverse* qui indique la valeur en volts de la tension qu'il faut dépasser pour que le courant s'écoule à travers la diode.

Dans notre cas, les tensions sont désignées par $V_{ALIMENTATION}$ et $V_{DIRECTE}$, respectivement. L'équation de la loi d'Ohm a besoin de la tension aux bornes de la résistance (la tension du courant qui passe par la résistance), qui est égale à la tension de l'alimentation diminuée de la tension directe de la LED, soit :

$V_{ALIMENTATION} - V_{DIRECTE}$

La nouvelle équation ressemble à ceci :

$R = (V_{ALIMENTATION} - V_{DIRECTE}) / I = (5 V – 2 V) / 0,03 A = 100 \Omega$

Ce qui vous indique que vous avez besoin d'une résistance de 100 Ω pour alimenter la LED en toute sécurité ; le circuit exemple est représenté sur la Figure 6-4.

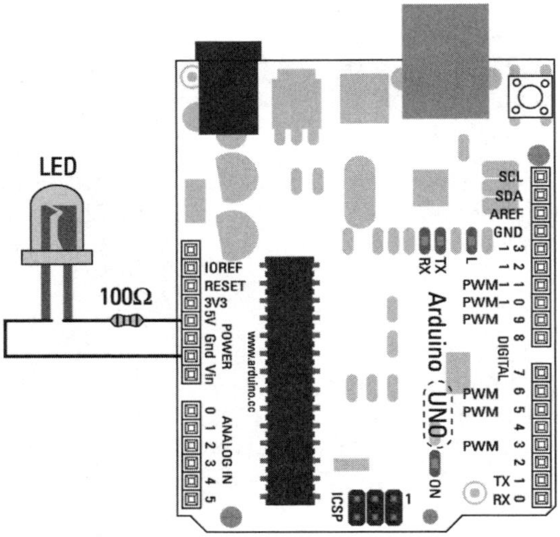

Figure 6-4 : Appliquer la loi d'Ohm à un circuit Arduino.

Calculer la puissance

Pour calculer la consommation de courant de votre circuit en watts, vous devez multiplier la tension par l'intensité du circuit. L'équation est :

$P = V \times I$

Si vous appliquez cette équation au même circuit que celui utilisé dans « La loi d'Ohm », plus tôt dans ce chapitre, vous pouvez calculer la puissance :

$P = (V_{ALIMENTATION} - V_{DIRECTE}) \times I = (5 V – 2 V) \times 0,03 A = 0,09 W$

Comme la loi d'Ohm, cette formule peut être reconfigurée pour trouver la valeur manquante à partir des deux dont vous disposez :

$V = P / I$

$I = P / V$

Cette formule est utile car certains matériels, tels que les lampes à bulbes, ne mentionnent que la puissance et la tension, ce que vous laisse deviner l'intensité du courant. C'est particulièrement utile si vous essayez (ou échouez) d'alimenter des matériels gros consommateurs de courant, tels que des illuminations ou des moteurs, via les broches de votre Arduino. Un Arduino alimenté par USB est capable de fournir un courant de 500 mA, mais un Arduino Uno ne peut fournir que 40 mA par broche *et* 200 mA au total depuis toutes les broches utilisées, ce qui est très peu élevé (vous pouvez trouver plus d'informations sur `http://playground.arduino.cc/Main/ArduinoPinCurrentLimitations`).

C'est un calcul très simple, mais vous pouvez le combiner à votre connaissance de la loi d'Ohm pour trouver les inconnues dans nombre de circuits différents.

La loi de Joule

Un autre personnage qui a donné son nom à une équation est James Prescott Joule. Quoiqu'il ne soit pas aussi connu qu'Ohm, il a découvert une relation mathématique similaire et peut-être complémentaire entre la puissance, l'intensité et la résistance dans un circuit.

La loi de Joule s'écrit ainsi :

$P = I^2R$

Le meilleur moyen pour la comprendre est de voir comment on y arrive.

Si V = I x R (loi d'Ohm) et que P = I x R (équation de la puissance), alors :

$P = I \times (I \times R)$

Ce qui peut aussi s'écrire :

$P = I^2 \times R$

Si vous l'appliquez au même circuit que précédemment, vous pouvez découvrir la puissance consommée par ce dernier :

$P = I^2 \times R = (0{,}03\ A \times 0{,}03\ A) \times 100\ \Omega = 0{,}09\ W$

Comme vous pouvez le constater, cela recoupe nos calculs précédents. Ainsi, nous pouvons calculer la puissance en ne connaissant que l'intensité et la résistance, ou toute autre combinaison des autres valeurs.

$I = P / (I \times R)$

$R = P / I^2$

Nous pouvons aussi faire le même calcul dans les cas où nous ne connaissons que la tension et la résistance.

Si I = V / R (loi d'Ohm) et P = I / V (équation de la puissance), alors P = (V / R) * V

Ce qui peut aussi s'écrire :

$P = V^2 / R$

Essayez sur le même circuit pour vérifier le résultat :

$P = V^2 / R = ((5\ V - 2\ V) * (5\ V - 2\ V)) / 100\ \Omega = 0{,}09\ W$

Vous pouvez reconfigurer l'équation pour tenir compte des valeurs dont vous disposez :

$V = P / (V * R)$

$R = V^2 / P$

Nombre d'arduinistes, dont moi-même, sont plus pratiques que théoriques, et tentent de réaliser un circuit en se basant sur les exemples et la documentation avant de se livrer à des calculs. C'est très bien, totalement dans l'esprit Arduino ! Dans la plupart des cas, votre circuit fonctionnera comme vous l'espérez, mais il est toujours bon de connaître les équations dont vous avez besoin, lorsque vous en avez besoin. Avec ces dernières, il est possible de découvrir les valeurs qui manquent dans la plupart des circuits pour vous assurer que tout est en ordre. N'hésitez donc pas à vous y référer par la suite.

Travailler avec des diagrammes de circuits

Récréer des circuits à partir de photos et d'illustrations peut s'avérer délicat, et c'est pourquoi des symboles standard sont utilisés pour représenter l'éventail des composants et des connexions que vous pouvez y rencontrer. Ces diagrammes de circuits sont comme les cartes du métro : ils vous montrent toutes les connexions clairement, mais ils sont éloignés de la manière dont les choses se présentent dans la réalité. Les sections suivantes explorent un peu les diagrammes de circuits.

Un simple diagramme de circuit

Cette section examine un simple circuit générant de la lumière (représenté sur la Figure 6-5), composé de quatre composants : une batterie, un bouton-poussoir, une résistance et une LED.

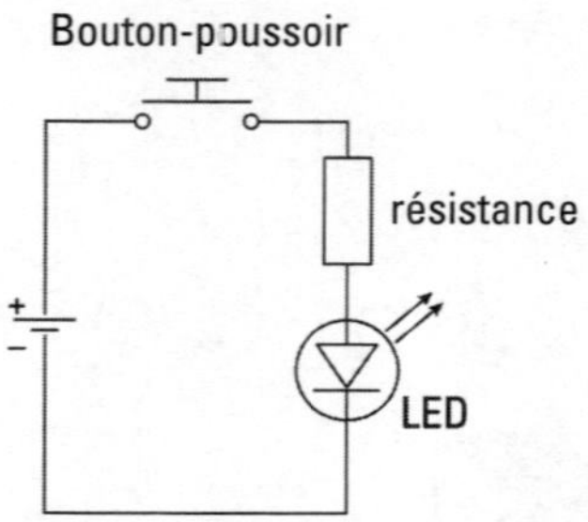

Figure 6-5 : Le diagramme d'un simple circuit générant de la lumière.

Le Tableau 6-1 présente le symbole correspondant à chacun des composants.

Tableau 6-1 : Les symboles élémentaires.

Nom	Symbole
Batterie	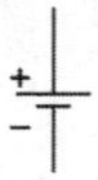
Bouton-poussoir	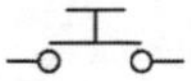
Résistance	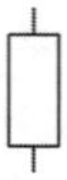
LED	

La Figure 6-6 représente le circuit réalisé sur une platine d'essais. La première chose que vous pouvez remarquer, c'est que cet exemple ne fait apparaître aucune batterie. Comme votre Arduino dispose de broches 5 V et GND, elles prennent la place des bornes positive (+) et négative (-) de la batterie et vous permettent de réaliser le même circuit. La seconde chose que vous pourriez remarquer, c'est que le circuit bien réel utilise un bouton-poussoir, qui n'est donc pas techniquement un *interrupteur*. C'est plus pratique, sachant que les boutons-poussoirs fournis dans la plupart des kits Arduino peuvent facilement être échangés pour un interrupteur plus tard, si vous le souhaitez.

Je pense que le meilleur moyen est de comparer un diagramme du circuit au circuit réel en suivant les connexions du positif au négatif.

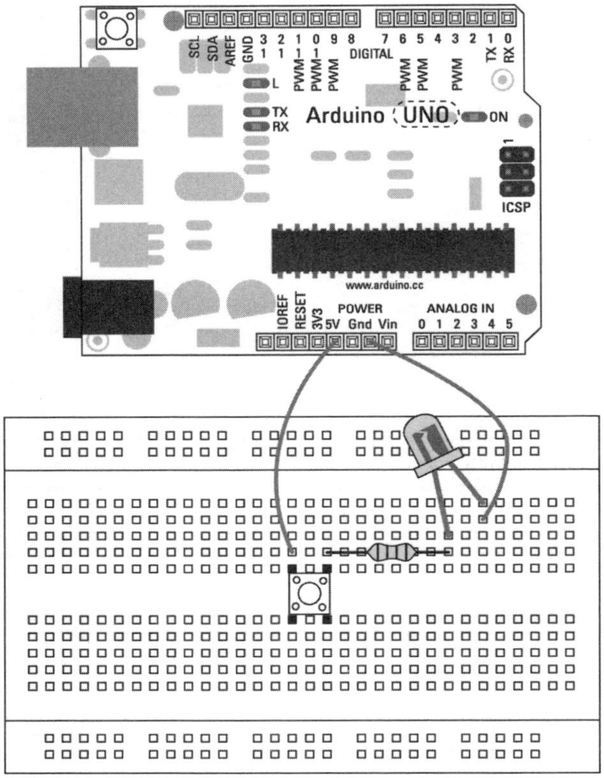

Figure 6-6 : Un exemple de circuit générant de la lumière réalisé sur une platine d'essais.

Si vous partez de la broche positive (+) de votre Arduino, vous débouchez sur le bouton-poussoir. Ce bouton-poussoir comprend quatre pattes, alors que le symbole n'en représente que deux. Les pattes du bouton-poussoir sont doublées de telle manière que deux sont connectées d'un côté, et les deux autres, de l'autre côté. Pour cette raison, il est important de bien orienter le bouton-poussoir. Les pattes du bouton-poussoir bien réel sont ainsi conçues pour permettre de multiples usages, mais sur le schéma, on ne voit qu'un interrupteur doté d'une entrée et d'une sortie.

L'autre côté du bouton-poussoir est relié à la résistance. Le symbole de la résistance sur le diagramme n'est pas aussi bulbeux que celui de la résistance réelle, mais le symbole et la résistance réelle correspondent plutôt bien autrement ; on trouve un fil qui rentre, et un fil qui sort. La valeur de la résistance est écrite le long du symbole, alors qu'elle est codée à l'aide de raies de couleurs sur la résistance réelle. Une résistance n'a pas de polarité (pas de positif ou de négatif), si bien qu'il n'y a rien d'autre à symboliser.

À l'inverse, la LED a une polarité. Si vous la connectez de la mauvaise manière, elle ne s'allumera pas. Sur le diagramme du circuit, le symbole qui donne la polarité est une flèche pointant dans la direction du flux du courant s'écoulant du + (l'anode) vers le - (la cathode), et une ligne horizontale figure une barrière dans l'autre direction. Sur la LED réelle, la patte la plus longue est l'anode, et la patte se trouvant du côté plat de la LED, plus courte, est la cathode (pour vous y retrouver si jamais les pattes sont coupées à la même taille).

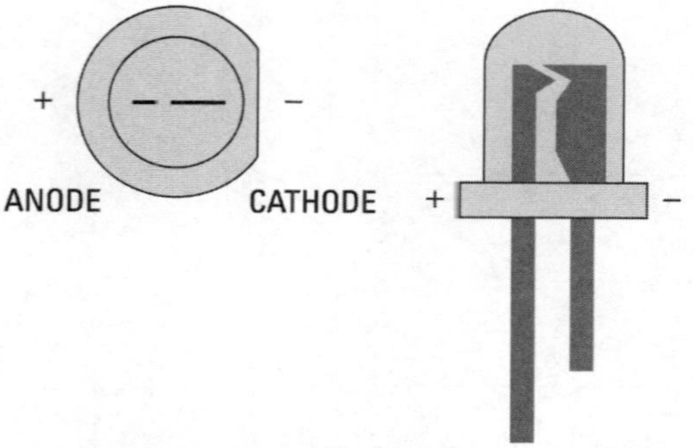

Figure 6-7 : La longueur de la patte ou la face plate permet de repérer la polarité d'une LED.

Le - (cathode) de la LED est connecté à la broche négative (-) GND de l'Arduino, correspondant à la terminaison négative de la batterie, pour compléter le circuit.

Utiliser un diagramme de circuit avec un Arduino

S'il est utile de comprendre ce simple circuit, vous utiliserez sans doute un Arduino dans votre circuit, alors regardez de nouveau comment ce circuit peut être alimenté par un Arduino (voir Figure 6-8).

Ce circuit comprend plus de composants que celui décrit dans la section précédente.

Le gros élément qui ressemble à une chenille est le diagramme de l'Arduino. C'est le symbole standard pour un circuit intégré, et il ressemble à son incarnation réelle – un rectangle d'où sortent de nombreuses pattes. Toutes les pattes ou broches sont libellées pour que vous puissiez les distinguer.

Aussi, plutôt qu'un seul circuit, le diagramme en montre deux, reliés à l'Arduino. C'est pour illustrer la place qu'occupe un Arduino dans des circuits

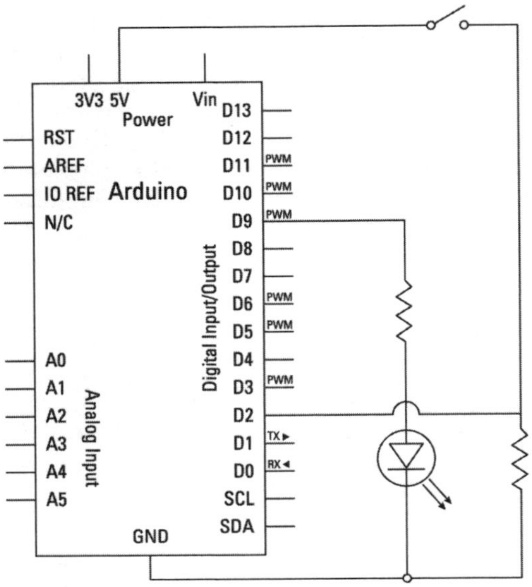

Figure 6-8 : Un circuit générant de la lumière avec un Arduino.

conventionnels. Plutôt que de couper et de rétablir l'alimentation, vous envoyez un signal à l'Arduino, qui l'interprète et qui l'envoie à la LED.

Une bonne pratique à adopter lorsque vous avez un circuit compliqué : plutôt que de le réaliser en une seule fois, attaquez-le par morceaux. Le circuit a une entrée et une sortie. Je décris ce circuit plus en détail au chapitre 7.

Le code couleur

Le code couleur est une technique importante en électronique, et il devient toujours plus important d'y recourir tandis que vous progressez en réalisant des circuits plus complexes. Câbler des circuits correctement est déjà assez difficile, mais faire face à un tas de fils de la même couleur rend la tâche presque insurmontable.

Vous savez sans doute déjà cela même si vous n'avez jamais fait d'électronique. Par exemple, les feux de signalisation utilisent des couleurs pour indiquer clairement aux conducteurs ce qu'ils doivent faire :

- Vert signifie qu'ils peuvent avancer.
- Orange signifie qu'il leur faut ralentir.
- Rouge signifie qu'ils doivent s'arrêter.

Un code couleur est un moyen facile et visuel pour faire passer un message sans avoir à utiliser beaucoup de mots.

Toutes sortes d'applications électriques, telles que les prises mâles et femelles 220 v que vous trouvez chez vous, utilisent un code couleur. Comme ces prises sont largement répandues et qu'elles présentent un danger, les couleurs doivent être identiques d'une prise à l'autre, correspondant à des standards nationaux. Cela permet à tout électricien ou bricoleur d'établir les bonnes connexions facilement.

Vous risquez moins de vous faire mal avec le courant continu basse tension en électronique, mais vous courrez toujours le risque de détruire des composants délicats de votre circuit. Il n'existe pas de règles absolues pour organiser votre circuit, mais voici quelques conventions qui peuvent vous aider et permettre à d'autres de comprendre ce que vous faites :

- Le rouge est positif (+).
- Le noir est négatif (-).
- Différentes couleurs sont utilisées pour différentes broches véhiculant un signal.

Il en va ainsi sur la plupart des circuits sur platine d'essais. Les couleurs de l'alimentation et de la masse peuvent changer ; par exemple, il peut s'agir du blanc (-), du noir (-) ou du brun (+) et du bleu (-), selon les fils que vous avez sous la main. Du moment que vous utilisez un code couleur quelconque (et qu'il est cohérent), vous devriez pouvoir plus facilement lire, copier et réparer votre circuit.

J'ai réparé beaucoup de circuits qui ne fonctionnaient plus du seul fait que les fils n'étaient pas branchés aux bons endroits.

Si le code couleur d'un fil soulève un doute, mieux vaut vérifier la connexion (en utilisant le test de continuité de votre multimètre) ou la tension (en utilisant le voltmètre de votre multimètre) pour vous assurer que tout fonctionne comme prévu.

Les fiches techniques

Représentez-vous la scène. Votre ami a appris que vous vous y connaissez un peu en électronique, et vous demande de jeter un œil sur un circuit, copié depuis Internet, mais qui ne fonctionne pas. Toutefois, la carte contient beaucoup de circuits intégrés dont le fonctionnement vous est inconnu. Que faire ? La réponse : Google !

On trouve des millions, sinon des milliards, de composants. L'information dont vous avez besoin pour comprendre ce qu'ils font se présente généralement sous la forme de fiches techniques. Chaque composant devrait comporter une fiche technique, produite par le fabricant. Elle devrait dresser la liste de tous les détails du composant et souvent vous en donner plus que vous n'en avez besoin.

Le moyen le plus facile pour trouver une fiche technique, c'est Google. Pour trouver la bonne, vous devez en savoir autant que possible sur le composant. L'information la plus importante pour conduire votre recherche est un numéro de modèle du composant. La Figure 6-9 vous montre où lire le numéro du modèle d'un transistor. Si vous utilisez ce numéro dans Google avec le mot fiche technique, vous devriez tomber sur un grand nombre de fichiers PDF fournissant des détails sur ce composant. Si vous ne pouvez trouver la bonne, adressez-vous au magasin où vous avez acheté le composant.

Figure 6-9 : Le texte imprimé sur le transistor vous indique exactement ce qu'il est.

Le code couleur d'une résistance

Les résistances sont très importantes dans les projets Arduino, et vous pouvez en trouver une grande variété pour ajuster votre circuit. Elles peuvent aussi être tout à fait minuscules, ce qui signifie que contrairement au transistor représenté sur la Figure 6-9, il est impossible d'écrire la valeur de la résistance sur cette dernière. Pour cette raison, il existe un système de code couleur qui vous indique ce que vous cherchez à savoir sur la résistance. Si vous regardez de plus près l'une d'entre elles, vous pourrez noter des bandes de couleur tout autour (voir Figure 6-10), lesquelles indiquent la valeur en ohms de la résistance.

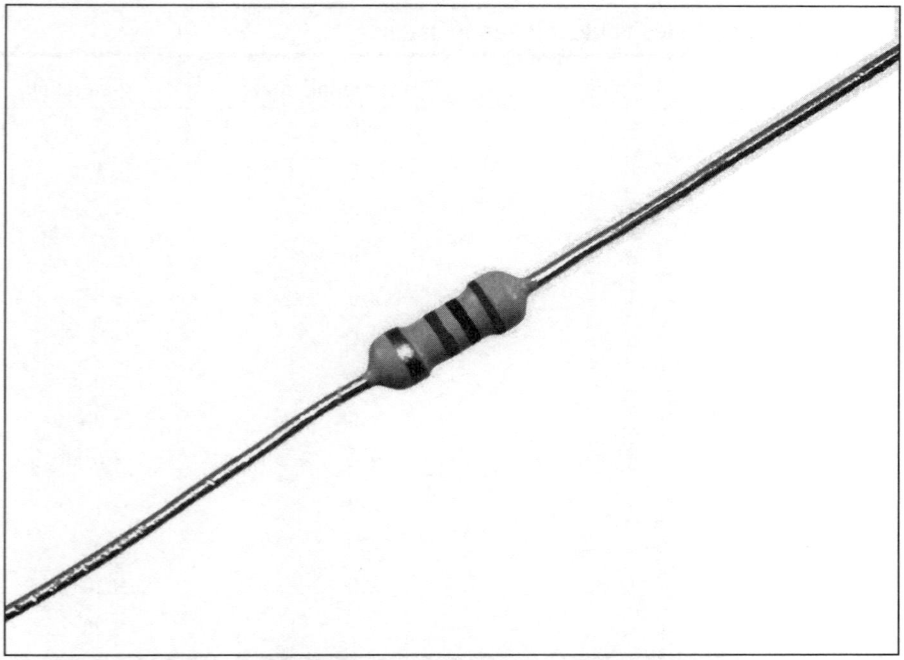

Figure 6-10 : Un coup d'œil sur les bandes de couleur d'une résistance.

Le Tableau 6-2 fait l'inventaire des valeurs en ohms auxquelles les couleurs correspondent en fonction de la bande.

Maintenant que vous connaissez la valeur de chaque bande, il vous reste à savoir l'ordre dans lequel les lire. On trouve généralement un espace identique séparant les trois premières bandes, et un espace plus large les séparant de la quatrième bande de tolérance.

Par exemple, voici quelques valeurs que vous pourriez trouver dans votre kit :

- Orange, Orange, Marron Or = 33 x 10 = 330 ohms avec une tolérance de ± 5 %
- Rouge, Rouge, Rouge, Or = 22 x 10 x 100 = 22 kΩ avec une tolérance de ± 5 %
- Marron, Noir, Orange, Or = 10 x 10 x 10 x 10 = 10 kΩ avec une tolérance de ± 5 %

Il peut être difficile de lire les couleurs, et parfois même de savoir par où commencer et où terminer la lecture. Dans la plupart des cas, il est donc recom-

Tableau 6.2 : Les codes couleur d'une résistance.

Couleur	Valeur	Multiplicateur	Tolérance
Noir	0	x10^{0}	-
Marron	1	x10^{1}	± 1 %
Rouge	2	x10^{2}	± 2 %
Orange	3	x10^{3}	-
Jaune	4	x10^{4}	± 5 %
Vert	5	x10^{5}	±0,5 %
Bleu	6	x10^{6}	± 0,25 %
Violet	7	x10^{7}	± 0,1 %
Gris	8	x10^{8}	± 0,05 %
Blanc	9	x10^{9}	-
Or	-	x10^{-1}	± 5 %
Argent	-	x10^{-2}	± 10 %
Aucune	-	-	± 20 %

mandé d'utiliser un multimètre pour vérifier la valeur de votre résistance en ohms. Vous devriez trouver un symbole ohm (Ω) sur la mollette de votre multimètre afin de pouvoir procéder à l'opération.

Les résistances de même valeur sont souvent livrées collées à une bande de papier qui les maintient comme pour former une échelle. C'est pour alimenter facilement les machines à l'aide d'une bobine de résistances afin de le souder. Cette bande de papier est aussi pratique, puisqu'elle peut servir à noter la valeur des résistances. Cela vous fera gagner du temps en vous évitant d'avoir à mesurer la résistance chaque fois que vous souhaitez en utiliser une. Ce circuit est semblable à ceux que vous avez sans doute pu réaliser lors de cours de physique

Chapitre 7

Des croquis de base : entrées, sorties et communication

Dans ce chapitre

- Faire un fondu enchaîné avec une LED
- Se brancher sur les sorties
- Faire varier la résistance avec un potentiomètre
- Afficher vos statistiques avec le moniteur série

Dans ce chapitre, je traite de certains des croquis élémentaires que vous devez avoir à disposition pour travailler avec votre Arduino. Il sera question de multiples entrées et sorties utilisant les capteurs figurant dans votre kit. Si vous n'avez pas encore de kit, je vous suggère de lire le chapitre 2 pour en trouver un parmi ceux que je recommande.

Le croquis Blink (décrit au chapitre 4) vous donne les bases d'un croquis Arduino. Ici, vous allez l'étendre en ajoutant des circuits à votre Arduino. Je vous montre comment procéder en utilisant la platine d'essais, comme mentionné au chapitre 5, et d'autres composants de votre kit qui permettent de réaliser toute une variété de circuits.

Je montre comment téléverser le code idoine dans votre Arduino, vous guidant chaque fois ligne par ligne, suggérant que vous bidouilliez le code vous-même pour mieux en comprendre le fonctionnement.

Charger un croquis

Tout au fil de ce chapitre et d'une bonne partie de ce livre, vous découvrirez toute une variété de circuits et les croquis correspondants. Le contenu de ces circuits et des croquis peut grandement varier ; il est systématiquement détaillé dans les exemples qui vous sont donnés. Avant de commencer, vous devez vous rappeler le processus à suivre pour téléverser un croquis dans une carte Arduino.

Suivez ces étapes pour téléverser un croquis dans votre croquis :

1. **Connectez votre Arduino en utilisant un câble USB.**

   La fiche carrée au bout du câble USB se connecte à votre Arduino, et la fiche plate se connecte au port USB de votre ordinateur.

2. **Sélectionnez Outils->Type de carte->Arduino Uno pour trouver le type de votre Arduino dans le menu.**

   Dans la plupart des exemples de ce livre, la carte utilisée est une Arduino Uno. Le menu contient de nombreuses cartes, telles que l'Arduino Mega 2560 et l'Arduino Leonardo.

3. **Sélectionnez le bon port série pour votre carte.**

   Vous pouvez accéder à une liste des ports séries disponibles en sélectionnant Outils->Port série->comX ou /dev/tty.usbmodemXXXX/ X est un nombre aléatoire assigné au port. Sous Windows, si vous venez de connecter votre Arduino, le port COM correspondant utilisera généralement le nombre le plus élevé, tel que com 3 ou com 15. Si vous avez connecté plusieurs Arduino, chacun se verra assigner son propre port. Sous Mac OS X, le nombre suivant /dev/tty.usbmodem est assigné aléatoirement et peut de ce fait varier, comme /dev/tty.usbmodem1421 ou /dev/tty.usbmodem262471. Ce devrait être le seul port visible, à moins que vous n'ayez connecté plusieurs Arduino.

4. **Cliquez sur le bouton Téléverser.**

   C'est le bouton qui figure une flèche orientée vers la droite dans l'environnement Arduino, comme expliqué au chapitre 3. Vous pouvez aussi utiliser le raccourci clavier Ctrl + U sous Windows ou Cmd + U sous Mac OS X.

Maintenant que vous savez comment téléverser un croquis, vous devez avoir envie d'utiliser plus de croquis Arduino. Pour vous aider à comprendre le fonctionnement du premier croquis dans ce chapitre, je vais déjà vous expliquer une technique nommée la Modulation de Largeur d'Impulsion (MLI, ou PWM en anglais). La section suivante vous la présente et vous prépare à atténuer une LED.

La modulation de largeur d'impulsion (MLI ou PWM)

Lorsque je vous ai présenté la carte au chapitre 2, j'ai mentionné que l'émission d'un signal analogique s'appuyait sur quelque chose nommé Modulation de Largeur d'Impulsion (MLI ou PWM). C'est une technique qui permet à votre Arduino, matériel numérique, de se comporter comme un matériel analogique. Dans l'exemple qui suit, elle vous permet d'atténuer une LED plutôt que simplement l'allumer ou l'éteindre.

Voici comment cela fonctionne : une sortie numérique est activée ou désactivée. Toutefois, il est possible de la faire osciller entre ces deux états très rapidement, notamment grâce au potentiel des circuits en silicium. Si la sortie est activée la moitié du temps, et désactivée l'autre moitié du temps, on peut dire qu'elle a un *rapport de cycle* de 50 %. Le *rapport de cycle* est la période durant laquelle la sortie est activée, si bien que ce pourrait être n'importe quel pourcentage – 20 %, 30 %, 40 %, et ainsi de suite.

Lorsque vous utilisez une LED en sortie, le rapport de cycle produit un effet particulier. Comme elle scintille plus vite que l'œil humain n'est capable de le détecter, la LED qui subit un rapport de cycle de 50 % semble atténuée. C'est le même effet qui vous permet de percevoir des images fixes défilant à la vitesse de 24 images par seconde (ou au-delà) comme s'il s'agissait d'une image en mouvement.

Avec un moteur continu en sortie, un rapport de cycle de 50 % a pour effet de faire tourner le moteur à la moitié de sa vitesse. Dans ce cas, la MLI vous permet de contrôler la vitesse de rotation du moteur en lui envoyant un signal à très haute fréquence.

Ainsi, quoique la MLI soit une fonctionnalité numérique, on s'y réfère par la fonction `analogWrite` en raison des effets qu'elle produit sur les composants.

Le croquis pour atténuer une LED

Dans ce croquis, vous atténuez une LED. À la différence du croquis qui vous permettait simplement de la faire scintiller au chapitre 4, vous aurez besoin ici de matériel supplémentaire pour parvenir à ce résultat.

Pour ce projet, il vous faut :

- Une carte Arduino Uno
- Une platine d'essais

- Une LED
- Une résistance (supérieure à 120 Ω)
- Des straps

Il est toujours important de vous assurer que votre circuit n'est pas alimenté lorsque vous y apportez des modifications. Vous pouvez facilement faire des erreurs de connexion, ce qui peut endommager les composants. Alors avant de commencer, assurez-vous que votre Arduino est débranché de votre ordinateur ou de toute autre source de courant externe.

Câblez le circuit représenté sur la Figure 7-1. C'est un circuit simple comme celui du croquis Blink du chapitre 4, mais qui utilise la broche 9 au lieu de la 13. La raison pour laquelle utiliser la broche 9 plutôt que la 13, c'est que la 9 est capable de Modulation de Largeur d'Impulsion (MLI), ce dont nous avons besoin pour atténuer la LED. Toutefois, notez que la broche 9 a besoin d'une résistance pour limiter la quantité de courant envoyée sur la LED. Concernant la broche 13, cette résistance figure déjà sur la carte Arduino elle-même, si bien que vous n'avez pas à vous en préoccuper.

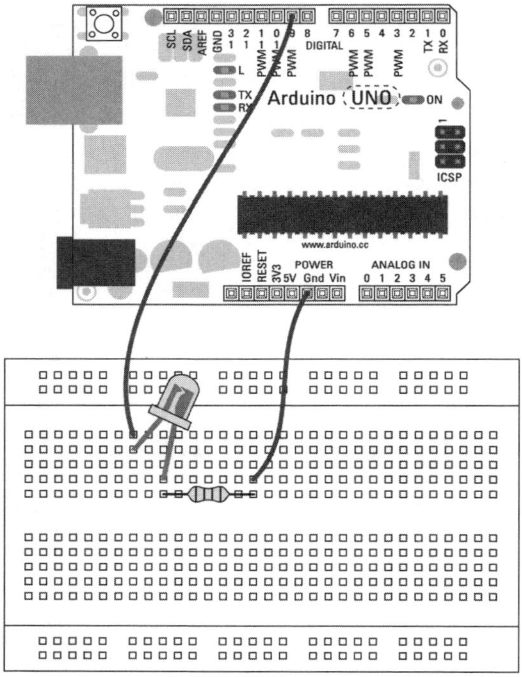

Figure 7-1 : La broche 9 est connectée à une résistance et à une LED, puis boucle sur la masse.

Faire preuve de résistance

Comme vous l'avez appris au chapitre 6, il est important de bien calculer la résistance pour garantir la sécurité et préserver la longévité de votre circuit. Dans ce cas, vous allez mettre votre LED sous une tension de 5 V (volts), la tension maximale qu'une broche numérique peut générer. Une LED telle que celle que vous trouvez dans votre kit est généralement conçue pour une tension de 2,1 V (volts), si bien qu'une résistance est requise pour la protéger. Elle tirera un courant d'intensité maximale de 25 mA (milliampères). En utilisant ces données, vous pouvez calculer la résistance (ohms) :

$R = (V_S - V_L) / I$

$R = (5 - 2,1) / 0,025 = 116$ ohms

La résistance dont la valeur est la plus proche que vous puissiez trouver fait 120 ohms (marron, rouge, marron). Si vous en avez une, vous avez de la chance. Sinon, vous pouvez appliquer la règle consistant à prendre la résistance la plus proche, mais au-delà de cette valeur. Elle résistera plus à la tension qu'il ne le faut, mais votre LED sera en sécurité et vous pourrez toujours remplacer la résistance ultérieurement lorsque vous chercherez à pérenniser votre projet. Vous devriez trouver des résistances adaptées de 220 Ω, 330 Ω ou 560 Ω dans votre kit.

Vous pouvez toujours vous référer au chapitre 6 pour trouver la résistance à l'aide du code couleur, ou utiliser un multimètre pour la mesurer. On trouve même des applications sur smartphone qui proposent des listes de résistances (mais vos amis électroniciens pourraient vous railler si vous les utilisez).

La Figure 7-2 montre le schéma du circuit. Vous y voyez une simple connexion. La broche numérique, la 9, est reliée à la longue patte de la LED ; la petite patte de la LED est reliée à la résistance, laquelle est reliée à la masse (GND). Dans ce circuit, la résistance peut figurer avant ou après la LED, du moment qu'elle figure bien dans le circuit.

Il est toujours bon d'appliquer un code couleur à vos circuits – c'est-à-dire, d'utiliser des couleurs diverses pour distinguer un type de circuit d'un autre. Cela rend les choses plus claires et peut faciliter grandement la résolution de problèmes. Vous devriez vous tenir à quelques standards en la matière. Les parties les plus importantes à distinguer par des couleurs sont l'alimentation et la masse. Elles sont presque toujours en rouge et en noir, respectivement, mais vous pourriez éventuellement les rencontrer en blanc et en noir, comme expliqué au chapitre 6.

L'autre type de connexion est généralement un fil de signal, c'est-à-dire un fil qui émet ou reçoit un signal électronique entre l'Arduino et un composant. Un fil de signal peut être de n'importe quelle couleur, pourvue qu'elle soit distincte de celles de l'alimentation et de la masse.

Une fois que vous avez assemblé votre circuit, vous avez besoin du logiciel idoine pour l'utiliser. Dans le menu Arduino, sélectionnez Fichier->Exemples

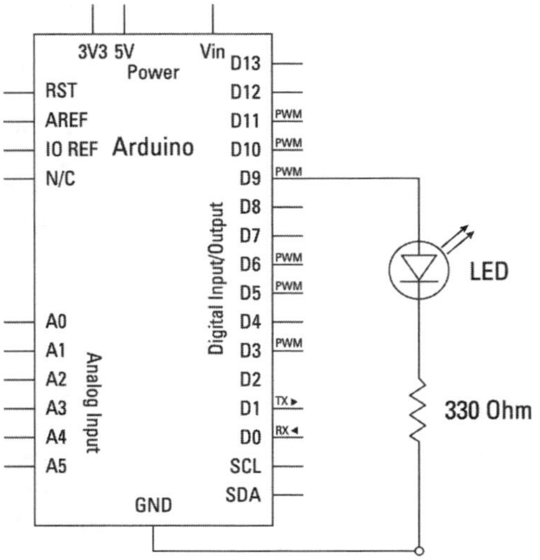

Figure 7-2 : Un schéma de votre circuit pour atténuer une LED.

->01.Basics->Fade pour charger le croquis Fade. Le code complet de ce croquis est le suivant :

```
/*
 Fade

 Cet exemple montre comment faire varier la luminosité de la LED
 sur la broche 9 en utilisant la fonction analogWrite().

 Cet exemple de code est dans le domaine public.
 */

int led = 9;            // La broche à laquelle la LED est reliée
int brightness = 0;     // L'intensité lumineuse de la LED
int fadeAmount = 5;     // L'ampleur de la baisse d'intensité lumineuse

// La routine setup est exécutée quand vous pressez le bouton reset:
void setup()  {
  // Déclarer la broche 9 comme broche de sortie
  pinMode(led, OUTPUT);
}

// La routine loop boucle à l'infini:
void loop()  {
  // Modifier la luminosité sur la broche 9:
  analogWrite(led, brightness);
```

```
  // Modifier la luminosité pour fois suivante dans la boucle:
  brightness = brightness + fadeAmount;

  // Inverser la variation de la luminosité quand on arrive à son terme:
  if (brightness == 0 || brightness == 255) {
    fadeAmount = -fadeAmount ;
  }
  // Attendre 30 secondes pour visualiser l'effet
  delay(30);
}
```

Téléversez ce croquis dans votre carte en suivant les instructions prodiguées au début de ce chapitre. Si tout se déroule correctement, la LED doit s'allumer puis s'éteindre progressivement.

Si vous n'observez pas cet effet, vérifiez deux fois votre câblage :

- Vérifiez que vous utilisez les bonnes broches.
- Vérifiez que votre LED est bien placée, la patte longue étant reliée par un strap à la broche 9, et la patte courte reliée à la résistance et à la masse (GND) par un strap.
- Vérifiez les connexions sur la platine d'essais. Si les straps ou les composants ne sont pas connectés en utilisant les bonnes rangées sur la platine d'essais, elles ne fonctionneront pas.

Comprendre le croquis Fade

À la lumière de votre LED, regardons de plus près comment le croquis fonctionne.

Les commentaires en haut du croquis vous expliquent ce qui se passe : en utilisant la broche 9, une nouvelle fonction nommée `analogWrite()` fait varier l'intensité lumineuse de la LED. Après les commentaires, on trouve trois déclarations :

```
int led = 9;            // La broche à laquelle la LED est reliée
int brightness = 0;     // L'intensité lumineuse de la LED
int fadeAmount = 5;     // L'ampleur de la baisse d'intensité lumineuse
```

Comme mentionné au chapitre 4, les déclarations figurent avant les fonctions `setup` ou `loop`. Le croquis Fade utilise trois variables : `led`, `brightness` et `fadeAmount`. Ce sont des variables entières capables de couvrir des plages identiques, mais elles sont toutes utilisées à des fins différentes dans le processus de variation de la luminosité de la LED.

Les déclarations étant faites, le code rentre dans la fonction `setup`. Les commentaires sont là pour vous rappeler que cette fonction n'est exécutée qu'une fois, et qu'elle ne fait que déclarer une broche comme sortie. Vous pouvez voir ici la première variable au travail. Au lieu d'écrire `pinMode(9, OUTPUT)`, vous avez `pinMode(led, OUTPUT)`. Les deux appels à la fonction font la même chose, mais le second utilise la variable `led`.

```
// La routine setup est exécutée quand vous pressez le bouton reset:
void setup()  {
  // Déclarer la broche 9 comme broche de sortie
  pinMode(led, OUTPUT);
}
```

La fonction `loop` est plus sophistiquée :

```
void loop()  {
  // Modifier la luminosité sur la broche 9:
  analogWrite(led, brightness);

  // Modifier la luminosité pour fois suivante dans la boucle:
  brightness = brightness + fadeAmount;

  // Inverser la variation de la luminosité quand on arrive à son terme:
  if (brightness == 0 || brightness == 255) {
    fadeAmount = -fadeAmount ;
  }
  // Attendre 30 secondes pour visualiser l'effet
  delay(30);
}
```

Au lieu des valeurs ON et OFF, une variation de la luminosité a besoin de toute une plage de valeurs. `analogWrite` vous permet d'envoyer une valeur comprise entre 0 et 255 à une broche PWM sur l'Arduino. 0 correspond à 0 V, et 255 correspond à 5 V. Toute valeur intermédiaire produit la tension proportionnelle, ce qui fait varier la luminosité de la LED.

La boucle commence par envoyer la valeur de la luminosité sur la broche 9. Une valeur de `brightness` de 0 signifie que la LED est éteinte :

```
// Modifier la luminosité sur la broche 9:
analogWrite(led, brightness);
```

Ensuite, vous ajoutez la quantité de luminosité à la variable `brightness`, pour la porter à 5. La valeur ne sera pas envoyée sur la broche 9 avant le début de la prochaine itération :

```
// Modifier la luminosité pour fois suivante dans la boucle:
brightness = brightness + fadeAmount;
```

La luminosité doit demeurer dans la plage de valeurs convertible en une tension que la LED peut supporter. On s'en assure à l'aide d'une instruction `if`, qui teste essentiellement les variables pour déterminer ce qu'il faut faire ensuite.

Le mot `if` débute l'instruction. Les conditions figurent entre parenthèses. Dans le cas présent, on en trouve deux : tout d'abord, la valeur de `brightness` est-elle 0 ? Ensuite, cette valeur est-elle 255 ? Notez que == est utilisé, et non simplement =. Le double signe égalité indique que le code doit comparer les valeurs spécifiées (tester si a vaut b), et non affecter l'une à l'autre (mettre b dans a). Les deux conditions sont séparées par le symbole || qui correspond au OU logique.

```
if (brightness == 0 || brightness == 255) {
  fadeAmount = -fadeAmount ;
}
```

Ainsi, l'instruction complète est « si la variable nommée `brightness` est égale à 0 ou à 255, alors exécuter tout ce qui se trouve entre les accolades qui suivent ». Lorsque c'est vérifié, la ligne de code qui se trouve entre les accolades est donc lue. Il s'agit d'une opération mathématique élémentaire qui inverse le signe de la variable nommée `fadeAmount`. Tant que l'intensité lumineuse de la LED peut être accrue, la valeur 5 conservée dans `fadeAmount` est ajoutée à `brightness` à chaque itération. Lorsque la valeur de `brightness` atteint 255, l'instruction `if` est vérifiée, et `fadeAmount` passe de 5 à -5. Désormais, à chaque itération, la valeur 5 est retranchée de `brightness` jusqu'à que cette variable atteigne la valeur 0, auquel cas l'instruction `if` est de nouveau vérifiée. De nouveau, le signe de `fadeAmount` est inversé, passant de -5 à 5, et tout recommence.

```
fadeAmount = -fadeAmount ;
```

Ces conditions nous permettent de générer une valeur qui ne cesse de boucler, croissant de 0 à 255 avant de décroître jusqu'à 0, ce qui fait varier la luminosité de votre LED qui s'allume et s'éteint.

Bidouiller le croquis Fade

Il y a bien des manières de faire varier la luminosité de la LED en utilisant le circuit que vous avez réalisé dans la section précédente, mais je ne vais pas toutes les exposer dans ce livre. Toutefois, je peux vous en montrer quelques-unes. Le code suivant est celui du croquis Fading provenant d'une version antérieure d'Arduino. D'une certaine manière, je le préfère à l'exemple que j'ai donné. Téléversez-le, et vous n'observerez aucune différence dans le comportement de la LED.

N'OUBLIEZ PAS

Quelques parties du code peuvent apparaître en couleur à l'écran, le plus souvent en orange ou en bleu. Cela signale une fonction ou une instruction reconnue par l'environnement Arduino (ce qui peut s'avérer très pratique pour repérer les fautes de frappe). La couleur peut être difficile à représenter dans un livre en noir et blanc. C'est pourquoi le code coloré apparaîtra ici en **gras**.

```
/*
Fading

Cet exemple montre comment faire varier la luminosité de la LED avec la fonc-
tion analogWrite().

Le circuit:
* Une LED connectée à la broche numérique 9 et à la masse.

Créé le 1 Nov 2008
Par David A. Mellis
modifié le 30 Août2011
Par Tom Igoe

http://arduino.cc/en/Tutorial/Fading

Cet exemple de code est dans le domaine public.
*/

int ledPin = 9; // LED connectée à la broche numérique 9

void setup() {
   // Rien ne se passe dans setup()
}

void loop() {
   // Montée progressive de la luminosité de min à max par pas de 5 points:
   for(int fadeValue = 0;fadeValue <= 255;fadeValue +=5) {
            // Modifier la valeur (de 0 à 255):
            analogWrite(ledPin, fadeValue);
```

```
            // Attendre 30 millisecondes pour visualiser l'effet
            delay(30);
    }

    // Baisse progressive de la luminosité de max à min par pas de 5 points:
    for(int fadeValue = 255 ; fadeValue >= 0; fadeValue -=5) {
            // Modifier la valeur (de 0 à 255):
            analogWrite(ledPin, fadeValue);
            // Attendre 30 millisecondes pour visualiser l'effet
            delay(30);
    }
}
```

L'exemple par défaut est très efficace, mais il repose sur une fonction `loop` pour modifier la valeur de la tension appliquée à la LED. Cette version utilise une boucle `for`, qui s'exécute dans la fonction principale `loop` de l'Arduino.

Utiliser des boucles for

Une fois que le croquis rentre dans une boucle `for`, il spécifie la condition de sortie et ne peut sortir de la boucle tant que cette condition n'est pas remplie. Les boucles `for` sont souvent utilisées pour des opérations répétitives, dans ce cas, elles sont utilisées pour incrémenter ou décrémenter un nombre à une certaine fréquence pour produire l'effet.

La première ligne de la boucle `for` définit l'initialisation, le test, et l'ampleur de l'incrémentation ou de la décrémentation :

```
for(int fadeValue = 0;fadeValue <= 255;fadeValue +=5)
```

En clair, cela veut dire : « crée une variable nommée `fadeValue` (c'est une variable locale à la boucle `for`) égale à 0 ; vérifie si `fadeValue` est inférieure ou égale à 255 ; si tel est le cas, `fadeValue` est décrémentée de 5 ». `fadeValue` est égale à 0 quand elle est créée uniquement ; après cela, elle est incrémentée de 5 à chaque itération de la boucle.

Dans la boucle, le code met à jour la valeur `analogWrite` de la LED et attend 30 millisecondes (ms) afin de procéder à une nouvelle itération.

```
for(int fadeValue = 0;fadeValue <= 255;fadeValue +=5) {
   // Modifier la valeur (de 0 à 255):
   analogWrite(ledPin, fadeValue);
   // Attendre 30 millisecondes pour visualiser l'effet
   delay(30);
}
```

Cette boucle `for` se comporte comme la boucle `loop` principale dans l'exemple par défaut Fade, mais comme `fadeValue` se trouve dans sa propre boucle, et qu'on y trouve une boucle d'incrémentation et une boucle de décrémentation, il est plus facile de jouer dessus pour produire des motifs de variation de la luminosité. Par exemple, essayez de changer `+=5` et `-=5` avec différentes valeurs (dont 255 est un multiple), et vous pourrez générer entre autres un effet d'illumination asymétrique.

Vous pourriez aussi copier-coller les mêmes boucles `for` pour produire des motifs plus sophistiqués. Toutefois, n'oubliez pas que tant qu'il boucle sur un `for`, votre Arduino ne peut rien faire d'autre.

Le croquis Button

C'est la première et sans doute la plus élémentaire des entrées que vous pouvez et devriez apprendre à maîtriser pour vos futurs projets Arduino : le modeste bouton-poussoir.

Pour ce projet, vous aurez besoin de :

- Un Arduino Uno
- Une platine d'essais
- Une résistance de 10 kΩ
- Un bouton-poussoir
- Une LED
- Des straps

La Figure 7-3 vous montre le montage sur la platine d'essais pour le circuit Button. Il est important de noter quelles pattes du bouton-poussoir sont connectées. Généralement, ces petits boutons-poussoirs sont faits pour enjamber exactement la tranchée au centre de votre platine d'essais. De la sorte, les pattes que le bouton permet de relier entre elles pour faire passer le courant se trouvent d'une part à gauche et d'autre part à droite sur le diagramme.

Vous pouvez tester les pattes d'un bouton-poussoir avec un testeur de continuité si votre multimètre en est doté (comme expliqué au chapitre 5).

Le schéma de la Figure 7-4 vous permet de constater que la résistance est reliée à la masse ainsi qu'à la broche 2, et que lorsque le bouton est pressé, il connecte l'ensemble à la broche 5 V. Cette configuration est utilisée pour comparer la masse (0 V) à une tension (5 V), ce qui vous permet de dire si l'interrupteur est ouvert ou fermé.

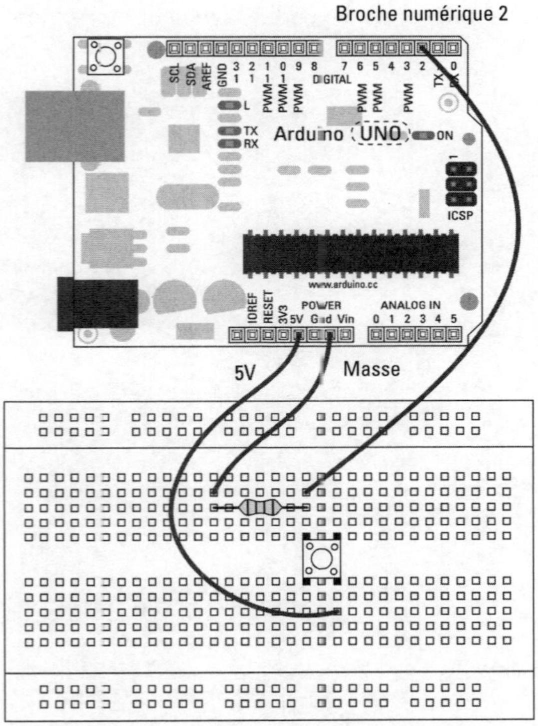

Figure 7-3 : La broche 2 lit l'état du bouton-poussoir.

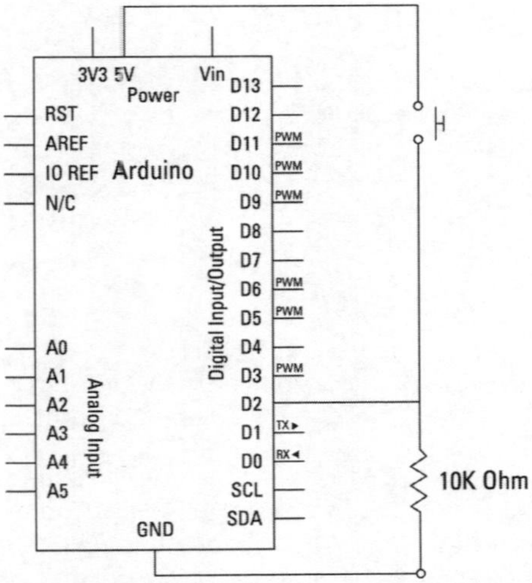

Figure 7-4 : Un schéma du circuit à bouton-poussoir.

Construisez ce circuit et téléversez ce code provenant de Fichier->Exemples ->02.Digital->Button.

```
/*
  Button

 Allume et éteint une LED reliée à la broche numérique 13
 lorsque le bouton-poussoir relié à la broche 2 est pressé.


 Le circuit:
 * LED reliée de la broche 13 à la masse
 * Bouton-poussoir relié de la broche 2 à +5 V
 * Résistance de 10 k reliée de la broche 2 à la masse

 * Note: sur la plupart des Arduino, on trouve déjà une LED reliée
 à la broche 13.


 créé en 2005
 par DojoDave <http://www.0j0.org>
 modifié le 30 août 2011
 par Tom Igoe

 Cet exemple de code est dans le domaine public.

 http://www.arduino.cc/en/Tutorial/Button
 */

// Les constantes ne changent pas. Elles servent à identifier les
// numéros des broches :
const int buttonPin = 2;     // le numéro de la broche du bouton-poussoir
const int ledPin =  13;      // le numéro de la broche de la LED

// Les variables changent:
int buttonState = 0;         // Variable pour lire le statut du bouton-poussoir

void setup() {
  // Initialise la broche de la LED comme sortie:
  pinMode(ledPin, OUTPUT);
  // Initialise la broche du bouton-poussoir comme entrée:
  pinMode(buttonPin, INPUT);
}

void loop(){
  // L'état la valeur de l'état du bouton-poussoir:
  buttonState = digitalRead(buttonPin);
```

```
  // Vérifie si le bouton-poussoir est poussé.
  // Si c'est le cas, l'état du bouton-poussoir est HIGH:
  if (buttonState == HIGH) {
    // Allumer la LED:
    digitalWrite(ledPin, HIGH);
  }
  else {
    // Éteindre la LED:
    digitalWrite(ledPin, LOW);
  }
}
```

Une fois que vous avez chargé le croquis, pressez votre bouton et vous devriez voir la LED de la broche 13 s'allumer. Vous pouvez ajouter une LED plus grosse à votre carte Arduino entre la broche 13 et la masse (GND) pour que ce soit plus visible.

Si vous ne voyez rien s'allumer, vous devriez vérifier deux fois votre câblage :

- Vérifiez que votre bouton est connecté à la bonne broche.
- Si vous utilisez une autre LED, vérifiez qu'elle est bien située, sa longue patte étant reliée à la broche 13, et sa courte, à GND. Vous pouvez aussi l'enlever et observer la LED installée sur la carte (libellée L).
- Vérifiez les connexions sur la platine d'essais. Si les straps ou les composants ne sont pas connectés en utilisant les bonnes rangées sur la platine d'essais, ils ne fonctionneront pas.

Comprendre le croquis Button

C'est votre premier projet interactif Arduino. Les croquis précédents n'utilisaient que des sorties, mais vous êtes dorénavant capable d'affecter ces dernières en fournissant une entrée bien réelle !

Tant qu'il est pressé, le bouton maintient la diode allumée. Lorsqu'il est relâché, la diode s'éteint. Regardez le croquis plus haut pour voir comment ça se passe.

Comme auparavant, la première étape consiste à déclarer des variables. Dans ce cas, il faut noter quelques différences. Le mot `const` est une abréviation pour désigner une constante, si bien que les valeurs `buttonPin` et `ledPin` se trouvent ainsi fixées pour la durée du programme. Il vaut mieux utiliser cette solution que d'utiliser des variables dont la valeur ne changera pas ; vous êtes plus certain que vous ne ferez pas l'erreur de les changer. Dans le cas présent, les numéros des broches se trouvent ainsi désignés car vous n'allez pas les modifier.

La variable `buttonState` est mise à 0. Elle est utilisée pour suivre le changement d'état du bouton.

```
const int buttonPin = 2;      // le numéro de la broche du bouton-poussoir
const int ledPin =  13;       // le numéro de la broche de la LED

// Les variables changent:
int buttonState = 0;          // Variable pour lire le statut du bouton-poussoir
```

La fonction `setup` utilise la fonction `pinMode` pour configurer la broche `ledPin` (la broche 13) en sortie et la broche `buttonPin` (la broche 2) en entrée :

```
void setup() {
  // Initialise la broche de la LED comme sortie:
  pinMode(ledPin, OUTPUT);
  // Initialise la broche du bouton-poussoir comme entrée:
  pinMode(buttonPin, INPUT);
}
```

Dans la boucle principale, vous pouvez voir la manière dont les choses se déroulent clairement. Tout d'abord, la fonction `digitalRead` est utilisée sur la broche 2. Tout comme `digitalWrite` peut écrire `HIGH` ou `LOW` sur une broche, `digitalRead` peut lire une valeur sur une broche. La valeur est alors stockée dans la variable `buttonState`.

```
void loop(){
  // L'état la valeur de l'état du bouton-poussoir:
  buttonState = digitalRead(buttonPin);
```

L'état du bouton étant déterminé, un test mobilisant une instruction `if` permet de déterminer ce qui doit suivre. L'instruction se lit : « Si on détecte une valeur `HIGH` (le circuit est mis sous tension), alors envoyer `HIGH` sur la broche `ledPin` (la broche 13) pour allumer la LED ; si c'est une valeur `LOW` (la broche est mise à la masse), alors envoyer `LOW` sur la broche `ledPin` pour éteindre la LED ; répéter. »

```
  // Vérifie si le bouton-poussoir est poussé.
  // Si c'est le cas, l'état du bouton-poussoir est HIGH:
  if (buttonState == HIGH) {
    // Allumer la LED:
    digitalWrite(ledPin, HIGH);
  }
```

```
  else {
    // Éteindre la LED:
    digitalWrite(ledPin, LOW);
  }
}
```

Bidouiller le croquis Button

Il est souvent nécessaire d'inverser une sortie, un interrupteur, un capteur. Vous avez deux moyens pour le faire. Le plus simple consiste à changer un mot dans le code.

En changeant la première lige de code du croquis de :

```
if (buttonState == HIGH)
```

en :

```
if (buttonState == LOW)
```

la sortie est inversée.

Cela signifie que la LED est allumée tant que le bouton n'est pas pressé. Si vous avez un ordinateur, c'est la solution la plus simple. Téléversez simplement ce code.

Toutefois, vous pouvez vous trouver dans des cas (comme lorsque la batterie de votre ordinateur est à plat) où vous ne pouvez pas modifier le code. La solution pour inverser la logique du circuit est alors d'inverser sa polarité.

Au lieu de relier la broche 2 à la résistance puis à GND, reliez donc la résistance à 5 V et reliez GND à l'autre côté du bouton, comme sur la Figure 7-5.

Le croquis AnalogInput

Le précédent croquis vous a montré comment utiliser `digitalRead` pour lire une valeur `LOW` ou `HIGH`, mais comment faire si vous souhaitez lire une valeur analogique comme l'état d'une molette de contrôle du volume ou d'un variateur ?

Pour ce projet, vous aurez besoin de :

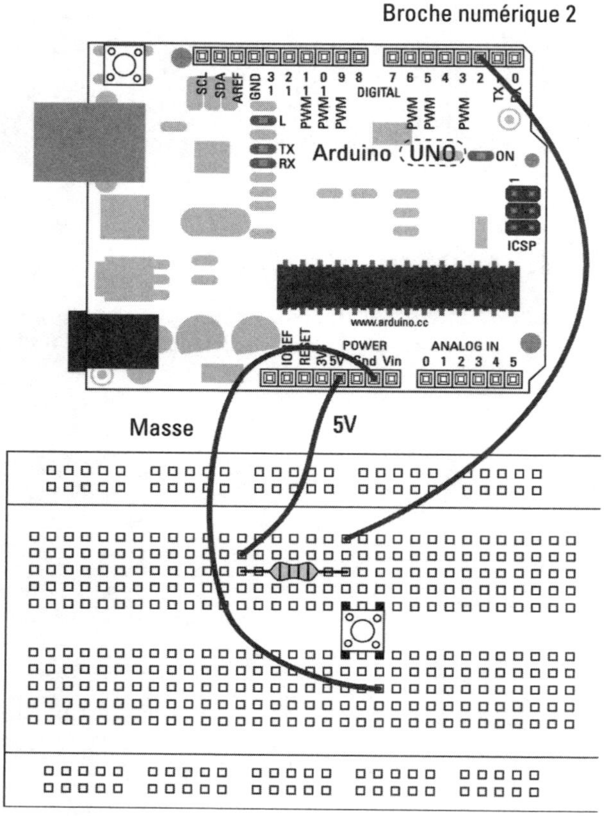

Figure 7-5 : un bouton dont la polarité est inversée.

- Un Arduino Uno
- Une platine d'essais
- Un potentiomètre de 10 kΩ
- Une LED
- Des straps

Sur la Figure 7-7, vous pouvoir voir la configuration de ce circuit. Vous avez besoin d'une résistance et d'une LED en sortie, et d'un potentiomètre en entrée. Si vous ne savez pas ce qu'est un potentiomètre, reportez-vous à l'encadré « Les potentiomètres ».

Les potentiomètres

Tout comme vos résistances passives classiques, les potentiomètres (ou résistances variables) résistent au flux du courant dans un circuit. La différence est que plutôt que d'avoir une valeur déterminée, ils peuvent prendre une valeur dans une certaine plage. Généralement, la limite haute de cette plage est imprimée sur le potentiomètre. Par exemple, un potentiomètre dont la valeur est de 10 kΩ vous permet de produire une résistance variant entre 0 et 10 000 ohms. Cette variation peut être contrôlée électriquement pour générer une sortie analogique.

On trouve des potentiomètres de toutes tailles et de toutes formes, comme vous pouvez le constater sur la figure suivante. Songez à tout ce que vous pouvez régler dans votre maison, comme un thermostat, la molette de votre machine à laver, ou celle de votre toaster pour régler le temps de cuisson ; c'est généralement à un potentiomètre que vous avez affaire.

Sur les figures 7-6 et 7-7, le potentiomètre est connecté à l'alimentation et à la masse par des pattes opposées, la patte centrale permet de faire une lecture. Pour lire la sortie analogique, vous devez utiliser un jeu de broches analogiques particulières sur la carte Arduino.

Il faut aussi noter que si vous inversez la polarité (inversez les straps positif est négatif) de la résistance, vous inverserez la direction du potentiomètre. Cela peut vous permettre de redresser la situation rapidement si vous observez que vous êtes parti dans la mauvaise direction.

Réalisez le circuit et téléversez le code de Fichier->Exemples->03. Analog->AnalogInput.

```
/*
  Analog Input
 Démontre une entrée analogique en lisant un capteur analogique sur la broche 0
 et en allumant et éteignant une LED connectée à la broche numérique 13.
 La durée durant laquelle la LED est allumée ou éteinte dépend de la valeur
 retournée par analogRead().
```

```
 Le circuit:
 * Potentiomètre relié à la broche analogique 0
 * Patte centrale du potentiomètre reliée à la broche analogique
 * Une broche latérale (n'importe laquelle) mise à la masse
 * L'autre broche latérale reliée à +5 V
 * Anode de la LED (patte longue) reliée à la broche 13
 * Cathode de la LED (patte courte) mise à la masse

 * Note: Comme la plupart des Arduino disposent d'une LED intégrée
 reliée à la broche 13 de la carte, la LED est optionnelle.


 Créé par David Cuartielles
 Modifié le 30 août 2011
 Par Tom Igoe

 Cet exemple de code est dans le domaine public.

 http://arduino.cc/en/Tutorial/AnalogInput

 */

int sensorPin = A0;    // Sélectionner la broche d'entrée pour le potentiomètre
int ledPin = 13;      // Sélectionner la broche pour la LED
int sensorValue = 0;  // Variable pour stocker la valeur issue du capteur

void setup() {
  // Déclarer ledPin en sortie:
  pinMode(ledPin, OUTPUT);
}

void loop() {
  // Lire la valeur du capteur:
  sensorValue = analogRead(sensorPin);
  // Activer ledPin
  digitalWrite(ledPin, HIGH);
  // Arrêter le programme durant <sensorValue> millisecondes:
  delay(sensorValue);
  // Désactiver ledPin:
  digitalWrite(ledPin, LOW);
  // Arrêter le programme durant <sensorValue> millisecondes:
  delay(sensorValue);
}
```

Une fois le croquis téléversé, activez le potentiomètre. La LED clignote plus ou moins rapidement selon la valeur de la résistance. Vous pouvez ajouter une autre LED entre les broches 13 et GND pour améliorer le spectacle.

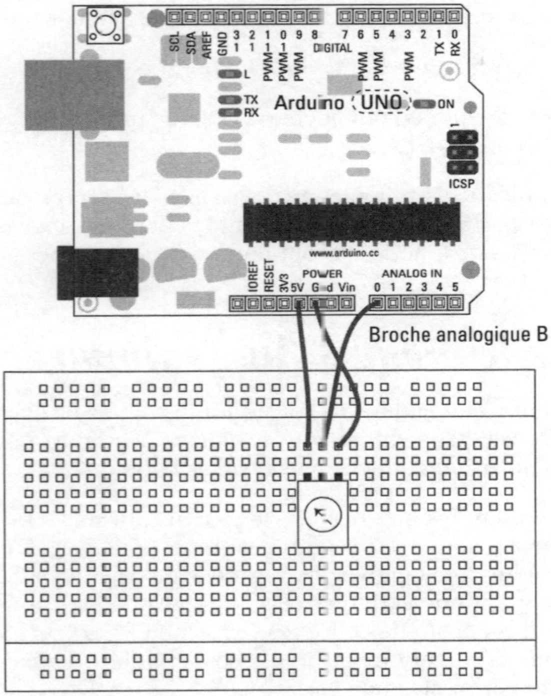

Figure 7-6 : Le potentiomètre est connecté à la broche analogique B.

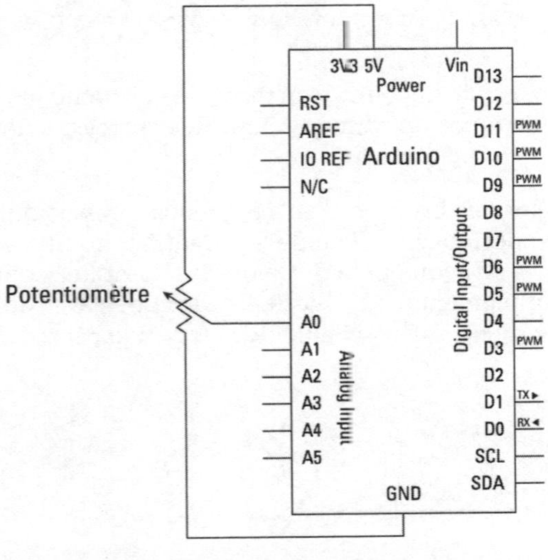

Figure 7-7 : Un schéma du circuit AnalogInput.

Si vous ne voyez rien s'allumer, vérifiez deux fois votre câblage :

- Vérifiez que vous utilisez la bonne broche pour le potentiomètre.
- Vérifiez que la LED est bien connectée, la longue patte étant reliée à la broche 13, et la courte, à GND.
- Vérifiez les connexions sur la platine d'essais. Si les straps ou les composants ne sont pas connectés en utilisant les bonnes rangées sur la platine d'essais, ils ne fonctionneront pas.

Comprendre le croquis AnalogInput

On trouve des capteurs analogiques de toutes formes, mais ils exploitent tous le même principe. Dans cette section, vous examinez le croquis pour mieux comprendre comment Arduino fonctionne avec les capteurs.

Les déclarations précisent les broches que le croquis utilise. La broche pour la lecture analogique est nommée `sensorPin` et correspond à `A0`. C'est la première des six broches analogiques, numérotées de 0 à 5. `ledPin` et `sensorPin` sont déclarées en tant que variables classiques. Notez que vous pourriez les déclarer comme des constantes entières (`cons tint`), car leurs valeurs ne changent pas. Comme la valeur de `sensorValue` est conduite à changer, cette dernière doit pour sa part rester une variable.

```
int sensorPin = A0;    // Sélectionner la broche d'entrée pour le potentiomètre
int ledPin = 13;       // Sélectionner la broche pour la LED
int sensorValue = 0;  // Variable pour stocker la valeur issue du capteur
```

Durant `setup`, vous n'avez qu'à déclarer le `pinMode` de la broche numérique `ledPin`. Les entrées analogiques ne sont que pour des entrées, comme leur nom l'indique.

TRUC

Vous pouvez aussi utiliser des broches d'entrée analogiques comme broches d'entrée ou de sortie numériques. Au lieu de les identifier comme les broches analogiques A0 à A5, vous pourriez alors les identifier comme des broches numériques supplémentaires 14 à 19. Il faudra déclarer que chacune est une broche d'entrée ou de sortie à l'aide de la fonction `pinMode`.

```
void setup() {
  // Déclarer ledPin en sortie:
  pinMode(ledPin, OUTPUT);
}
```

Tout comme le croquis Button, le croquis AnalogInput commence par lire l'état du capteur. Lorsque vous utilisez la fonction analogRead, il interprète la tension appliquée à une broche analogique. Cette tension varie ici avec la résistance du potentiomètre. La précision dépend de la qualité de ce dernier. L'Arduino utilise un convertisseur analogique-vers-numérique de l'ATmega328 pour lire cette tension. Au lieu de renvoyer 0 V, 0,1 V, 0,2 V et ainsi de suite, l'Arduino retourne un entier compris entre 0 et 1023. Par exemple si la tension est de 2,5 V, l'Arduino retournera 511.

C'est une bonne idée que de lire l'état du capteur avant toute chose. En effet, quoique la boucle soit exécutée très rapidement, il vaut mieux lire l'état du capteur avant pour éviter de générer un délai dans son traitement. Autrement, il pourrait sembler à l'utilisateur que l'Arduino met du temps à répondre à une action sur le capteur.

Une fois que sensorValue est lue, le croquis est approximativement le même que Blink, mais avec un délai variable. ledPin reçoit HIGH, on attend, ledPin reçoit LOW, on attend, puis la valeur du capteur est relue et le processus est répété pour en tenir compte.

En utilisant une valeur brute du capteur (entre 0 et 1023) pour délai, cela fait varier le délai entre 0 et 1,023 seconde.

```
void loop() {
  // Lire la valeur du capteur:
  sensorValue = analogRead(sensorPin);
  // Activer ledPin
  digitalWrite(ledPin, HIGH);
  // Arrêter le programme durant <sensorValue> millisecondes:
  delay(sensorValue);
  // Désactiver ledPin:
  digitalWrite(ledPin, LOW);
  // Arrêter le programme durant <sensorValue> millisecondes:
  delay(sensorValue);
}
```

Ce croquis fait clignoter la LED à différentes fréquences, mais n'oubliez pas que tandis que le clignotement ralentit, les délais utilisés dans la boucle sont toujours plus longs, si bien que le capteur est lu toujours moins fréquemment. Cela peut vous donner l'impression que le capteur est moins réactif lorsque la résistance est élevée. Pour d'autres considérations sur les capteurs, notamment pour savoir comment mieux les lire et les calibrer, reportez-vous au chapitre 11.

Bidouiller le croquis AnalogInput

La fonction analogRead fournit une valeur entière, et vous pouvez l'utiliser dans toutes sortes de calculs dans votre croquis. Dans cet exemple, je vous montre comment vérifier si la valeur du capteur est au-dessus d'un certain seuil.

En plaçant la partie digitalWrite dans une instruction if, vous pouvez fixer ce seuil. Dans le code qui suit, la LED ne clignote que si la valeur du capteur dépasse 511.

```
void loop() {
  // Lire la valeur du capteur:
  sensorValue = analogRead(sensorPin);
if (sensorValue > 511){
  // Activer ledPin
  digitalWrite(ledPin, HIGH);
  // Arrêter le programme durant <sensorValue> millisecondes:
  delay(sensorValue);
  // Désactiver ledPin:
  digitalWrite(ledPin, LOW);
  // Arrêter le programme durant <sensorValue> millisecondes:
  delay(sensorValue);
}
}
```

Essayez d'ajouter vous-même d'autres conditions, mais sachez que si le délai est trop grand, le capteur ne semblera pas lu très souvent. Reportez-vous au chapitre 11 pour découvrir d'autres croquis permettant de résoudre le problème.

Parler en série

C'est amusant de visualiser les résultats produits par votre circuit à l'aide d'une LED, mais si vous ne pouvez pas visualiser les valeurs, vous saurez difficilement si le circuit se comporte de la manière dont vous l'espérez. Les projets présentés dans cette section et dans la suivante permettent d'afficher la valeur des entrées en utilisant le *moniteur série*.

Série, c'est une méthode de communication entre un périphérique et un ordinateur. Dans notre cas, c'est une communication via le bus série universel (USB, pour *Universal Serial Bus*). Les données sont envoyées octet par octet dans l'ordre où ils sont produits. Lorsque vous lisez des capteurs avec un Arduino, les valeurs qui en résultent sont envoyées via cette connexion USB et peuvent être emmagasinées et interprétées par votre ordinateur.

Le croquis DigitalReadSerial

Dans le projet DigitalReadSerial, vous surveillez les valeurs `HIGH` et `LOW` du moniteur série.

Pour ce projet, il vous faudra :

- Un Arduino Uno
- Une platine d'essais
- Une résistance de 10 kΩ
- Un bouton-poussoir
- Des straps

Les figures 7-8 et 7-9 utilisent le même circuit que celui utilisé par le croquis Button décrit plus tôt dans ce chapitre. Notez que la coloration du code permet de localiser quelques changements.

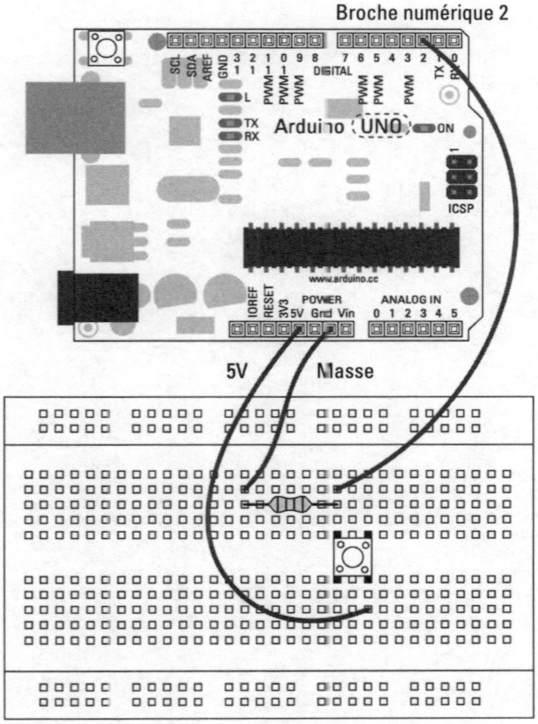

Figure 7-8 : La broche 2 lit l'état du bouton-poussoir.

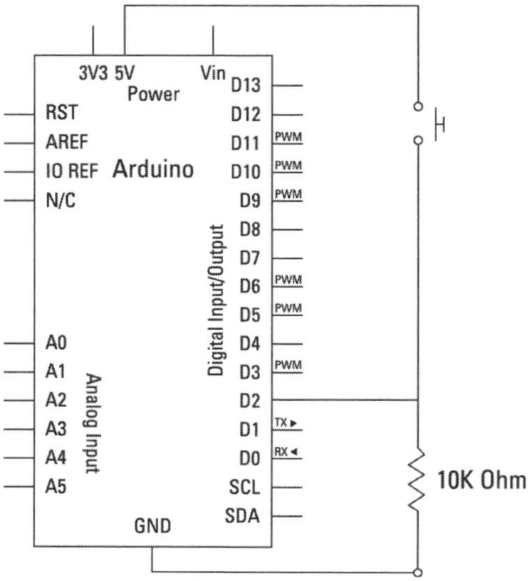

Figure 7-9 : Un schéma du circuit du bouton-poussoir.

Assemblez ce circuit et téléversez le code de Fichier->Exemples->01. Basics->DigitalReadSerial.

```
/*
  DigitalReadSerial
 Lit un signal numérique sur la broche 2, affiche le résultat sur le moniteur
 série

 Cet exemple de code est dans le domaine public.
 */

// Le bouton-poussoir est relié à la broche numérique 2. On lui donne un nom:
int pushButton = 2;

// La routine setup s'exécute une fois quand vous pressez reset:
void setup() {
  // Initialise la communication série en 9600 bits par seconde:
  Serial.begin(9600);
  // Faire de la broche du bouton-poussoir une entrée:
  pinMode(pushButton, INPUT);
}

// La routine loop s'exécute à l'infini:
void loop() {
  // Lire l'état de la broche d'entrée:
```

```
  int buttonState = digitalRead(pushButton);
  // Afficher l'état du bouton-poussoir:
  Serial.println(buttonState);
  delay(1);        // Délai entre deux lectures pour plus de stabilité
}
```

Une fois que vous avez téléversé le croquis, cliquez sur le bouton Moniteur série en haut à droite de la fenêtre ARDUINO. Ce faisant, vous affichez la fenêtre du moniteur série (voir Figure 7-10), qui contient les valeurs envoyées via le port série sélectionné (le même que celui utilisé pour téléverser le croquis, à moins que vous n'en ayez décidé autrement).

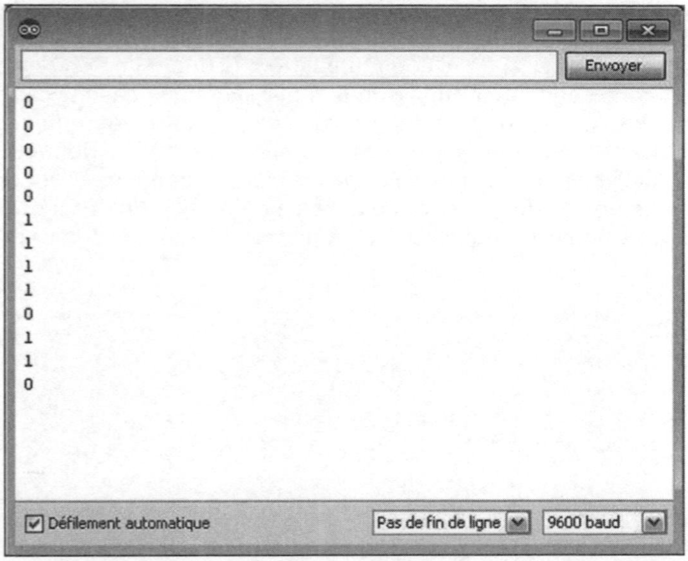

Figure 7-10 : La fenêtre du moniteur série est très pratique pour garder un œil sur ce que fait votre Arduino.

Dans la fenêtre, vous devriez voir une cascade de valeurs `0`. Pressez le bouton quelques fois, et vous devriez voir apparaître quelques valeurs `1`.

Si vous ne voyez rien, ou si vous voyez des valeurs étranges, vérifiez deux fois votre câblage :

- Vérifiez que vous utilisez la bonne broche pour le bouton-poussoir.
- Vérifiez les connexions sur la platine d'essais. Si les straps ou les composants ne sont pas connectés en utilisant les bonnes rangées sur la platine d'essais, ils ne fonctionneront pas.

- Si vous recevez des nombres étranges et non des 0 et des 1, vérifiez le débit du moniteur série ; s'il n'est pas réglé sur 9600, utilisez le menu déroulant pour sélectionner ce débit.

Comprendre le croquis DigitalReadSerial

La seule variable déclarée dans ce croquis est le numéro de broche pour le bouton-poussoir :

```
int pushButton = 2;
```

Dans la configuration, on trouve une nouvelle fonction `Serial.begin`. Cette fonction initialise la communication série. Le nombre entre parenthèses correspond à la vitesse de la communication, le débit. Le débit est donné en bauds, et correspond au nombre de bits par seconde ; dans le cas présent, c'est 9600 bits par seconde. Lorsque vous visualisez le contenu de la communication dans le moniteur série, il est important de lire les données à la même vitesse qu'elles arrivent. Si ce n'est pas le cas, les données sont écrasées, et ce que vous pouvez lire à l'écran n'a plus aucun sens. En bas à droite de la fenêtre, vous pouvez modifier le débit, mais il devrait par défaut être réglé sur 9600.

```
void setup() {
  // Initialise la communication série en 9600 bits par seconde:
  Serial.begin(9600);
  // Faire de la broche du bouton-poussoir une entrée:
  pinMode(pushButton, INPUT);
}
```

Dans la boucle `loop`, l'état de la broche `pushButton` est lu et conservé dans la variable `buttonState`.

```
void loop() {
  // Lire l'état de la broche d'entrée:
  int buttonState = digitalRead(pushButton);
```

La valeur de `buttonState` est alors écrite sur le port série en utilisant la fonction `Serial.prinln`. Lorsque `println` est utilisée, un retour à la ligne est ajouté à la valeur qui est affichée. Ce retour à la ligne est particulièrement utile lorsque vous lisez des valeurs, car elles peuvent ainsi apparaître les unes sous les autres, ce qui en facilite la lecture ; à défaut, elles figureraient toutes sur la même ligne.

```
  // Afficher l'état du bouton-poussoir:
  Serial.println(buttonState);
```

Un délai d'une milliseconde est ajouté à la fin de la boucle pour ralentir la fréquence à laquelle l'état du bouton est lu. Vous risquez de produire des résultats imprévisibles si vous lisez plus rapidement l'état, si bien qu'il est recommandé de conserver ce délai.

```
  delay(1);        // Délai entre deux lectures pour plus de stabilité
}
```

Le croquis AnalogInOutSerial

Dans ce projet, vous surveillez via le moniteur série une valeur analogique envoyée par un potentiomètre. Ce potentiomètre se comporte comme la molette de réglage du volume de votre stéréo, mais les gens ne savent généralement pas ce qui se cache derrière. Dans cet exemple, vous surveillez la valeur détectée par votre Arduino et vous l'affichez à l'écran, ce qui vous permet de mieux comprendre la plage des valeurs que peut couvrir un capteur analogique.

Pour ce croquis, il vous faudra :

- Un Arduino Uno
- Une platine d'essais
- Un potentiomètre de 10 kΩ
- Une résistance (supérieur à 120 Ω)
- Une LED
- Des straps

Le circuit représenté sur les figures 7-11 et 7-12 est semblable au précédent circuit AnalogInput, mais on lui ajoute une LED reliée à la broche 9, comme dans le circuit Fade. Le code allume et éteint progressivement la LED en fonction de la résistance opposée par le potentiomètre. Comme l'entrée et la sortie peuvent couvrir différentes plages de valeurs, le croquis doit comprendre une conversion pour utiliser le potentiomètre afin de jouer sur la luminosité de la LED. C'est un excellent exemple d'utilisation du moniteur série pour déboguer et afficher les valeurs d'entrée et de sortie afin de bien vous y retrouver.

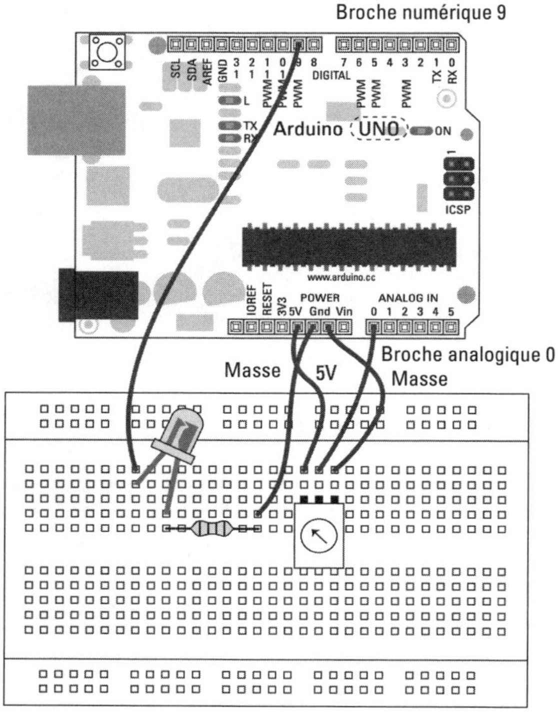

Figure 7-11 : Le circuit pour lire un capteur via le moniteur série.

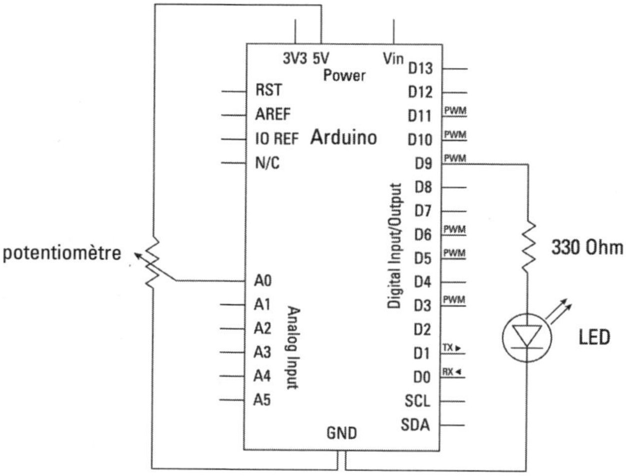

Figure 7-12 : Un schéma du circuit.

Assemblez le circuit et téléversez le code de Fichier->Exemples->03. Analog->AnalogInOutSerial.

```
/*
  Analog input, analog output, serial output

 Lit une valeur sur la broche analogique, la convertit en une valeur entière
 comprise entre 0 et 255 et utilise ce résultat pour modifier la MLI (PWM) de la
 broche de sortie.
 Affiche aussi le résultat sur le moniteur série.

 Le circuit:
 * Un potentiomètre connecté sur la broche numérique 0.
   La patte centrale du potentiomètre va sur la broche analogique.
   Les pattes latérales du potentiomètre vont sur +5 V et sur GND
 * Une LED reliée à la broche numérique 9 et à GND

 Créé le 29 Dec. 2008
 Modifié le 9 Avr 2012
 par Tom Igoe

 Cet exemple est dans le domaine public.

 */

// Ces constantes ne changeront pas. On les utilise pour désigner
// les broches utilisées:
const int analogInPin = A0;     // La broche d'entrée analogique à laquelle le
                                // potentiomètre est relié
const int analogOutPin = 9; // La broche analogique à laquelle la LED est
                              reliée

int sensorValue = 0;        // La valeur lue sur le potentiomètre
int outputValue = 0;        // La valeur générée sur la broche PWM

void setup() {
  // Initialiser une communication série à 9600 bits par seconde:
  Serial.begin(9600);
}

void loop() {
  // Lire la valeur analogique:
  sensorValue = analogRead(analogInPin);
  // La convertir dans une valeur analogique en sortie:
  outputValue = map(sensorValue, 0, 1023, 0, 255);
  // Modifier la valeur analogique en sortie:
  analogWrite(analogOutPin, outputValue);
```

```
  // Afficher les résultats sur le moniteur série:
  Serial.print(«capteur  = « );
  Serial.print(sensorValue);
  Serial.print(«\t sortie = «);
  Serial.println(outputValue);

  // Attendre 2 millisecondes avant une nouvelle itération
  // pour que le convertisseur analogique-vers-numérique puisse
  // s'y retrouver après la dernière lecture:
  delay(2);
}
```

Une fois que vous avez téléversé le croquis, tournez le potentiomètre avec les doigts. La LED devrait s'allumer et s'éteindre progressivement en fonction de la valeur de la résistance opposée. Cliquez alors sur le bouton du moniteur série en haut à droite de la fenêtre Arduino pour surveiller les valeurs que vous recevez et que vous renvoyez sur la LED.

Si vous ne voyez rien, vérifiez deux fois votre câblage :

- Vérifiez que vous utilisez la bonne broche pour le potentiomètre.
- Vérifiez que la LED est bien connectée, la patte longue étant reliée à la broche 9, et la patte courte étant reliée à GND, via le potentiomètre.
- Vérifiez les connexions sur la platine d'essais. Si les straps ou les composants ne sont pas connectés en utilisant les bonnes rangées sur la platine d'essais, ils ne fonctionneront pas.
- Si vous recevez des nombres étranges et non des 0 et des 1, vérifiez le débit du moniteur série ; s'il n'est pas réglé sur 9600, utilisez le menu déroulant pour sélectionner ce débit.

Comprendre le croquis AnalogInOutSerial

Le début du croquis coule plutôt de source. Il déclare les deux broches utilisées pour l'entrée analogique et la sortie PWM. On trouve aussi les deux variables pour conserver les valeurs reçues du capteur (`sensorValue`) et envoyées à la LED (`outputValue`).

```
const int analogInPin = A0;     // La broche d'entrée analogique à laquelle le
                                // potentiomètre est relié
const int analogOutPin = 9; // La broche analogique à laquelle la LED est
                              reliée
```

```
int sensorValue = 0;          // La valeur lue sur le potentiomètre
int outputValue = 0;          // La valeur générée sur la broche PWM
```

Dans setup, vous n'avez rien à faire sinon ouvrir la communication série :

```
void setup() {
  // Initialiser une communication série à 9600 bits par seconde:
  Serial.begin(9600);
}
```

C'est dans loop que l'action se déroule. Comme dans le croquis Fade, il vaut mieux commencer par lire l entrée. La variable sensorValue conserve la valeur lue sur la broche analogPin, qui peut varier entre 0 et 1024.

```
void loop() {
  // Lire la valeur analogique:
  sensorValue = analogRead(analogInPin);
```

Comme faire varier progressivement la luminosité de la LED via PWM nécessite une valeur comprise entre 0 et 255, vous devez réduire sensorValue pour qu'elle tienne dans la plage de outputValue. Pour ce faire, vous utilisez la fonction map. Cette fonction prend une variable, son minimum et son maximum, et les nouveaux minimum et maximum, et procède à la mise à l'échelle pour vous. En utilisant la fonction map, vous pouvez donc créer une outputValue proportionnelle à sensorValue, mais à plus petite échelle.

```
  // La convertir dans une valeur analogique en sortie:
  outputValue = map(sensorValue, 0, 1023, 0, 255);
```

TRUC

Des fonctions pareilles sont parfois utilisées, mais elles peuvent souvent s'avérer un canon pour tuer les mouches. Dans le cas présent, il est possible de parvenir au résultat en divisant simplement par 4.

```
outputValue = sensorValue/4;
```

La valeur d'outputValue est alors envoyée à la LED en utilisant la fonction analogWrite.

```
  // Modifier la valeur analogique en sortie:
  analogWrite(analogOutPin, outputValue);
```

C'est assez pour que le circuit fonctionne, mais si vous voulez savoir ce qui se passe, vous devez écrire ces valeurs sur le port série. Le code comprend trois lignes de `Serial.print`, avant `Serial.println`, ce qui signifie que ce qui est écrit figure sur une seule ligne chaque fois que le programme accomplit une itération.

Le texte entre les guillemets sert à rajouter des libellés ou des caractères. Vous pouvez aussi utiliser les caractères spéciaux, tels que `\t`, qui rajoute une tabulation pour espacer.

```
  // Afficher les résultats sur le moniteur série:
  Serial.print(«capteur  = « );
  Serial.print(sensorValue);
  Serial.print(«\t sortie = «);
  Serial.println(outputValue);
```

Un exemple de ligne générée serait :

```
capteur = 1023       sortie = 511
```

La boucle se termine par une brève attente pour stabiliser les résultats avant de repartir pour un tour, lisant l'entrée, générant la sortie et affichant les informations sur le moniteur série.

```
  // Attendre 2 millisecondes avant une nouvelle itération
  // pour que le convertisseur analogique-vers-numérique puisse
  // s'y retrouver après la dernière lecture:
  delay(2);
}
```

TRUC

Ce délai est largement arbitraire et pourrait fort bien n'être que de 1 ms au lieu de 2 ms, comme dans l'exemple précédent. Vous pourriez avoir à utiliser des délais brefs. Si le capteur est particulièrement capricieux, vous pourriez aller jusqu'à 10 ms, mais s'il réagit très bien, vous pourriez parfaitement supprimer le délai. Il n'y a pas de valeur magique.

Chapitre 8

Des croquis basiques supplémentaires : Mouvement et effets sonores

Dans ce chapitre

- Activer des moteurs à courant continu
- Basculer des charges plus importantes avec les transistors
- Accroître la vitesse de votre moteur
- Tourner avec précision en utilisant un moteur pas à pas
- Réaliser une musique électronique avec un buzzer

Au chapitre 7, vous avez vu comment utiliser de simples LED comme sortie de divers circuits. Même si au royaume d'Arduino rien n'est plus beau qu'une LED clignotante, de nombreuses autres options de sortie sont à votre disposition. Dans ce chapitre, j'explore deux autres domaines : le mouvement fourni par des moteurs et le son d'un buzzer.

Travailler avec des moteurs électriques

Les moteurs électriques vous permettent de déplacer des choses grâce à la puissance de l'électromagnétisme fourni par l'électricité. Lorsqu'un courant électrique passe à travers une bobine de fil, il crée un champ électromagnétique. Ce processus fonctionne de façon similaire à celui d'un aimant rectangulaire standard, à ceci près que vous avez la possibilité de l'activer ou de le désactiver à volonté et même de modifier la direction du champ magnétique. Si vous vous souvenez de vos leçons de l'école primaire, les aimants ont deux états possibles : attraction ou répulsion. Dans un champ électromagnétique, vous pouvez passer d'un état à l'autre en modifiant la polarité, ce qui, en termes pratiques, revient à inverser les fils positifs et négatifs.

On utilise des électroaimants pour de nombreux usages, qui vont des serrures à commande électrique aux électrovannes en passant par la lecture et l'écriture sur un disque dur. Ils sont également utilisés pour soulever de la ferraille. Même le grand collisionneur d'Hadron du CERN utilise des électroaimants. Dans ce chapitre, j'aborderai également un autre usage important : les moteurs électriques.

Un *moteur électrique* est constitué d'un bobinage de fil (électroaimant) situé entre deux aimants classiques. En alternant la polarité de la bobine, il devient possible de le faire tourner, car il est successivement attiré et repoussé par les aimants. Si cela se produit assez rapidement, la bobine se met alors en rotation.

La première des choses consiste à comprendre comment la bobine peut tourner alors qu'elle est attachée au fil. Cela fonctionne en montant des balais de cuivre sur un essieu. Ces balais restent en contact avec deux demi-cercles de cuivre, comme l'illustre la Figure 8-1. Ce qui signifie que le contact peut être obtenu sans avoir recours à des fils fixes. Les demi-cercles impliquent également que les deux points ne sont jamais en contact, ce qui causerait un court-circuit.

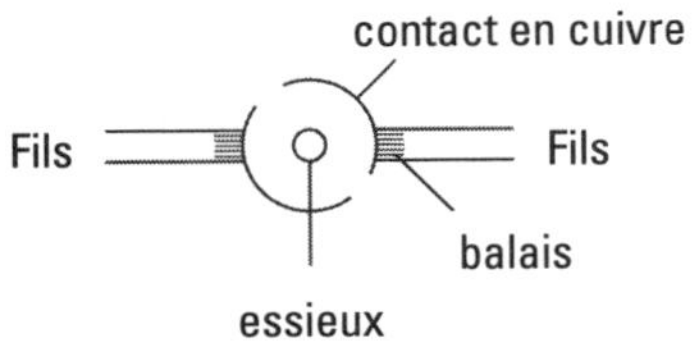

Figure 8-1 : Voici comment l'axe d'un moteur peut être connecté, tout en restant libre d'effectuer une rotation.

Vous pouvez affecter une bobine tournant librement autour d'un axe en plaçant à proximité de cette dernière deux aimants permanents. Comme le montre la Figure 8-2, ces aimants sont placés de part et d'autre de la bobine, un pôle différent de chaque côté. Si vous faites passer un courant électrique dans la bobine, vous lui donnez une polarité – nord ou sud, comme avec des aimants conventionnels. Si la bobine est orientée nord, elle sera repoussée par l'aimant Nord et attirée par l'aimant Sud.

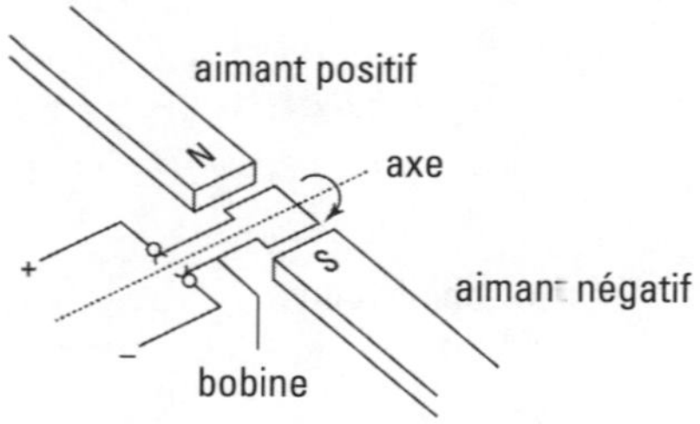

Figure 8-2 : Un schéma de moteurs électriques.

Si vous regardez de nouveau le balai, vous vous apercevrez que quelque chose arrive lorsque la bobine effectue une demi-rotation : la polarité s'inverse. Lorsque cela arrive, le cycle recommence de nouveau et le Nord de la bobine devient le Sud. Elle est alors repoussée vers le Nord par l'aimant Sud. En raison de l'impulsion produite lorsque la bobine est repoussée, le mouvement continu dans la même direction tant qu'il existe un courant suffisant.

Il s'agit de la forme la plus élémentaire d'un moteur électrique, les moteurs modernes sont bien plus raffinés, ils disposent de plusieurs bobines et aimants afin de produire un mouvement fluide. D'autres moteurs sont également basés sur ce principe mais dispose d'un mécanisme permettant un contrôle plus fin du mouvement, ils peuvent par exemple se déplacer d'un nombre de degrés spécifique ou vers une position précise. Dans votre kit, vous devriez disposer de deux variétés de moteurs électriques : un moteur à courant continu et un servomoteur.

Découvrir les diodes

La *diode* est un élément essentiel de commandes de moteurs électriques. Comme nous l'avons expliqué plus haut dans ce chapitre, vous pouvez faire tourner un moteur électrique en le soumettant à une tension. Cependant, si un moteur tourne sans être parcouru par une tension, il génère une tension dans la direction opposée ; c'est ainsi que les générateurs électriques et les dynamos produisent de l'électricité à partir du mouvement.

Si cette inversion de tension survient dans votre circuit, les effets peuvent être désastreux. Ainsi, pour contrôler ce courant inverse, nous utilisons une diode. Les diodes bloquent le courant dans une direction et permettent son passage dans une autre. Le courant peut circuler de l'anode vers la cathode. La Figure 8-3 nous montre le symbole de ces deux diodes telles qu'on les utilise sur un schéma électrique.

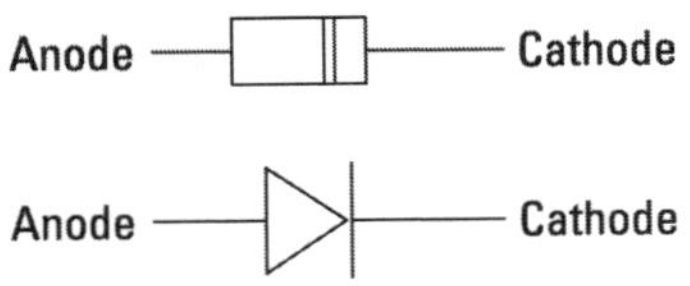

Figure 8-3 : Une diode physique et son symbole schématique.

Faire tourner un moteur à courant continu

Le moteur à courant continu de votre kit (connu sous le nom de moteur à balais) est le plus simple de tous les moteurs électriques et est généralement utilisé pour les activités de loisirs telles que le modélisme. Lorsqu'un courant traverse un moteur à courant continu, il tourne dans une direction jusqu'à ce que le courant s'arrête. À moins qu'il ne soit marqué d'un + ou d'un -, les moteurs à courant continu n'ont pas de polarité, ce qui signifie que vous pouvez intervertir leurs deux fils pour inverser le sens du moteur. Il existe bien d'autres types de moteurs plus imposants, mais dans cet exemple nous ne nous focalisons que sur des petits moteurs destinés aux activités de loisirs.

Dans cette section, je vais vous montrer comment réaliser un circuit de contrôle simple permettant d'allumer et d'éteindre votre moteur.

Il vous faut :

- Un Arduino Uno
- Une platine d'essai
- Un transistor
- Un moteur à courant continu
- Une diode
- Une résistance de 2,2 kΩ
- Un strap

La Figure 8-4 représente le circuit et le schéma de la Figure 8-5 devrait clarifier exactement sa réalisation. Pour alimenter le moteur, vous devez lui fournir un courant de 5 V. Cette tension permet de faire tourner le moteur, mais vous devez placer un transistor juste après le moteur pour contrôler sa rotation. Le *transistor*, comme il est décrit dans l'encart « Comprendre le fonctionnement des transistors » est un *commutateur à commande électrique* qui peut être activé via vos broches digitales Arduino. Dans cet exemple, il sera contrôlé

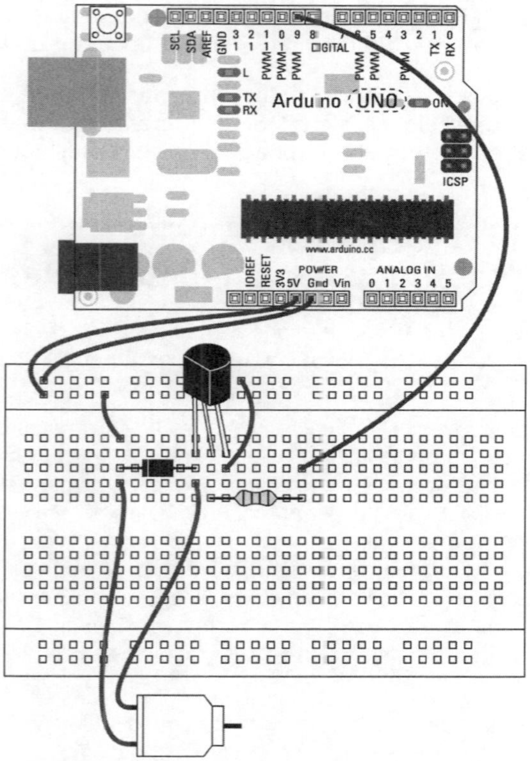

Figure 8-4 : Un schéma de circuit contenant un transistor.

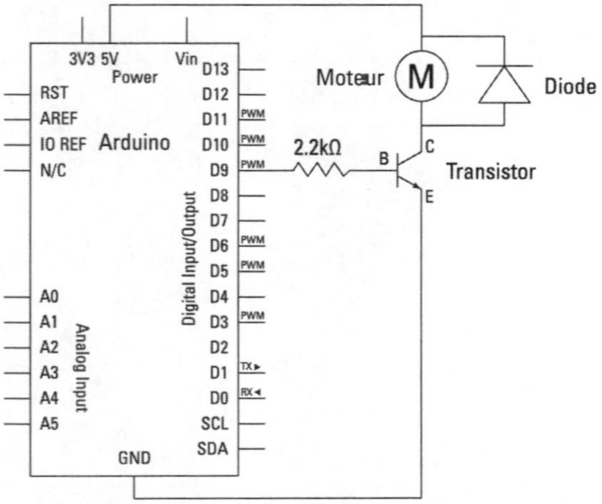

Figure 8-5 : Un circuit avec transistor contrôlant votre moteur électrique.

par la broche 9 de votre Arduino, un peu à la manière d'une LED, à ceci près que le transistor vous permet d'allumer et d'éteindre le circuit du moteur.

Ce circuit fonctionne, mais il n'est pas à l'abri d'un courant inverse dû à l'inertie du moteur lorsque celui-ci ralentit. Si un courant négatif est généré, il partira du côté négatif du moteur et cherchera la route la plus courte vers

Comprendre le fonctionnement des transistors

Parfois il n'est pas possible ou envisageable d'alimenter une sortie directement à partir de vos broches Arduino. En utilisant un transistor, vous pouvez contrôler un plus grand circuit à partir de votre modeste Arduino.

Les moteurs et les dispositifs de sortie plus importants (comme de nombreux éclairages LED) nécessitent souvent une tension supérieure à celle que peuvent fournir vos broches Arduino ; ils reposent donc sur leurs propres circuits pour obtenir cette puissance. Pour être en mesure de contrôler ses circuits de plus grande taille, vous pouvez utiliser un composant appelé transistor. De la même manière qu'un commutateur physique est utilisé pour ouvrir ou fermer un circuit, un transistor est un commutateur électronique qui peut être ouvert ou fermé en utilisant une tension très faible. Il existe un très grand nombre de transistors, chaque modèle dispose de sa propre référence produit, vous trouverez sur Google via ses références des informations sur chacun d'entre eux. Celui que j'utilise dans l'exemple de cette section est un P2N2222 A qui est un transistor de type NPN.

Un transistor dispose de trois connexions : le collecteur, la base est l'émetteur. La base correspond à l'endroit où le signal numérique Arduino est envoyé ; le collecteur est la source d'alimentation et l'émetteur correspond à la terre. Ces éléments sont parfois nommés grille pour la base, drain pour le collecteur et source pour l'émetteur. Ces connexions sont numérotées et nommées afin que vous ne les confondiez pas. Sur ce schéma de circuit, ils sont indiqués comme sur la figure suivante, le collecteur en haut, la base à gauche et l'émetteur en bas.

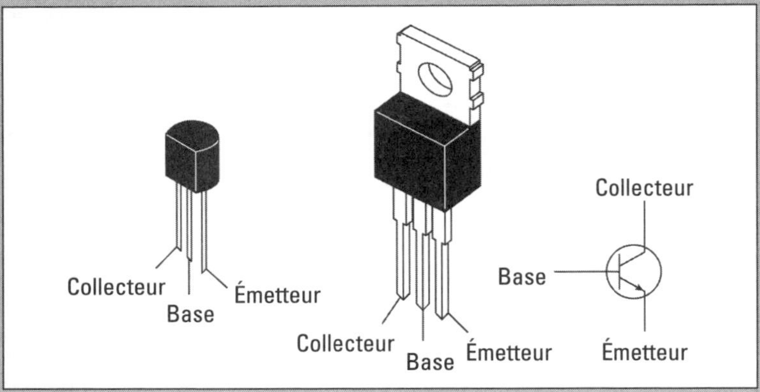

la terre. Cet itinéraire peut passer par le transistor ou par l'Arduino. Comme vous ne pouvez pas prévoir ce qui va se passer, vous devez fournir un moyen de contrôler cet excès de courant.

Pour être tranquille, placez une diode en travers du moteur. Ainsi, si un courant est généré dans la direction opposée, il sera bloqué et ne pourra atteindre l'Arduino.

ATTENTION !

Si vous placez la diode dans le mauvais sens, le courant contourne le moteur et vous créez un court-circuit. Le court-circuit draine tout le courant vers la masse et risque d'endommager votre port USB ou au minimum déclenchera l'affichage d'un message vous informant que votre port USB consomme trop de puissance.

Créez le circuit comme indiqué, puis ouvrez un nouveau croquis Arduino. Cliquez sur le bouton Enregistrer et sauvegardez-le avec un nom facile à retenir, comme myMotor, puis entrez le code suivant :

```
int motorPin = 9;

void setup() {

  pinMode(motorPin, OUTPUT);

 }

void loop() {


    digitalWrite(motorPin, HIGH);
    delay(1000);

    digitalWrite(motorPin, LOW);
    delay(1000);



 }
```

Lorsque vous aurez saisi ce code, enregistrez-le et appuyez sur le bouton Compiler pour vérifier s'il fonctionne. L'environnement Arduino vérifie qu'il ne comporte pas d'erreur de syntaxe (la grammaire de votre code) et les affiche en surbrillance, le cas échéant, dans la zone de message (comme expliqué au chapitre 3). Les erreurs les plus fréquentes sont dues à des fautes de frappe tel un point-virgule manquant, et à la sensibilité à la casse.

Si le croquis se compile correctement, cliquez sur Téléverser pour le transférer sur votre carte. Vous devriez voir votre moteur tourner durant une seconde puis s'arrêter durant une seconde et reprendre ce cycle à plusieurs reprises.

Si ce n'est pas ce qui se passe, vérifiez vos câblages :

- Assurez-vous de bien utiliser la broche numéro 9.
- Assurez-vous que votre diode est bien orientée (avec la bande face à la connexion 5 V).
- Vérifiez les connexions sur la platine d'essais. Si les straps ou les composants ne sont pas connectés sur les bonnes lignes de la platine, ils ne fonctionneront pas.

Comprendre le croquis moteur

Il s'agit d'un croquis très simple, et vous remarquerez peut-être qu'il s'agit d'une variation du croquis Blink. Ici nous changeons de matériel, mais nous utilisons le même code pour contrôler une LED.

En premier lieu, une broche est déclarée pour utiliser la broche numéro 9.

```
int motorPin = 9;
```

Dans la configuration, la broche 9 est définie en tant que sortie.

```
void setup() {


   pinMode(motorPin, OUTPUT);

}
```

Dans la boucle, le signal de sortie prend la valeur `HIGHT`, attend durant 1000 ms (1 seconde), prend la valeur `LOW`, attend de nouveau durant 1000 ms et répète ce cycle.

```
void loop() {


   digitalWrite(motorPin, HIGH);
   delay(1000);


digitalWrite(motorPin, LOW);
```

```
    delay(1000);

}
```

Modifier la vitesse de votre moteur

Actionner et arrêter votre moteur est une chose, cependant, vous aurez parfois besoin de disposer d'un contrôle plus fin sur la vitesse de ce dernier. Le schéma suivant vous indique la manière de contrôler la vitesse de votre moteur en utilisant le même circuit.

Le croquis MotorSpeed

En utilisant le même circuit que dans la précédente section, ouvrez un nouveau croquis Arduino, sauvez-le avec un nouveau nom facile à retenir, tel que MotorSpeed, et entrez le code suivant.

```
int motorPin = 9;

void setup(){
    pinMode(motorPin, OUTPUT);
    }

void loop() {


    for(int motorValue = 0 ; motorValue <= 255; motorValue +=5){
            analogWrite(motorPin, motorValue);
    delay(30);
}

    for(int motorValue = 255 ; motorValue >= 0; motorValue -=5){
            analogWrite(motorPin, motorValue);
    delay(30);  si si si
    }

}
```

Une fois le croquis saisi, enregistrez-le et cliquez sur le bouton Compiler. En cas d'erreur, l'environnement Arduino indiquera en surbrillance toute erreur grammaticale dans la zone de message.

Si le croquis est compilé correctement, cliquez sur Téléverser pour le transférer vers votre carte. Cette opération effectuée, votre moteur devrait tourner très lentement puis accélérer pour atteindre sa vitesse maximale et ralentir de nouveau jusqu'à l'arrêt et ce, à plusieurs reprises. Si ces étapes sont difficiles à observer, fixez sur le moteur quelque chose de visible comme un morceau de ruban adhésif, vous verrez ainsi mieux ce qui se passe. Vous constaterez qu'à sa vitesse la plus faible on entend juste le ronronnement de moteur. Cela signifie simplement que l'électroaimant ne dispose pas d'une tension suffisante pour faire tourner le moteur ; il lui faut une tension plus importante pour générer le magnétisme et prendre de l'élan.

Comprendre le croquis MotorSpeed

Ce croquis diffère légèrement du croquis Fade décrit au chapitre 7, cependant il fonctionne exactement de la même manière. La broche que vous allez utiliser pour contrôler le circuit du moteur et la broche numérique 9, déclarée comme ceci :

```
int motorPin = 9;
```

Comme il s'agit d'une sortie, elle est déclarée dans la configuration.

```
void setup() {
    pinMode(motorPin, OUTPUT);
}
```

Dans la boucle principale, vous utilisez `analogWrite` pour envoyer une valeur PWM sur la broche 9. C'est le même principe que dans le croquis Fade que nous nous utilisions pour faire varier une LED. La première boucle `for` envoie une valeur vers la broche 9. Cette valeur augmente graduellement jusqu'à ce qu'elle atteigne la valeur maximale PWM de 255. La seconde boucle `for` décrémente graduellement cette valeur jusqu'à 0; puis le cycle reprend.

```
void loop() {


    for(int motorValue = 0 ; motorValue <= 255; motorValue +=5){
            analogWrite(motorPin, motorValue);
    delay(30);

}

   for(int motorValue = 255 ; motorValue >= 0; motorValue -=5){
analogWrite(motorPin, motorValue);
```

```
        delay(30);

    }

}
```

Ce processus pourrait être comparé à celui du régime d'un moteur de voiture. Si vous appuyez à fond sur la pédale, vous accélérez à plein régime. Si vous donnez un coup sec sur la pédale d'accélération, le moteur accélère, puis ralentit. Si vous tapez à intervalles réguliers avant que le moteur ne ralentisse, vous atteindrez un équilibre et obtiendrez une vitesse plus ou moins constante. C'est exactement ce que fait le transistor, à ceci près qu'il effectue cette opération beaucoup plus rapidement. Les intervalles entre les états « activé » et « désactivé » couplés à l'inertie du moteur permettent d'obtenir un comportement analogique à partir d'un signal numérique.

Contrôler la vitesse de votre moteur

Le croquis de la section précédente permet de configurer le moteur. Dans cette section, vous allez découvrir comment, via quelques entrées, il est possible de le contrôler à la volée.

Le croquis MotorControl

Pour pouvoir contrôler la vitesse de votre moteur à votre guise, vous devez ajouter un potentiomètre à votre circuit.

Il vous faut :

- Un Arduino Uno
- Une platine d'essais
- Un transistor
- Un moteur à courant continu
- Une diode
- Une résistance variable de 10 kΩ
- Un résistor de 2,2 kΩ
- Des straps

Suivez le croquis de la Figure 8-6 et le croquis de la Figure 8-7 afin d'ajouter un potentiomètre à côté de votre circuit de commande moteur.

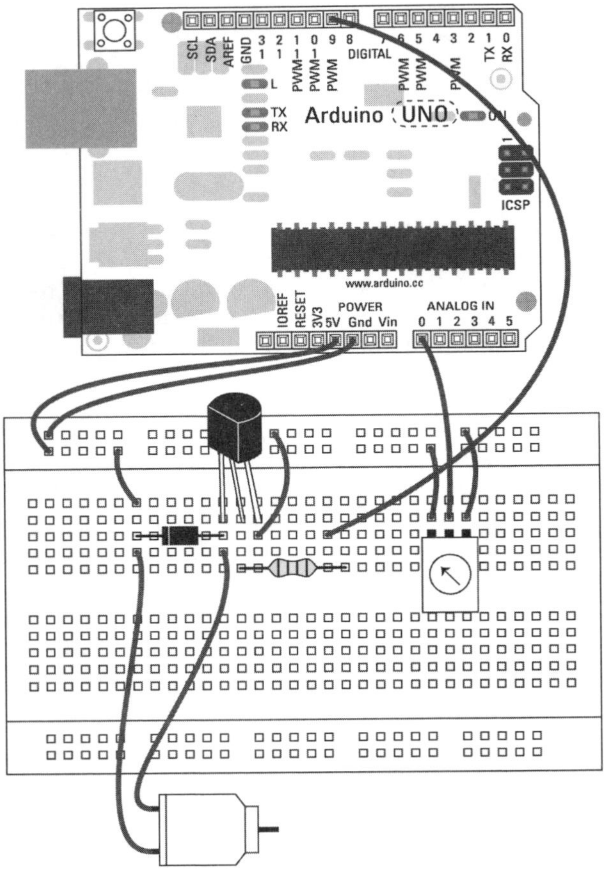

Figure 8-6 : Un circuit avec transistor pour piloter votre moteur électrique.

Trouvez une place sur votre platine d'essais pour y ajouter le potentiomètre. La broche centrale du potentiomètre est connectée à la broche 9 via un strap, les deux broches restantes peuvent être connectées à 5 V et GND. Intervertir ce branchement inversera la valeur que le potentiomètre renvoie à l'Arduino. Bien que le potentiomètre utilise la même masse et la même puissance que le moteur, notez qu'ils sont sur des circuits séparés qui communiquent via l'Arduino.

Lorsque vous aurez créé le circuit, ouvrez un nouveau croquis Arduino et enregistrez-le avec un nom explicite tel que myMotorControl. Puis entrez le code suivant :

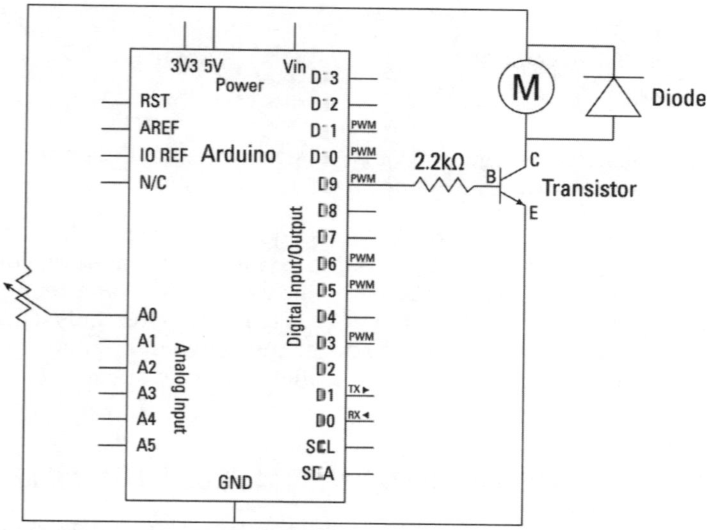

Figure 8-7 : Schéma d'un circuit à transistor.

```
int potPin = A0;
int motorPin = 9;


int potValue = 0;
int motorValue = 0;


void setup() {
 Serial.begin(9600);
}


void loop() {
   potValue = analogRead(potPin);
   motorValue = map(potValue, 0, 1023, 0, 255);


   analogWrite(motorPin, motorValue);


   Serial.print("potentiometer = " );
   Serial.print(potValue);
   Serial.print("\t motor = ");
   Serial.println(motorValue);
```

```
    delay(2);
}
```

Lorsque vous aurez saisi ce croquis, enregistrez-le et cliquez sur le bouton Compiler pour mettre en évidence les erreurs de syntaxe.

Si le croquis se compile correctement, cliquez sur Téléverser pour transférer le croquis vers votre carte. Lorsque le transfert est achevé, vous devriez être en mesure de contrôler votre moteur via le potentiomètre. Actionnez le potentiomètre dans une direction pour le faire accélérer, puis dans l'autre direction pour le faire ralentir. La section suivante vous explique comment le code permet au potentiomètre de modifier la vitesse du moteur.

Comprendre le croquis MotorControl

Ce croquis est une variation du croquis AnalogInOutSerial. Il fonctionne exactement de la même façon. Seuls quelques noms ont été changés pour permettre un meilleur suivi de ce qui est contrôlé sur le circuit.

Ici encore, vous commencez par déclarer les différentes variables utilisées par le croquis. Vous utilisez la variable potPin pour assigner la broche du potentiomètre et la variable motorPin pour envoyer un signal au moteur. La variable potPin est utilisée pour stocker la valeur brute du potentiomètre et la variable motorValue pour stocker la valeur convertie à envoyer vers le transistor pour actionner le moteur.

```
int potPin = A0;
int motorPin = 9;

int potValue = 0;
int motorValue = 0;
```

Reportez-vous à l'exemple AnalogInOutSerial du chapitre 7 pour obtenir plus de détails sur le fonctionnement de ce croquis.

Peaufiner le croquis MotorControl

Vous découvrirez qu'il existe une vitesse minimale en dessous de laquelle le moteur cale, car ce dernier ne dispose plus d'assez de puissance pour tourner. En observant les valeurs envoyées au moteur à l'aide du croquis MotorSpeed, vous pouvez trouver cette valeur minimale et modifier en conséquence la variable motorValue afin de rester dans les limites permises par le moteur.

Suivez les étapes ci-dessous pour définir la plage de valeurs de motorValue :

1. **Une fois le croquis MotorControl téléversé, cliquez sur le bouton Moniteur série situé dans le coin supérieur droit de votre fenêtre Arduino.**

   La fenêtre Moniteur série vous indiquera la valeur du potentiomètre suivie par la valeur de sortie envoyée vers le moteur :

   potentiometer = 1023 motor = 255

   Ces valeurs sont affichées dans une longue liste. Elles sont mises à jour à chaque fois que vous tournez le potentiomètre. Si vous ne voyez pas cette liste dérouler vers le bas, assurez-vous d'avoir bien sélectionné l'option Autoscroll.

2. **En commençant avec la valeur zéro pour le potentiomètre, tournez ce dernier très lentement jusqu'à ce que le moteur arrête de ronronner et qu'il commence à tourner.**

3. **Prenez note de la valeur affichée à ce moment précis.**

4. **Utilisez une instruction `if` pour indiquer au moteur de ne modifier sa vitesse que si la valeur est supérieure à la vitesse minimum nécessaire à le faire tourner, comme ceci :**

   (a). Retrouvez le fragment de votre code passant motorValue au moteur :

```
analogWrite(motorPin, motorValue);
```

   (b). Remplacez-le par le fragment de code suivant :

```
if(motorValue > yourValue) {
analogWrite(motorPin, motorValue);
} else {
digitalWrite(motorPin, LOW);
}
```

5. **À présent remplacer yourValue par le nombre que vous avez noté préalablement.**

   Si la valeur `motorValue` est supérieure, le moteur accélère ; si elle est inférieure, la broche est notée LOW et est ainsi vraiment désactivée. Vous pourriez également saisir `analogWrite(motorPin, 0)` pour accomplir la même tâche. De petites optimisations comme cela peuvent vous aider à réaliser des fonctions plus fluides et plus précises.

Apprendre à connaître les servomoteurs

Un *servomoteur* est composé d'un moteur et d'un dispositif appelé encodeur qui permet de suivre la rotation d'un moteur. Les servomoteurs sont utilisés pour les mouvements de précision. Ils permettent de faire tourner le moteur d'un nombre de degrés précis afin de le positionner à un emplacement exact. En utilisant votre Arduino, vous pouvez indiquer au servomoteur le nombre de degrés qu'il devra effectuer depuis sa position courante. La plupart des servomoteurs ne peuvent se déplacer que de 180 degrés, mais il est possible de contourner cette limitation.

Le servomoteur de votre kit sera probablement similaire à celui représenté à la Figure 8-8. Il s'agit d'un servomoteur à engrenages en plastique ne pouvant gérer que des charges relativement légères. Lorsque vous aurez expérimenté ces petits moteurs, vous pourrez vous tourner vers de plus grands modèles capables de gérer des charges bien plus lourdes. Les servomoteurs sont largement utilisés dans la robotique pour réaliser des robots marcheurs qui nécessitent un contrôle précis du mouvement de chacun de leurs pieds.

Figure 8-8: Un servomoteur.

Les exemples de la section suivante vous guideront pour réaliser les opérations basiques nécessaires à l'envoi d'un signal vers un servomoteur et à son contrôle direct via potentiomètre.

Réaliser des mouvements de balayage

Ce premier exemple de servomoteur ne nécessite qu'un seul moteur auquel vous pourrez appliquer toute une gamme de mouvements. Le servomoteur effectuera un balayage allant de 0 ° à 179 °, puis reviendra à sa position initiale dans un mouvement rappelant une vieille horloge rotative.

Le croquis Sweep

Il vous faut :

- Un Arduino Uno
- Un servomoteur
- Des straps

Le câblage d'un servomoteur est extrêmement simple, car ce dernier est fourni avec un support trois pattes. Pour le connecter à votre Arduino, utilisez directement des straps entre les broches de l'Arduino et le support du servomoteur comme l'illustrent les figures 8-9 et 8-10. Le servomoteur dispose d'un jeu de trois connecteurs reliés à des fils généralement de couleur rouge, noir, et blanc. L'acquisition des données et les calculs nécessaires pour les déplacements du moteur sont effectués dans un circuit intégré au servomoteur lui-même, ainsi il ne vous reste qu'à l'alimenter et à lui envoyer un signal depuis l'Arduino. Le rouge est connecté au 5 V de l'Arduino afin d'alimenter le moteur et sa circuiterie. Le noir est connecté au GND, il sert de masse au servomoteur ; le blanc est connecté à la broche 9 afin de contrôler les mouvements de ce dernier. La couleur des fils peut varier, aussi vérifiez la documentation de votre moteur avant d'effectuer le câblage. Un autre schéma de couleurs fréquemment rencontré est rouge (5 V), marron (GND), et jaune (signal).

Achevez le circuit tel que décrit et ouvrez le croquis Sweep en sélectionnant Fichier→Exemples→Servo→Sweep. Le croquis Sweep se présente comme suit :

```
// Sweep
// par BARRAGAN <http://barraganstudio.com>
// Cet exemple de code est versé dans le domaine public.
```

```
#include <Servo.h>

Servo myservo;  // Création d'un objet servo pour contrôler le servomoteur
                // Un maximum de huit objets servo peuvent être créés

int pos = 0;        // Variable pour stocker la position du servo


void setup()
{
   myservo.attach(9); // Associe l'objet servo à la broche 9
}


void loop()
{
   for(pos = 0; pos < 180; pos += 1) // Va de 0 degré à 180 degrés
   {                                  // par pas de 1 degré
     myservo.write(pos);     // Demande au servo d'aller à une position
                               //   variable 'pos'

     delay(15);                // Attendre 15 ms afin que le servo puisse
                              //atteindre sa position

}
for(pos = 180; pos>=1; pos-=1) // Va de 180 degrés à 0 degré
{
   myservo.write(pos); // Demande au servo d'aller à une position variable
                      // 'pos'


   delay(15);      // Attendre 15 ms afin que le servo puisse atteindre sa
                      position
  }
}
```

Lorsque vous aurez trouvé le croquis, appuyez sur le bouton Compiler pour vérifier la syntaxe du code. Le compilateur devrait, comme toujours, mettre en évidence les erreurs grammaticales en les surlignant en rouge dans la zone de messages.

Si le croquis se compile correctement, cliquez sur Téléverser pour transférer le croquis vers votre carte. Lorsque le chargement du croquis est achevé,

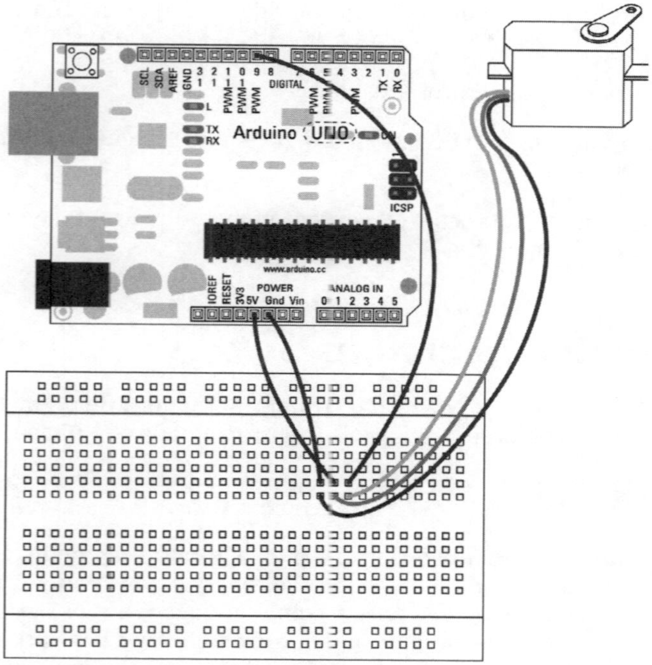

Figure 8-9 : Un servomoteur câblé pour votre Arduino.

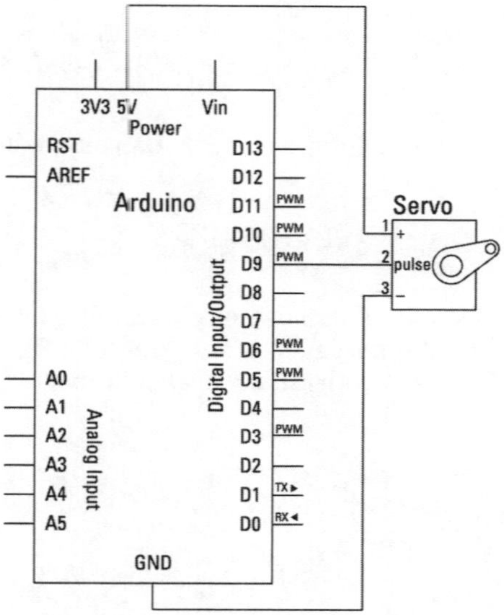

Figure 8-10 : Diagramme d'un circuit de servomoteur.

votre moteur devrait commencer à tourner de 180 ° dans un sens puis dans l'autre.

Si rien ne se passe, vérifiez votre câblage :

- Assurez-vous de bien utiliser la broche 9 pour la ligne de données (blanche/jaune).
- Vérifiez que les autres fils du servomoteur sont correctement connectés aux autres branches.

Comprendre le croquis Sweep

Une librairie est incluse au début du croquis. Cette librairie permet de commander votre servomoteur sans avoir à écrire un code complexe.

```
#include <Servo.h>
```

La ligne suivante crée un objet servo. Car si la librairie sait comment communiquer avec les servomoteurs, elle nécessite que vous donniez un nom à chacun d'entre eux afin qu'elle puisse communiquer avec ces derniers. Dans notre cas, l'objet servo est nommé `myservo`. Comme avec vos variables, vous pouvez utiliser n'importe quel nom. Veillez cependant à ce qu'il soit en rapport avec votre code et qu'il n'utilise aucun des mots réservés par le langage Arduino tels que `int` ou `delay`.

```
Servo myservo; // Création d'un objet servo pour contrôler le servomoteur
              // Un maximum de huit objets servo peuvent être créés
```

La dernière ligne de déclaration contient une variable dans laquelle sera stockée la position du servomoteur.

```
int pos = 0; // variable pour stocker la position du servomoteur
```

Dans la configuration, le seul élément à renseigner correspond au numéro de la broche Arduino qui communiquera avec le servomoteur. Dans ce cas, vous allez utiliser la broche 9, mais il pourrait s'agir de n'importe quelle broche PWM.

```
void setup()
{
  myservo.attach(9); // Associe l'objet servo à la broche 9
}
```

La boucle exécute deux actions simples qui sont elles-mêmes des boucles for. La première boucle for incrémente la valeur de la variable pos progressivement de 0 à 180. Grâce à la librairie, vous pouvez écrire les valeurs en degré au lieu d'utiliser les valeurs comprises entre 0 et 255 utilisées par le contrôle PWM. À chaque itération de la boucle, la valeur est incrémentée de 1, puis est envoyée vers le servomoteur en utilisant une fonction spécifique de la librairie : <servoName>.write(<value>). Une fois la valeur mise à jour, le code attend durant le court délai de 15 millisecondes, temps nécessaire pour que le moteur puisse atteindre sa nouvelle position. Contrairement à d'autres dispositifs de sortie, lorsqu'un servomoteur est mis à jour, il se positionne sur son nouvel emplacement et ne nécessite pas de recevoir des informations pour y demeurer.

```
void loop()
{
   for(pos = 0; pos < 180; pos += 1) // passe de 0 degré à 180 degrés
{                                      // par  1 degré à la fois
    myservo.write(pos);               //Demande au servo d'aller à une position
                                      // variable 'pos'
delay(15);                            // Attendre 15 ms afin que le servo puisse
                                      // atteindre sa position
}
```

La seconde boucle for réalise la même opération, mais dans la direction opposée, ramenant ainsi le servomoteur à sa position initiale.

```
for(pos = 180; pos>=1; pos-=1) // passe de 180 degrés à 0 degré
{
  myservo.write(pos);         //Demande au servo d'aller à une position
                             // variable 'pos'
  delay(15);                // Attendre 15 ms afin que le servo puisse atteindre
                            // sa position
 }
}
```

Cet exemple est le plus simple que l'on puisse mettre en œuvre avec un servomoteur, il constitue un bon moyen pour tester si ce dernier fonctionne correctement.

Contrôler son servomoteur

Maintenant que vous maîtrisez le contrôle d'un servomoteur, vous pouvez essayer d'ajouter un peu plus d'interaction. En utilisant un potentiomètre (ou tout autre capteur analogique), il est possible de contrôler directement votre servomoteur comme vous contrôleriez la gâchette d'un flipper.

Le croquis Knob

Cet exemple illustre la manière d'utiliser simplement un potentiomètre pour déplacer un servomoteur d'un nombre spécifique de degrés.

Il vous faut :

- Un Arduino Uno
- Une platine de tests
- Un servomoteur
- Une résistance variable de 10 kΩ
- Des straps

Le servomoteur est câblé exactement comme dans l'exemple Sweep, mais ici vous aurez besoin de deux connexions supplémentaires, 5 V et GND, pour le potentiomètre ; aussi vous utiliserez la platine de tests pour vous fournir ces broches supplémentaires. Connectez les broches 5 V et GND de l'Arduino à la borne positive (+) et à la borne négative (-) de votre platine d'essais. Connectez le servomoteur à la platine d'essais en utilisant soit une rangée de trois broches, soit trois straps. Connectez la prise rouge sur la ligne 5 V, la prise noire/marron sur la ligne GND et la prise blanche/jaune sur la broche 9 de l'Arduino. Trouvez une place sur la platine d'essais pour le potentiomètre. Connectez la broche centrale sur la broche A0 de l'Arduino et maintenez les broches 5 V et GND de part et d'autre. Référez-vous au diagramme du circuit de la Figure 8-11 et au schéma de la Figure 8-12.

Une fois le circuit achevé, ouvrez le croquis en sélectionnant Fichier→Exemples→Servo→Knob. Le code de ce croquis est le suivant :

```
//Contrôler la position d'un servo avec un potentiomètre (résistance variable)
// par Michal Rinott http://people.interaction-ivrea.it/m.rinott

#include <Servo.h>

Servo myservo; // Création d'un objet servo pour contrôler le servomoteur

int potpin = 0;//La broche analogique est utilisée pour connecter le potentio-
               mètre
int val; // Variable utilisée pour lire la valeur depuis la broche analogique
```

```
void setup()
{
  myservo.attach(9); // Associe l'objet servo à la broche 9
}

void loop()
{
  val = analogRead(potpin);            // lit la valeur du potentiomètre
                                       // (Valeur entre 0 et 1023)
  val = map(val, 0, 1023, 0, 179);    // Recalcule la valeur pour l'utiliser
                                      // avec le servo (valeur entre 0 et 180)
  myservo.write(val);                 // Positionne le servo en fonction de la
                                      //valeur recalculée
  delay(15) ;
}
```

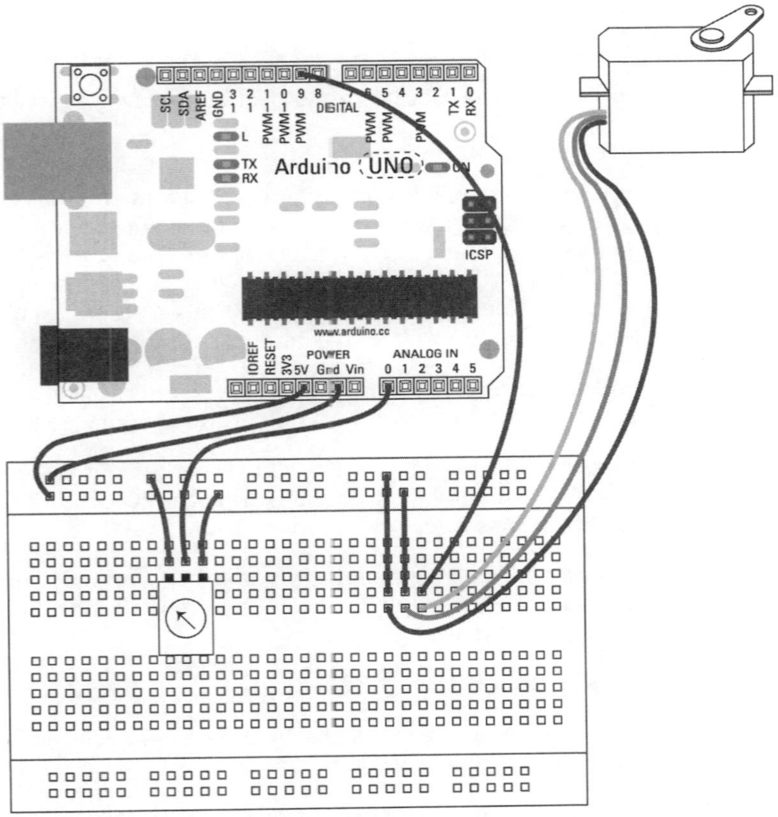

Figure 8-11 : Un servomoteur avec une molette de contrôle.

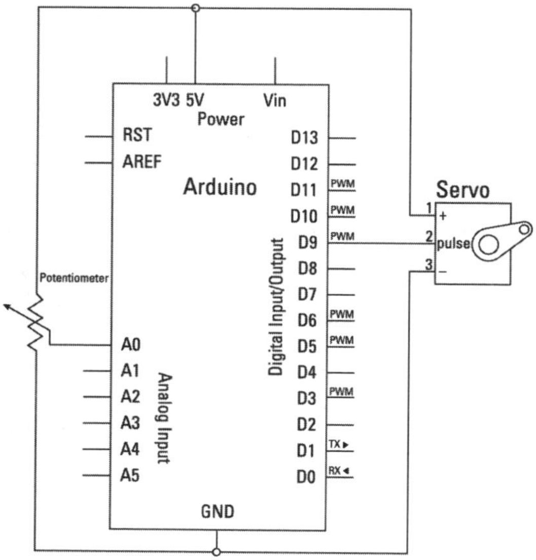

Figure 8-12 : Un diagramme de circuit correspondant à un servomoteur et à un potentiomètre.

Vous noterez sans doute qu'il y a quelques divergences entre les commentaires et le code. Lorsque qu'il est question du mouvement en degrés du servomoteur, il fait mention d'une plage de valeurs allant de 0 à 179 et d'une plage allant de 0 à 180. N'en tenez pas compte, il s'agit probablement d'une petite erreur liée au nombre important de tutoriaux disponibles et au fait qu'il s'agit encore de produits récents et pas toujours totalement finalisés.

La plage de valeurs correctes s'étant de 0 à 179, ce qui vous donne bien 180 valeurs. *L'indexation à partir de zéro* est une pratique courante avec Arduino.

Lorsque vous aurez retrouvé ce croquis, cliquez sur le bouton Compiler pour valider votre code. Le compilateur devrait surligner les éventuelles erreurs de syntaxe dans la zone Message.

Si le croquis se compile correctement, cliquez sur Téléverser pour le transférer sur votre carte. Cela fait, votre servomoteur devrait tourner en même temps que votre potentiomètre.

Si tel n'était pas le cas, vérifiez vos câblages :

- Assurez-vous de bien utiliser la broche 9 pour connecter la ligne de données (blanche/jaune) au servomoteur.
- Vérifiez les connexions du potentiomètre et assurez-vous que la broche centrale est connectée à la broche analogique.

- Vérifiez les connexions sur la platine d'essais. Si les straps ou les composants ne sont pas connectés via les lignes correctes sur la platine d'essais, ça ne fonctionnera pas.

Comprendre le croquis Knob

Lors de la déclaration, la bibliothèque Servo.h est incluse et un nouvel objet Servo est instancié. La broche d'entrée analogique est déclarée avec la valeur 0 afin d'indiquer que vous utilisez Analog 0.

Vous avez peut-être noté que la broche est numérotée 0 et non pas A0 comme dans l'autre exemple. Cela ne pose pas de problème, car A0 est juste un alias de 0 tout comme A1 est un alias de 1 et ainsi de suite. L'utilisation de la notation A0 permet de clarifier le code, mais reste optionnelle.

La dernière variable à stocker est la valeur de lecture qui deviendra la sortie :

```
#include <Servo.h>

Servo myservo; // Création d'un objet servo pour contrôler le servomoteur

int potpin = 0; // La broche analogique permet de connecter le potentiomètre
int val; // Variable utilisée pour lire la valeur depuis la broche analogique
```

Dans la configuration, le seul élément à définir est myservo qui utilise la broche 9.

```
void setup()
{
   myservo.attach(9); // Associe l'objet servo à la broche 9
}
```

Au lieu d'utiliser des variables séparées pour l'entrée et la sortie, ce croquis n'en utilise qu'une seule. En premier lieu, `val` est utilisé pour stocker les données brutes du capteur, une valeur allant de 0 à 1023. Cette valeur est ensuite traitée par la fonction `map` afin qu'elle corresponde à la plage de valeur allant de 0 à 179 utilisée par le servo. Cette valeur est alors écrite dans le servo via la fonction `myservo.write`. Ici encore, 15 ms d'attente sont ajoutées afin que le moteur puisse atteindre sa destination. Puis la boucle se répète et met à jour la position si nécessaire.

```
void loop()
{
  val = analogRead(potpin); // lit la valeur du potentiomètre
```

```
                                      // (Valeur entre 0 et 1023)
  val = map(val, 0, 1023, 0, 179); // Recalcule la valeur pour l'utiliser avec
                                      // le servo (valeur entre 0 et 180)
  myservo.write(val);                 // Positionne le servo en fonction de la
                                      // valeur recalculée
  delay
 (
```

Avec ce simple ajout dans le circuit, il devient possible de contrôler un servomoteur avec n'importe quelle sorte d'entrée. Dans cet exemple, le code utilise une entrée analogique, mais avec quelques modifications, il pourrait tout aussi bien utiliser une entrée numérique.

Faire du bruit

Si vous avez terminé les croquis du moteur, vous maîtrisez maintenant le mouvement et vous devez être prêt pour un nouveau défi : faire de la musique (au moins du bruit) avec votre Arduino. Vous pouvez en effet réaliser de la musique électronique en utilisant un buzzer piézo !

Le buzzer piézo

On retrouve le piézo ou buzzer piézoélectrique dans des centaines de milliers d'appareils. Si vous entendez un tic, un buzz ou un bip, il provient certainement d'un piézo. Le piézo est composé de deux couches, une plaque de céramique et une plaque de métal reliées entre elles. Lorsque l'électricité passe d'une couche à l'autre, le piézo se courbe, au niveau microscopique, produisant ainsi du son, comme vous pouvez le voir sur la Figure 8-13.

Si vous alternez la tension et la masse, le piézo se courbe et génère un son (tic), si cela se produit assez rapidement, ce tic devient un son. Ce son est assez brut, semblable à la sonnerie des anciens téléphones ou aux sons des jeux vidéo des années 80. Ce son est connu son le nom d'*onde carrée*.

À chaque fois que le piézo change sa polarité, il produit une onde carrée aux fronts abrupts rappelant un carré. Il existe d'autres types d'ondes sonores au son moins tranché, telles que les ondes triangulaires ou sinusoïdales. La Figure 8-14 illustre leurs différences.

Les appareils numériques comme celui-ci, ainsi que d'autres dispositifs, génèrent des ondes carrées produisant un bourdonnement. Le buzzer n'est pas contraint à un seul son, en modifiant la fréquence du changement de polarité

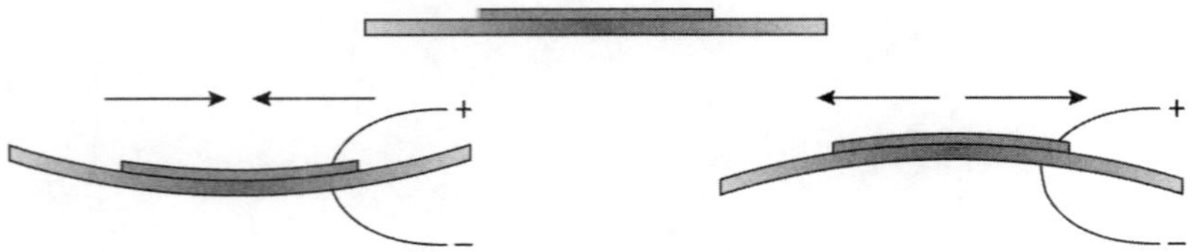

Figure 8-13 : Une exagération des mouvements minuscules d'un piézo.

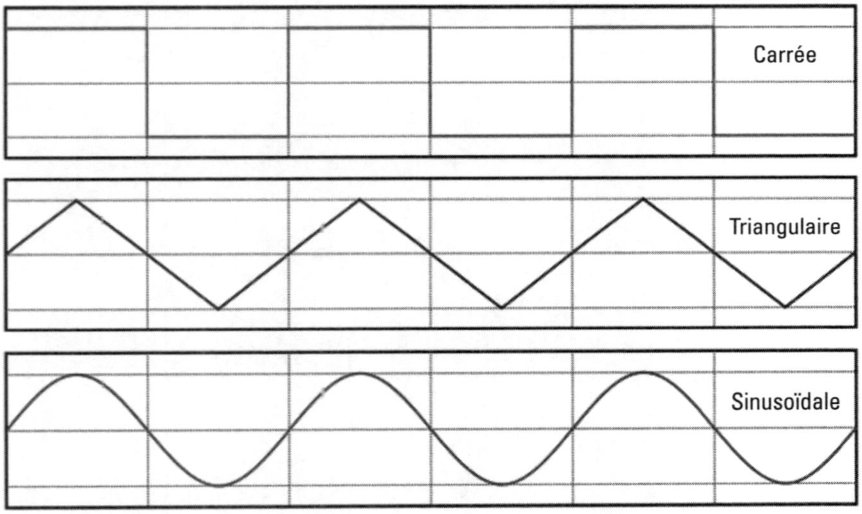

Figure 8-14 : Carrées, triangulaires ou sinusoïdales, ces ondes aux formes différentes produisent des sons différents.

(ce qui correspond à la largeur entre les carrés), vous pouvez générer différentes fréquences et produire ainsi différents sons.

Le croquis toneMelody

Avec ce croquis, vous allez appendre à modifier la fréquence de votre piézo et à jouer une mélodie prédéfinie. Cette configuration vous permettra ensuite de réaliser vos propres mélodies.

Les buzzers piézos sont fournis dans de nombreux kits et il en existe un grand nombre de formes différentes. Ils peuvent être nus comme à la Figure 8-15 ou intégrés dans des gangues de plastique de différentes formes ressemblant à des cylindres ou à des pièces de monnaie en plastique. Ils peuvent également

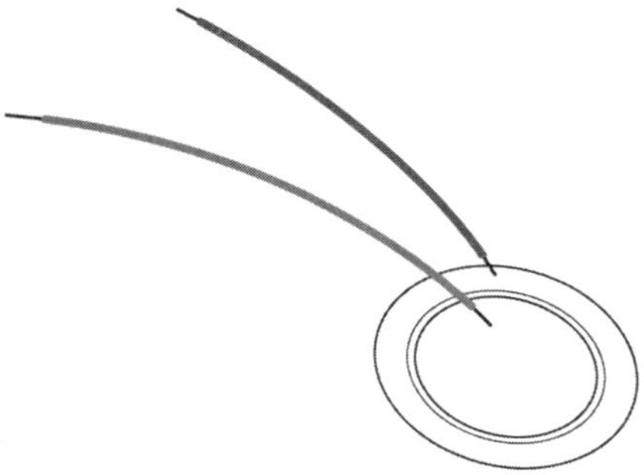

Figure 8-15 : Un buzzer piézo en dehors de sa gangue.

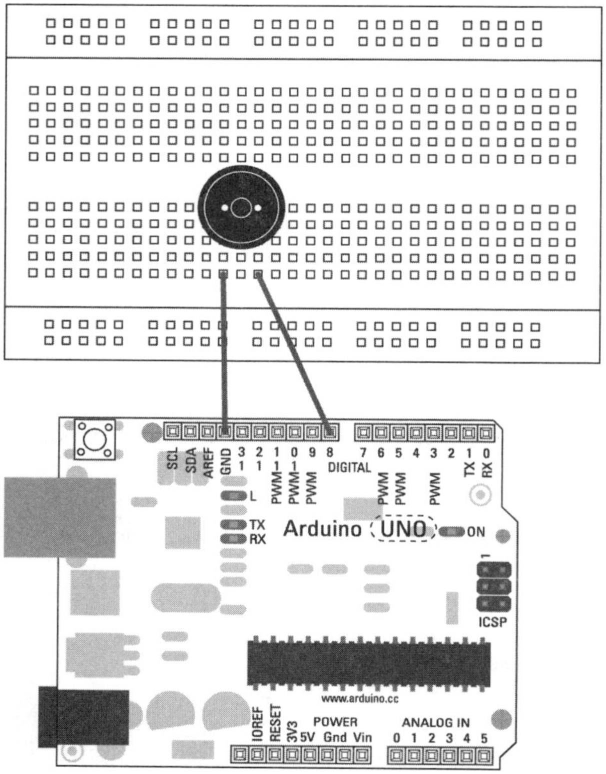

Figure 8-16 : Un circuit de buzzer piézo.

disposer de différentes connexions prenant la forme de tiges dépassant de la partie inférieure du piézo ou de deux fils sortant sur le côté.

Il vous faut :

- Un Ardruino Uno
- Une platine de tests
- Un buzzer piézo
- Des straps

Connectez le buzzer piézo sur la platine de tests et utilisez un couple de straps pour le connecter sur la broche numérique 8 d'une part et sur la masse de l'autre. Certains piézos ont une polarité, aussi, assurez-vous de bien connecter la broche 9 sur le positif +) et la masse GND sur le négatif (-). D'autres piézos par contre n'ont pas de polarité, aussi, si vous ne voyez aucun symbole, ne vous en inquiétez pas. Le croquis du circuit piézo est illustré à la Figure 8-16, le diagramme du circuit à la Figure 8-17.

Faites le circuit et ouvrez le croquis en sélectionnant Fichier→Exemples→02. digital→toneMelody. Vous obtiendrez le code suivant :

```
/*

Melody

Joue une mélodie

circuit:
* Un haut-parleur 8-ohms sur la broche numérique 8

crée le 21 Jan 2010
modifié le 30 Août 2011
par Tom Igoe

Ce code exemple est dans le domaine public

http://arduino.cc/en/Tutorial/Tone

*/
#include «pitches.h»

// notes de la mélodie:
int melody[] = {
NOTE_C4, NOTE_G3,NOTE_G3, NOTE_A3, NOTE_G3,0, NOTE_B3, NOTE_C4};

// Durée de la note: 4 = quart de note, 8 = huitième de note, etc.:
```

```
   int noteDurations[] = {
   4, 8, 8, 4,4,4,4,4 };

void setup() {
//  pour chaque note de la mélodie…
for (int thisNote = 0; thisNote < 8; thisNote++) {


   // Pour calculer la durée de la note, on divise une seconde par le type de
      note
   //ex. quart de note = 1000 / 4, huitième de note = 1000/8, etc.
  int noteDuration = 1000/noteDurations[thisNote];
  tone(8, melody[thisNote],noteDuration);

  // pour distinguer les notes, nous indiquons un temps minimum entre elles
  // durée de la note + 30 % semble bien fonctionner:
  int pauseBetweenNotes = noteDuration * 1.30;
  delay(pauseBetweenNotes);
  // Arrête de jouer:
  noTone(8);
 }
}
void loop() {
// il n'est pas nécessaire de répéter la mélodie.
}
```

Dans ce croquis, il y a un onglet nommé pitches.h qui contient toutes les données nécessaires pour réaliser les sons avec votre buzzer. Dans votre dossier de croquis Arduino, cet onglet apparaît sous forme de fichier individuel qui doit être inclus en utilisant la directive `#include` suivie du nom de fichier à inclure. Ici, nous nous utilisons `#include ''piches.h ''`

```
/*************************************************
* Public Constants
*************************************************/
#define NOTE_B0 31
#define NOTE_C1 33
#define NOTE_CS1 35
#define NOTE_D1 37
#define NOTE_DS1 39
#define NOTE_E1 41
#define NOTE_F1 44
#define NOTE_FS1 46
#define NOTE_G1 49
#define NOTE_GS1 52
#define NOTE_A1 55
#define NOTE_AS1 58
```

```
#define NOTE_B1 62
#define NOTE_C2 65
#define NOTE_CS2 69
#define NOTE_D2 73
#define NOTE_DS2 78
#define NOTE_E2 82
#define NOTE_F2 87
#define NOTE_FS2 93
#define NOTE_G2 98
#define NOTE_GS2 104
#define NOTE_A2 110
#define NOTE_AS2 117
#define NOTE_B2 123
#define NOTE_C3 131
#define NOTE_CS3 139
#define NOTE_D3 147
#define NOTE_DS3 156
#define NOTE_E3 165
#define NOTE_F3 175
#define NOTE_FS3 185
#define NOTE_G3 196
#define NOTE_GS3 208
#define NOTE_A3 220
#define NOTE_AS3 233
#define NOTE_B3 247
#define NOTE_C4 262
#define NOTE_CS4 277
#define NOTE_D4 294
#define NOTE_DS4 311
#define NOTE_E4 330
#define NOTE_F4 349
#define NOTE_FS4 370
#define NOTE_G4 392
#define NOTE_GS4 415
#define NOTE_A4 440
#define NOTE_AS4 466
#define NOTE_B4 494
#define NOTE_C5 523
#define NOTE_CS5 554
#define NOTE_D5 587
#define NOTE_DS5 622
#define NOTE_E5 659
#define NOTE_F5 698
#define NOTE_FS5 740
#define NOTE_G5 784
#define NOTE_GS5 831
#define NOTE_A5 880
```

```
#define NOTE_AS5 932
#define NOTE_B5 988
#define NOTE_C6 1047
#define NOTE_CS6 1109
#define NOTE_D6 1175
#define NOTE_DS6 1245
#define NOTE_E6 1319
#define NOTE_F6 1397
#define NOTE_FS6 1480
#define NOTE_G6 1568
#define NOTE_GS6 1661
#define NOTE_A6 1760
#define NOTE_AS6 1865
#define NOTE_B6 1976
#define NOTE_C7 2093
#define NOTE_CS7 2217
#define NOTE_D7 2349
#define NOTE_DS7 2489
#define NOTE_E7 2637
#define NOTE_F7 2794
#define NOTE_FS7 2960
#define NOTE_G7 3136
#define NOTE_GS7 3322
#define NOTE_A7 3520
#define NOTE_AS7 3729
#define NOTE_B7 3951
#define NOTE_C8 4186
#define NOTE_CS8 4435
#define NOTE_D8 4699
#define NOTE_DS8 4978
```

Lorsque vous aurez trouvé le croquis, cliquez sur le bouton Compiler pour vérifier le code. La zone de Message devrait vous indiquer, en les surlignant en rouge, toutes les erreurs grammaticales trouvées par le compilateur.

Si le croquis se compile correctement, cliquez sur Téléverser pour le transférer sur votre carte. Cela fait, vous devriez entendre le buzzer vous chanter une chanson. Pour réécouter cette mélodie, appuyez sur le bouton reset de votre Arduino.

Si vous n'entendez pas le buzzer, vérifiez votre câblage avec soin.

- Assurez-vous d'avoir bien choisi la broche 8 pour la sortie.
- Vérifiez que votre piézo est correctement positionné. Les symboles, s'ils ne sont pas directement visibles, peuvent être cachés en dessous. Si vous n'en voyez pas, essayez de positionner le piézo selon l'autre orientation.

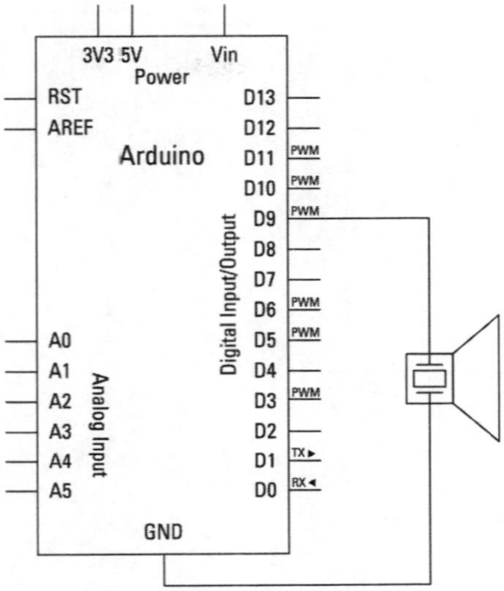

Figure 8-17 : Le diagramme d'un circuit de buzzer piézo.

- Vérifiez les connexions vers la platine d'essais. Si les fils de straps ou les composants ne sont pas connectés sur la bonne ligne de la platine, ils ne fonctionneront pas.

Comprendre le croquis

C'est le premier croquis de ce livre qui utilise plusieurs onglets. Parfois, vous utilisez un onglet afin de faciliter l'organisation de vos croquis. Ici, l'onglet `pitches.h` est utilisé en tant que table de référence contenant toutes les notes possibles pouvant être jouées par le piézo. Comme ce code n'a pas vocation de changer, il n'a pas besoin de résider dans la partie principale du code.

Tout en haut du croquis toneMelody, le fichier `pitches.h` est inclus à la manière d'une bibliothèque. Il s'agit d'un fichier externe qui peut être ajouté si besoin. Dans notre cas, il nous aidera à déterminer quelle fréquence utiliser pour créer des notes.

```
#include ''pitches.h''
```

Maintenant que le croquis connaît les différentes notes, nous pouvons écrire la mélodie. Elle est contenue dans un tableau afin que les notes soient disposées selon l'ordre de lecture. Pour en apprendre davantage sur les tableaux, reportez-vous à l'encart « Introduction aux tableaux » ci-dessous. Les noms tels que `NOTE_C4` font références aux noms des notes contenus dans l'onglet

Introduction aux tableaux

Dans sa représentation la plus simple, un tableau est une liste de données. Pensez-y comme à une liste de courses, comme l'illustre la table ci-dessous. Chaque ligne contient une donnée qui correspond à un nombre appelé indice. Ce type de tableau est appelé tableau à une dimension, il ne contient qu'un seul élément de données par ligne, dans le cas suivant il s'agit d'un type de fruit.

Indice	Valeur
1	pommes
2	bananes
3	oranges

Mais en quoi un tableau concerne-t-il Arduino ? Les tableaux peuvent stocker des valeurs entières, des valeurs flottantes, des caractères, ou tout autre type de données, mais ici j'utilise des entiers pour faciliter la compréhension. Voici un tableau contenant six valeurs entières.

```
int simpleArray[] =
        {1, 255, -51,
0, 102, 27};
```

`int` définit que les données à stocker sont des valeurs entières. Le type de données pourrait tout aussi bien être `float` pour des valeurs à virgule flottante ou `char` pour des caractères alphanumériques. Le nom du tableau est `simpleArray`, mais vous pourriez lui donner n'importe quel autre nom de votre choix. Les crochets ouvrants et fermants ([]) contiennent la taille du tableau (c'est-à-dire le nombre de valeurs qu'il pourra contenir), mais dans ce cas, aucune valeur n'est indiquée, ce qui signifie que le tableau n'a pas de taille fixe. Les nombres à l'intérieur des accolades {} sont les valeurs définies dans le tableau. Elles sont optionnelles, si aucune valeur n'est définie, le tableau reste vide.

Il existe d'autres manières valides pour déclarer des tableaux, telles que les suivantes :

```
int simpleArray[10];
float simpleArray[5] =
     {2.7, 42.1, -9.1, 300.6};
char simpleArray[14] = "hello, world!";
```

Vous noterez que dans le cas d'un tableau de caractères il faut ajouter une entrée. Respectez cette règle sinon vous obtiendrez des erreurs !

Maintenant que votre tableau est défini, vous devez apprendre à l'utiliser. Pour utiliser les valeurs stockées dans un tableau, vous devez vous y référer via leur indice. Ainsi, si vous souhaitez envoyer une valeur au moniteur série, vous devrez écrire :

```
Serial.println(simpleArray[2]);
```

Ce qui affichera la valeur -51 qui correspond à l'indice 2 du tableau.

Vous pouvez également mettre à jour les valeurs d'un tableau. Une manière efficace d'y parvenir consiste à utiliser une boucle for afin de parcourir chaque indice du tableau (se référer au chapitre 11 pour plus de détails) comme l'illustre l'exemple suivant :

```
for (int i = 0; i < 6; i++) { simpleArray[i] = analogRead(sensor
Pin);
}
```

La boucle `for` dans ce cas est exécutée six fois, augmentant la variable ici de 1 à chaque tour. La variable y est également utilisée pour représenter l'indice du tableau ; ainsi une nouvelle lecture analogique de sensorPin est stockée pour l'indice courant et l'indice du tableau est incrémenté pour le prochain tour.

Il s'agit d'une manière de travailler très efficace avec les tableaux temps pour la lecture que pour la mise à jour de données. Les tableaux peuvent être bien plus complexes, stocker de nombreuses chaînes de caractères et même être multidimensionnels, à la manière des tableurs dans lesquels de nombreuses valeurs sont stockées pour chaque indice. Pour obtenir plus d'informations, rendez-vous sur la page de référence officielle d'Arduino consacrée aux tableaux à `http://arduino.cc/en/Reference/Array`.

`pitches.h`. Si vous observez `pitches.h`, vous vous apercevrez qu'il utilise une fonction C nommée `define` pour chacune des références aux notes suivie par un nombre ; ainsi `#define NOTE_C4 262` associe la valeur 262 à la variable `NOTE_C4`.

```
// Notes de la mélodie:
int melody[] = {
NOTE_C4, NOTE_G3,NOTE_G3, NOTE_A3, NOTE_G3,0, NOTE_B3, NOTE_C4};
```

Mais sans rythme, votre mélodie semblerait étrange, aussi nous allons stocker la durée de chaque note dans un autre tableau.

```
// durée de la note: 4 = quart de note, 8 = huitième de note, etc.:
int noteDurations[] = {
  4, 8, 8, 4,4,4,4,4 };
```

Dans `setup`, une boucle `for` est utilisée pour boucler sur chacune des huit notes, allant de `0` à `7`. La valeur `thisNote` est utilisée comme indice pour référencer les éléments corrects de chaque tableau.

```
void setup() {
// pour chaque note de la mélodie:
for (int thisNote = 0; thisNote < 8; thisNote++) {
```

La durée est calculée en divisant 1 000 (ou une seconde) par la durée souhaitée, 4 pour un quart de note ou une noire, huit pour un huitième ou une croche et ainsi de suite. Cette valeur est ensuite écrite dans la fonction `tone`, qui enverra la note courante sur la broche 8 durant la période définie.

```
// pour calculer la durée de la note, on divise une seconde
// par le type de note.
//ex quart de note = 1000 / 4, huitième de note = 1000/8, etc. int noteDuration
  = 1000/noteDurations[thisNote];
tone(8, melody[thisNote],noteDuration);
```

Une courte pause entre les notes est ajoutée afin de mieux définir ces dernières. Dans ce cas, il s'agit d'une durée relative à la longueur de la note qui correspond à 30 % de la durée courante.

```
// pour distinguer les notes, nous indiquons un temps minimum entre elles.
// durée de la note + 30 % semble bien fonctionner:
int pauseBetweenNotes = noteDuration * 1.30;
delay(pauseBetweenNotes);
```

Ensuite, la fonction `noTone` est utilisée pour désactiver la broche 8 une fois qu'elle a été jouée pendant toute sa durée.

```
   // arrête de jouer:
   noTone(8);
  }
}
```

Rien ne se passe dans la boucle. Comme prévu, la mélodie est jouée une fois au début puis s'arrête. La mélodie pourrait être déplacée à l'intérieur de la boucle afin qu'elle puisse être jouée indéfiniment, mais gare aux maux de tête.

```
void loop() {
 // inutile de repéter la mélodie.
}
```

Nous avons vu un excellent exemple pour jouer une mélodie au début d'un croquis. Si votre projet n'est pas visible en permanence, il sera parfois plus utile d'entendre un petit son signifiant « je vais bien » plutôt que d'utiliser le flash d'une LED.

Réaliser un instrument

Dans la section précédente, vous avez découvert comment remplacer dans votre projet le clignotement d'une LED par un son. Dans l'exemple de cette section, vous irez plus loin dans l'utilisation des sons – vous avez créé votre propre instrument, un instrument semblable à un Theremin. Le *Theremin*, ainsi nommé en raison du nom de son inventeur Léon Theremin, développé dans les années 20, fut l'un des premiers instruments électroniques. Il fonctionne en détectant le champ électromagnétique issu des mains de l'interprète : une main permet de modifier le volume et l'autre la hauteur.

Le croquis PitchFollower

Dans ce croquis, vous allez découvrir comment réaliser un Theremin à faible coût en utilisant un piézo comme capteur de lumière pour contrôler le volume.

Il vous faut :

- Un Arduino Uno
- Une platine d'essais
- Un piézo
- Un contrôleur de lumière
- Une résistance de 4,7 ohms
- Des straps

Ce circuit est divisé en deux : le piézo et le circuit de détection de lumière. Le piézo est câblé comme dans le croquis toneMelody, avec un fil sur la broche digitale 8 et l'autre sur GND. Le capteur de lumière est connecté à Analog 0 et à la masse (comme l'illustrent les figures 8-18 et 8-19). Si vous ne disposez pas d'une résistance de 4,7 ohms, utilisez celle dont vous disposez qui s'en rapproche le plus.

Terminez la réalisation du circuit, puis ouvrez le croquis en sélectionnant Fichier→Exemples→02.Digital→tonePitchFollower.

```
/*
Pitch follower


Lit un ton qui change selon le changement d'entrée analogique
```

```
Circuit :
* 8-ohm speaker on digital pin 8
* photoresistor on analog 0 to 5 V
* 4.7K resistor on analog 0 to ground


créé 21 Jan 2010
modifié 9 Avr 2012
par Tom Igoe

Cet exemple est dans le domaine public.


 http://arduino.cc/en/Tutorial/Tone2

*/



void setup() {

// initialise des communications en série (débogage seul): Serial.begin(9600);
}



void loop() {
// petit sensor:
int sensorReading = analogRead(A0);
// imprime la lecture du sensor pour connaître la plage Serial.
   println(sensorReading);
// mappe le son de la plage de l'entrée analogique.
// change le minimum et maximum du numéro d'entrée
// en fonction de la plage du sensor :
int thisPitch = map(sensorReading, 400, 1000, 100, 1000);


// lit le son:
tone(8, thisPitch, 10);
delay(1); // délai entre les lectures pour stabilité
}
```

Lorsque vous aurez trouvé le croquis, appuyez sur le bouton Compiler pour vérifier le code. Toute erreur de syntaxe apparaîtra en rouge dans la zone Message.

Si le croquis se compile correctement, cliquez sur Téléverser pour téléverser le croquis vers votre carte. Cela fait, vous devriez disposer d'un capteur de lumière capable de modifier le volume de votre buzzer. Si tel n'était pas le

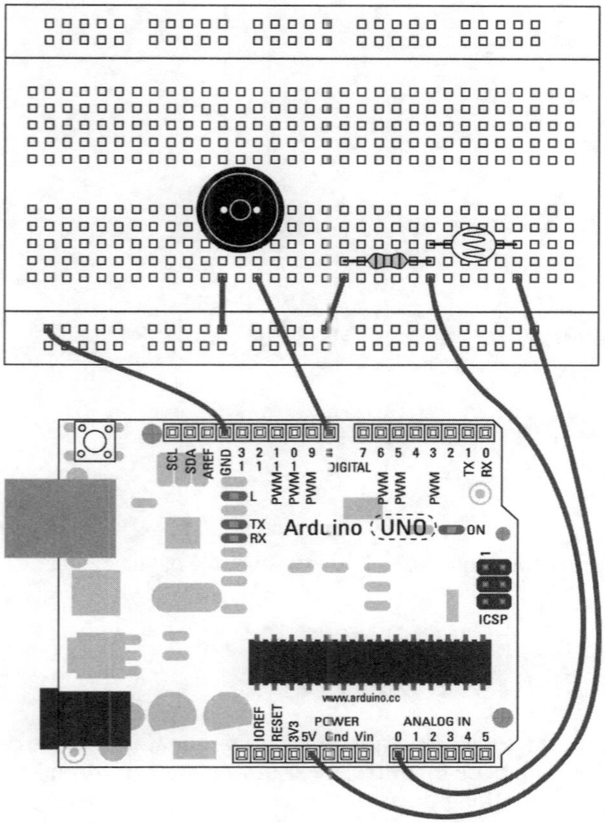

Figure 8-18 : Un circuit Theremin contrôlé par un capteur de lumière.

cas, assurez-vous que la zone est correctement éclairée, orientez une lampe vers votre platine d'essais. Cela devrait augmenter la différence lorsque vous couvrirez le détecteur de lumière de votre main.

Si rien ne se passe, vérifiez de nouveau les câblages :

- Assurez-vous de bien utiliser les valeurs correctes pour les broches d'entrée et de sortie.
- Vérifiez que votre piézo est orienté du bon côté.
- Vérifiez les connexions sur votre platine d'essais. Si les câbles ou les composants ne sont pas connectés sur les lignes correctes de votre platine, ils ne fonctionneront pas.

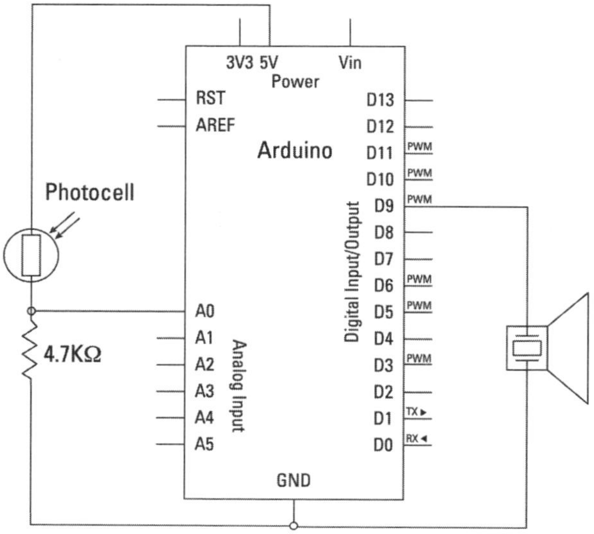

Figure 8-19 : Le diagramme d'un circuit Theremin contrôlé par un capteur de lumière.

Comprendre le croquis

Si ce croquis est bien plus court que le croquis toneMelody, que nous avons présenté plus haut dans ce chapitre, c'est qu'il convertit directement en fréquences les informations provenant du détecteur de lumière plutôt que de passer par une table de valeur. Ce qui implique que vous pouvez tout aussi bien glisser d'une note à l'autre que les choisir individuellement.

Dans la configuration, le port série est ouvert pour permettre de contrôler les entrées du détecteur au fil de l'eau.

```
void setup() {
// initialise des communications en série(débogage seul): Serial.begin(9600);
}
```

Dans la boucle principale, le détecteur de lumière est lu depuis la broche analogique 0. Cette information est également transmise au moniteur série.

```
void loop() {
// lit le sensor:
int sensorReading = analogRead(A0);
```

```
// imprime la lecture du sensor pour connaître sa plage Serial.
    println(sensorReading);
```

Pour convertir la plage de valeurs du détecteur vers la plage de fréquence que le buzzer peut couvrir, nous utilisons la fonction `map` :

```
// mappe le ton de la plage de l'entrée analogique.
// change le minimum et le maximum du numéro d'entrée
// en fonction de la plage du sensor donné :
int thisPitch = map(sensorReading, 400, 1000, 100, 1000);
```

La fonction `tone` génère en sortie la note correspondant à la valeur fournie par le détecteur et définit une durée très courte de 10 ms. Cette durée permet de rendre le son audible, cependant la durée réelle sera déterminée par le temps ou votre main restera au-dessus du capteur, comme nous l'avons indiqué précédemment.

```
// lit le ton: tone(8, thisPitch, 10);
```

Enfin, un très court délai est ajouté à la fin de la boucle pour améliorer la stabilité des lectures.

```
delay(1); // délai entre les lectures pour stabilité}
```

Avec cette configuration, vous pouvez rapidement réaliser un contrôleur de volume, voire créer un groupe itinérant de Theremin avec vos amis !

Troisième partie

Construire les bases

« J'ai un petit problème de vidéo, aussi pendant la conférence et avant de prendre la parole, appelez Rollo. Attendez qu'il vienne et pose ses pattes sur vos genoux pour commencer à parler. »

Dans cette partie

Je vais commencer cette partie par vous présenter différentes utilisations d'Arduino à travers quelques projets réalisés un peu partout dans le monde. Vous serez sans doute impatient de passer à l'action. Vous apprendrez alors comment transformer un prototype de base en un projet solide. Pour ce faire, vous apprendrez entre autres à souder, à utiliser du code pour améliorer la faisabilité du projet ainsi qu'à choisir le bon capteur.

Chapitre 9

Apprendre par l'exemple

Dans ce chapitre

- Étudier les projets Arduino disponibles
- Comprendre leurs fonctionnements
- Trouver des idées pour vos propres projets Arduino

Au chapitre précédent, je vous ai présenté des projets Arduino basiques, mais il n'est pas toujours évident d'aller plus loin. Dans ce chapitre, vous découvrirez ces projets qui fonctionnent actuellement un peu partout dans le monde, basés sur Arduino, et qui ont permis la réalisation d'expositions d'art étourdissantes, d'expositions interactives ou la réalisation de prototypes partout sur la planète.

Skube

Le projet Skube a été développé par Andrew Nip, Ruben van der Vleuten, Malthe Borch, et Andrew Spitz dans le cadre de la réalisation d'un module du projet Tangible User Interface destiné au Copenhagen Institute of Interaction Design (CIID). Il constitue un excellent exemple sur la manière de réaliser un prototype de produit basé sur Arduino.

Skube (illustré sur la Figure 9-1) est un produit qui vous permet d'interagir avec un service de musique numérique auquel on accède traditionnellement via un ordinateur. Le but de ce projet consiste à revisiter la manière dont les appareils audio fonctionnent et dont ils sont utilisés pour optimiser ces services. Chaque Skube fonctionne selon deux modes, playlist et découverte, mode que vous choisissez en tapant en haut de l'appareil. Les playlists jouent une suite prédéfinie de musique, les découvertes recherchent des morceaux ou des artistes similaires. Les Skube peuvent être également combinés de

Avec l'aimable autorisation d'Andrew Spitz.

Figure 9-1: Un seul Skube.

manière à mélanger des playlists prédéfinies. Ils s'emboîtent physiquement les uns dans les autres, de manière à donner à l'utilisateur un moyen tangible de mixer les différentes playlists et de découvrir de nouvelles musiques.

Comment ça marche ?

L'équipe Skube offre gracieusement une grande quantité de documentations et d'excellentes vidéos sur les deux prototypes achevés. Chaque Skube est composé d'un Arduino et d'un module sans fil XBee (malheureusement, ce livre ne dispose pas d'assez d'espace pour couvrir cet incroyable module, mais en effectuant une recherche rapide sur Google, vous devriez trouver de nombreuses ressources en ligne le concernant). La fonction principale de l'Arduino consiste ici à agir en tant qu'intermédiaire, hébergeant de nombreux capteurs et appareils de communication différents et relayant les données correctes vers chacun d'entre eux. Le capteur tactile est le même que celui décrit au chapitre 12 de ce livre, il utilise un simple élément piézio en charge de surveiller les vibrations. Lorsque l'on associe des Skube entre eux, leurs aimants agissent comme des interrupteurs activant un interrupteur à lame. L'interrupteur à lame rapproche ses contacts métalliques lorsque l'élément se rapproche, indiquant ainsi clairement au dispositif la présence de l'aimant.

Le projet dispose également d'un module de radio FM, qui est utilisé par chaque Skube pour produire de la musique. En utilisant le module sans fil XBee, vous pouvez communiquer avec chaque Skube et les coordonner via un ordinateur grâce à un logiciel spécial écrit en Max/MSP.

Max/MSP est un langage de programmation visuel qui est utilisé sur de nombreux projets audio ou musical. Via l'utilisation de Max/MSP, l'équipe Skube récupère des données provenant des services Last.fm et Spotify pour réaliser leurs playlists et retrouver des artistes aux caractéristiques similaires. Ces entreprises fournissent toutes deux différents services à leurs consommateurs (par exemple, la possibilité d'assembler des playlists basées sur vos morceaux favoris ou de fournir une base de données sur les albums et les artistes) ; elles proposent également ces fonctionnalités aux développeurs afin qu'ils puissent les intégrer dans leurs propres applications. Ce type de ressources est nommé Application Programming Interface (API). Les API de Last.fm (`http://www.last.fm/api`) et de Spotify (`https://developer.spotify.com/technologies/web-api/`) ne constituent que deux exemples, il en existe beaucoup d'autres ; comme toujours, faites un tour sur Google pour en savoir plus.

Vous observerez que ce projet comporte de nombreux éléments, basés à la fois sur la communication sans fil utilisant Arduino (ce qui est déjà un sujet en soi) et sur la communication avec d'autres logiciels et l'échange avec d'autres services sur Internet. Pour les plus avancés d'entre vous, cette manière d'utiliser Arduino vous enseignera comment intégrer du matériel avec d'autres logiciels. Dans la cinquième partie, je vous présenterai d'autres logiciels et nous verrons plus en détail ces processus de communication.

Aller plus loin

Vous obtiendrez plus d'informations sur ce projet en vous reportant aux pages du site Web CIID `http://ciid.dk/education/portfolio/idp12/courses/tangible-user-interface/projects/skube/` et sur le site d'Andrew Spitz à l'adresse `http://www.soundplusdesign.com/?p=5516`.

Chorus

Chorus est une installation cinétique réalisée par United Visual Artists (UVA), un groupe londonien spécialisé dans l'art et le design. UVA pratique de nombreuses disciplines, telles que la sculpture, l'architecture, le spectacle vivant et d'autres installations visuelles. Ce groupe a la réputation de créer des projets visuellement époustouflants qui repoussent les limites de ces disciplines.

Chorus (illustré à la Figure 9-2) utilise le son, la lumière et le déplacement pour des effets théâtraux qui illustrent parfaitement qu'Arduino peut tout aussi bien jouer un rôle dans d'immenses installations que pour de minuscules prototypes. Cette installation est constituée de huit grands pendules noirs se balançant d'avant en arrière, émettant simultanément du son et de la lumière. Les spectateurs peuvent marcher sous les pendules s'immergeant alors dans la performance. Chaque pendule dispose de sa propre partition, réalisée par Mira Calix, qui devient audible lorsque l'auditeur se rapproche suffisamment.

Avec l'aimable autorisation de United Visual Artists.

Figure 9-2 : Chorus bat son plein.

Comment ça marche ?

Dans ce projet, un Arduino est utilisé pour gérer la lumière et le son ainsi que le déplacement des pendules. Le balancement de chaque pendule est contrôlé par un moteur électrique monté sur un boîtier réducteur. Ce moteur peut être contrôlé par un circuit relais, permettant à l'Arduino de modifier le comportement de cet énorme objet mécanique. Chaque pendule dispose de deux cartes, chacune contenant 50 LED qui fournissent la lumière, et d'un haut-parleur fixé sur la base du pendule. L'Arduino lui-même est contrôlé par un logiciel spécifique dont le rôle est d'envoyer et de recevoir constamment des données qui permettront de coordonner les mouvements des pendules et leurs partitions.

Ce projet démontre que la maîtrise d'une discipline artistique, mécanique ou architecturale combinée à l'utilisation d'Arduino peut vous permettre de réaliser d'incroyables effets. Séparément, chaque élément de ce projet est relativement simple : contrôler un moteur, contrôler une LED, jouer une mélodie. Le vrai défi survient lorsque la taille de ces composants augmente. Le contrôle de moteur puissant nécessite une connaissance des charges et de la mécanique, le contrôle de nombreuses LED requiert une bonne compréhension des tensions et des courants élevés, jouer de la musique en haute définition nécessite un matériel spécifique. Vous découvrirez au chapitre 13 comment utiliser des cartes filles avec votre Arduino pour réaliser des fonctionnalités similaires à celle de Chorus. Augmenter la taille de votre projet ou son nombre de sorties peut vite devenir un défi, nous verrons aux chapitres 14 et 15 les principaux écueils à éviter pour le remporter.

Aller plus loin

Vous trouverez la page de ce projet sur le site Web d'UVA : `http://www.uva.co.uk/work/chorus-wapping-project#/0`. Il existe également un excellent article de Vince Dziekan couvrant en détail le projet Chorus à l'adresse : `http://fibreculturejournal.org/wp-content/pdfs/FCJ-122Vince%20Dziekan.pdf`.

Push Snowboarding

Push Snowboarding est un projet collaboratif initié entre Nokia et Burton dont le but est de permettre la visualisation des données concernant vos performances en snowboard

Une entreprise nommée Vitamins Design Ltd fut contactée par l'agence Hypernaked pour concevoir et réaliser un jeu de capteurs sans fil pouvant communiquer avec un téléphone mobile situé dans la poche d'un pratiquant de snowboard. Vitamins, fondée par Duncan Fitzsimons, Clara Gaggero, et Adrian Westaway, est une entreprise qu'ils définissent eux-mêmes comme étant « un studio de conceptions et d'inventions. » Ils sont basés à Londres où ils développent et réalisent des produits, des expériences, des concepts et des systèmes pour leurs clients. Ils ont travaillé sur un grand nombre de projets et interviennent selon leurs propres mots « sur des défilés de mode comme sur des blocs opératoires, travaillant aussi bien avec des snowboarders qu'avec des ouvriers… pour du théâtre expérimental ou des retraités technophobiques ».

Pour le projet de snowboard, Vitamins a conçu un jeu de capteurs ayant la forme de boîtes imprimées en 3D (comme l'illustre la Figure 9-3) destinés à mesurer la réponse galvanique de la peau, la fréquence cardiaque, le déplacement en 3D, la position, la localisation géographique, la vitesse et l'altitude. Ces données sont alors superposées à la vidéo d'une course de snowboard en direct afin de mettre en évidence le lien entre les différentes situations rencontrées par le snowboarder et ses réponses physiologiques. Ce projet constitue un excellent exemple de réalisation d'un produit avec Arduino plus proche d'un produit sur mesure que d'un prototype.

Avec l'aimable autorisation de Vitamins Desing Ltd.

Figure 9-3 : Boîtes contenant des capteurs destinés aux snowboarders.

Comment ça marche ?

Chaque capteur se trouve dans une boîte étanche disposant d'un bouton d'alimentation. Lorsqu'il est allumé, l'Arduino initie une communication sans fil avec le smartphone afin de lui transférer toutes les données dont il dispose. De là, le smartphone, grâce à ses capacités de traitement avancées, traite et compile les données.

Le premier défi de ce projet réside dans sa taille. En effet, si les détecteurs peuvent être de taille réduite, l'Arduino lui-même occupe une place importante et le snowboarder doit en emporter plusieurs ; les données elles-mêmes risquent de devenir inutiles si leurs collectes gênent les mouvements de ce dernier. C'est pourquoi chaque boîte contenant un capteur est basée sur un Arduino Pro Mini très mince et d'une surface de seulement 18 mm x 33 mm. Il en va de même de l'alimentation qui est fournie par une batterie rechargeable au lithium du même modèle que celle que l'on retrouve dans les modèles réduits d'avion, voire même dans les smartphones. Le projet utilise une variété de capteurs : capteurs de pression disposés sur les pieds pour juger de l'équilibre, des unités de mesure inertielle (IMU) aussi appelées capteurs de degrés de liberté pour trouver l'orientation en 3D du snowboarder, un capteur de réponse galvanique de la peau pour mesurer le niveau de sudation du snowboarder, et un capteur de fréquence cardiaque pour suivre les BPM de ce dernier.

Ces données sont envoyées au téléphone via un module de liaison sans fil Bluetooth situé dans chacune des boîtes. Les modules Bluetooth sont petits, ils constituent un moyen fiable et sécurisé de connecter sur une courte distance un capteur et un téléphone mobile situés dans la poche du snowboarder. Les données ainsi collectées peuvent être associées à d'autres données, comme celles du GPS fourni par le téléphone, et sont ensuite traitées par ce dernier via un logiciel personnalisé.

Tous les capteurs de ce projet sont disponibles chez la plupart des revendeurs Arduino en ligne ; ils sont accompagnés d'exemples et de tutoriaux vous permettant de les intégrer dans vos propres projets. La réalisation de ce projet est un excellent exemple pour les aspirants arduinistes. La combinaison des capteurs fournit une mine d'informations aux snowboarders qui peuvent ensuite les utiliser pour améliorer leurs techniques ou leurs performances. De plus, ces produits ont été conçus pour supporter des environnements extrêmes. L'électronique a été soigneusement protégée tout en restant accessible, une couche isolante a même été ajoutée pour piéger toute trace d'humidité.

Aller plus loin

Vous trouverez plus de détails sur le projet sur le site Web de Vitamins à l'adresse `http://vitaminsdesign.com/projects/push-snow-boarding-for-nokia-burton/`.

Baker Tweet

Baker Tweet est un projet réalisé par Poke qui tweete sur les produits à peine sortis du four de l'Albion Café. Poke est une entreprise innovante basée à Londres et à New York. Elle est spécialisée dans tout ce qui a rapport avec le numérique. Le projet résulte d'une demande faite à Poke London pour promouvoir l'ouverture d'un nouveau café Albion dans la ville. La réponse fut de réaliser une boîte que le pain, les croissants et les viennoiseries viennent de sortir du four. Vous pouvez voir une illustration de cet appareil sur la Figure 9-4, rendez-leur visite si vous en avez l'occasion !

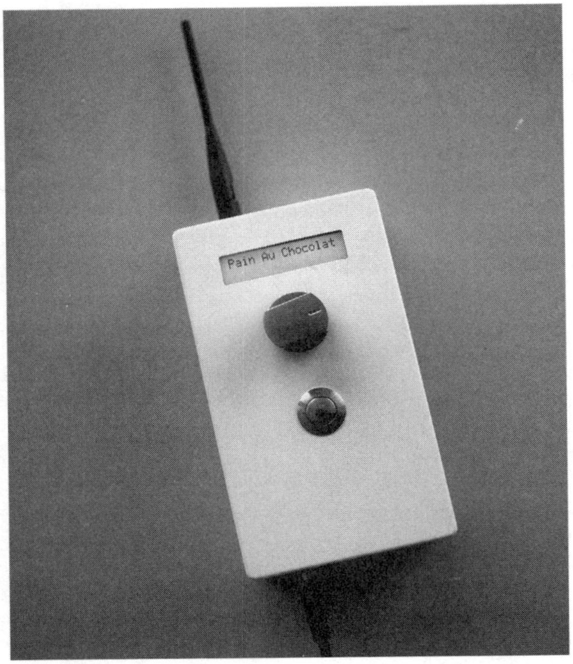

Avec l'aimable autorisation de Poke London.

Figure 9-4 : Le Backer Tweet en action à la boulangerie Albion.

Comment ça marche ?

La boîte magique qui produit des messages Twitter dispose d'une interface simple constituée d'un cadran, d'un bouton et d'un écran LCD. Le cadran est utilisé pour indiquer le type de viennoiseries qui viennent de sortir du four à Twitter. Le tweet est alors affiché sur l'écran LCD. Après avoir choisi l'article, l'utilisateur appuie sur le bouton pour envoyer le tweet, il reçoit alors confirmation sur l'écran lui indiquant que le tweet a été envoyé avec succès. Cette interface simple est idéale pour un café très fréquenté car elle ne requiert que très peu de temps pour mettre à jour le statut en ligne. Pour ajouter de nouveaux articles, le projet repose sur une interface Web simple d'emploi qui permet d'enrichir la liste.

Le cœur de ce projet est constitué d'un Arduino qui communique avec Internet en utilisant soit une connexion Internet filaire basée sur une carte fille Ethernet Arduino, soit sur une connexion sans fil basée sur un adaptateur Wi-Fi Linksys. Le cadran fournit une entrée analogique, le bouton une entrée numérique. Lorsqu'ils sont combinés avec un écran LCD, ils composent une interface utilisateur permettant facilement de choisir un élément dans une liste et d'envoyer des tweets. Le prototype est protégé dans un boîtier robuste afin d'empêcher la patte et les mains farineuses d'endommager ses circuits. Ce projet illustre avec brio comment un Arduino peut réaliser rapidement et simplement une tâche répétitive et consommatrice de temps comme celle-ci. Ce prototype est adapté à son environnement, il est assez robuste pour survivre à une utilisation constante grâce à des entrées en acier inoxydable. Il est également simple à nettoyer, et ce même dans une boulangerie en pleine effervescence. La complexité de ce projet réside dans la communication avec Internet lui permettant d'envoyer et de recevoir des données vers le Word Wide Web.

Aller plus loin

Vous trouverez de plus amples informations sur le site de Baker Tweet à l'adresse `http:// www.bakertweet.com` et sur la page du projet Poke London sur `www.pokelondon.com/portfolio/bakertweet`. Prenez le temps de jeter un œil sur les excellentes photos des prototypes qui illustrent le développement du projet depuis la planche à pain jusqu'à la boulangerie (`http://flickr.com/photos/aszolty/sets/72157614293377430/`).

Compass Lounge et Compass Card du musée de la marine nationale

Le Compass Lounge fut développé dans le cadre de la réalisation d'une nouvelle aile du musée de la marine nationale de Londres. Le studio Kin basé à Londres a conçu pour cette occasion des éléments interactifs basés sur Arduino permettant au public d'interagir avec les archives numériques et les différentes pièces présentées.

Un ensemble de visionneuses numériques stockées dans des tiroirs permettent aux visiteurs de parcourir les archives en ligne du musée et d'accéder aux documents les plus populaires en haute résolution. Lorsqu'un tiroir est ouvert, un écran tactile de grande dimension est activé, et le visiteur peut parcourir les éléments affichés. Lorsque les visiteurs consultent ces documents, une LED masquée affiche sa référence afin de pouvoir consulter l'archive physique correspondante (Figure 9-5).

L'Arduino gère également un second aspect de ce projet nommé système Compass Card : chaque visiteur se voit attribuer une carte permettant de collecter des éléments aux quatre coins du musée. Des points de collecte sont disposés à côté de certaines pièces qui permettent de scanner la carte et ainsi de prendre note du parcours des visiteurs et des éléments numériques qu'ils ont recueillis. Ces derniers peuvent alors consulter ces éléments depuis le Lounge Compass ou de chez eux via un navigateur.

Avec l'aimable autorisation de Kin.

Figure 9-5 : La LED masquée éclaire le fond d'écran.

Comment ça marche ?

Les visionneuses mettent en œuvre deux projets Arduino simples afin d'enrichir le contenu numérique affiché par les grands écrans tactiles.

En premier lieu, l'Arduino est utilisé pour activer les écrans lorsque les tiroirs sont ouverts. Si les visionneuses restent allumées toute la journée sans être utilisées, leurs écrans risquent d'être « brûlés », laissant une sorte d'ombre de l'image précédente. L'affichage d'un écran noir lorsque les tiroirs sont refermés permet de réduire ces effets et de prolonger ainsi la vie des moniteurs. Ce résultat est obtenu grâce à un micro-interrupteur placé sur le fond de chaque tiroir. Ici, exactement comme avec la configuration du croquis Button du chapitre 7, à chaque fois que le bouton est pressé, un caractère est envoyé via le port série pour indiquer au moniteur de passer au noir. Ce type de communication est expliqué au chapitre 8.

Au-dessus des tiroirs, est disposée une LED masquée composée de rangées de LED alignées sous forme de grille. Ces rangées sont similaires au ruban de LED adressable décrit au chapitre 15 ; nous utilisons ici une codification appropriée qui permet d'afficher les valeurs voulues. Ces valeurs sont ensuite envoyées sur le port série sous forme de chaînes de caractères via un logiciel spécifique de sorte que le nombre correct apparaisse avec l'image associée.

La Compass Card constitue un excellent exemple de l'utilisation d'une (relativement) vieille technologie dans un nouveau et intéressant contexte. Le système lui-même est basé sur l'utilisation de codes-barres permettant de reconnaître les cartes scannées. Il retourne également à l'Arduino un numéro qui pourra être transmis à un serveur central qui associera le numéro du code-barres au numéro du scanner afin de déterminer l'emplacement où la carte a été numérisée et l'identité de son porteur. Toutes ces informations sont envoyées sur un réseau Ethernet vers un serveur où elles seront traitées, grâce à une carte fille Ethernet. Il s'agit d'un excellent exemple de l'utilisation de l'Arduino afin de réaliser la tâche relativement complexe de relayer des données sur un réseau sans avoir recours, à chaque étape, à un ordinateur. Ce scénario réduit non seulement les coûts liés au transfert des données, mais permet de simplifier les opérations liées au réseau, car l'Arduino ne nécessite pas de procédure de démarrage ou d'extinction particulière. Ce système numérique fonctionne conjointement avec un système de marquage physique permettant de marquer les cartes avec une embosseuse qui réalise une marque sur la carte lorsque le levier et poussé (voir la Figure 9-6).

Cet ensemble de projets constitue un très bon exemple sur la manière dont plusieurs applications peuvent collaborer pour fournir une grande expérience, offrant de nombreuses formes d'interaction et de rétroaction. Il constitue également un excellent exemple d'une utilisation pérenne de l'Arduino. Car s'il existe en effet de nombreux projets Arduino fonctionnels, ils sont souvent considérés comme peu fiables ou temporaires. Ici, au contraire, le musée souhaitait disposer d'une solution fiable et robuste et ce projet nous montre que l'Arduino est capable de répondre à ces contraintes lorsqu'il est utilisé correctement.

Avec l'aimable autorisation de Kin.

Figure 9-6 : Le point de collecte des cartes.

Aller plus loin

Vous trouverez beaucoup d'autres informations agrémentées de nombreuses illustrations sur la page du projet Kin `http://kin-design.com/project.php?id=147` et sur le site Web du National Maritime Museum à l'adresse `http://www.rmg.co.uk/visit/ exhibitions/compass-lounge/`.

Les lampes Good Night

Les lampes Good Night sont des familles de lampes connectées à Internet réalisées par Alexandra Dechamps-Sonsino. Chaque famille est composée d'une grande lampe et de nombreuses petites lampes. Lorsque la grande lampe est allumée, les petites lampes auxquelles elle est connectée s'allument aussi, quel que soit l'endroit où elles se trouvent dans le monde. Ce qui permet aux êtres proches de rester connectés les uns avec les autres grâce à un simple geste quotidien et sans avoir à utiliser une quelconque application. Les lampes Good Night sont actuellement en développement et sont basées sur Arduino pour leur prototypage. Vous pouvez apercevoir un jeu de lampes à la Figure 9-7.

Figure 9-7 : Dès que la grande lampe est allumée, les petites lampes associées s'allument également, quel que soit l'endroit où elles se trouvent dans le monde.

Comment ça marche ?

Le système des prototypes de préproduction des lampes Good Night est relativement simple. La grande lampe est une lampe fonctionnelle que l'on allume avec un interrupteur à poussoir similaire à l'exemple ButtonChangeState du chapitre 11. Lorsqu'elle est en marche, la grande lampe envoie son numéro d'identifiant et son état à un serveur Web via une carte fille W-Fi Arduino.

Quelque part, peut-être de l'autre côté de la Terre, une petite lampe télécharge cet état en utilisant la même carte fille Wi-Fi et propage l'information à toutes les autres petites lampes auxquelles elle est reliée. Si une grande lampe est allumée, toutes les petites lampes qui lui sont associées s'allument également.

Les lampes sont constituées de LED de haute puissance nécessitant un courant de 12 V et exigeant 0,15 ampère pour les petites lampes et 0,4 ampère pour les grandes. Ces lampes fournissent une bonne luminosité, elles nécessitent un circuit de transistors semblable à celui décrit au chapitre 8.

Ce projet est un bon exemple de l'utilisation d'Arduino pour produire le prototype d'un produit ayant un comportement relativement complexe.

Aller plus loin

Si vous souhaitez en savoir plus sur les lampes ou Knight, rendez-vous sur la page d'accueil du produit à l'adresse `http://goodnightlamp.com`.

Little Printer

Little Printer (illustré à la Figure 9-8) est une imprimante domestique miniature développée par Berg qui est un consultant en design basé à Londres. Avec votre smartphone, vous pouvez gérer du contenu provenant du Web et imprimer toutes sortes d'informations pour créer votre journal personnel. Le Berg cloud réside entre votre téléphone et le Web. Vous pouvez accéder à ce dernier via votre smartphone afin d'envoyer du contenu vers votre Little Printer et potentiellement vers d'autres appareils à venir... Little Printer utilise un matériel et un logiciel spécifique, mais il fut à l'origine prototypé en utilisant Arduino.

Comment ça marche ?

La Little Printer est constituée de nombreux éléments, à commencer par l'imprimante elle-même. Il s'agit d'une imprimante thermique, similaire à celle utilisée pour imprimer les reçus et les facturettes. Lès des imprimantes thermiques communique via la série, aussi avec le code adéquat, il est possible de s'adresser directement à un appareil comme l'Arduino. Adafruit propose une imprimante de ce type simple à intégrer dans votre propre projet Arduino (rendez-vous sur `https://www.adafruit.com/products/597`).

L'imprimante elle-même est sous tension, mais elle est reliée sans fil au Berg Cloud Bridge. Il s'agit d'un petit appareil qui gère les données d'une façon similaire à celle de votre routeur domestique. Les données sont alors envoyées et reçues via connexion Internet filaire, semblable à celle utilisée sur les cartes filles Ethernet Arduino.

Avec l'aimable autorisation de Berg.

Figure 9-8 : La Little Printer est prête à imprimer toutes les données que vous souhaitez.

Dans les premiers prototypes, un module sans fil Xbee – similaire à ceux utilisés sur les cartes filles sans fil Arduino – gère les communications entre la Little Printer et le Berg Cloud Bridge.

La majeure partie de la complexité de ce produit est prise en charge par le Berg Cloud, dans lequel les données sont collectées, triées puis envoyées vers l'imprimante.

La Little Printer constitue un excellent exemple d'un produit utilisant un Arduino pour développer et affiner une idée, avant de développer le projet complet basé sur un matériel propriétaire. Il nous montre également qu'il est possible pour un projet Arduino de tirer parti des données innombrables disponibles sur Internet.

Aller plus loin

Pour obtenir plus d'informations sur la Little Printer, voire pour en commander une, rendez-vous sur la page d'accueil du Berg Cloud à l'adresse `http://bergcloud.com`.

Flap to Freedom

Flap to Freedom était un jeu réalisé par ICO, une agence de conseil en design basée à Londres dans le cadre du projet V&A Village Fete. Dans ce jeu, deux joueurs s'affrontaient face à face pour aider un poulet à s'échapper d'un élevage en batterie (comme l'illustre la Figure 9-9). Ainsi dans ce jeu, lorsqu'un joueur bat des bras, le poulet en fait de même, mais si le joueur bat trop vite des bras, le poulet expire. Chaque partie est chronométrée et le résultat publié sur un tableau.

Avec l'aimable autorisation de ICO Design Printers Ltd.

Figure 9-9 : La course au poulet !

Comment ça marche ?

Pour ce qui concerne la partie du projet basée sur Arduino, des poulets en peluche furent dépecés et remplis de circuits électroniques personnalisés chargés de communiquer sans fil avec un ordinateur. Les circuits déjà existants à l'intérieur des poulets furent revus pour donner le contrôle à l'Arduino sur les différents moteurs en charge d'actionner les ailes le bec et les pattes. Ainsi, les moteurs recevaient des informations sans fil provenant d'une carte fille Arduino similaire aux modules XBee.

Le choix du logiciel s'est tourné vers openFrameWorks, qui en utilisant une webcam cachée, analysait le mouvement des joueurs pour déterminer la vitesse à laquelle les poulets devaient battre des ailes et envoyer l'information appropriée vers ces derniers.

Il s'agit ici d'une application extrêmement amusante et intéressante basée sur Arduino. Elle permet à des joueurs de tout âge de jouer en ayant un retour physique instantané, et peut vous suggérer des idées sur le détournement de jouets existants dans le but de créer des applications originales.

Aller plus loin

Vous trouverez plus à lire sur ce sujet sur la page du projet ICO à l'adresse `http://www. icodesign.co.uk/project/V%26A%3A+Flap+to+Freedom+Environment`. Benjamin Tomlinson et Chris O'Shea ont travaillé sur les aspects techniques de ce projet ; si vous souhaitez une description plus technique, rendez-vous sur la page du projet de Chris O'Shea à l'adresse `http://www.chrisoshea.org/flap-to-freedom`.

Chapitre 10

Souder

Dans ce chapitre

- Tout savoir sur le soudage
- Disposer des bons kits pour travailler
- Se protéger pendant le soudage
- Monter une carte fille
- Souder avec style
- Passer d'une platine d'essais à une plaque de circuit imprimé
- Préparer son projet pour le monde réel

Dans les précédents chapitres, je vous ai expliqué en détail comment assembler des circuits sur une platine d'essais. Si vous avez lu ces chapitres, vous avez probablement quelques idées pour tirer parti ou combiner les quelques exemples de base présentés. Vous devez vous demander ce que vous pouvez faire maintenant.

Dans ce chapitre, vous allez découvrir le processus ou l'art de la soudure. Vous apprendrez les avantages et les inconvénients de tous les outils dont vous aurez besoin pour mener à bien votre projet dans le monde réel. Terminé les platines d'essais en équilibre précaire et les câbles branlants. Dorénavant, vous serez en mesure de déterminer ce dont vous avez besoin pour souder des cartes de circuit construites pour durer.

Comprendre le soudage

Le *soudage* est une technique pour joindre des métaux. En faisant fondre du métal à un point de fusion inférieur à ceux que vous assemblez, vous pouvez rassembler des pièces de métal pour former votre circuit. Les joints mécaniques conviennent parfaitement bien pour faire des prototypes qui vous permettent de changer d'avis et de modifier très vite un circuit. Une fois que vous êtes sûr de ce que vous faites, il est temps de passer à l'action.

Vous utilisez un fer ou un pistolet à souder pour faire fondre la *soudure*, un alliage métallique (mélange de métaux) avec un faible point de fusion et vous l'appliquez au joint. Quand la soudure a refroidi autour des pièces que vous connectez, elle forme une liaison chimique fiable à la place d'une liaison mécanique. C'est une solution de loin bien supérieure pour fixer des composants. Les zones soudées peuvent être encore fondues et ressoudées si nécessaire.

Mais « quel intérêt à souder ? » vous demandez-vous ? Supposez que vous avez créé un circuit sur une platine d'essais et qu'elle est prête à l'emploi. Mais dès que vous vous en saisissez, les fils se débranchent. Vous pouvez toujours remettre les fils à leur place et à chaque fois que vous le faites, vous courez le risque de remplacer un mauvais fil et d'endommager l'Arduino.

La meilleure solution est de faire une carte de circuit imprimé soudé solide, capable de survivre dans le monde réel. L'avantage de la platine d'essais sans soudure est qu'elle vous permet de construire vite et facilement votre circuit et de le modifier à l'envi. Une fois que vous êtes satisfait du résultat, et que tout marche bien, vous passerez à la soudure afin de garder intact ce circuit.

Créer votre propre circuit vous offre l'occasion de le peaufiner en faisant des cartes de circuits qui s'adaptent aux composants. Une fois que vous avez déterminé ce que vous voulez faire, vous pouvez commencer le processus de miniaturisation et éventuellement vous débarrasser d'une carte de circuit qui n'occupe que l'espace nécessaire et pas plus.

Rassembler tous les éléments pour souder

Mais avant de passer au soudage, vérifiez que vous avez bien tout ce qu'il faut pour le faire. Lisez ce qui suit pour en savoir plus.

Créer un espace de travail

Lorsque vous vous lancez dans le soudage, vous devez avoir un bon espace de travail. Un bon espace de travail fera toute la différence entre un projet réussi et des heures passées à genoux, maudissant les fissures qui apparaissent sur votre parquet. L'idéal serait un grand bureau ou un atelier, mais une table de cuisine, si elle est claire, peut très bien faire l'affaire. Comme vous allez souder à chaud du fer et du métal, protégez d'éventuels dommages la surface de la table avec quelque chose que vous pouvez abîmer, comme un tapis de découpe, une planche de bois ou un morceau de carton.

Votre espace de travail doit être aussi bien éclairé. Veillez à ce que vous baigniez dans la lumière du jour ou que vous ayez un bon éclairage pour le travail de nuit afin de bien distinguer tous ces minuscules composants.

Vous devez aussi avoir facilement accès à une source d'alimentation. Si votre fer à souder marche à température fixe, a une panne courte et qu'il se branche directement sur le secteur, vous devez impérativement disposer d'une prise électrique à proximité. Si vous surchauffez le fer, vous courez le risque de brûler tout ce qu'il touche.

Une multiprise ou un bloc multiprise est la meilleure solution, car elle fournira l'alimentation à votre ordinateur portable, à la lampe et au fer à souder.

Installez-vous dans un siège confortable et n'oubliez pas de vous lever toutes les demi-heures pour éviter les crampes. Souder est prenant, et peut vous faire oublier que vous adoptez une horrible posture (pour votre dos notamment).

La fumée de la soudure, certes n'est pas mortelle, mais n'est pas bonne pour vos poumons. Aussi évitez dans la mesure du possible d'en respirer les émanations. Travaillez toujours dans un endroit bien ventilé. Choisissez d'ailleurs une soudure sans plomb, comme je vous le conseille plus loin dans ce chapitre.

NOTE TECHNIQUE

Si vous travaillez à la maison et que sous la pression de votre entourage, vous ne pouvez pas couvrir des surfaces de petits morceaux de métal, déterminez donc une surface de soudage. Ce pourrait être une planche de bois qui s'adapterait bien à votre kit et que vous pourriez déplacer, ranger et couvrir quand vous ne l'utilisez pas. Vous vous épargnerez ainsi de déballer et d'emballer à chaque fois que vous voulez souder. Et tout le monde sera content.

Choisir un fer à souder

L'outil le plus important pour souder est évidemment le fer à souder ou la station de soudage. Vous avez une grande variété de choix que l'on divise généralement en quatre catégories : à température fixe, portable, à température contrôlée et station de soudage complète. Je vous les présente en détail dans les sections suivantes et vous indique une moyenne de prix afin que vous ayez une idée du coût. Faites jouer la concurrence et recherchez sur Internet les meilleurs prix et qui sait… peut-être allez-vous dénicher sur eBay un modèle d'occasion de bonne qualité !

Le fer à souder à température fixe

Le fer à souder à température fixe (voir un exemple reproduit à la Figure 10-1) est normalement vendu comme un simple fer à souder avec un câble d'alimentation qui se branche sur le secteur. En général, il se vend avec une éponge et un morceau de métal plié très fragile. D'autres sont plus fournis avec un support en plastique, un endroit pour y poser l'éponge et un étui en forme de ressort pour poser le fer.

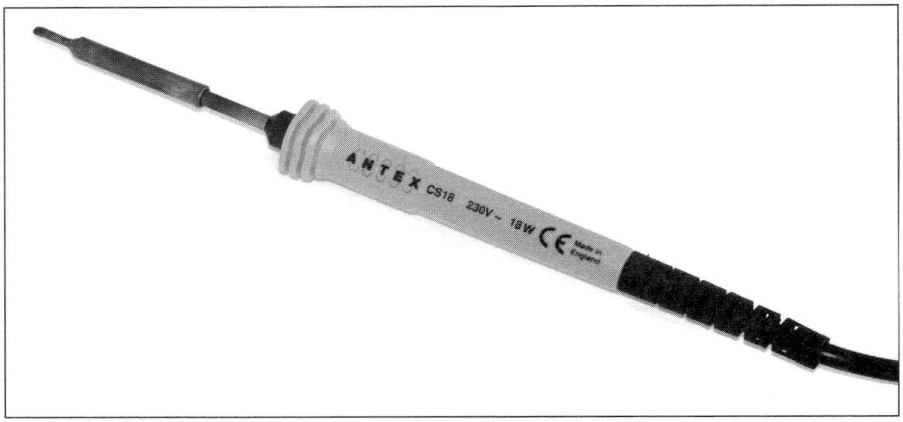

Figure 10-1 : Un fer à souder à température fixe basique.

Le fer à souder à température fixe est satisfaisant, mais il ne propose aucune commande pour la température du fer. Il est vendu avec un indice de puissance restituée assez utile pour le grand public. Pour certains modèles, une puissance restituée supérieure signifie une température plus élevée, même si elle peut varier d'un fabricant à l'autre. Cette variation peut causer des problèmes avec des composants plus fragiles, car une température élevée peut rapidement se propager et faire fondre des circuits et composants intégrés en plastique.

Une étude rapide du site Web Maplin (un fournisseur britannique équivalent de RadioShack américain ou de Monsieur Bricolage français) montre qu'un 12 W, 15 W, 18 W, 25 W, 30 W et 40 W pourrait traiter une plage de 200 à 400 °C. La difficulté est de trouver un fer à souder suffisamment chaud pour chauffer rapidement la partie que vous souhaitez et faire fondre la soudure avant les écarts de température. C'est pourquoi un fer à souder à basse température peut causer plus de dégâts qu'un à haute température. Mais si vous chauffez trop, vous allez à l'encontre d'autres problèmes tels que des embouts qui s'abîment plus vite ou le risque de surchauffer certaines parties.

Si vous voulez commencer avec un fer à souder à température fixe, je vous conseille d'en choisir un de 25 W. Il coûte environ 10 euros.

Fer à souder à gaz

Le fer à souder à gaz s'est débarrassé de l'énergie électrique au profit du gaz. Il brûle du butane qui est plus connu sous le nom d'*essence à briquet* pour maintenir la chaleur. Son indice de puissance restituée permet de le comparer aux autres fers à souder, mais contrairement au fer à souder à température fixe présenté dans la section précédente, cet indice indique la température maximale qui peut être baissée grâce à une valve. Les flammes brûlent le bord du fer, ce qui peut rendre difficile son utilisation pour des jointures très précises. Je vous en déconseille donc l'utilisation.

Un fer à souder à gaz (voir la Figure 10-2) convient pour les situations délicates où la rallonge n'est pas assez grande. Il reste un peu trop cher. Son utilisation coûte cher aussi, donc il faut éviter de l'utiliser fréquemment. Il est aussi considéré comme bien plus dangereux que les fers à souder classiques par la plupart des services de sécurité des aéroports parce qu'il contient du gaz. Donc, si vous comptez emporter un fer à souder à l'étranger, prenez-en un électrique.

Le prix d'un fer à souder à gaz est variable, mais vous en trouverez entre 30 et 80 euros environ. Comptez aussi la recharge à environ 9 euros.

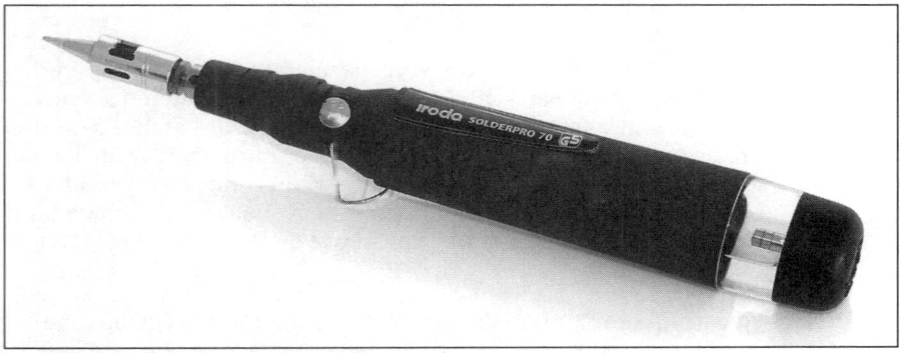

Figure 10-2 : Fer à souder à gaz.

Fer à souder à température réglable

Je vous conseille plus un fer à souder à température réglable, illustré à la Figure 10-3, que le modèle à température fixe, car il offre plus de contrôle, à un prix raisonnable. Ce contrôle accru peut faire toute la différence entre la fusion et la combustion. Ce type de fer a aussi un indice de puissance restituée élevé qui représente souvent sa puissance maximale. Pour ce type de fer, préférez une puissance restituée élevée, car elle vous offre une meilleure plage de températures élevées.

Figure 10-3 : Fer à souder à température réglable.

Un variateur de température vous permet d'ajuster la température en la montant ou en la baissant selon vos besoins. La différence entre ce type de contrôle sur la température et celle qu'offrent des stations de soudage plus précises est que vous contrôlez la température, mais vous n'avez pas de lecture de la température actuelle. La plupart des fers à souder à température réglable ont un variateur qui indique si la chaleur est chaude ou très chaude, vous devrez donc passer par une phase de tests pour déterminer la bonne température.

Vous trouverez un bon fer à souder à température réglable pour environ 20 euros. Vous bénéficierez d'un meilleur contrôle et d'une plus grande longévité qu'avec un fer à température fixe.

Station de soudage

Une station de soudage est le matériel que l'on rêve d'acquérir... Après avoir eu une certaine expérience (et donc vous en justifierez la dépense), vous envisagerez d'investir dans une station de soudage. Elle est généralement composée d'un fer à souder, d'un support pour le fer avec éponge intégrée, d'un affichage et d'un variateur de température. Elle peut aussi inclure d'autres accessoires pour le brasage, comme un débit d'air réglable en continu par exemple, mais ce sont des accessoires à usages professionnels qui ne sont pas vraiment indispensables.

Il existe de nombreuses marques de stations de soudage, mais l'une des plus réputées et des plus utilisées est Weller (voir la Figure 10-4). Je vous conseille dans cette marque les stations WES51 (120 V AC), WESD51 (120 V AC), ou WESD51D (240 V AC). Ma WES51 fonctionne encore parfaitement après quatre ans d'utilisation. Notez que les fers à 120 V ont besoin d'un transformateur pour un voltage plus bas dans les pays qui utilisent 240 V, le transformateur est souvent plus lourd que le fer lui-même !

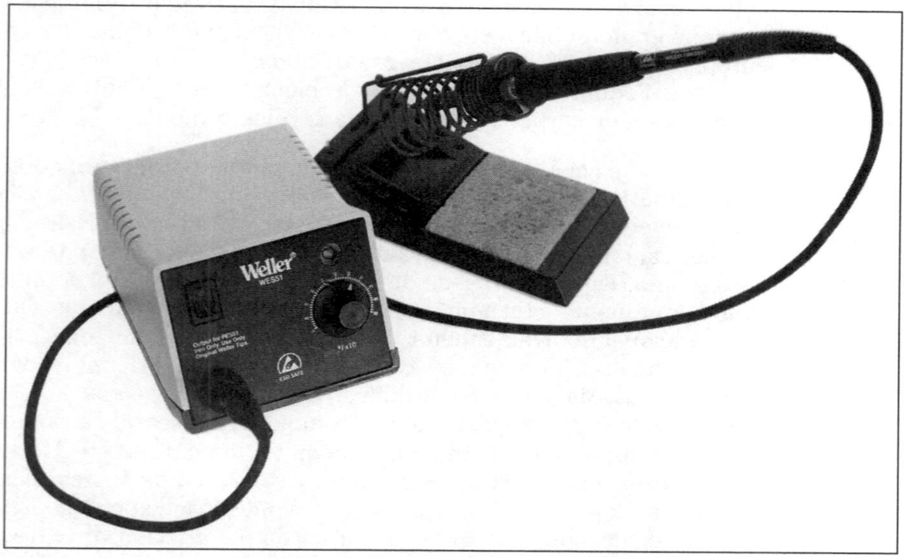

Figure 10-4 : Une station de soudage Weller.

Avant d'utiliser une station de soudage Weller, j'avais un fer à souder à température réglable bon marché d'une marque de magasin de bricolage qui convenait à l'utilisation que j'en faisais. Comme je l'explique plus en détail dans ce chapitre, la meilleure façon d'entretenir et de tirer le meilleur de son fer à souder est de l'utiliser correctement. Effacez toute trace de soudure à l'aide de l'éponge, réappliquez de la soudure fraîche avant de l'utiliser et laissez un peu de soudure fondue sur la panne avant de la remplacer.

Quel que soit le modèle de fer à souder que vous achèterez, je vous conseille aussi d'investir dans l'achat de quelques pannes de rechange, parce qu'elles finissent par se dégrader. Il existe une grande variété de pannes en fonction de l'usage que l'on veut en faire, c'est pourquoi il vaut mieux en avoir différents types pour répondre aux différents besoins.

La *soudure* est ce que vous utilisez pour joindre vos circuits. Bien qu'il existe différents types de soudure avec différentes combinaisons de métal, les plus courants se divisent en deux catégories : avec ou sans plomb. Bon nombre de mes connaissances préfèrent la soudure au plomb parce qu'elle serait plus facile à travailler. Certes, elle a un point de fusion plus faible, ce qui signifie que le fer à souder peut être plus froid et le risque d'endommager des composants est moindre.

Mais l'empoisonnement au plomb est connu depuis longtemps et ce n'est que récemment où l'on a commencé à avoir des réserves quant à son utilisation. C'est dans les années 1980 que l'on a commencé à remplacer le plomb par le cuivre dans les canalisations. L'utilisation de la soudure au plomb dans l'électronique grand public a été abordée en 1996 quand les directives de l'Union européenne la RoHS (*Restriction of Hazardous Substances Directive*) et la DEE (Déchets d'équipements électriques et électroniques) ont traité l'utilisation et l'élimination de certains matériaux dans l'électronique.

Vous trouverez la mention RoHS sur les composants qui sont conformes à la réglementation européenne et américaine, ce qui devrait être meilleur pour l'environnement. D'un point de vue commercial, les entreprises européennes et américaines bénéficient d'avantages fiscaux si elles utilisent de la soudure sans plomb (Figure 10-5). L'un de mes collègues, Steven Tai, s'est rendu en Chine pour mener à bien un projet sur lequel nous travaillions. Quand il a demandé où il pourrait acheter de la soudure sans plomb, on s'est moqué de lui en lui disant qu'on n'en avait jamais entendu parler et même que cela n'existait pas. Mais pour les Arduinistes plus consciencieux, la plupart des fournisseurs et des magasins d'électronique proposent de la soudure sans plomb qui contient d'autres métaux comme l'étain, le cuivre, l'argent et le zinc. D'après mon expérience, la soudure sans plomb convient parfaitement bien à des projets Arduino, donc si vous voulez participer à la préservation de notre environnement, évitez d'utiliser du plomb dans votre travail, merci !

Une autre variété de soudure est la soudure fourrée. Le flux sert à réduire l'oxydation, la réaction sur la surface d'un métal quand il réagit avec l'air (oxygène), comme avec la rouille sur une ancre de fer. La réduction de l'oxydation permet une meilleure connexion, plus fiable sur votre joint de soudure et permet à la soudure de circuler plus facilement et de remplir le joint. Certaines soudures ont du flux dans le noyau de la soudure, le diffusant pendant que la soudure fond. Vous verrez peut-être de la fumée quand vous soudez. Généralement, cette fumée vient de la combustion du flux. Vous êtes sûr que vous avez du flux, quand vous coupez le fil de soudure, vous voyez un centre noir autour du fil de soudure.

Travaillez toujours dans un endroit bien ventilé et évitez de respirer la fumée de la soudure, quel que soit le type de soudure que vous avez choisi. Lavez-vous bien les mains et le visage après avoir soudé. Le flux de la soudure peut quelquefois éclabousser, aussi portez des vêtements de protection et protégez-vous les yeux.

Figure 10-5 : La soudure sans plomb.

Troisième main

Le soudage s'avère quelquefois une opération très minutieuse, notamment avec de l'électronique fragile. Il est alors utile d'être aidé par quelque chose qui peut tenir sans bouger les petites pièces brûlantes de métal. Cet objet, appelé *troisième main* (sorte de main de secours, reproduite à la Figure 10-6), est un jeu de pinces crocodiles placées sur un bras réglable. Les pinces permettent de tenir composant, circuit imprimé, et fer à souder. Le prix d'une troisième main ou mini-étau de précision varie de 7 euros environ à une cinquantaine. Cet outil est très utile pour tenir un circuit imprimé à un angle précis ou maintenir ensemble des composants pendant que vous soudez. L'inconvénient majeur est que l'on passe beaucoup de temps à serrer, desserrer, ajuster, bref régler les pinces pour maintenir correctement les composants que l'on souhaite souder. Si vous devez faire beaucoup de joints de soudure, ce réglage vous demandera bien du temps. Si vous comptez investir dans une troisième main, vérifiez que le modèle que vous avez choisi ait toutes ses parties en métal. Les parties en plastique, comme les pas de vis, ne tiendront pas longtemps.

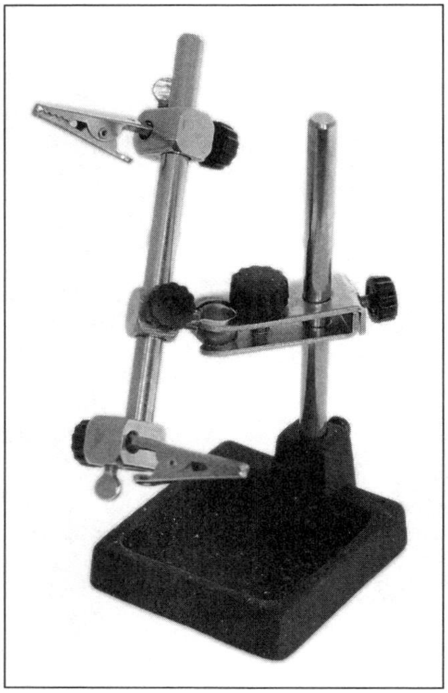

Figure 10-6 : Une troisième main.

Pâte à fixe

La pâte à fixe est une alternative à la troisième main pour maintenir sans bouger un composant ou un circuit imprimé pendant que vous soudez. À la place d'un mécanisme mécanique, vous utilisez cette pâte pour tenir un côté de la carte tandis que vous soudez les différents éléments de l'autre. Une fois le soudage fait, retirez la pâte à fixe que vous pourrez réutiliser. Notez que la pâte à fixe se ramollit très vite au contact de la chaleur et qu'il faut attendre un certain temps pour qu'elle retrouve toute son adhésivité. Une fois refroidie, roulez-la en boule pour retirer tous les résidus sur le circuit imprimé.

Pince coupante

Une pince coupante est indispensable. De nombreux modèles sont capables de couper des câbles, mais il vaut mieux se procurer celles qui sont polyvalentes. Attention aussi aux modèles qui ont un bout arrondi, elles sont difficiles à utiliser pour couper dans un espace confiné ou un fil précis. Préférez des pinces coupantes pointues qui sont plus précises et conviennent à la très grande majorité des travaux d'électronique.

Notez que les pinces coupantes sont parfaites pour couper du cuivre, mais pour des fils de fer de type trombone ou agrafe, elles laissent à désirer. Jetez un œil à la Figure 10-7 pour y voir la reproduction d'une pince coupante pointue.

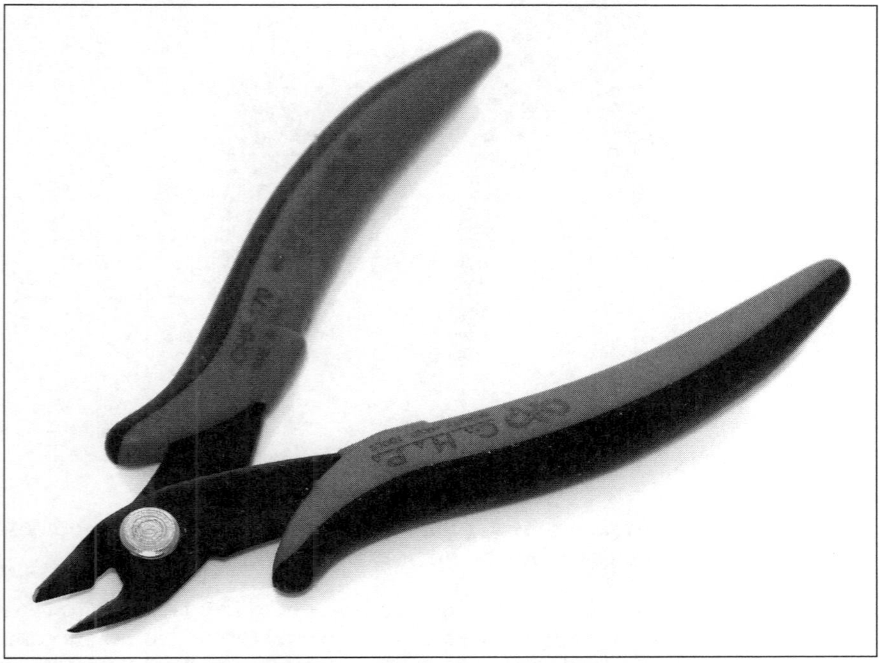

Figure 10-7 : Les pinces coupantes pointues permettent de couper des fils spécifiques.

Pinces à dénuder

Pour connecter des fils, vous devez retirer le plastique isolant qui les entoure. Vous pouvez le faire avec un couteau si vous êtes prudent ou si la valeur de vos doigts ne vous est d'aucune importance. Mais le moyen le plus rapide, facile et sûr pour ôter le plastique qui protège les fils est la pince à dénuder dont c'est la fonction. Il existe deux types de pinces à dénuder : manuelle et mécanique (voir la Figure 10-8). La *pince à dénuder manuelle* est comme une tondeuse avec des encoches semi-circulaires de différents diamètres. Lorsque vous pincez le fil, la pince coupe suffisamment profondément pour couper la gaine du plastique, mais s'arrête avant d'atteindre le fil. La pince à dénuder

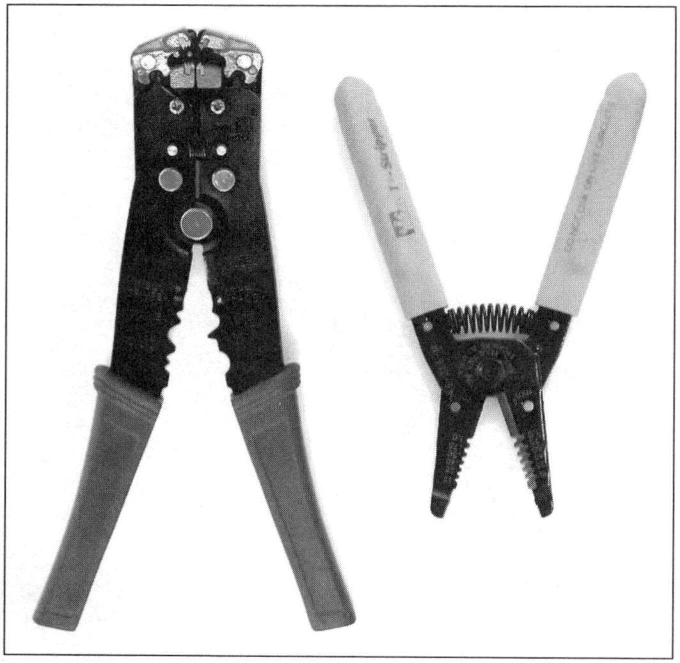

Figure 10-8 : Pinces à dénuder manuelle et mécanique.

mécanique fonctionne avec une action de déclenchement pour supprimer l'isolant du fil sans avoir à lui tirer dessus.

La pince à dénuder mécanique est un outil qui vous permet de gagner du temps, mais s'avère moins fiable sur le long terme, car ses mécanismes peuvent plus facilement s'abîmer que ceux de la pince à dénuder manuelle.

Pince à long bec

La pince à long bec, comme la platine d'essais sans soudure, est très utile pour atteindre des endroits difficiles d'accès. Elle est d'autant plus utile qu'elle vous évite de vous brûler les doigts quand vous soudez. Reportez-vous au chapitre 5 pour en savoir plus sur la pince à long bec.

Multimètre

Un multimètre permet de tester les circuits. Lorsque vous soudez des connexions, la fonction pour tester la continuité vous sera très utile pour vérifier que les joints de soudure sont bien comme ils devraient l'être et sont placés au bon endroit. Reportez-vous au chapitre 5 pour en savoir plus sur l'utilisation du multimètre.

N'OUBLIEZ PAS

Quand vous testez la continuité, débranchez toujours toutes les sources d'alimentation reliées à votre circuit afin d'éviter les faux bips.

Pompe à dessouder

Tout le monde fait des erreurs et elles peuvent être difficiles à corriger quand il s'agit de métal chaud. C'est pourquoi, gardez à portée de main une pompe à dessouder (illustrée à la Figure 10-9) ou pistolet à dessouder pour réparer vos erreurs. Ces deux outils pompent (aspirent) la soudure fondue à la surface du circuit imprimé. Ils ont généralement un piston à presser et se verrouillent quand l'air est expulsé. Quand vous appuyez sur le déclencheur, un ressort repousse le piston vers l'arrière ce qui fait aspirer toute la soudure dans la chambre du piston. Quand vous réappuyez sur le déclencheur du piston, il pousse toute la soudure qui a été enlevée. L'utilisation de ce type d'outil demande de la pratique, car vous chauffez la soudure avec votre fer à souder dans une main et aspirez les résidus de soudure avec la pompe à dessouder dans l'autre !

Figure 10-9 : Une pompe à dessouder peut sauver votre projet !

Tresse à dessouder

La tresse à dessouder est un autre moyen de supprimer la soudure (voir la Figure 10-10). C'est un fil de cuivre qui a été tressé et que l'on trouve dans le commerce sous forme de bobine. Il offre beaucoup de surface de soudure à fondre ou à supprimer. Tout dépend de l'utilisation que vous en ferez. Placez la tresse à la jointure ou au trou qui présente trop de soudure, chauffez la tresse en maintenant le fer à souder au-dessus d'elle, pressez légèrement, la soudure continue à fondre et va combler les trous entre les mailles de la tresse. Retirez simultanément la tresse et le fer à souder, la soudure devrait être retirée. Si tel n'est pas le cas, répétez l'opération. Une fois la soudure effacée, retirez la tresse à dessouder et débarrassez-vous-en.

Figure 10-10 : La tresse à dessouder permet de réparer les petites erreurs.

Ne retirez pas la tresse à dessouder si jamais elle a refroidi. Si elle a refroidi, et comme la tresse à dessouder est fixée à la carte, vous risquez de détacher des éléments de la carte et la rendre inutilisable.

La pompe et la tresse à dessouder sont toutes autant efficaces pour retirer des résidus de soudure, mais elles s'utilisent dans des situations différentes et nécessitent une certaine dextérité. En cas de surchauffe de composants, préférez la pompe à dessouder. Si vous n'arrivez pas retirer tous les résidus de soudure avec la pompe, optez pour la tresse à dessouder qui peut atteindre des espaces restreints. Je vous conseille d'investir dans ces deux options afin de parer à toutes les situations.

Fil de câblage

Fil de câblage est le nom générique donné aux fils électroniques. C'est la même chose que les straps, mais ce n'est pas tout. Vous en avez peut-être dans votre kit. Il se vend sous forme de bobine et existe en deux modèles : monobrin ou multibrin. Le *fil de câblage monobrin* est composé d'un seul brin de fil rigide mais malléable. Il garde sa forme, même plié. Mais s'il est trop plié, il s'accroche. Le *fil de câblage multibrin* est composé de plusieurs brins et peut supporter plus de manipulation que le fil monobrin, mais il ne garde pas sa forme s'il est plié. Pour utiliser un fil de câblage, vous devez le couper en longueur et dénuder son film protecteur pour faire apparaître les brins de fil qu'il contient.

Les fils de câblage ont différents diamètres, indiqués par des chiffres tels que 7/0,2 ou 1/0,6. Dans ce format, le premier chiffre correspond au nombre de brins de fil et le second chiffre au diamètre de chaque fil contenu dans le fil de câblage. Par conséquent, 7/0,02 signifie que la gaine contient 7 brins de fil et que chacun mesure 0,2 mm, c'est donc un multibrin ; 1/0,6 est un fil monobrin de diamètre de 0,6 mm.

Quand vous débutez, vous ne savez pas vraiment dans quel fil de câblage investir. Les bobines de fil étant chères, vous risquez d'être coincé avec un type de câblage qui ne vous sert à rien. En général, le fil de câblage multibrin convient à différentes utilisations et applications. Le 7/0,2 s'adapte à la plupart des trous de platine d'essais. Je vous conseille aussi de choisir trois couleurs différentes : rouge, noir et une troisième couleur pour les fils de signal. Avec trois bobines de ce modèle en trois couleurs vous serez équipé pour réaliser vos projets. Certains magasins d'électronique de loisirs vous proposent différentes longueurs dans diverses couleurs comme ceux représentés à la Figure 10-11.

Figure 10-11 : Fils de câblage de différentes couleurs.

Souder dans un espace sécurisé

Il suffit de quelques mesures de précaution pour souder en toute sécurité. Rappelez-vous que le soudage n'est pas dangereux si vous respectez les quelques conseils que je vous donne dans cette section, mais il peut vite le devenir si vous négligez la sécurité.

Bien tenir le fer à souder

Un fer à souder est un outil sûr s'il est utilisé correctement, mais il reste potentiellement dangereux en cas de négligence. Il a deux extrémités : la panne chauffante et le manche. Ne le tenez pas par la panne !

La meilleure façon de tenir un fer à souder est le saisir comme un stylo entre le pouce et l'index. Lorsque vous ne l'utilisez pas, posez-le sur le support adapté au fer à souder. Le support du fer à souder est aussi une mesure de sécurité. Il permet de faire dissiper la chaleur et d'empêcher d'éventuelles brûlures accidentelles.

Protéger vos yeux

Vous devez impérativement porter des lunettes de protection quand vous soudez. Le fil de soudure, notamment celui qui contient du flux décapant, a tendance à éclabousser quand il chauffe. Lorsque vous utilisez des cisailles pour disposer votre platine d'essais, les petits morceaux métalliques que vous coupez se projettent souvent dans tous les sens s'ils ne sont pas bien collés. De même, si vous travaillez en groupe, protégez-vous de la personne qui est à côté de vous. Les lunettes de protection ne sont pas très chères, du moins elles sont moins chères qu'une chirurgie de l'œil. Portez-les !

Travailler dans un espace ventilé

L'inhalation de vapeurs de toute nature est généralement mauvaise pour la santé, il est donc important de toujours souder dans un environnement bien aéré. Vérifiez également que vous ne travaillez pas à proximité des détecteurs de fumée parce que les fumées de soudage peuvent les déclencher.

Nettoyer le fer à souder

Généralement, le fer à souder est fourni avec une éponge qui sert à enlever les excédents de soudure. Vous devez humidifier l'éponge, mais ne l'utilisez pas mouillée ! Vérifiez que vous l'avez bien essorée. Lorsque vous chauffez la soudure, elle s'oxyde sur la panne. Si la panne s'oxyde, elle s'abîme au fil du temps. Pour éviter l'oxydation, laissez une goutte de soudure sur le bout de la panne quand le fer est posé sur son support. La goutte de soudure oxyde l'extrémité de la panne que vous essuierez à l'aide de l'éponge à la prochaine utilisation du fer.

Ne pas manger la soudure !

Même si les produits chimiques et les métaux que contient la soudure ne sont pas mortels, ils ne sont certainement pas bons pour votre santé. Quand vous soudez, évitez de toucher votre visage, vos yeux et votre bouche pour ne pas les irriter. N'oubliez pas de vous laver les mains (et le visage si nécessaire) après avoir soudé.

Monter une carte fille

La meilleure façon d'apprendre à souder est de le faire. Cela demande beaucoup de techniques à apprendre et une bonne pratique de ces techniques. Dans cet exemple, vous allez apprendre à monter une carte fille Arduino. Une *carte fille* est un circuit imprimé spécifique qui s'insère au-dessus de l'Arduino pour lui donner une fonction (vous en saurez plus au chapitre 13). Il existe différentes cartes filles pour différentes fonctions que vous pouvez brancher à votre circuit Arduino. Vous pouvez vous procurer le Kit Proto shield illustré à la Figure 10-12 qui est une carte vierge sur laquelle vous souderez les différents éléments du prototype de la platine d'essais. Vous allez avec cet exemple découvrir comment monter la base du kit pour l'attacher à Arduino et découvrir comment construire un simple circuit.

Comme bien de nombreux kits Arduino, vous devez monter cette carte fille vous-même. Les principes de soudage élémentaires restent les mêmes, mais ils peuvent varier en difficulté si vous avez des composants plus petits ou plus fragiles.

Rassembler toutes les pièces du circuit

Quand vous montez un circuit, la première chose que vous devez toujours faire est de vérifier que vous avez bien toutes les pièces qu'il faut. Votre espace de travail doit être propre pour vous faciliter le travail.

La Figure 10-13 représente le kit Arduino Proto déballé correctement. Il contient :

Figure 10-12 : Une carte fille complètement montée.

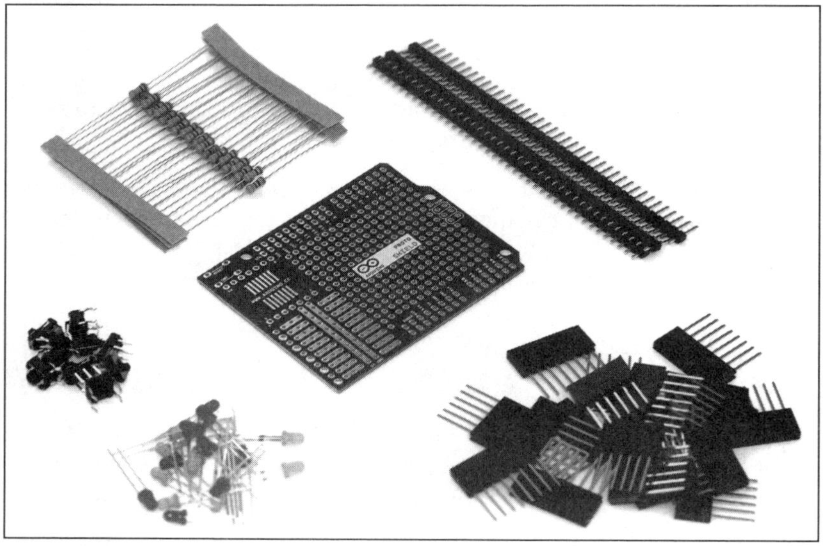

Figure 10-13 : Tous les éléments de la carte fille.

- Un lot de barrettes mâles (40X1) ;
- Un connecteur (3X2) ;
- Deux boutons-poussoirs ;
- Une LED rouge ;
- Une LED jaune ;
- Une LED verte ;
- Cinq résistances de 10 kΩ 1/4 W ;
- Cinq résistances de 220 kΩ 1/4 W ;
- Cinq résistances de 1 kΩ 1/4 W.

Certains kits intègrent seulement la carte, vous êtes donc libre de choisir les connecteurs. Il n'y en a pas de bons ni de mauvais, tant qu'ils correspondent au projet que vous avez élaboré.

Pour monter la carte, travaillez d'après une image pour vérifier la disposition des composants, mais le plus difficile est de suivre les instructions. Dans l'exemple de ce chapitre, je vous guide tout au long de la construction de cette carte étape par étape, et vous indique si nécessaire les diverses techniques de soudage.

Monter

Pour monter ce kit, vous devez souder les barrettes mâles et le bouton-poussoir. Souder ces éléments permet à la carte fille d'insérer le connecteur HE sur votre Arduino, déployant toutes les connexions à la carte fille Proto. Notez que quelques versions de la carte Proto ont des connecteurs HE (ou des connecteurs superposables) à la place des barrettes mâles. Les connecteurs HE sont longs afin de pouvoir s'insérer en haut de la carte Arduino comme le font les barrettes mâles, mais ils permettent aussi à d'autres supports d'être placés en haut. L'avantage des barrettes mâles est que la carte fille est plus courte et occupe moins d'espace. Les connecteurs HE sont utilisés dans la carte fille montée de la Figure 10-12. Ce sont les connecteurs noirs qui tournent en haut de la carte avec des broches en dessous.

Dans cet exemple, j'utilise des barrettes mâles et ne branche pas le connecteur ICSP (*In-Circuit Serial Programming*) qui est le connecteur 3X2 du centre de l'Uno. L'ICSP sert d'alternative au téléversement des croquis avec un programmeur externe comme opposé à l'Arduino. Mais c'est pour les utilisateurs avancés.

Barrettes mâles

Vous allez commencer par couper les barrettes mâles en longueur (Figure 10-14). Ce kit a une longueur de 1X40, ce qui correspond à une rangée de 40 broches qui a une profondeur d'une ligne. Chaque broche a une encoche en plastique que l'on peut couper. Pour protéger la carte fille, il faut une longueur de 6 (broches analogiques), une de 8 (broches d'alimentation), une de 8 (broches numériques) et une de 10 (broches numériques aussi). Coupez les barrettes mâles avec votre pince coupante à la bonne longueur. Il devrait vous rester 8 broches. (Mettez-les de côté pour la prochaine fois). Les broches ont une dimension précise qui s'adapte à la carte. Il y a une hauteur de 2,54 mm entre elles. Notez bien cette hauteur si vous achetez des barrettes mâles d'autres connecteurs séparément.

Maintenant que vous avez préparé les barrettes mâles, vous allez les souder à leur place. Dans la section suivante, je vous présente quelques techniques de soudage. Lisez bien cette section avant de commencer.

Figure 10-14 : Gros plan sur une barrette mâle.

Acquérir une technique de soudage

La première chose à faire est de vérifier que tous les éléments sont bien mis en place en toute sécurité. Il est très fréquent de poser en équilibre tous les composants sur le circuit imprimé, de les mettre à portée de main à un emplacement facile d'accès, mais qui à un moment donné finiront par tomber probablement quand vous aurez le fer à souder à la main. Comme expliqué dans la section « Rassembler tous les éléments pour souder » plus haut dans ce chapitre, la meilleure façon de procéder en toute sécurité est d'utiliser une troisième main ou la pâte à fixe. Les pinces crocodiles de la troisième main vous permettront de saisir le plastique des broches et le circuit imprimé, puis de les tenir fermement à 90° l'un de l'autre. De même, vous pouvez faire tenir les broches à 90° en appuyant sur la pâte à fixe dans la partie inférieure. Vous les pressez ensuite sur un support rigide et lourd pour maintenir le circuit près de vous. Il m'arrive d'utiliser une grande bobine de fil à souder pour les soutenir.

Il existe une troisième option qui pourrait « sécuriser » les composants. J'évoque ici cette option, parce qu'elle très tentante et aussi très risquée, afin que vous ne la suiviez pas. On pourrait en effet imaginer placer les broches dans l'Arduino lui-même (avec les longues extrémités collées dans le support), puis mettre le circuit imprimé au-dessus. Cette option fait tenir tout à 90°, mais comme les broches sont conçues pour se connecter à l'Arduino et conduire le courant électrique, elles peuvent aussi conduire d'autres choses, comme la chaleur. Si elles conduisent la chaleur du fer à souder, cette chaleur peut traverser le circuit pour atteindre les pattes de la puce très sensible du microcontrôleur et l'endommager irrémédiablement.

Une fois le circuit imprimé bien installé, faites-le pivoter dans un angle de travail confortable, très vraisemblablement dans le même angle que celui du fer à souder (comme illustré à la Figure 10-15).

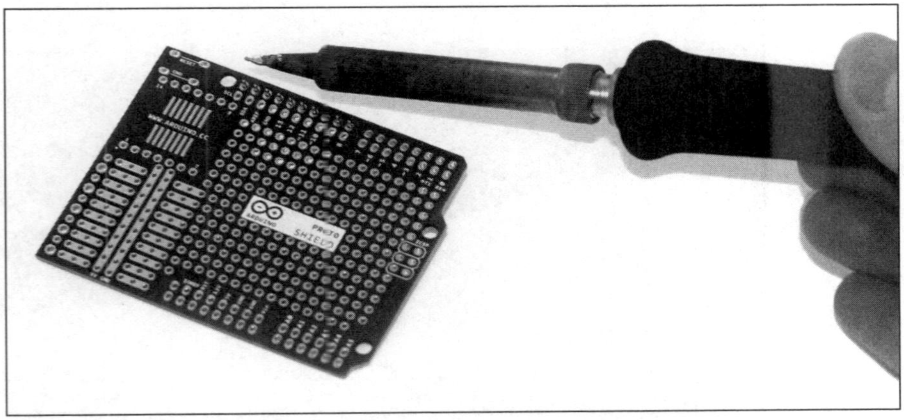

Figure 10-15 : Toujours être dans une position confortable.

Allumez votre fer à souder. Mon Weller WES51 a une plage de température entre 50 et 350 °C. Plus la température est chaude, plus vite la soudure fondra pour faire les joints, mais plus vite aussi se fondront d'autres choses comme les parties en plastique et les puces en silicone. C'est pourquoi vous devez toujours régler le fer à souder à la température la plus basse. Pour le tester, faites fondre un peu de soudure. Si elle met du temps à fondre, vérifiez que vous disposez bien d'une bonne surface de contact entre la panne du fer à souder et la soudure. Si cela ne marche pas, augmentez progressivement la température. En général, je règle mon fer à 340 °C, ce qui est suffisamment chaud, mais pas trop.

Certains fers à souder sont équipés de thermostat qui indique la température. Le must actuellement est le thermostat à affichage numérique. Mais les moins chers s'appuient sur votre seul jugement.

Lorsque le fer à souder est à bonne température, humidifiez l'éponge. Sur certains modèles, l'éponge est collée « pour plus de confort », mais c'est avant tout un inconvénient quand vous devez humidifier l'éponge. Dans ce cas, je vous conseille de la « décoller » et de la placer dans une petite bassine plutôt que d'asperger d'eau votre fer à souder et ses environs. L'éponge doit être humidifiée et non pleine d'eau. L'humidité de l'éponge l'empêche de brûler lorsque vous la passez sur le fer à souder. Si l'éponge est trop mouillée, elle peut faire baisser la température du fer et de la soudure, ce qui signifie que la soudure se durcit ou se solidifie et ne peut pas être retirée si on n'augmente pas la température du fer.

Vous êtes prêt. Vous pouvez souder. Pour ce faire, suivez les étapes ci-après :

1. **Faites fondre une petite quantité de soudure sur la panne du fer à souder (étape qu'on appelle *étamer* la panne), reportez-vous à la Figure 10-16.**

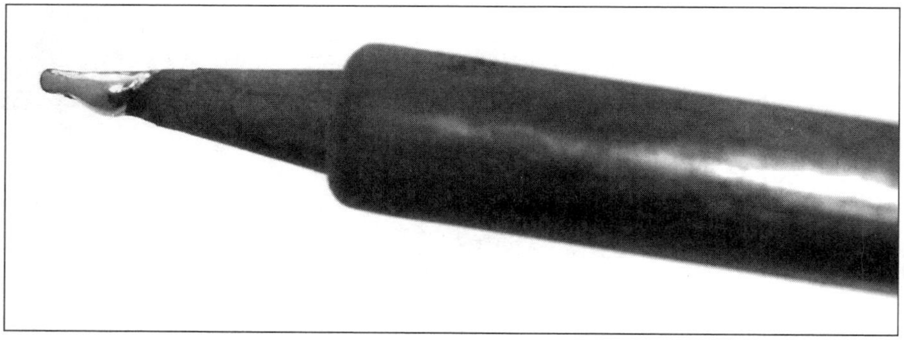

Figure 10-16 : Étamer la panne permet de préserver le fer à souder et facilite le soudage.

   La soudure devrait coller le bout de la panne. En général, avec un nouveau fer ou un bien entretenu, la soudure colle la panne sans problème. Si elle n'adhère pas au bout de la panne, faites-la pivoter pour trouver le bout de la panne qui n'est pas oxydé. Si vous n'en voyez pas, utilisez un nettoyeur de panne pour supprimer toute couche qui se serait formée. En frottant légèrement avec le nettoyeur de panne de fer à souder, vous supprimez les éventuels résidus de soudure et vous restaurez votre fer à souder dans sa gloire passée.

Les nettoyeurs de panne de fer à souder sont des éponges métalliques qui peuvent contenir des substances toxiques que vous ne devrez ni inhaler, ni ingérer.

2. **Lorsque vous avez une goutte de soudure sur le fer, essuyez-la sur l'éponge pour révéler le brillant métallique de la panne.**

   Le but est d'appliquer ce bord fraîchement étamé de votre fer (et non la pointe) à la zone que vous joignez. Utiliser le bord vous donne plus de surface et permet au joint de se chauffer plus vite. Notez aussi qu'il existe de nombreux modèles de panne de fer à souder et si vous choisissez les bons, sachez qu'ils sont facilement interchangeables, ce qui vous permet de parer à différentes situations. Certains sont pointés, comme à la Figure 10-16, mais d'autres ont une forme de tournevis, de ciseau, et d'autres encore sont biseautés pour fournir différentes quantités de surface pour des situations différentes.

3. **En commençant par la première broche d'une rangée, appliquez le fer sur le plateau métallique du circuit imprimé et la broche à laquelle il est connecté.**

   Cela chauffe le circuit et la broche, les préparant à la soudure.

4. **Avec l'autre main (pas celle qui tient le fer), appliquez la soudure sur la pointe où le fer, la broche et la plaque métallique se rencontrent.**

   Dès que la soudure est chaude, elle fond et se propage pour remplir le trou, scellant la broche et le circuit. Pour appliquer plus de soudure, appuyez dessus dans le joint où elle fond. Pour en appliquer moins, il suffit de retirer le fer. Il suffit de quelques millimètres de soudure pour de petites jointures.

5. **Quand la zone est remplie, retirez la soudure, mais laissez le fer une ou de secondes de plus.**

   La soudure est ainsi fondue complètement et remplit tous les trous.

6. **Retirez le fer à souder et essuyez les pattes de la broche.**

   Tout excédent de soudure va s'amasser sur le bout de la panne que vous pourrez ensuite couper.

Toute cette opération ne prend que deux ou trois secondes. Cela peut vous paraître fou, mais une fois que vous avez pris le rythme, c'est tout à fait réalisable. Tout s'apprend par la pratique.

Si vous avez suivi les étapes précédentes, vous obtenez un joint de soudure en forme de pyramide et un bloc métallique qui doit recouvrir votre circuit imprimé. Si vous percevez le trou que la broche a traversé ou un bloc de soudure qui n'est pas connecté au circuit imprimé, réchauffez la soudure avec votre fer à souder ou ajoutez un peu de soudure pour combler les vides.

Une fois le premier axe fixé, soudez l'autre extrémité de la broche. Vous fixez ainsi la ligne et si elle n'est pas à niveau ou à 90°, vous pouvez toujours redresser l'axe en chauffant la soudure à chaque extrémité. Si vous trouvez qu'il y a trop de soudure, refaites-la fondre. Si vous pensez qu'il y en a encore trop, utilisez une tresse ou une pompe à dessouder pour supprimer le surplus. (Reportez-vous à la section « Rassembler tous les éléments pour souder » plus haut dans ce chapitre.

Si vous voulez voir des exemples de bons et de mauvais soudages, visitez la galerie d'images de `http://highfields-arc.co.uk/constructors/info/h2solder.htm`.

Une fois la première ligne bien soudée, répétez l'opération pour chaque broche de chaque barrette mâle. Pour les boutons-poussoirs, il suffit de les mettre à l'emplacement indiqué en haut du circuit imprimé et de les clipper grâce aux pattes du bouton. Si nécessaire, sécurisez-les avec de la pâte à fixe, puis tournez le circuit et soudez en passant par la même technique de soudage. Une fois que vous avez terminé, procédez à une dernière vérification pour vous assurer qu'aucun des joints de soudure ne se touche. Deux broches mal connectées pourraient provoquer un court-circuit et endommager votre circuit imprimé. Aussi, soyez précis. Dans le doute, utilisez la fonction test en continu de votre multimètre pour contrôler les broches consécutives. Vous ne devriez pas entendre de bip sur les broches qui ne sont pas connectées.

Placez la carte fille en haut de l'Arduino et vérifiez qu'elle s'insère correctement. Si tel est le cas, vous êtes prêt à souder votre premier circuit, ce que vous allez faire à la section suivante.

Construire le circuit

Une fois que votre carte fille est prête à l'emploi (voir « Monter une carte fille » plus haut dans ce chapitre), réfléchissez à comment pourrait être le circuit que vous voulez construire. Avant d'entreprendre toute action, planifiez bien tous les points afin d'éviter toute modification qui pourrait être difficile à apporter. Commencez par faire un prototype du circuit sur une platine d'essais. C'est facile, rapide, et le plus important, temporaire.

Préparer rapidement et vérifier le bon fonctionnement d'un circuit est simple. Pour l'exemple que nous allons faire, j'utilise AnalogInOutSerail (voir le chapitre 7) pour vous montrer comment transformer une platine d'essais en un circuit soudé.

Connaître le circuit

Tout d'abord, vous devez recréer le circuit AnalogInOutSeril sur la platine d'essais, comme expliqué à la fin du chapitre 7. Téléversez le croquis en passant par Fichier→Exemples→03.Analog→AnalogInOutSerial. Vous devrez avoir une LED qui s'allume en faisant un fondu via le potentiomètre.

Quand ce circuit est prêt à l'emploi, rejetez un œil au circuit AnalogInOutSerial sur la platine d'essais. Une différence devrait vous sauter aux yeux : la carte fille Proto n'a pas les mêmes lignes et rangées que la platine d'essais, excepté dans un coin. Ce qui est typique des circuits intégrés (IC) ou puces, mais ils peuvent être utilisés pour tout. Le reste de la carte fille comporte des trous dans lesquels on peut souder les composants. Vous pouvez même les connecter à des fils pour attacher divers composants.

Pour convertir le circuit en une carte fille fonctionnelle, examinez attentivement le diagramme du circuit. Les lignes qui connectent les composants peuvent être remplacées par des fils et être soudées directement aux broches adéquates. Quant au potentiomètre, il lui faut trois fils : un de 5 V, un GND et un Analog 02. La LED et la résistance nécessitent deux fils supplémentaires : un GND et une broche 9. Commencez par tracer le circuit pour plus de clarté. Il est inutile qu'il soit aussi clair que le diagramme des exemples, mais faire un plan du circuit vous fera économiser bien des « dessoudures ». Comme le dit un vieil adage « prends deux fois les mesures, coupe une seule fois » (ici on pourrait dire : « fais deux fois le croquis, soude une seule fois »).

Notez que tous les fils correspondent aux trous auxquels ils doivent se connecter. Comme vous ne disposez pas d'espace suffisant pour insérer les fils et pattes des composants dans un seul trou, vous devrez les rapprocher et combler l'écart entre le trou et les pattes ou les fils des composants.

Préparer le circuit

Une fois que le circuit est tracé, il vous faut le préparer afin de pouvoir déterminer la longueur des fils. Pour placer en toute sécurité les composants sur la carte, insérez-les et pliez les pattes à 45°. Elles devraient prendre la forme de ce qui est représenté à la Figure 10-17.

Figure 10-17 : Une LED placée sur un circuit.

Préparer les fils

Vous constaterez que la longueur des fils requise est relativement courte. Si vous avez un fil solide, pliez-le pour qu'il épouse la forme plate du circuit imprimé à l'aide d'une pince à bec. Sachez qu'avec un fil multibrin, il est plus facile de former un arc qui puisse passer d'un trou à un autre. N'oubliez pas de mesurer ou de faire l'estimation de la distance et d'ajouter un petit peu de longueur d'un bout à l'autre afin qu'il puisse s'insérer facilement avant de les couper. Dénudez le câble et plaquez-le long de sa longueur pour vérifier si elle est bonne. Remarquez qu'il arrive quelquefois que le bout d'un câble multibrin s'effiloche. Dans ce cas, plaquez-le entre le pouce et l'index et tordez-en l'extrémité en un point. Enduisez légèrement le bout du câble pour éviter qu'il s'effiloche et préparez ainsi l'étain à la soudure. Une fois que vous avez coupé la bonne longueur, placez les fils sur le circuit.

Souder le circuit

Maintenant que vous avez tous les composants et les câbles, il est temps de les souder. Vous avez déjà plié la patte des composants. Les câbles doivent être encore bien accrochés. Comme la résistance et la LED sont côte à côte, servez-vous de leurs pattes pour les relier, il vous sera ainsi inutile d'utiliser un autre fil. N'oubliez pas de vérifier que la LED est dans le bon sens. Si nécessaire, utilisez de la pâte à fixe pour mieux protéger les composants, puis soudez-les, comme avec les barrettes mâles.

Préférer une plaque de circuit imprimé au PCB

Les cartes filles spécialement conçues pour s'adapter parfaitement à votre carte Arduino sont relativement chères. Les plaques de circuit imprimé, ou quelquefois appelées perfboard, offrent une alternative moins onéreuse et plus polyvalente. La plaque de circuit imprimé est une carte circuit comportant des pistes de cuivre prédécoupées et prépercées que vous pouvez utiliser pour mettre en place votre circuit comme sur une platine d'essais. Vous en avez un exemple à la figure suivante.

L'espacement entre les trous et la dispos tion des pistes en cuivre sont variables d'un modèle à l'autre. En général, pour des applications Arduino, l'espacement entre les trous est de 2,54 mm (soi 0,1) ce qui correspond à l'espacement des broches Arduino. Vous pouvez ainsi construire votre propre carte fille. Vous pouvez aussi acheter des plaques de circuit imprimé de diverses dispositions. Ce sont en général des colonnes de pistes de cuivre en longueur ou un jeu de colonnes de trois rangées (appelé tri-boards).

Une fois tous les composants bien installés, soudez les fils. Insérez les fils en les pliant à 45° comme vous l'avez fait auparavant. Une fois qu'ils sont sécurisés, soudez-les ou pliez-les pour joindre les pattes des composants, en comblant le trou comme avec la résistance et la LED. Comme souvent, il n'y a pas de bon ou de mauvais « résultat de soudage ». Tout dépend du soin avec lequel vous appliquerez la soudure. Certains préfèrent enrouler le fil autour des pattes du composant pour obtenir une meilleure adhérence ; d'autres préfèrent les relier côte à côte pour avoir une jointure plus propre. À vous de choisir. Tant que vous avez une bonne connexion, tout va pour le mieux.

Nettoyer

Une fois que vous avez fini de souder, vérifiez une dernière fois votre carte pour voir si vous n'avez pas oublié une connexion. Si tout vous paraît bien, vous pouvez faire le ménage. Avec vos pinces coupantes, supprimez avec précaution les pattes des composants qui se trouvent juste au-dessus du joint de soudure, en haut de la pyramide. Vous pouvez couper plus bas, mais la soudure est plus épaisse et vous risquez de faire décoller des morceaux métalliques du circuit, ce qui n'est pas réparable. N'oubliez pas de toujours fixer ou couvrir les morceaux métalliques que vous coupez. Sinon, ils risquent de se projeter dans l'air et de blesser quelqu'un.

Tester la carte fille

Une fois la carte fille équipée d'un circuit complètement monté, vous allez la brancher et la tester. Si tout marche bien, elle devrait ressembler à la carte fille de la Figure 10-18.

Packager le projet

À présent, votre circuit ne court plus le risque de tomber en ruine, vous allez le protéger du monde extérieur en l'emballant.

Boîtier étanche

La solution la plus simple pour le protéger est de le mettre dans une boîte. En termes d'électronique, une telle boîte s'appelle un boîtier électronique ou boîte de protection. En général, vous trouverez une grande variété de boîtiers étanches en plastique ou en métal de différentes formes et tailles. La seule chose qu'il vous reste à faire est de trouver le bon !

Figure 10-18 : Ma nouvelle carte fille prête à l'emploi.

De nombreux fournisseurs en ligne proposent une liste énorme de boîtiers étanches, mais vous ne saurez pas si c'est le bon modèle tant que vous ne l'aurez pas en main. Ces boîtiers ont des dimensions internes et externes précises, qui ne mentionnent pas en général le plastique moulé pour fixer les vis. Je vous conseille donc de vous déplacer dans un magasin d'électronique et d'emporter avec vous votre Arduino pour vérifier s'il entre bien dans le boîtier et qu'il reste suffisamment d'espace pour les fils et autres cartes filles que vous ajouterez par la suite.

Quand vous allez mettre dans un boîtier étanche votre projet, tenez compte :

- **De l'accès au port USB pour changer le code.** Vous devez dévisser le boîtier pour mettre à jour le code. Si cela vous prend trop de temps, vous devrez percer un trou assez grand pour brancher le port USB de l'extérieur.

- **De l'alimentation pour faire tourner l'Arduino.** Si l'Arduino n'est pas alimenté via USB, quelle est sa source d'énergie ? Ce peut être une prise électrique externe que vous branchez au mur, ce qui nécessite un trou assez grand. Vous pouvez supprimer la prise et souder le fil aux broches Vin et GND si vous souhaitez quelque chose de permanent. Vous pouvez aussi l'exécuter via une batterie externe que vous retirez pour la charger toutes les semaines.

- **De l'accès aux entrées et aux sorties.** Quel est l'intérêt d'une LED ou d'un bouton s'ils sont à l'intérieur du boîtier ? La plupart des projets ont besoin de quelques contacts avec le monde extérieur et souvent les composants sont conçus dans cet état d'esprit, comme l'ampoule d'une LED ou le bouton radio d'un bouton.

Réfléchissez bien à tout ce dont a besoin le circuit avant de le souder et de le mettre dans un boîtier étanche. Examinez tous les éléments électroniques qui vous entourent pour vous faire une petite idée des astuces auxquelles a recouru l'industrie. Vous serez surpris par le nombre de commandes à distance qui sont en fait de simples boutons-poussoirs dissimulés sous des commandes qui semblent extrêmement complexes, dans une voiture par exemple.

Câbler

Pour bénéficier de plus de flexibilité au niveau du câblage, pensez à relier les entrées/sorties ou à alimenter des câbles de longueur flexibles qui utilisent un bloc terminal que l'on appelle un *domino* ou un *bornier à vis*. Ainsi, vous pouvez fixer les entrées et sorties au boîtier au lieu de la carte du circuit. Cette approche vous offre plus de souplesse, mais nécessite de percer un trou légèrement en dehors de l'alignement. Vous n'aurez plus besoin de dessouder et ressouder le circuit.

Je vous explique comment ajouter des fils et sélectionner des blocs terminaux. Cette méthode vous permet d'ajouter de la flexibilité à votre projet et de le monter/démonter plus facilement.

Vriller

Lorsque vous connectez des fils, je vous conseille de les vriller ou tresser ensemble. Vos fils en seront renforcés et en plus ils seront plus jolis ! Pour vriller deux fils ensemble, coupez-les en longueur et alignez-les pour insérer leur côté dénudé dans le capuchon de connexion. Tenez les fils de l'autre main, mais pas trop fermement et tournez-les ensemble jusqu'à ce qu'ils forment un fil torsadé.

Tresser

Si vous avez trois fils, vous pouvez les tresser de la même manière que vous faites une tresse de cheveux. Les trois fils dans la main, tenez-les fermement. Passez le fil le plus à gauche sur celui du milieu puis sous celui le plus à droite. Répétez jusqu'à ce que vous ayez en main une tresse de fils. Ils en seront plus robustes et cela fera plus professionnel. Notez que si vous choisissez des fils de même couleur, vous devrez continuellement tester ces fils pour savoir qui est qui. Je vous conseille donc de choisir trois fils de couleur différente.

Bloc terminal

Les blocs terminaux ont différentes tailles, tout dépend de la quantité de courant qu'ils peuvent supporter. Est d'ailleurs indiquée la limite supérieure qu'ils prennent en charge. Quand vous en choisissez un, sélectionnez-le toujours avec un seuil de tolérance de l'alimentation toujours supérieur à ce dont vous avez besoin. Par exemple, si vous avez besoin d'un bloc terminal de 3 A, choisissez-en un de 5 A. Pour connecter les fils, notamment les fils multibrins, étamez le bout du fil avec un peu de soudure ou pliez-le sous la gaine de sorte que les pas de vis soient du côté de l'isolation. Cela empêchera la vis de couper les brins de fil pendant son serrage.

Protéger la carte et d'autres éléments

Une fois que le câblage vous satisfait et que vous avez tous les trous dont vous avez besoin, je vous conseille de sécuriser tous les éléments qui sont à l'intérieur du boîtier afin qu'ils ne s'entrechoquent pas. Pour sécuriser Arduino, plaque de circuit imprimé, blocs terminaux, utilisez du velcro ou de la colle. Si vous avez des fils qui se desserrent, utilisez des colliers de câblage pour les relier entre eux.

Chapitre 11

Améliorer son code

Dans ce chapitre

- Comprendre l'usage des timers
- Mettre en place des systèmes antirebond pour les boutons
- Avoir plus de boutons
- Lisser les résultats
- Ajuster la sensibilité des capteurs

Au fil du temps, en trouvant différents usages et besoins pour votre Arduino, vous allez affiner votre code pour le rendre plus précis et plus efficace. Ainsi, en repensant votre code, vous serez en mesure de minimiser dans vos projets les effets et les résultats imprévus qui surviennent généralement lorsque l'on travaille avec du matériel physique dans le monde matériel. Dans ce chapitre, vous découvrirez quelques croquis qui vous aideront à affiner vos projets.

Un meilleur Blink

Blink est probablement le premier croquis que vous avez rencontré. Voir la première LED s'allumer a sans doute été pour vous un moment magique ? Mais que diriez-vous de l'améliorer encore ? Le croquis de base de clignotement présenté au chapitre 4 fonctionnait bien à ceci près, qu'il ne pouvait faire rien d'autre.

Examinons-le à nouveau :

```
/*
  Blink
```

```
  Active la LED durant une seconde, puis l'éteint durant une seconde,
  et ainsi de suite.
  Cet exemple est dans le domaine public.
 */

// La LED est connectée à la broche 13 sur la plupart des cartes Arduino.
// Donnez-lui un nom:
int led = 13;

// La routine setup est exécutée quand vous pressez le bouton reset:
void setup() {
  // Faire de la broche numérique une sortie.
  pinMode(led, OUTPUT);
}

// La routine loop boucle à l'infini:
void loop() {
  digitalWrite(led, HIGH);   // Allumer la LED (HIGH la tension haute)
  delay(1000);               // Attendre une seconde
  digitalWrite(led, LOW);    // Éteindre la LED en passant la tension à LOW
  delay(1000);               // Attendre une seconde
}
```

La boucle peut être résumée comme ceci :

1. Allumer la LED.
2. Attendre une seconde.
3. Éteindre la LED.
4. Attendre une seconde.

Ce délai d'attente va s'avérer sans doute problématique pour un grand nombre de personnes lorsqu'elles essayeront d'intégrer le croquis Blink avec un autre fragment de code. Lorsque le croquis utilise la fonction delay, il attend pendant la durée spécifiée (dans ce cas, une seconde) et ne fait rien d'autre.

Si vous souhaitez modifier quelque chose – par exemple, si vous souhaitez que la LED ne clignote que lorsque le capteur de lumière n'est pas éclairé – il vous faudra écrire à l'intérieur de la boucle un fragment de code comme ce qui suit :

```
void loop() {

sensorValue=analogRead (sensorPin) ;
```

```
if(sensorPin < darkValue){

    digitalWrite(led, HIGH);   // Allumer la LED (HIGH la tension haute)
    delay(1000);               // Attendre une seconde
    digitalWrite(led, LOW);    // Éteindre la LED en passant la tension à LOW
   delay(1000);               // Attendre une seconde
}
}
```

Cela fonctionne presque. Lorsque le seuil de valeur pour darkValue est franchi, le contenu de la boucle est exécuté et la LED s'allume, attend une seconde, s'éteint et attend une seconde. Mais comme le croquis est occupé au clignotement durant deux secondes, il ne peut pas vérifier si le niveau d'illumination augmente de nouveau avant que le clignotement ne s'achève.

La solution consiste à utiliser un timer au lieu de mettre le programme sur pause. Un timer ou un compteur ressemble à une horloge que l'on peut utiliser pour chronométrer les événements. Par exemple, un timer peut compter de 0 à 1000 et *réaliser une opération* lorsqu'il atteint la valeur 1000, puis recommencer à nouveau en partant de 0. Cela s'avère particulièrement utile pour prendre en charge des événements survenant à intervalles réguliers, tels que surveiller un capteur à chaque seconde – ou dans ce cas modifier l'état d'une LED.

Mettre en place le croquis BlinkWithoutDelay

Pour réaliser ce projet, il faut :

- Un Arduino Uno
- Une LED

Placer les pattes de la LED entre la broche 13 (patte longue) et GND (patte courte), comme l'illustrent les Figures 11-1 et 11-2. Cela vous permettra de voir plus facilement le clignotement. Si vous ne disposez pas d'une LED, recherchez celle marquée d'un L fixée sur votre Arduino, puis téléversez le croquis sur le bon port série pour voir la LED clignoter comme elle le faisait avec le croquis Blink standard.

Ouvrez le croquis BlinkWithoutDelay en sélectionnant Fichier→Exemples→02.Digital→BlinkWithoutDelay.

Voici le code complet correspondant au croquis BlinkWithoutDelay :

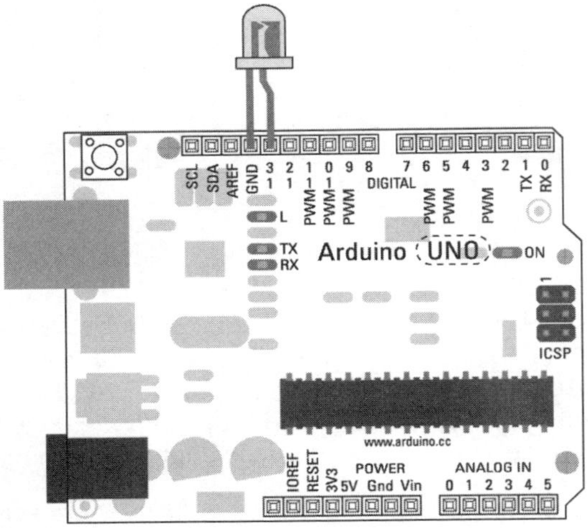

Figure 11-1 : Ici, tout ce qu'il vous faut c'est une LED sur la broche 13.

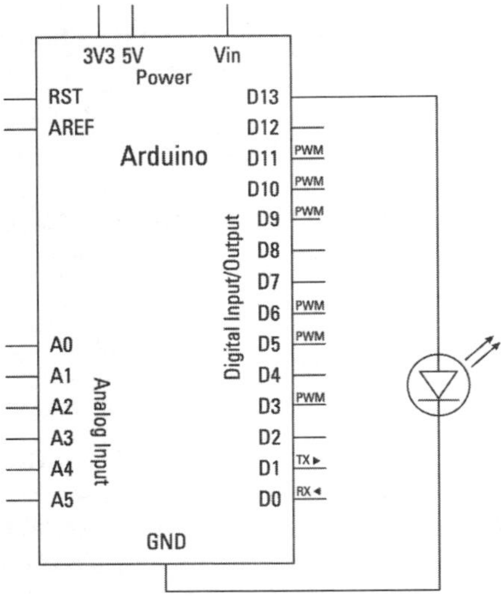

Figure 11-2 : Le diagramme du circuit affichant la LED sur la broche 13.

```
/* Blink without Delay


Allume et éteint une LED connectée
À une broche numérique,
```

```
Sans utiliser la fonction delay(). Ce qui signifie que
Un autre code peut s'exécuter
En même temps sans être interrompu par le code
de la LED.


Le circuit:
  * LED attachée à la broche 13.
  * Note: sur la plupart des Arduinos, il y a déjà une LED sur la
                  Carte qui est attachée
                  À la broche 13, donc aucun matériel n'est nécessaire
                  pour cet exemple.


créé en 2005
par David A. Mellis
modifié le 8 Fév 2010
par Paul Stoffregen


Le code de cet exemple est dans le domaine public.



http://www.arduino.cc/en/Tutorial/BlinkWithoutDelay
*/




// les constantes n'ont pas changé. Utilisées ici pour
// définir le numéro de la broche :

// le numéro de la broche LED
const int ledPin = 13;

// les variables changent:
int ledState = LOW;
// ledState sert à definer la LED



long previousMillis = 0;
// stocke la dernière fois où la LED était


// la variable suivante est longue car l'heure,
// mesurée en millisecondes, devenant très vite un très grand
```

```
// nombre qui peut être stocké dans un int.
long interval = 1000;
// interval pour clignoter (millisecondes)


void setup() {
  // définit la broche numérique comme sortie :
  pinMode(ledPin, OUTPUT);
}


void loop()
{
  // ici mettre le code qui doit s'exécuter
  // tout le temps.


  // vérifie si la LED doit clignoter; c'est-à-dire
  // si la différence entre l'heure en cours et
  // la dernière fois où la LED a clignoté est plus grande que
  // l'intervalle auquel vous voulez faire clignoter la LED.
unsigned long currentMillis = millis();

if(currentMillis - previousMillis > interval) {
  // save the last time you blinked the LED
  previousMillis = currentMillis;


  // si la LED est sur off activez-la et vice versa:
if (ledState == LOW)
  ledState = HIGH;
else
  ledState = LOW;


  // définit la LED avec ledState de la variable:
  digitalWrite(ledPin, ledState);
 }
}
```

Ce croquis est beaucoup plus long que Blink et peut paraître plus difficile aussi, n'hésitez pas à le parcourir ligne par ligne pour vous l'approprier.

Comprendre le croquis BlinkWithoutDelay

En premier lieu, dans les déclarations, un `const int` est employé pour assigner la valeur 13 à `ledPin` car il s'agit d'un entier constant qui ne changera pas.

```
// les constants ne changent pas. Utilisées ici
// pour définir le numéro de la broche:
const int ledPin = 13; // le numéro de la broche de la LED
```

Les variables viennent ensuite. `letState` prend la valeur `LOW` de manière à ce que la LED soit éteinte au démarrage du croquis.

```
// Variables changent :
int ledState = LOW; // ledState sert à définir la LED
```

Deux variables sont ensuite déclarées ayant le type `long` au lieu du type `int`. Reportez-vous à l'encadré « Long et Unsigned Long » plus loin dans ce chapitre pour en apprendre davantage sur ce point. La première variable `previousMillis` est utilisée pour stocker la durée en 1000 secondes entre deux tours de boucle.

```
long previousMillis = 0; // stocke la dernière fois où la LED a été mise à jour
```

La seconde variable, nommée `interval`, correspond au temps exprimé en millisecondes entre chaque clignotement, qui ici prend la valeur 1000 ms soit une seconde.

```
long interval = 1000; // intervalle pour clignoter (millisecondes)
```

Long et Unsigned Long

Les `long` sont employés pour les très grands nombres allant de -2 147 483 648 à 2 147 483 647 alors qu'un `int` ne peut stoker que des valeurs entières entre -32 768 et 32 767. Lorsque nous mesurons le temps en millisecondes, nous devons manipuler de grands nombres car chaque seconde est stockée comme étant 1 000 millisecondes. Pour vous donner une idée de la taille d'un long, imaginez la durée maximum qu'il puisse stocker. Cette valeur correspond à 2 147 483,6 secondes soit 35 791,4 minutes ou 596,5 heures c'est-à-dire approximativement 24,9 jours !

Parfois, nous n'avons pas besoin de valeur négative, aussi pour éviter des calculs inutiles, nous pouvons utiliser des `unsigned long` à la place de `long`. Un `unsigned long` est similaire au long à ceci près qu'il ne dispose pas de valeur négative. Ce qui donne aux `unsigned long` une plage de valeurs s'étendant de 0 à 4 294 977 295.

Dans la partie setup, vous n'avez qu'une seule broche à définir en tant que `OUTPUT`. Tout comme dans les déclarations, la broche 13 fait référence à `ledPin`.

```
void setup() {
  // définit la broche numérique comme sortie :
  pinMode(ledPin, OUTPUT);
}
```

Dans la boucle, les choses commencent à se compliquer. Le code du timer peut être exécuté à la fin de chaque tour de boucle, ainsi vous pouvez ajouter votre propre code au début de la boucle pour qu'il n'interfère pas avec le timer. En premier lieu, le code du timer est exécuté, lequel déclare une nouvelle variable de type `unsigned long` pour stocker sa valeur courante en millisecondes. Pour ce faire, le code utilise la fonction `millis()` qui retourne le nombre de millisecondes écoulées depuis le démarrage du programme Arduino. Après approximativement 50 jours, cette valeur revient à 0, mais cela représente pour la plupart des applications une durée plus que suffisante.

```
unsigned long currentMillis = millis();
```

Les variables déclarées à l'intérieur d'une boucle ou d'une fonction sont nommées *variables locales*. Elles n'existent qu'à l'intérieur de la fonction dans laquelle elles ont été déclarées (ainsi que dans les autres sous-fonctions déclarées depuis cette dernière) ; elles cessent d'exister dès que la fonction s'achève. Elles seront redéclarées lors du prochain appel à la fonction. Si une de vos variables doit être lue ou renseignée par d'autres fonctions ou fragments de code, vous devez utiliser une *variable globale* et la déclarer au début du croquis avant la boucle de configuration.

Ensuite, vous devez vérifier la valeur courante retournée par `millis()` pour savoir combien de temps s'est écoulé. Pour ce faire, il suffit d'une simple condition `if` qui soustrait la valeur précédente de la valeur courante pour obtenir la différence. Si cette différence est plus grande que la valeur de l'intervalle, le croquis sait qu'il est temps de clignoter. Il est important de réinitialiser `previousMillis` car sinon l'intervalle ne serait mesuré qu'une seule fois. L'instruction `previousMillis=currentMillis` s'en charge :

```
if(currentMillis - previousMillis > interval) {
  // enregistre la dernière fois où la LED a clignoté
  previousMillis = currentMillis;
```

Comme la LED peut être actuellement allumée ou éteinte, le code doit vérifier l'état de cette dernière pour savoir ce qu'il doit faire ensuite. Cet état est stocké dans `ledState`, ainsi une autre simple condition `if` peut vérifier cet état et réaliser son contraire. Si la valeur est `LOW` alors on la passe à `HIGH` et inversement. Le code suivant met à jour la variable `ledState` :

```
// si la LED est sur off, activez-la et vice versa:
  if (ledState == LOW)
   ledState = HIGH;
  else
   ledState = LOW;
```

À présent, il ne reste plus qu'à écrire le nouvel état mis à jour de la LED en utilisant `digitalWrite` :

```
    // définit la LED avec le ledState de la variable:
    digitalWrite(ledPin, ledState);

}
```

Ce code permet de faire clignoter votre LED tout en effectuant d'autres fonctions en même temps.

Tenir compte des effets de rebond du bouton

Un étrange fait se produit lorsque votre bouton revient à sa position initiale. Le microcontrôleur de votre Arduino peut lire l'état du commutateur des milliers de fois par seconde, ce qui est bien plus rapide que ce que nous sommes capables de faire. C'est une bonne chose d'une certaine manière, car cela nous assure une lecture instantanée (aussi loin que la perception humaine est concernée), mais il y a parfois un moment de flou lorsque le contact du commutateur n'est ni totalement enfoncé ni totalement relâché, ce qui laisse ce dernier dans un état incertain jusqu'à ce qu'il atteigne une position bien déterminée. Pour éliminer ce désagrément, vous devez ignorer les changements soudains lorsque vous évaluez les états du commutateur par le biais d'un timer. C'est relativement simple et cela peut grandement améliorer la fiabilité de vos boutons.

Mettre en place le croquis Debounce

Réalisez le circuit de la Figure 11-3 et essayez le croquis Debounce.

Pour cela il faut :

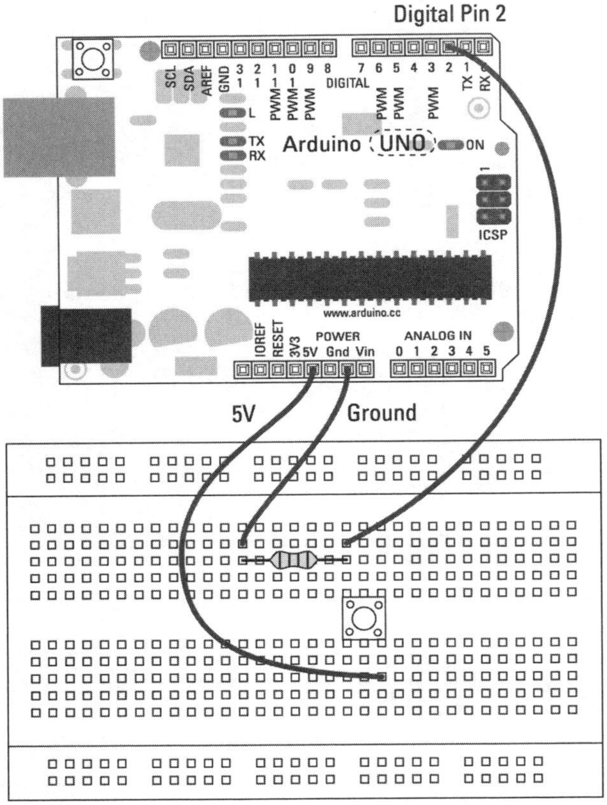

Figure 11-3 : Le schéma du circuit du bouton-poussoir.

- Un Arduino Uno
- Une platine d'essais
- Un bouton-poussoir
- Une LED
- Une résistance de 10 kΩ
- Des straps

Terminez le circuit illustré aux Figures 11-3 et 11-4 en utilisant une platine d'essais pour réaliser le montage du circuit du bouton-poussoir. La LED peut être insérée directement sur la broche 13 et sur la broche GND voisine.

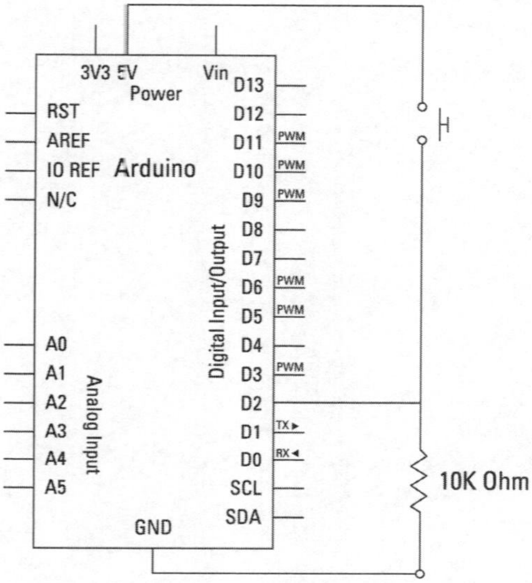

Figure 11-4 : Un diagramme représentant le circuit du bouton-poussoir.

Créez le circuit et choisissez Fichier→Exemples→02.Digital-→Debounce pour retrouver le croquis Debounce du bouton-poussoir puis ouvrez-le. Le code complet correspondant au croquis Debounce est le suivant :

```
/*
Debounce


À chaque fois que la broche entrée passe de LOW à HIGH (par exemple lorsque
l'on appuie sur le bouton-poussoir), la broche sortie passe de LOW à HIGH ou de
HIGH à LOW. Un délai minimum entre les bascules pour éviter des rebonds sur le
circuit (pour ignorer le bruit).


Le circuit:
* une LED attachée à la broche 13
* un bouton-poussoir attaché à la broche 2 à +5V
* 10K resistor relié de la broche pin 2
* Note: Sur la plupart des cartes Arduino, une LED est déjà connectée à la
  broche 13, vous n'avez donc pas besoin de composants supplémentaires pour cet
  exemple.


Créé le 21 Novembre 2006
```

```
par David A. Mellis
modifié le 30 Août 2011
par Limor Fried


Ce code exemple est dans le domaine public.


http://www.arduino.cc/en/Tutorial/Debounce
*/


// Les constantes ne changent pas. Utilisées ici pour
// définir le numéro des broches:
const int buttonPin = 2; // numéro de la broche du bouton-poussoir
const int ledPin = 13; // numéro de la broche de la LED


// les variables changent:
int ledState = HIGH;          // état actuel de la broche sortie
int buttonState;               // lecture actuelle de la broche entrée
int lastButtonState = LOW; // lecture précédente de la broche entrée


//les variables suivantes sont de type long car le temps, mesuré en millise-
// condes, devient très vite un nombre très grand qui peut être stocké dans un
   int.
long lastDebounceTime = 0; // la dernière où la broche sortie a été basculée
long debounceDelay = 50; // temps de l'antirebond; augmente la sortie
                              // tremble

void setup() {
  pinMode(buttonPin, INPUT);
  pinMode(ledPin, OUTPUT);
}

void loop() {
// lit l'état du commutateur dans une variable locale:
int reading = digitalRead(buttonPin);

// vérifie si on a pressé le bouton
// (par exl'entrée passe de LOW à HIGH), et on attend suffisamment
// longtemps depuis la dernière pression pour ignorer du bruit:

// Si le commutateur change, en raison du bruit ou de la pression:
if (reading != lastButtonState) {
  // redéfinit le timer de l'antirebond
```

```
    lastDebounceTime = millis();
  }

  if ((millis() - lastDebounceTime) > debounceDelay) {
    // quelle que soit la lecture, dure plus longtemps
    // que le délai de l'antirebond, il prend alors l'état actuel:
    buttonState = reading;
  }

  // définit la LED qui utilise le bouton:
  digitalWrite(ledPin, buttonState);

  // enregistre la lecture. Puis effectue le tour de boucle,
  // ce sera lastButtonState:
  lastButtonState = reading;


}
```

Lorsque vous aurez téléversé le croquis, vous devrez obtenir un bouton antirebond fiable. Il peut être difficile de se rendre compte des effets, car si tout fonctionne correctement, vous ne devrez voir ici qu'un bouton contrôlant précisément votre LED.

Comprendre le croquis Debounce

Le croquis comporte quelques variables. Les deux premières sont des constantes utilisées pour définir les broches d'entrée et de sortie.

```
// Les constantes ne changent pas. Utilisées ici pour
// définir le numéro des broches:
const int buttonPin = 2; // numéro de la broche du bouton-poussoir
const int ledPin = 13; // numéro de la broche de la LED
```

Le groupe de variables suivant contient des informations sur l'état du bouton. La variable `ledState` reçoit la valeur `HIGH` de manière à ce que la LED soit allumée dès le départ ; la variable `buttonState` est laissée vide pour contenir l'état courant ; la variable `lastButtonState` contient l'état précédent du bouton afin de pouvoir comparer ce dernier avec l'état courant.

```
// les variables changent:
int ledState = HIGH;          // état actuel de la broche sortie
int buttonState;               // lecture actuelle de la broche entrée
int lastButtonState = LOW; // lecture précédente de la broche entrée
```

Enfin, des variables de type long sont déclarées pour stocker les durées. Elles sont utilisées dans le timer pour contrôler le temps écoulé entre les lectures afin de prévenir des changements soudains de valeur telle que celle qui survient lors des rebonds.

```
//les variables suivantes sont de type long car le temps, mesuré en millise-
//condes, devient très vite un nombre très grand qui peut être stocké dans un
  int.
long lastDebounceTime = 0; // la dernière où la broche sortie a été basculée
long debounceDelay = 50; // temps de l'antirebond; augmente la sortie
                              // tremble
```

La partie setup est simple, elle ne définit que les broches d'entrée et de sortie.

```
void setup() {
  pinMode(buttonPin, INPUT);
  pinMode(ledPin, OUTPUT);
}
```

À l'intérieur de la boucle, la lecture de la broche du bouton est effectuée, puis stockée dans une variable nommée ici `reading` :

```
void loop() {
// lit l'état du commutateur dans une variable locale:
int reading = digitalRead(buttonPin);
```

`reading` est ensuite comparée à `lastButtonState`. Lors de la première exécution, `lastButtonState` vaut `LOW`, car c'est la valeur qui lui est assignée lors de sa déclaration en début de croquis. Dans l'instruction `if`, le symbole de comparaison != est employé. Ce qui signifie : « si `reading` et différent de `lastButtonState`, alors faire quelque chose. » Dans l'affirmative, `lastDebounceTime` est mise à jour et une nouvelle comparaison pourra se faire lors du prochain tour de boucle.

```
// Si le commutateur change, en raison du bruit ou de la pression:
if (reading != lastButtonState) {
  // redéfinit le timer de l'antirebond
  lastDebounceTime = millis();
}
```

Si la valeur de `reading` demeure la même durant un délai supérieur au délai antirebond de 50 ms, nous pouvons considérer que la valeur n'est pas erronée et qu'elle peut être transmise dans la variable `buttonState`.

```
if ((millis() - lastDebounceTime) > debounceDelay) {
  // quelle que soit la lecture, dure plus longtemps
  // que le délai de l'antirebond, il prend alors l'état actuel:
  buttonState = reading;
}
```

Cette valeur de confiance peut ensuite être utilisée pour déclencher directement la LED. Dans ce cas, si le bouton vaut `HIGH`, le bouton est enfoncé et la même valeur `HIGH` peut être écrite dans la LED Pour l'allumer.

```
digitalWrite(ledPin, buttonState);
```

La valeur courante de `buttonState` prend la valeur de `lastButtonState` pour le prochain tour de boucle.

```
lastButtonState = reading; }
```

Les boutons-poussoirs et leurs déclencheurs peuvent être plus ou moins fiables, en fonction de la manière dont ils sont faits et utilisés. En employant un fragment de code comme celui-ci, vous écartez les éventuelles incohérences et obtenez de meilleurs résultats.

Faire un meilleur bouton

Les boutons sont généralement des choses très simples. Ils sont soit enfoncés, soit éteints ; cependant, en observant leurs changements d'état et en les interprétant, vous pouvez réaliser un bouton plus intelligent. Ainsi, si vous pouvez déterminer le moment où un bouton a été pressé, il n'est plus nécessaire de lire constamment sa valeur, il suffit de connaître le moment où il changera d'état. Cette pratique constitue une meilleure approche pour connecter votre Arduino à un ordinateur ; elle permet de ne recevoir que les données nécessaires plutôt que de monopoliser le port série.

Mettre en œuvre le croquis StateChangeDetection

Pour réaliser ce circuit, il faut :

- Un Arduino Uno
- Une platine d'essai ;

- Un bouton-poussoir
- Une résistance de 10 kΩ
- Une LED
- Des straps

En vous basant sur le schéma et le diagramme de circuit illustrés aux Figures 11-5 et 11-6, vous pouvez tracer un simple circuit comprenant un bouton et une LED en sortie. Le matériel de ce circuit est le même que celui utilisé pour le croquis du bouton basique, mais ici, en utilisant un simple code, vous pouvez rendre ce bouton bien plus intelligent.

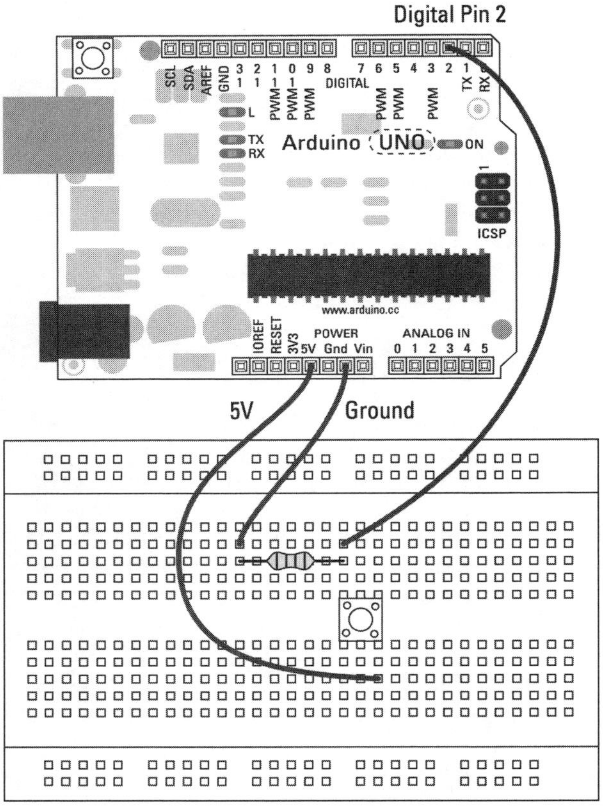

Figure 11-5 : Le schéma d'un circuit bouton.

Terminez le circuit et ouvrez un nouveau croquis Arduino. Choisissez Fichiers→Exemples→02.Digital→StateChangeDetection depuis le menu Arduino afin de charger le croquis.

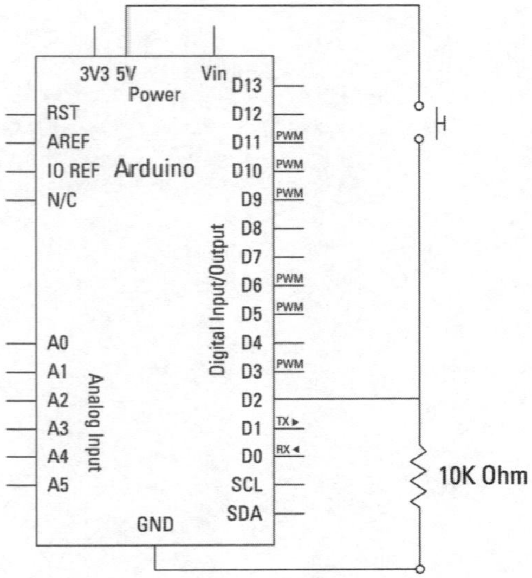

Figure 11-6 : Le diagramme d'un circuit bouton.

```
/*
détection de changement d'état (détection d'angle)
Vous n'avez pas besoin de connaître tout le temps l'état d'entrée input, mais
seulement quand l'entrée passe d'un état à l'autre. Par exemple, vous voulez
savoir quand un bouton passe de off à on. C'est ce qu'on appelle la détection de
changement d'état, ou détection d'angle.

Cet exemple montre comment détecter quand un bouton passe de off à on et de on
à off.

.
Le circuit:
* bouton-poussoir attaché à la broche 2 de +5V
* 10K resistor attaché à la broche 2d
* LED attachée à la broche 13 (ou utilise la LED intégrée dans la plupart des
  cartes Arduino)

créé le 27 Sept 2005
modifié le 30 Août 2011
par Tom Igoe

Ce code exemple est dans le domaine public.

http://arduino.cc/en/Tutorial/ButtonStateChange
```

```
*/
// cette constante ne change pas:
const int buttonPin = 2;  // broche à laquelle est attaché le bouton-poussoir
const int ledPin = 13;    // broche à laquelle est attachée la LED

//les variables changent:
int buttonPushCounter = 0; // compteur du nombre de pressions sur le bouton
int buttonState = 0;       // état actuel du bouton
int lastButtonState = 0; // état précédent du bouton

void setup() {
  // initialise la broche du bouton comme une entrée:
  pinMode(buttonPin, INPUT);
  // initialise la LED comme une sortie:
  pinMode(ledPin, OUTPUT);
  // initialise la communication en série:
  Serial.begin(9600);
}


void loop()
  // lit la broche d'entrée du bouton-poussoir:
  buttonState = digitalRead(buttonPin);

// compare buttonState à son état précédent
if (buttonState != lastButtonState) {
  // si l'état a changé, incrémente le compteur
  if (buttonState == HIGH) {
    // si l'état actuel est HIGH alors le bouton
    // est passé de off à on:
    buttonPushCounter++;
    Serial.println("on");
    Serial.print("nombre de pressions sur le bouton: ");
    Serial.println(buttonPushCounter);
  }
else {
    // si l'état actuel est LOW alors le bouton
    // est passé de on à off:
    Serial.println("off");
  }
}
// enregistre l'état actuel comme étant le dernier état,
//pour le prochain tour de boucle
lastButtonState = buttonState;
```

```
// active la LED toutes les 4 pressions de bouton en
// vérifiant le module du compteur du bouton-poussoir.
// la fonction du module vous donne le reste de
// la division de deux nombres:
if (buttonPushCounter % 4 == 0) {
   digitalWrite(ledPin, HIGH);
   } else {
   digitalWrite(ledPin, LOW);
  }
}
```

Appuyez sur le bouton de compilation pour vérifier votre code. La compilation devrait mettre en évidence toute erreur grammaticale. Si le croquis se compile correctement, cliquez sur Téléverser pour envoyer le croquis vers votre carte. Lorsque le transfert est effectué, observez le moniteur série qui devrait vous indiquer chaque fois que le bouton est enfoncé ou relâché, ainsi que le nombre de fois où il a été pressé. De plus, la LED devrait s'illuminer à chaque fois que quatre pressions sont comptées.

Si rien ne se passe, essayez ce qui suit :

- Revérifiez votre câblage.
- Assurez-vous que le numéro de la broche est correct.
- Vérifiez les connexions à la platine d'essais. Si les straps ou les composants ne sont pas connectés sur les bonnes rangées, ils ne fonctionneront pas.

Comprendre le croquis StateChangeDetection

Dans ce croquis, les variables sont déclarées en premier lieu. Comme les broches de sortie et d'entrée ne changeront pas, elles sont déclarées sous forme d'entier constant : broche 2 pour le bouton-poussoir et broche 13 pour la LED.

```
// cette constante ne change pas:
const int buttonPin = 2;  // broche à laquelle est attaché le bouton-poussoir
const int ledPin = 13;    // broche à laquelle est attachée la LED
```

D'autres variables sont nécessaires pour garder une trace du comportement du bouton-poussoir. L'une d'entre elles correspond à un compteur qui comptabilise le nombre de pressions du bouton, deux autres contiennent les états courant et précédent de ce dernier. Elles sont employées pour contrôler les pressions sur le bouton afin que le signal passe de `HIGH` à `LOW` et de `LOW` à `HIGH`.

```
//les variables changent:
int buttonPushCounter = 0; // compteur du nombre de pressions sur le bouton
int buttonState = 0;       // état actuel du bouton
int lastButtonState = 0; // état précédent du bouton
```

Dans la section setup, les broches reçoivent respectivement les valeurs INPUT et OUTPUT. Le port série est ouvert afin de transmettre les changements d'état du bouton-poussoir.

```
void setup() {
  // initialise la broche du bouton comme une entrée:
  pinMode(buttonPin, INPUT);
  // initialise la LED comme une sortie:
  pinMode(ledPin, OUTPUT);
  // initialise la communication en série:
  Serial.begin(9600);
```

La première commande de la boucle principale consiste à lire l'état du bouton-poussoir.

```
void loop()
  // lit la broche d'entrée du bouton-poussoir:
  buttonState = digitalRead(buttonPin);
```

Si cet état n'est pas égal à la valeur précédente, ce qui survient lorsque le bouton-poussoir est enfoncé, le programme exécute la commande if() qui suit.

```
// compare buttonState à son état précédent
if (buttonState != lastButtonState) {
```

La condition suivante vérifie si la valeur bouton vaut HIGH ou LOW. Si cette dernière vaut HIGH alors le bouton-poussoir est enfoncé.

```
  // si l'état a changé, incrémente le compteur
  if (buttonState == HIGH) {
    // si l'état actuel est HIGH alors le bouton
    // est passé de off à on:
```

Ce fragment de code incrémente le compteur, puis affiche une ligne sur le moniteur série indiquant l'état du bouton et le nombre de pressions qu'il a reçues. Le compteur est agrémenté lorsque le bouton est totalement enfoncé.

```
    buttonPushCounter++;
    Serial.println("on");
    Serial.print("nombre de pressions sur le bouton: ");
    Serial.println(buttonPushCounter);
  }
```

Si le bouton-poussoir passe de HIGH à LOW, alors le bouton est dans l'état relâché et ce changement d'état est affiché sur le moniteur série, comme l'illustre la Figure 11-7.

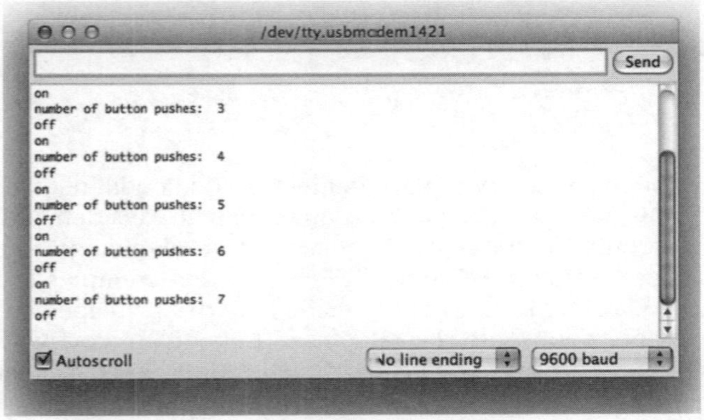

Figure 11-7 : Le moniteur série fournit une fenêtre indiquant ce qui se passe dans votre Arduino.

```
else {
    // si l'état actuel est LOW alors le bouton
    // est passé de on à off:
    Serial.println("off");
  }
}
```

Ce fragment de code vous permet de cliquer sur le bouton-poussoir plutôt que d'avoir à maintenir la pression.

Comme un changement est survenu, l'état courant devient le dernier état en préparation du prochain tour de boucle.

```
// enregistre l'état actuel comme étant le dernier état,
//pour le prochain tour de boucle
lastButtonState = buttonState;
```

À la fin de la boucle, une vérification est effectuée pour s'assurer que quatre pressions ont eu lieu. Si le nombre total de pressions modulo quatre est égal à zéro, la broche LED prend la valeur `HIGH`. Dans le cas contraire, elle prend de nouveau la valeur `LOW`.

```
// active la LED toutes les 4 pressions de bouton en
// vérifiant le module du compteur du bouton-poussoir.
// la fonction du module vous donne le reste de
// la division de deux nombres:
if (buttonPushCounter % 4 == 0) {
   digitalWrite(ledPin, HIGH);
   } else {
   digitalWrite(ledPin, LOW);
  }
}
```

Cela ne fonctionne pas toujours parfaitement, selon la qualité et le type de bouton que vous utilisez, vous pourrez légitimement vous demander, « mais pourquoi ce croquis n'inclut-il pas d'antirebond ? » tel que nous l'avons présenté dans la section précédente. Les croquis des exemples Arduino sont conçus pour vous aider à comprendre facilement des principes individuels afin de vous armer pour toutes les situations. Cependant, combiner plusieurs techniques peut rendre les choses plus difficiles pour vous, il est en effet plus simple de comprendre comment les éléments fonctionnent un par un.

Il est possible de combiner plusieurs exemples pour bénéficier des avantages de chacun. Cependant, cette approche dépasse le cadre de ce livre, mais nous vous conseillons de vous y entraîner en ouvrant deux croquis côte à côte en combinant les lignes une à une et en vérifiant à chaque fois qu'il n'y a pas de répétition de variables de mission. Le raccourci pour la compilation (Ctrl + R ou cmd + R) vous sera très utile pour accomplir cette tâche. Bonne chance !

Améliorer les capteurs

Les capteurs analogiques peuvent être très précis, ils vous permettent de mesurer la luminosité ou la distance très finement. Parfois cependant, ils peuvent être trop sensibles et tressaillent au moindre changement. Si c'est le but recherché, tant mieux, dans le cas contraire, vous souhaiterez sans doute lisser les résultats de manière à y minimiser ces effets. Lisser vos résultats revient à en faire la moyenne afin de minimiser ces anomalies. Au chapitre 17, vous apprendrez à représenter ces résultats sous forme de graphiques via Processing qui vous sera d'une grande aide pour repérer les incohérences.

Mettre en œuvre le croquis Smoothing

Dans cet exemple, vous tenterez de lisser un capteur de lumière.

Pour réaliser ce croquis, il faut :

- Un Arduino Uno
- Une platine d'essais
- Une LED
- Un capteur de lumière
- Une résistance de 10 kΩ
- Une résistance de 220 ohms
- Des straps

Le circuit suivant contient une résistance dépendante à la lumière (LDR) comme l'illustrent les Figures 11-8 et 11-9.

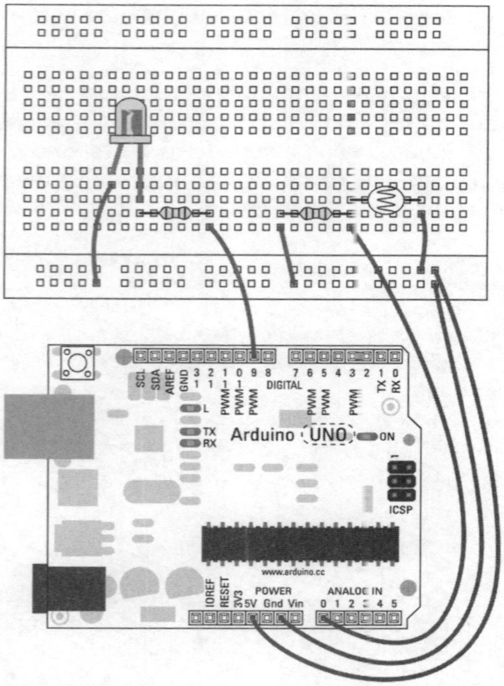

Figure 11-8 : Le schéma du circuit du capteur de luminosité.

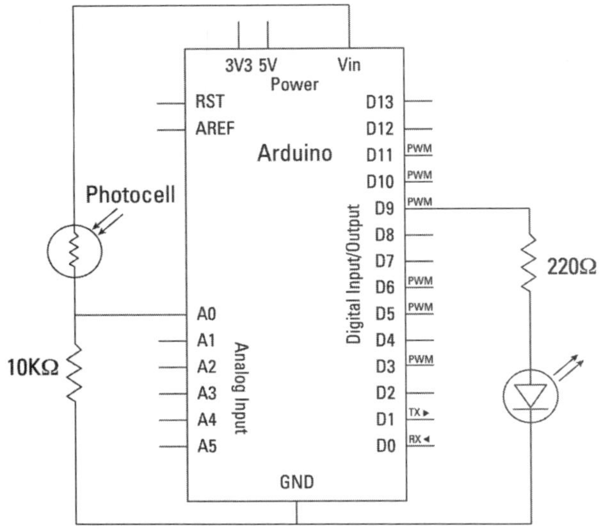

Figure 11-9 : Le diagramme du circuit d'un capteur de luminosité.

Choisissez Fichier→Exemples→03.Analog→Smoothing pour retrouver le croquis et le téléverser.

Le circuit indique qu'un potentiomètre fonctionne pour les tests. C'est vrai, mais il est plus difficile de voir les effets d'un lissage avec un potentiomètre, car le fonctionnement de l'appareil génère déjà des entrées analogiques lissées. Les capteurs de luminosité, de distance et de mouvements sont beaucoup plus susceptibles d'avoir besoin d'un lissage.

```
/*
Smoothing
Lit de manière répétée dans l'entrée analogique, calcule une moyenne d'exé-
cution et l'affiche sur l'ordinateur. Garde dix lectures dans un tableau et en
fait la moyenne de manière continue.

Le circuit:
* Capteur analogique (potentiomètre) attaché à l'entrée analogique 0


Créé le 22 Avril 2007
Par David A. Mellis <dam@mellis.org>
Modifié le 9 Avril 2012
par Tom Igoe
http://www.arduino.cc/en/Tutorial/Smoothing
```

```
Ce code exemple est dans le domaine public.
*/

//Définit le nombre d'exemples à conserver. Plus le nombre est élevé,
//plus il y aura de lectures lissées, mais plus lentement la sortie répondra
//à l'entrée. L'utilisation d'une constante à la place d'une variable normale
//permet d'utiliser cette valeur pour déterminer la taille du tableau de lec-
  tures.
const int numReadings = 10;

int readings[numReadings];  // lecture dans l'entrée analogique
int index = 0;              // index de la lecture en cours
int total = 0;              // total en cours
int average = 0;            // moyenne

int inputPin = A0;


void setup()
{
  // initialise la communication en série avec l'ordinateur:
  Serial.begin(9600);
  // initialise toutes les lectures à 0:
  for (int thisReading = 0; thisReading < numReadings; thisReading++)
   readings[thisReading] = 0;
}


void loop() {
  // soustrait la dernière lecture:
  total= total - readings[index];
  // lit dans le capteur:
  readings[index] = analogRead(inputPin);
  // ajoute la lecture au total:
  total= total + readings[index];
  // avance à la position suivante dans le tableau:
  index = index + 1;

  // si vous êtes à la fin du tableau...
  if (index >= numReadings)
  // ...retournez au début:
  index = 0;

  // calcule la moyenne:
  average = total / numReadings;
  // l'envoyer comme un chiffre ASCII
  Serial.println(average);
```

```
  delay(1); // délai entre les lectures pour stabilité
}
```

Ce croquis vous donne une lecture bien lissée des informations fournies par le capteur. Le lissage est obtenu en réalisant la moyenne d'un certain nombre de lectures. Le processus de calcul de la moyenne peut ralentir le nombre de lectures effectuées par l'Arduino à chaque seconde. Cependant, comme ce dernier est capable de lire les informations bien plus vite que vous, vous ne devrez pas remarquer de grands changements.

Comprendre le croquis Smoothing

Le croquis commence par la déclaration des constantes et des variables. On commence par le nombre de lectures dont on fait la moyenne, déclarées dans numReading avec une valeur de 10.

```
const int numReadings = 10;
```

Les quatre variables suivantes sont utilisées pour garder trace des dernières valeurs lues. Ces valeurs provenant des capteurs sont ajoutées dans un *tableau* (ou une liste) prenant ici le nom `readings`. Le nombre d'éléments contenus dans le tableau `readings` est défini entre crochets. Comme `numReadings` a déjà été déclaré, il peut être utilisé pour définir la taille du tableau à 10 (éléments numérotés ou « indexés » de 0 à 9).

```
int readings[numReadings]; // lectures dans l'entrée analogique
```

La valeur contenue dans la variable *index* nous indique le numéro de la lecture courante. Comme cette valeur est incrémentée à chaque lecture, elle est utilisée pour stocker cette dernière au bon endroit dans votre tableau.

```
int index = 0; // index de la lecture en cours
```

La variable `total` correspond au total cumulé incrémenté à chaque lecture. La variable `average` stocke la valeur de la moyenne une fois le total calculé.

```
int total = 0; // total en cours
int average = 0; // moyenne
```

La dernière variable est nommée `inputPin`, elle correspond à la broche analogique en train d'être lue.

```
int inputPin = A0;
```

Lors de la configuration, le port série est initialisé afin de vous transmettre les lectures provenant du capteur de luminosité.

```
void setup()
{
  // initialise la communication en série avec l'ordinateur:
  Serial.begin(9600);
```

Nous arrivons ensuite à la boucle `for` qui est utilisée pour réinitialiser le tableau. Dans la boucle, une nouvelle variable locale (`thisReading`) est initialisée et mise à zéro. Cette variable est ensuite comparée à la longueur du tableau. Si elle est inférieure à la longueur de ce dernier, l'entrée correspondante du tableau prend la valeur 0.

```
  // initialise toutes les lectures à 0:
  for (int thisReading = 0; thisReading < numReadings; thisReading++)
   readings[thisReading] = 0;
}
```

Ce type d'automatisation est parfait pour créer des tableaux. Une alternative consiste à écrire ces valeurs sous forme de variables entières. Ce qui est moins efficace à la fois pour vous et pour l'Arduino.

La première ligne de code de la boucle principale soustrait au total les valeurs contenues à l'index courant du tableau.

```
void loop() {
  // soustrait la dernière lecture:
  total= total - readings[index];
```

La ligne suivante récupère une nouvelle lecture via `analogRead` et la stocke dans le tableau à l'index courant, écrasant ainsi la valeur précédente.

```
// lit depuis le capteur:
 readings[index] = analogRead(inputPin);
```

Cette lecture est alors ajoutée au total.

```
  // ajoute la lecture au total:
  total= total + readings[index];
  // avance à la position suivante dans le tableau:
  index = index + 1;
```

Il est important de savoir si la fin du tableau est atteinte afin d'éviter que le programme ne boucle éternellement. Pour cela, il suffit d'une simple instruction if : si la valeur de l'index est supérieure ou égale au nombre de lectures, l'index est remis à zéro. Ainsi, l'instruction if permet de savoir si la valeur d'index est comprise entre 0 et 9 et de la remettre à zéro lorsqu'elle atteint 10.

```
// si vous êtes à la fin du tableau...
if (index >= numReadings)
```

```
// ...retournez au début:
index = 0;
```

Pour obtenir la moyenne de toutes les valeurs contenues dans le tableau, le total est simplement divisé par le nombre de lectures. Cette moyenne est ensuite affichée sur le moniteur série. Un délai d'une milliseconde est ensuite ajouté à fin d'améliorer la stabilité des lectures.

```
  // calcule la moyenne:
  average = total / numReadings;
  // l'envoyer comme un chiffre ASCII
  Serial.println(average);
  delay(1); // délai entre les lectures pour stabilité
}
```

L'utilisation de procédures simples comme celle-ci pour lisser vos résultats vous aide à éviter et à mieux contrôler les comportements erratiques qui surviennent dans vos projets. En calculer la moyenne s'avère très utile si les lectures du capteur sont directement liées à la sortie.

Étalonner les entrées

Considérez l'étalonnage de votre circuit comme le réglage d'un thermostat dans votre appartement. Vos radiateurs sont capables de fournir une gamme de températures, mais selon l'endroit où vous vous situez dans le monde, elles ne seront pas toutes appropriées. Si par exemple vous vivez sous un climat tempéré vous n'aurez peut-être recours au chauffage que quelques mois par an. Mais si vous vivez sous un climat froid, vous le pousserez au maximum chaque nuit.

En étalonnant les capteurs de votre projet Arduino, vous pouvez adapter ce dernier à sa localisation. Dans cet exemple, vous allez apprendre à étalonner la luminosité. La lumière bien sûr est très versatile, selon que vous êtes à l'intérieur ou à l'extérieur, dans une pièce bien éclairée ou à la lueur d'une bougie. Malgré ces variations très importantes, tous ces types de luminosité peuvent être captés et interprétés par votre Arduino. Le croquis suivant nous montre la manière d'adapter un capteur de lumière à son environnement.

Mettre en œuvre le croquis Calibration

Pour cet exemple, réalisez le circuit illustré aux Figures 11-10 et 11-11 pour étalonner votre capteur de luminosité automatiquement.

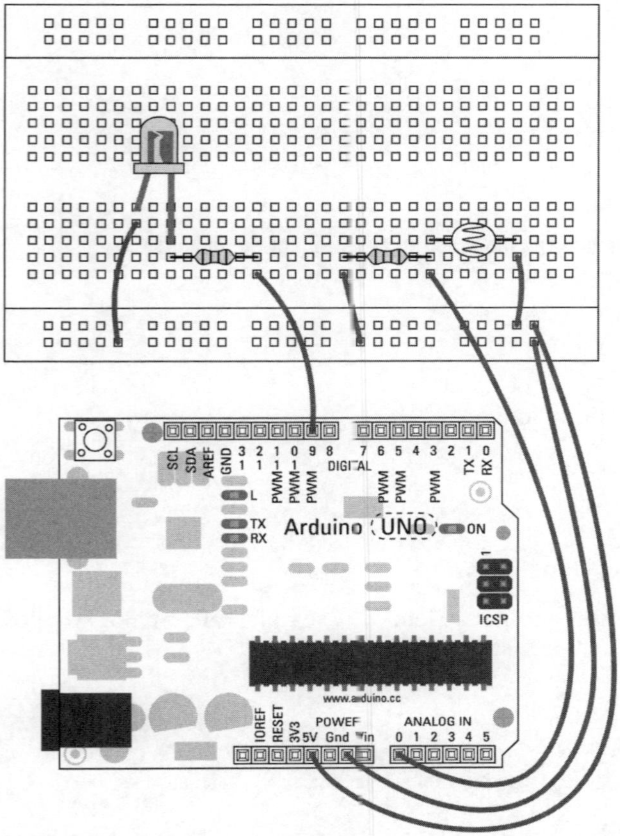

Figure 11-10 : Le schéma du circuit de capteur de luminosité.

Il faut :

- Un Arduino Uno

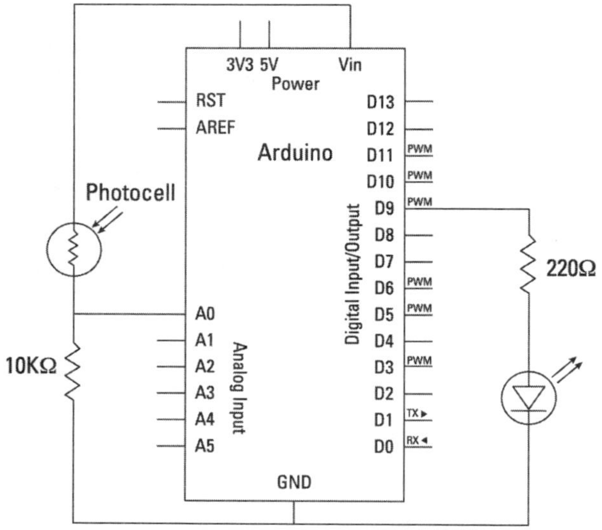

Figure 11 -11 : Le diagramme du circuit du capteur de luminosité.

- Une platine d'essais
- Une LED
- Un capteur de lumière
- Une résistance de 10 kΩ
- Une résistance de 220 ohms
- Des straps

Réaliser le circuit et ouvrez Fichier→Exemples→03.Analog→Calibration. Le code de cet exemple est le suivant :

```
/*
Calibration

Démontre une technique d'étalonnage de l'entrée d'un capteur. La lecture du
capteur pendant les cinq premières secondes de l'exécution du croquis définit le
minimum et le maximum des valeurs attendues reliées à la broche du capteur.
Les valeurs initiales minimum et maximum du capteur peuvent paraître. À l'ori-
gine, vous définissez le minimum de la valeur élevée puis modifier, et enregis-
trer un nouveau minimum. De la même façon, vous définissez le maximum de la
valeur faible et chercher un plus élevé pour un nouveau maximum.

Le circuit:
```

```
* Capteur analogique (potentiomètre) attaché à l'entrée analogique 0
* LED attachée à la broche numérique 9

créé 29 Oct 2008
Par David A Mellis
modifié 30 Août 2011
par Tom Igoe

http://arduino.cc/en/Tutorial/Calibration

Ce code exemple est dans le domaine public.
*/

// Ces constantes ne changent pas:
const int sensorPin = A0; // broche à laquelle est attachée le capteur
const int ledPin = 9;     // broche à laquelle est attaché la LED

// variables:
int sensorValue = 0;     // la valeur du capteur
int sensorMin = 1023;   // valeur minimum du capteur
int sensorMax = 0;      // valeur maximum du capteur


void setup() {
  // active la LED pour signaler le début de l'étalonnage:
  pinMode(13, OUTPUT);
  digitalWrite(13, HIGH);

  // étalonne pendant les cinq premières secondes
  while (millis() < 5000) {
  sensorValue = analogRead(sensorPin);
  // enregistre la valeur maximale du capteur
  if (sensorValue > sensorMax) {
  sensorMax = sensorValue;
  }

  // enregistre la valeur minimale du capteur
  if (sensorValue < sensorMin) {
    sensorMin = sensorValue;
}
}

  // signale la fin de l'étalonnage
  digitalWrite(13, LOW);
}
void loop() {
  // lit le capteur:
  sensorValue = analogRead(sensorPin);
```

```
  // applique l'étalonnage à la lecture du capteur
  sensorValue = map(sensorValue, sensorMin, sensorMax, 0, 255);

 // si la valeur du capteur est en dehors de la plage vue pendant l'étalonnage
  sensorValue = constrain(sensorValue, 0, 255);

  // fait varier l'intensité de la LED en utilisant la valeur étalonnée:
  analogWrite(ledPin, sensorValue);
}
```

Téléversez le croquis et laissez votre Arduino s'accoutumer au niveau de lumière ambiant durant cinq secondes. Ensuite, essayez de passer vos mains au-dessus. Vous devriez le trouver beaucoup plus réactif que lors d'une lecture analogique normale.

Comprendre le croquis Calibration

La première partie du croquis définit toutes les constantes et les variables. Les constantes correspondent aux branches qui sont utilisées pour le capteur de lumière et pour la LED. Notez que comme l'intensité de la LED varie, il vous faut donc utiliser la broche PWM.

```
// Ces constantes ne changent pas:
const int sensorPin = A0; // broche à laquelle est attachée le capteur
const int ledPin = 9;     // broche à laquelle est attaché la LED
```

Les variables sont utilisées pour la valeur courante du capteur et pour ces valeurs minimales et maximales. Vous pouvez voir que `sensorMin` contient initialement une valeur élevée alors que `sensorMax` contient une valeur faible.

```
// variables:
int sensorValue = 0;     // la valeur du capteur
int sensorMin = 1023;   // valeur minimale du capteur
int sensorMax = 0;     // valeur maximale du capteur
```

Lors de la configuration, `pinMode` définit la broche 13 avec la valeur `OUTPUT`. Puis un appel à `digitalWrite` assigne la valeur `HIGH` à la broche 13, ce qui indique que le capteur est dans une phrase d'étalonnage.

```
void setup() {
  // active la LED pour signaler le début de l'étalonnage:
  pinMode(13, OUTPUT);
  digitalWrite(13, HIGH);
```

Durant les cinq premières secondes, le capteur est étalonné. Comme la fonction `millis()` commence à compter les (milli)secondes dès le départ du programme, la manière la plus simple de compter cinq secondes est d'utiliser une boucle `while`. Le code suivant vérifie la valeur retournée par `millis()` jusqu'à ce que cette dernière vaille 5000 (5 secondes).

```
// étalonne pendant les cinq premières secondes
while (millis() < 5000) {
```

Les accolades contiennent le code d'étalonnage. `sensorValue` stocke la lecture courante du capteur. Si cette lecture est supérieure au maximum ou inférieure au minimum, les valeurs sont mises à jour.

```
sensorValue = analogRead(sensorPin);

// enregistre la valeur maximale du capteur
if (sensorValue > sensorMax) {
sensorMax = sensorValue;
}

// enregistre la valeur minimale du capteur
if (sensorValue < sensorMin) {
  sensorMin = sensorValue;
}
```

La broche de la LED reçoit alors la valeur `LOW` afin d'indiquer que la phase d'étalonnage est terminée.

```
  // signale la fin de l'étalonnage
  digitalWrite(13, LOW);
}
```

Maintenant que l'intervalle est connu, il suffit de l'appliquer à la LED de sortie. Une lecture est faite depuis `sensorPin`, mais sa valeur est comprise entre 0 et 1 024. Elle doit donc être convertie dans l'intervalle de la LED compris entre 0 et 255. `sensorValue` est ainsi convertie via la fonction `map()`.

```
void loop() {
  // lit le capteur:
  sensorValue = analogRead(sensorPin);

  // applique l'étalonnage à la lecture du capteur
  sensorValue = map(sensorValue, sensorMin, sensorMax, 0, 255);
```

Il est toujours possible pour le capteur de lire des valeurs situées en dehors de l'étalonnage, aussi la valeur `sensorValue` doit être restreinte via la fonction `constrain()`. Ce qui signifie que toutes les valeurs en dehors de la plage 0-255 seront ignorées. L'étalonnage nous donne une bonne idée de l'éventail des valeurs, aussi toutes les valeurs plus grandes ou plus petites sont susceptibles d'être des anomalies.

```
// si la valeur du capteur est en dehors de la plage vue pendant l'étalonnage
  sensorValue = constrain(sensorValue, 0, 255);
```

Il ne reste plus qu'à mettre à jour la LED avec les valeurs converties et contraintes via une écriture analogique sur `ledPin`.

```
  // fait varier l'intensité de la LED en utilisant la valeur étalonnée:
  analogWrite(ledPin, sensorValue);
}
```

Ce code devrait vous permettre d'obtenir une meilleure représentation des valeurs renvoyées par votre capteur en fonction de l'environnement où vous vous situez. L'étalonnage n'est exécuté qu'une seule fois lors du démarrage du programme. Aussi si les résultats ne vous semblent pas convaincants, il est préférable de le relancer ou d'effectuer un étalonnage sur une plus longue période. L'étalonnage est conçu pour supprimer le bruit et les variations erratiques dans vos lectures.

Chapitre 12

Sens commun et capteurs idoines

Dans ce chapitre

- En savoir plus sur les capteurs
- Comprendre la complexité des différentes entrées
- Payer le juste prix de ce que vous voulez
- Savoir où utiliser les capteurs
- Câbler quelques exemples

Dans mon expérience de l'enseignement, j'ai souvent remarqué que dès qu'une personne a une idée, elle essaye de la mettre en œuvre en utilisant le matériel à sa disposition plutôt que de se concentrer sur ce qu'elle souhaite réaliser. Car même si un Arduino est une boîte à outils offrant de nombreuses possibilités pour résoudre vos problèmes, l'utilisation du bon outil est la clé du succès.

Si vous vous rendez sur un site consacré à Arduino, vous y trouverez fréquemment une liste de capteurs qui vous laissera parfois perplexe. Une autre approche aussi commune consiste à rechercher sur le Web des projets similaires au vôtre afin de voir comment leurs auteurs les ont réalisés. Les efforts et les succès remportés par d'autres peuvent s'avérer être une grande source d'inspiration et d'enseignement, mais ces ressources peuvent également vous plonger dans un abîme devant le trop grand nombre de solutions possibles qui s'offrent à vous face à des solutions surdimensionnées par rapport à vos besoins.

Dans ce chapitre, vous allez apprendre comment utiliser de nombreux capteurs, mais également – et c'est le plus important – *pourquoi* les utiliser.

Notez que tous les prix indiqués correspondent à l'achat d'un capteur à l'unité, il s'agit d'un prix indicatif. Cependant, en faisant jouer la concurrence ou en achetant des lots, vous devriez être en mesure de réaliser des économies importantes. Reportez-vous aux chapitres 19 et 20 pour obtenir des informations sur les boutiques intéressantes pour commencer vos recherches.

Simplifier la réalisation d'un bouton

Le premier capteur décrit dans ce livre (au chapitre 7) est sans doute le meilleur, est le bouton-poussoir. Il existe de nombreux types de bouton-poussoir, les interrupteurs sont également inclus dans cette catégorie. En général, les interrupteurs demeurent dans leur position, mais il existe des exceptions à cette règle générique. Il s'agit des micros commutateurs et les boutons à bascule. D'un point de vue électrique, ils sont quasiment identiques aux autres boutons, leur différence est principalement mécanique.

Si vous envisagez d'utiliser un bouton pour vos projets, tenez compte :

- **De la complexité** : Dans sa forme la plus simple, un bouton-poussoir peut être composé de deux contacts métalliques que l'on rapproche l'un de l'autre. Dans sa version la plus complexe, il peut s'agir d'un ensemble de contacts soigneusement usinés qui est inséré dans un bouton-poussoir clos. Les boutons-poussoirs sont conçus et insérés dans des boîtiers destinés à des usages différents. Un bouton-poussoir, comme celui de votre kit, est parfait pour la platine d'essais et le prototypage. Cependant, s'il était utilisé dans la vie réelle, il nécessiterait une protection. Si vous démontez une ancienne manette de console de jeux, vous risquez d'y trouver un bouton-poussoir, mais si vous avez besoin d'un bouton plus industriel, comme les boutons d'arrêt d'urgence, l'interrupteur doit être plus grand, plus robuste et devra peut-être même contenir un ressort de grande taille pour supporter les coups de pied qu'il est susceptible de recevoir.

  L'avantage des boutons-poussoirs vient du fait qu'ils ne sont jamais vraiment compliqués, cependant le choix de ces derniers peut faire une grande différence dans la qualité finale de votre projet, aussi choisissez-les bien.

- **Du prix** : Le coût d'un bouton-poussoir peut varier de manière importante en fonction de la qualité de son boîtier et des matériaux qui le composent. Les prix sur RS Components varient de quelques centimes pour un microcommutateur et vont jusqu'à dépasser les 100 € pour un bouton d'arrêt industriel dans son boîtier. Cependant, avec un peu d'imagination, il est tout à fait possible d'utiliser des boutons moins chers pour la plupart des applications.

- **De l'emplacement :** Vous pouvez utiliser des boutons pour détecter les pressions intentionnelles effectuées par un être humain. Les œuvres dans les musées nous fournissent un excellent exemple sur l'emploi des boutons pour détecter et enregistrer des contacts intentionnels. Ces boutons très simples d'emploi ont colonisé notre environnement et nous les utilisons tous les jours sans même y penser. Parfois, il peut s'avérer plus intelligent d'employer une méthode plus subtile, mais dans le doute un bouton est toujours une option sûre.

  Pensez également à la manière d'utiliser un bouton avec une installation déjà en place. Par exemple, vous pourriez peut-être mesurer avec quelle fréquence la porte de votre maison est ouverte. En accolant un micro-commutateur très sensible contre votre porte lorsqu'elle est fermée, ce dernier sera en mesure de vous indiquer chaque fois que la porte sera ouverte.

Dans les chapitres 7 et 11 de ce livre, vous avez appris à câbler un circuit de boutons, puis à l'améliorer. Dans l'exemple de la section suivante de ce chapitre, vous allez découvrir comment simplifier le matériel nécessaire pour un bouton. En effet, en utilisant les fonctionnalités cachées de votre Arduino, vous pouvez utiliser un bouton sans aucun autre matériel supplémentaire.

Implémenter le croquis DigitalInputPullup

Le circuit de base du bouton est relativement simple, mais il peut être rendu plus simple encore en utilisant une fonction peu connue de votre microcontrôleur. Dans l'exemple de base du bouton du chapitre 7 (voir la Figure 12-1) une résistance *pull-down* est reliée à la masse afin que la broche du bouton reçoive `LOW`. Ainsi, lorsqu'il est pressé, le bouton est connecté à 5 V et devient `HIGH`. Ce comportement permet de lire l'état du bouton comme s'il s'agissait d'une entrée.

Dans le microcontrôleur, il y a une résistance *pull-up* interne qui peut être activée afin de vous fournir constamment une valeur `HIGH`. Ainsi, lorsqu'un bouton connecté à la terre est pressé, il passe la broche à `LOW`. Cette réalisation offre la même fonctionnalité que l'exemple de base du chapitre 7, mais la logique est inversée : `HIGH` correspond à l'interrupteur ouvert et `LOW` à l'interrupteur fermé. Le câblage est simplifié, car nous n'avons plus besoin ici de câbles supplémentaires et de résistance.

Pour réaliser cet exemple, il faut :

- Un Arduino Uno
- Une platine d'essais
- Un bouton-poussoir

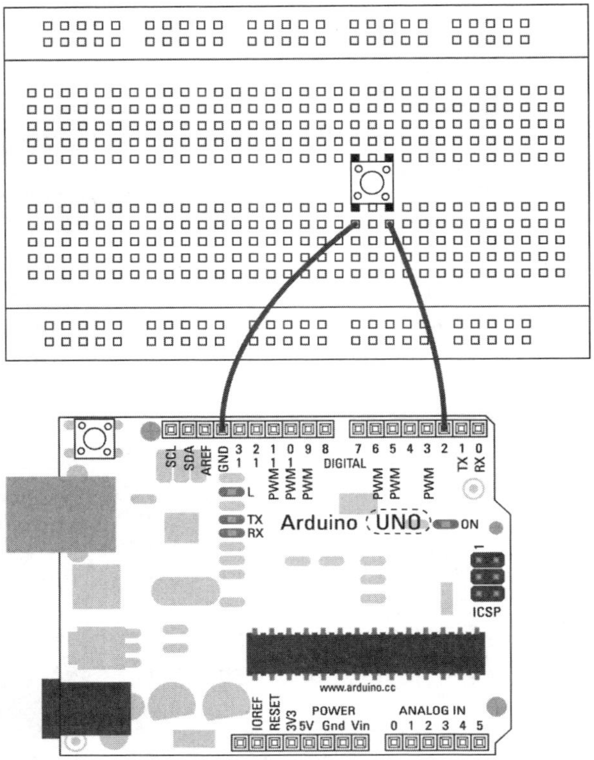

Figure 12-1 : Le schéma du circuit du bouton-poussoir.

- Une LED (optionnelle)
- Des straps

Terminez le circuit illustré sur les Figures 12-1 et 12-2 pour tester cette nouvelle version plus simple du bouton-poussoir utilisant le croquis Digital Pull-up.

N'OUBLIEZ PAS

La carte comporte déjà une LED associée à la broche 13, mais si vous souhaitez accentuer la sortie, une LED peut être insérée directement dans la broche 13 et dans sa broche GND voisine.

Complétez le circuit et choisissez Fichier→Exemples-→02. Digital→DigitalPutPullup pour récupérer le croquis Digital Input Pull-up.

Il ne vous aura pas échappé qu'une faute de frappe s'est insérée dans le titre de cet exemple. Il n'est pas courant dans les croquis Arduino de trouver ce type d'erreur, j'ai donc laissé les mots tels qu'ils apparaissent dans le logiciel afin d'éviter toute confusion.

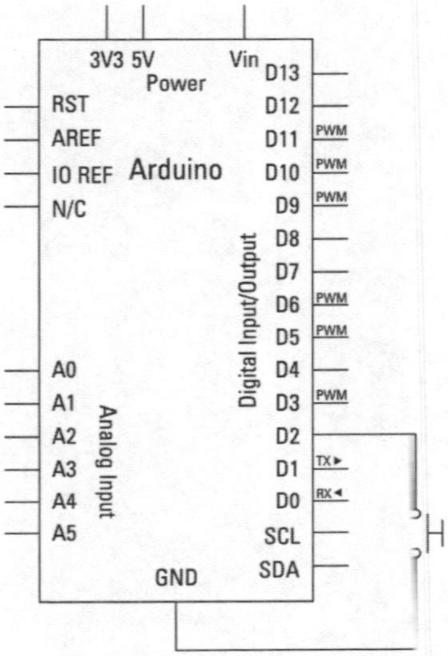

Figure 12-2 : Le diagramme du circuit d'un bouton-poussoir.

```
/*
Input Pullup Serial

Cet exemple illustre l'utilisation de pinMode(INPUT_PULLUP). Lit une entrée
numérique sur la broche 2 et affiche les résultats sur le moniteur en série.

Le circuit:

* Commutateur temporaire attaché à la broche 2
* LED intégrée sur la broche 13

Contrairement à pinMode(INPUT), pas de résistance pull-down nécessaire. Une
résistance interne de 20K-ohm est à 5V. Cette configuration fait lire à l'entrée
HIGH quand le commutateur est ouvert, et LOW quand il est fermé.

Créé le 14 Mars 2012
par Scott Fitzgerald

http://www.arduino.cc/en/Tutorial/InputPullupSerial

Ce code exemple est dans le domaine public

*/

void setup(){
```

```
  //commence la connexion en série
  Serial.begin(9600);
  //configure pin2 comme entrée et active la résistance pull-up interne
  pinMode(2, INPUT_PULLUP);
  pinMode(13, OUTPUT);

}

void loop(){
  //lit la valeur du bouton-poussoir dans une variable
  int sensorVal = digitalRead(2);
  //affiche la valeur du bouton-poussoir
  Serial.println(sensorVal);

  // N'oubliez pas que pullup signifie que la logique
  // du bouton-poussoir est inversée. Il vaut HIGH quand il est ouvert,
  // et LOW quand il est pressé. Active la broche 13 quand le
  // bouton est pressé, et se désactive quand il ne l'est pas:
  if (sensorVal == HIGH) {
  digitalWrite(13, LOW);
  }
  else {
   digitalWrite(13, HIGH);
  }
}
```

Comprendre le croquis DigitalInputPullup

Le croquis DigitalInputPullup est semblable au croquis du bouton standard à quelques différences près. Dans la configuration, une communication série est initiée pour rendre compte de l'état du bouton. Puis les `pinMode` correspondant à l'entrée et aux sorties sont renseignées. La broche 2 correspond à la broche de votre bouton, mais au lieu de la définir comme `INPUT`, vous utilisez ici `INPUT_PULLUP`, ce qui va activer la résistance interne pull-up. La broche 13 est définie comme sortie.

```
void setup(){
  //commence la connexion en série
  Serial.begin(9600);
  //configure pin2 comme entrée et active la résistance pull-up interne
  pinMode(2, INPUT_PULLUP);
  pinMode(13, OUTPUT);

}
```

```
Dans la boucle principale, la valeur de la broche pull-up est lue, puis stockée
dans une variable nommée sensorVal. Cette dernière est ensuite envoyée vers le
moniteur série pour indiquer que cette valeur est en train d'être lue. :void
loop(){
  //lit la valeur du bouton-poussoir dans une variable
  int sensorVal = digitalRead(2);
  //affiche la valeur du bouton-poussoir
  Serial.println(sensorVal);
```

Mais comme ici la logique est inversée, vous devez également inverser votre instruction if pour obtenir un comportement correct. La valeur `HIGH` correspond à ouvert et la valeur `LOW` à fermé. À l'intérieur de l'instruction `if()`, vous pouvez écrire toutes les actions à réaliser. Dans ce cas, la LED est éteinte, définie à LOW à chaque fois que la broche du bouton est ouverte (HIGH).

```
  // N'oubliez pas que pullup signifie que la logique
  // du bouton-poussoir est inversée. Il vaut HIGH quand il est ouvert,
  // et LOW quand il est pressé. Active la broche 13 quand le
  // bouton est pressé, et se désactive quand il ne l'est pas:
  if (sensorVal == HIGH) {
  digitalWrite(13, LOW);
  }
  else {
   digitalWrite(13, HIGH);
  }
}
```

Cette méthode est idéale pour les situations dans lesquelles vous ne disposez pas de suffisamment de composants. Elle vous permet également de réaliser un interrupteur avec seulement deux câbles. Cette fonctionnalité peut être employée avec toutes les broches digitales, mais uniquement pour les entrées.

Explorer les capteurs piézo

Au chapitre 8, vous avez appris à réaliser des sons en utilisant un buzzer piézo, vous devez savoir cependant qu'il est possible d'utiliser ce même composant en tant qu'entrée. Pour créer un son à partir du piézo, vous faites parcourir un courant à travers ce dernier pour le faire vibrer. Il s'ensuit donc, que si vous faites vibrer ce même piézo, vous allez générer une faible quantité de courant électrique. Ce dispositif est généralement appelé *capteur de choc* dans la mesure où il est utilisé pour mesurer les vibrations de la surface sur laquelle il est fixé.

Les piézos varient en taille, cette dernière détermine l'amplitude des vibrations qu'ils peuvent détecter. Les petits piézos sont extrêmement sensibles aux vibrations, le moindre choc les fera réagir au maximum de leur capacité. Les piézos de plus grandes tailles ont une portée plus large mais nécessitent plus de vibrations pour fournir une réponse. Il existe également des capteurs piézos faits spécialement pour détecter les déformations, les vibrations et les chocs. Leur coût est bien plus important que celui :d'un élément piézo classique, mais ils sont généralement composés d'un film flexible qui les rend beaucoup plus robuste.

Pour utiliser un piézo, tenez compte :

- **De la complexité** : Les piézos sont relativement simples à câbler, ils ne nécessitent qu'une résistance pour fonctionner dans un circuit. Le matériel composant le piézo lui-même est également relativement simple et ne nécessite que très peu de travail de votre part. Comme la moitié supérieure est composée d'une céramique fragile, il est souvent protégé par un boîtier en plastique, ce qui rend son montage plus simple et évite tout contact direct avec les joints de soudure fragiles situés sur la surface du piézo.
- **Du prix** : Les éléments piézo sont peu coûteux, leur prix va de 0,30 € pour les moins chers à 15 € pour les buzzers piézos de haute puissance. En tant qu'entrée, un élément piézo est préférable à un buzzer piézo plus spécifique. Les éléments piézos disposent généralement d'une base plus large ce qui les rend mieux adaptés à la création deux capteurs de choc, car ils fournissent une surface de contact plus grande.

  Les piézos sont généralement vendus moins cher par les grandes enseignes d'électronique. Cependant, comme ces dernières nécessitent que vous parcouriez leur vaste catalogue en ligne, vous trouverez peut-être plus simple de les acheter chez un détaillant où vous pourrez voir les produits et apprécier leurs différentes formes, style et protections.
- **De l'emplacement** : Comme ils sont très fragiles, les capteurs de choc ne sont généralement pas utilisés comme entrée directe. Il est donc préférable de les fixer sur une surface rigide en bois en plastique ou en métal et de laisser à cette dernière le soin de recevoir les chocs. Ainsi par exemple, un capteur de choc pourrait être fixé sur un escalier offrant ainsi une source d'information à la fois fiable, discrète et non intrusive.

Les piézos sont des capteurs simples et bon marché offrant une large variété d'usage. Vous pouvez les utiliser pour détecter les vibrations, ou de manière moins directe dans un jeu de batterie fait maison. Les exemples de cette section vous montrent comment câbler vos propres ensembles de capteurs piézos.

Implémenter le croquis Knock

Les capteurs de choc utilisent un élément piézo pour mesurer les vibrations. Lorsqu'un piézo vibre, il produit un courant qui peut être interprété par votre Arduino comme s'il s'agissait d'un signal analogique. Les éléments piézo sont généralement utilisés pour réaliser des alarmes qui à l'inverse, entrent en vibration lorsqu'elles sont traversées par un courant.

Il faut :

- Un Arduino Uno
- Une platine d'essais
- Un piézo
- Une résistance d'1MΩ
- Des straps

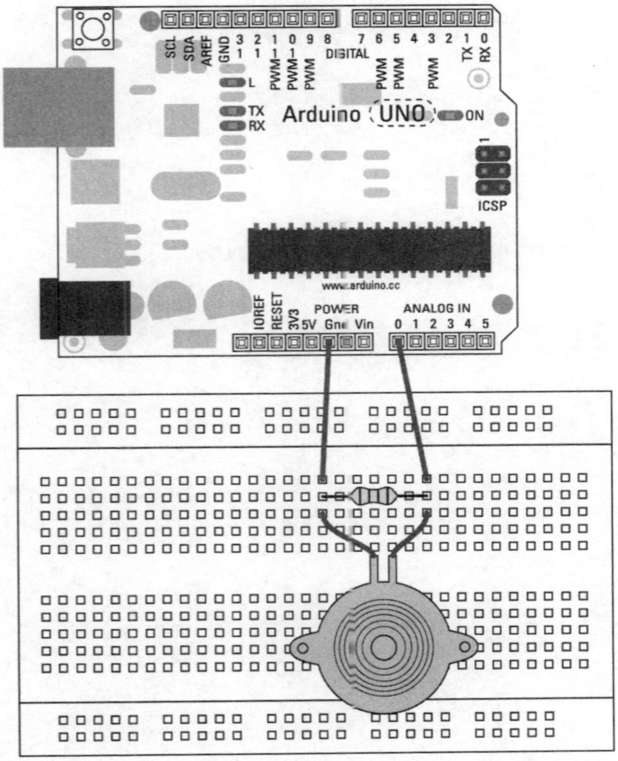

Figure 12-3 : Le schéma circuit deux capteurs de choc.

En vous basant sur le schéma et le diagramme des circuits des Figures 12-3 et 12-4, assemblez le circuit du capteur de choc. Le matériel de ce circuit est similaire à celui du croquis de buzzer piézo du chapitre 8, à ceci près qu'il est possible d'utiliser ici l'élément piézo en tant qu'entrée.

Réalisez le circuit et ouvrez un nouveau croquis Arduino. Choisissez Fichier→Exemples→06.Sensors→Knock dans le menu Arduino afin de charger le croquis.

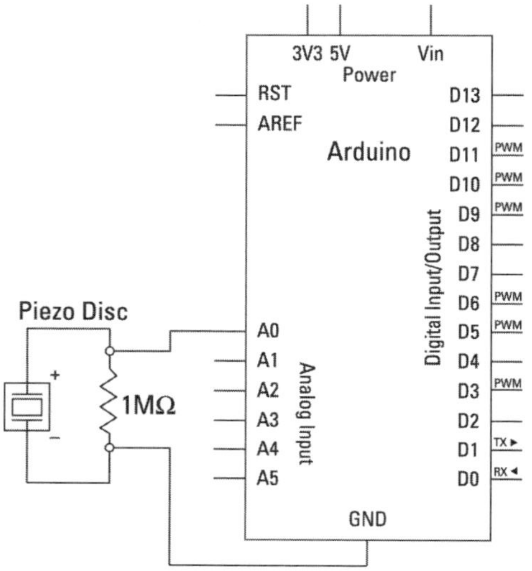

Figure 12-4 : Le diagramme du circuit de capteurs de choc.

```
/* Knock Sensor

Ce croquis lit un élément piézo pour détecter un son vibrant.
Il lit une broche analogique et compare le résultat pour définir un seuil.
Si le résultat est supérieur au seuil, il écrit le "knock" dans le port série,
et passe la LED sur la broche 13.

Le circuit:
* + connexion du piézo attachée à analogique dans 0
* - connexion du piézo
* résistance de 1-megaohm attachée de l'analogique dans 0

http://www.arduino.cc/en/Tutorial/Knock

créé le 25 Mars 2007
par David Cuartielles
```

```
modifié le 30 Août 2011
par Tom Igoe

Ce code exemple est dans le domaine public.
*
// Ces constantes ne changent pas:
const int ledPin = 13;        // LED connectée à la broche numérique 13
const int knockSensor = A0; // le piézo connecté à la broche analogique 0
const int threshold = 100;  // valeur du seuil pour déterminer si le son
                            // détecté est un choc ou non

// Ces variables changent:
int sensorReading = 0;      // variable pour stocker la valeur lue de la
                           // broche du capteur
int ledState = LOW;        // variable pour stocker le dernier état de LED,
                          // pour passer la lumière



void setup() {
  pinMode(ledPin, OUTPUT); // déclare ledPin comme OUTPUT
  Serial.begin(9600);      // utilise le port série
}

void loop() {
  // lit le capteur et le stocke dans la variable sensorReading:
  sensorReading = analogRead(knockSensor);

  // si la lecture du capteur est supérieure au seuil:
  if (sensorReading >= threshold) {
   // changer l'état de ledPin:
   ledState = !ledState;
  // mettre à jour la broche LED elle-même:
  digitalWrite(ledPin, ledState);
  // retourner "Knock!" à l'ordinateur, suivi de la nouvelle ligne
  Serial.println("Knock!");
 }
 delay(100); // délai pour éviter un dépassement du tampon
}
```

Appuyez sur le bouton Compilation pour vérifier le code. Cela met en surbrillance rouge toutes les erreurs grammaticales. Si le croquis se compile correctement, cliquez sur Téléverser pour sur votre carte. Lorsque le chargement est achevé, choisissez le moniteur série et donnez un bon coup sur la surface où se trouve votre piézo. Si cela fonctionne, vous devrez voir « Knock » s'afficher sur votre moniteur série pendant que la LED change.

Si rien ne se passe, revérifiez vos câblages :

- Assurez-vous d'utiliser le bon numéro de broche.
- Vérifiez les connexions sur la platine d'essais. Si les câbles ou les composants ne sont pas connectés sur les bonnes rangées de la platine, ils ne fonctionneront pas.

Comprendre le croquis Knock

Les premières déclarations sont des valeurs constantes, le numéro de la broche LED, le numéro de la broche du capteur de choc, et la valeur de seuil pour un choc. Les constantes définies ici ne changeront pas durant tout le croquis.

```
// Ces constantes ne changent pas:
const int ledPin = 13;        // LED connectée à la broche numérique 13
const int knockSensor = A0; // le piézo connecté à la broche analogique 0
const int threshold = 100;  // valeur du seuil pour déterminer si le son
                            // détecté est un choc ou non
```

Deux variables sont amenées à changer : la valeur courante du capteur et l'état de la LED.

```
// Ces variables changent:
int sensorReading = 0;      // variable pour stocker la valeur lue de la
                           // broche du •capteur
int ledState = LOW;        // variable pour stocker le dernier état de la LED,
                          // pour passer la lumière
```

Dans la configuration, la broche de la LED est définie en tant que sortie et le port série est ouvert pour la communication.

```
void setup() {
  pinMode(ledPin, OUTPUT); // déclare ledPin comme OUTPUT
  Serial.begin(9600);      // utilise le port série
}
```

La première ligne de la boucle lit la valeur analogique depuis la broche du capteur de choc.

```
void loop() {
  // lit le capteur et le stocke dans la variable sensorReading:
  sensorReading = analogRead(knockSensor);
```

Cette valeur est comparée à la valeur du seuil.

```
// si la lecture du capteur est supérieure au seuil:
if (sensorReading >= threshold) {
```

Si la valeur de `sensorReading` est supérieure ou égale à la valeur de seuil, l'état de la LED est passé de 0 à 1 en utilisant le symbole `NOT` (!). Le symbole ! dans ce cas est utilisé pour retourner la *valeur booléenne* opposée de `leadState` quelle que soit sa valeur courante. Comme vous le savez, les booléens valent soit 1 soit 0 (vrai ou faux), il en est de même pour les valeurs possibles de `leadState`. Cette ligne de code pourrait se lire comme « rendre `leadState` égale à toutes les valeurs qu'elle n'est pas. »

```
// changer l'état de ledPin:
ledState = !ledState;
```

La valeur `leadState` est ensuite envoyée vers la broche LED via `digitalWrite`. La fonction `digitalWrite` interprète la valeur 0 comme `LOW` et 1 comme `HIGH`.

```
// mettre à jour la broche LED elle-même:
digitalWrite(ledPin, ledState);
```

Enfin, le mot « Knock » est envoyé sur le port série suivi d'un court délai destiné à améliorer la stabilité.

```
  // retourner "Knock!" à l'ordinateur, suivi de la nouvelle ligne
  Serial.println("Knock!");
 }
 delay(100); // délai pour éviter un dépassement du tampon
}
```

Utiliser des capteurs de pression, de force et de charge

Trois capteurs apparemment relativement proches sont souvent confondus : *pression*, *force* et *charge*. En fait, le comportement de ces trois capteurs, et les données qu'ils fournissent, sont extrêmement différents. Aussi, il est important de connaître ces différences pour choisir le bon capteur adapté à la situation. Dans cette section, nous définirons chacun de ces trois capteurs et nous verrons lorsqu'il est important d'en utiliser un plutôt que l'autre.

Pour vos projets, tenez compte :

- **De la complexité** : Comme vous vous en doutez, la complexité augmente en fonction de la précision recherchée :

  - Les *plaquettes de pression* sont conçues pour détecter une pression appliquée sur une surface, il en existe une grande variété variant en qualité et en précision. Les plaquettes de pression les plus simples sont souvent mal nommées tant elles s'apparentent à de gros interrupteurs. Il s'agit en fait de deux couches de feuilles séparées par une couche de mousse avec des trous. Lorsque la mousse est écrasée, les contacts métalliques se touchent et ferment le circuit. Ce qui implique que ce type de capteur est capable de détecter le moment où un poids est suffisant pour enfoncer la mousse.

  - Pour obtenir plus de précisions, vous pouvez utiliser un *capteur de force*. Mais bien que le capteur de force soit suffisamment précis pour détecter un changement de poids, il ne l'est pas assez pour fournir une mesure précise. Ces capteurs se présentent généralement sous forme de résistances flexibles faites en PCB capable de modifier leur résistance lorsqu'une force leur est appliquée. La résistance elle-même se trouve sur une carte imprimée flexible et bien que cette dernière soit très, la protéger d'un contact direct est une bonne idée qui permet de prévenir les pliages et autres déchirures.

  - Si les plaquettes de pression sont à l'une des extrémités du spectre, de l'autre se trouvent les *capteurs de charge*. Ils fonctionnent à la manière des capteurs de force, en changeant leur résistance selon leur déformation. Dans la plupart des cas, un capteur de charge est fixé à une pièce rigide de métal. Ce type de capteur délivre un signal faible qui nécessite fréquemment un circuit d'amplification connu sous le nom de *pont Wheatstone*. Intégrer ce type de capteur est plus complexe, mais vous pouvez trouver des documents sur Internet qui vous guideront tout au long du processus.

- **Du prix** : Le coût de chacun de ces capteurs est relativement faible, et ce même pour ce qui concerne les plus sensibles d'entre eux. Des plaquettes de pression bon marché vous coûteront autour de 2 €, et comptez environ 12 € pour l'ensemble des éléments nécessaires au montage. Le prix d'un capteur de force se situe environ entre 6 et 20 €, mais il couvre une zone plus petite que les plaquettes, il vous en faudra donc peut-être plusieurs pour couvrir une grande surface. Les capteurs de charge sont également assez peu coûteux, comptez environ 8 €. À ces coûts peut s'ajouter un coût supplémentaire lié au temps nécessaire à la conception et à la réalisation du circuit.

- **De l'emplacement** : Le vrai défi avec tous ces capteurs réside dans leur protection. Dans le cas des plaquettes de pression et des résistances sensibles à la force, il est conseillé d'ajouter une bonne couche de mousse de rembourrage sur le côté qui recevra le choc. En fonction de la densité de la mousse, il faudra arbitrer entre la protection du capteur et sa capacité à délivrer une bonne information. En dessous du capteur, il faudra ajouter une base solide permettant de s'appuyer dessus mais, qu'il s'agisse du sol ou de la surface de contreplaqué, pensez à ajouter sur cette surface une couche de mousse sur la face extérieure afin de protéger le capteur. Pour la finition, un vinyle souple d'ameublement constitue une excellente option. Si vous voulez que des gens marchent sur le capteur, ajoutez par-dessus une planche de bois pour prendre la mousse en sandwich et mieux répartir les charges. Les capteurs de charge, quant à eux, doivent être placés en contact direct avec une surface rigide. Il vous faudra parfois quelques essais pour placer votre capteur au bon endroit, voire parfois même en utiliser plusieurs, pour calculer une moyenne.

Vous avez choisi votre capteur ? Maintenant vous devez comprendre la manière de l'utiliser :

- *Les plaquettes de pression* sont des circuits extrêmement simples, identiques à ceux des boutons-poussoirs. Le matériel d'une plaquette de pression est également très simple, si simple même que vous pouvez en réaliser une vous-même en utilisant une plaque de mousse entre deux contacts d'aluminium, une plaque protectrice et deux fils. Une alternative aux plaques métalliques consiste à utiliser un tissu ou un fil métallique qui est plus souple.
- Les *capteurs de force* sont également relativement simples à utiliser et peuvent prendre la place d'autres capteurs analogiques, capteur de luminosité ou de température par exemple, sur les circuits Arduino. La plage de force détectable peut varier, mais dans tous les cas, vous devrez normaliser cette force pour simplifier le code.
- Les *capteurs de charge* sont probablement les plus complexes lorsqu'ils sont utilisés pour obtenir une mesure fine. Ils nécessitent une circuiterie supplémentaire ainsi qu'un amplificateur afin que l'Arduino puisse prendre en compte leurs changements rapides de résistance. Ce sujet dépasse le cadre de ce livre, aussi si vous voulez en savoir plus, consultez votre ami Google en lançant une recherche.

Les capteurs de force, tout comme les autres résistances variables, peuvent donc facilement prendre la place des résistances dépendantes à la lumière et des potentiomètres. Dans cette section, nous verrons un exemple grâce auquel vous apprendrez à utiliser des résistances sensibles à la force pour créer un clavier de piano avec le croquis toneKeyboard.

Implémenter le croquis toneKeyboard

Vous pourriez penser qu'un bouton-poussoir est une entrée parfaite pour un clavier, cependant les résistances sensibles à la force nous offrent beaucoup plus de sensibilité au toucher. Au lieu de détecter une simple pression, vous pouvez également détecter l'intensité appliquée aux touches comme s'il s'agissait d'un piano traditionnel.

Il vous faut :

- Un Arduino Uno
- Une platine d'essais
- Trois résistances sensibles à la force

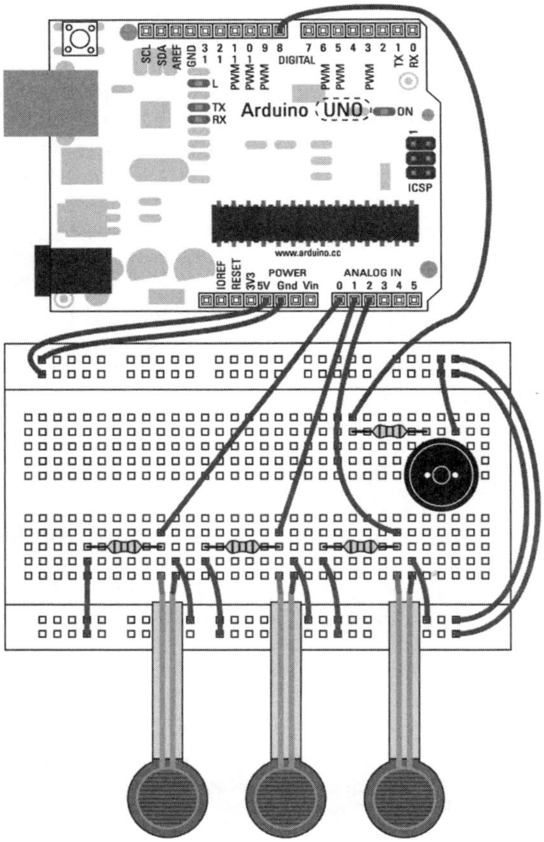

Figure 12-5 : Un schéma du circuit de boutons.

- Trois résistances de 10 kΩ
- Une résistance de 100 Ω
- Un élément piézo
- Des straps

En utilisant le schéma et le diagramme de circuit des Figures 12-5 et 12-6, disposez les résistances sensibles à la force et le piézo pour réaliser votre propre clavier.

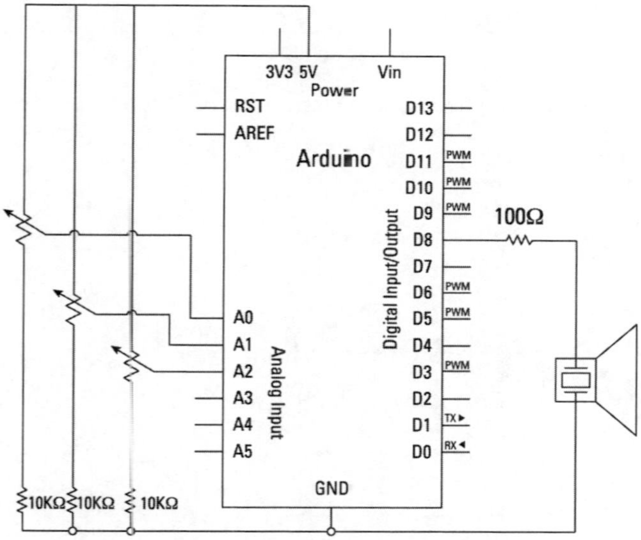

Figure 12-6 : Le diagramme du circuit de boutons.

Réalisez le circuit et ouvrez un nouveau croquis Arduino. Choisissez Fichier→Exemples→02.Digital→toneKeyBoard dans le menu Arduino pour charger le croquis.

```
/*

keyboard

Joue un morceau qui change en fonction d'un changement d'entrée analogique

circuit:
* 3 résistances sensibles à la force de +5V d'analogique de 0 à 5
* 3 résistances de 10K d'analogique de 0 à 5
```

```
* un haut-parleur de 8-ohms sur la broche numérique 8

Créé le 21 Janvier 2010
Modifié le 9 Avril 2012
par Tom Igoe

Ce code exemple est dans le domaine public.

http://arduino.cc/en/Tutorial/Tone3
*/
#include "pitches.h"

const int threshold = 10; // lecture minimale du capteur qui génère
                          // une note

// notes à jouer, correspondant aux trois capteurs:
int notes[] = {
  NOTE_A4, NOTE_B4,NOTE_C3 };

void setup() {

}

void loop() {
  for (int thisSensor = 0; thisSensor < 3; thisSensor++) {
  // récupère la lecture d'un capteur:
  int sensorReading = analogRead(thisSensor);

  // si le capteur est pressé assez fort:
  if (sensorReading > threshold) {
  // lit la note correspondant à ce capteur:
  tone(8, notes[thisSensor], 20);
  }
 }
}
```

Appuyez sur le bouton de compilation pour vérifier votre code. Le compilateur devrait surligner toute erreur grammaticale en rouge le cas échéant. Si le croquis se compile correctement, cliquez sur Téléverser pour envoyer le croquis sur votre carte. Lorsque le transfert est effectué, testez les touches pour vous assurer de leur bon fonctionnement. Vous êtes prêt à jouer.

Si rien ne se passe, revérifiez vos câblages :

- Assurez-vous d'utiliser le bon numéro de broche.
- Vérifiez les connexions sur la platine d'essais. Si les fils ou les composants ne sont pas connectés sur les bonnes rangées, cela ne fonctionnera pas.

Comprendre le croquis toneKeyBoard

Le croquis toneKeyBoard utilise la même table de notes que le croquis Melody du chapitre 8. La première ligne insère `pitches.h` qu'il vous faudra ouvrir dans un onglet séparé de celui du croquis principal.

```
#include "pitches.h"
```

Un seuil faible de 10 (sur une amplitude de 1024) est défini pour éliminer les résultats trop faibles provenant du bruit de fond.

```
const int threshold = 10; // lecture minimale du capteur qui génère
                          // une note
```

```
Les notes de chaque capteur sont stockées dans un tableau dont les valeurs (0,
1 et 2) correspondent aux numéros des entrées des broches analogiques (A0,
A1 et A2). Vous pouvez modifier la valeur des notes contenues dans ce tableau
manuellement en utilisant la table de référence du fichier pitches.h. :// notes
à jouer, correspondant aux trois capteurs:
int notes[] = {
  NOTE_A4, NOTE_B4,NOTE_C3 };
```

Dans la configuration, il n'y a rien à définir, car les broches analogiques d'entrée sont définies par défaut.

```
void setup() { }
```

Dans la boucle principale, une boucle `for()` est parcourue pour les nombres allant de 0 à 2.

```
void loop() {
  for (int thisSensor = 0; thisSensor < 3; thisSensor++) {
```

La valeur de la boucle `for()` est utilisée en tant que numéro de broche, et cette valeur est stockée temporairement dans `sensorReading`.

```
  // récupère la lecture d'un capteur:
  int sensorReading = analogRead(thisSensor);
```

Si la valeur lue est plus grande que le seuil, la note correspondant au capteur est jouée

```
    // si le capteur est pressé assez fort:
    if (sensorReading > threshold) {
    // lit la note correspondant à ce capteur:
    tone(8, notes[thisSensor], 20);
    }
  }
}
```

Comme la boucle s'effectue très rapidement, les délais de lecture des capteurs ne sont pas perceptibles.

Captiver !

Les capteurs capacitifs détectent les modifications dans les champs électromagnétiques. Toutes choses vivantes ont un champ électromagnétique – vous y compris. Les capteurs capacitifs sont extrêmement utiles car ils sont en mesure de détecter un contact humain tout en ignorant les autres facteurs environnementaux. Vous vous êtes probablement déjà familiarisé avec des capteurs capacitifs haut de gamme car ces derniers sont présents sur la plupart des smartphones. Vous pouvez obtenir des kits Arduino intégrant des capteurs capacitifs tels que Capacitive Touch Keypads que vous pourrez brancher facilement. Mais il est tout aussi simple de réaliser votre propre capteur capacitif avec un Arduino et une antenne.

Lors de votre planification, tenez compte :

- **De la complexité** : Comme seule une antenne est requise, vous pouvez être très créatif en ce qui concerne sa nature et son emplacement. Des fils de bandes de cuivre conviennent parfaitement pour de simples capteurs. Comme un morceau d'une bande de cuivre se transforme soudainement en contact tactile, vous n'avez plus besoin de bouton-poussoir pour réaliser la même fonctionnalité. Vous pouvez même connecter une antenne à un objet métallique plus grand tel qu'une lampe pour la transformer instantanément en lampe tactile.

  Si l'antenne est faite à partir d'une bobine de fil ou d'un morceau d'aluminium, vous pouvez aller au-delà de la simple détection tactile, en réalisant un détecteur connu sous le nom de capteur capacitif projeté. Vous pouvez ainsi détecter les mains d'une personne à plusieurs centimètres de l'antenne, ce qui crée un grand nombre de nouvelles possibilités et permet de masquer les capteurs derrière d'autres matériaux. Ces capteurs capacitifs discrets sont de nos jours communément rencontrés sur de nombreux appareils électroniques dans le but de supprimer les boutons physiques et de donner un aspect plus élégant aux produits.

Récupérer la bibliothèque CapSense

La bibliothèque CapSense est disponible sur GitHub. GitHub est un dépôt en ligne de logiciels qui gère les différentes versions et vous permet de voir qui a mis à jour le logiciel et quelles sont les modifications qui ont été faites. C'est un excellent système de partage et de collaboration dédié au code. Vous pouvez retrouver la plateforme Arduino sur GitHub. Pour cela :

1. **Rendez-vous avec votre navigateur sur la page GitHub de CapSense à l'adresse :** `https://github.com/moderndevice/CapSense`.
2. **Sur la page de CapSense, cliquez sur le bouton Download Zip.**

   Ce bouton a l'image d'un nuage et le mot ZIP.

   Cette opération va télécharger la dernière version de la bibliothèque dans votre dossier de téléchargement ou tout autre dossier de votre choix.

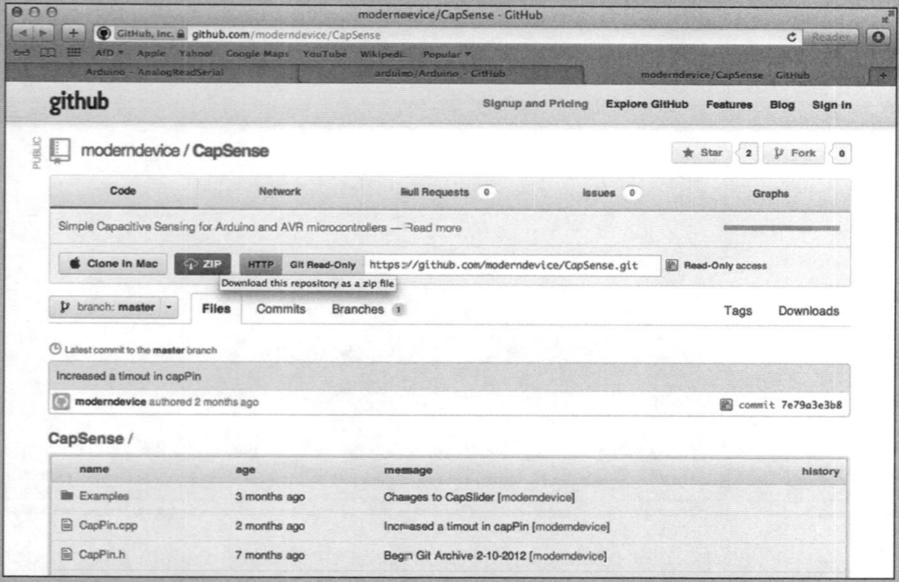

3. **Renommez le dossier « CapSense.»**

   À l'intérieur de ce dernier, vous devriez voir un bon nombre de fichiers dont les noms se terminent par `.h` et `.cpp` ainsi qu'un dossier « Examples » .
4. **Déplacez le dossier complet vers votre répertoire de bibliothèques Arduino.**

   Ce dossier devrait correspondre à celui où vos croquis sont enregistrés, par exemple Username/Documents/Arduino/librairies. Si vous ne disposez pas d'un répertoire de bibliothèque, créez-en un.

Vous pouvez retrouver le répertoire de sauvegarde Arduino en choisissant Arduino→Préférences depuis la barre de menus Arduino. Lorsque la bibliothèque CapSense se trouve dans ce dossier, elle sera disponible dès la prochaine ouverture Arduino.

5. **Lancez ou relancez Arduino, puis allez sur Croquis→Importer biliothèques via le menu Arduino.**

   Recherchez CapSence parmi les bibliothèques proposées. Si elle ne s'y trouve pas, vérifiez les noms de vos bibliothèques et relancez Arduino.

Cela permet également de protéger l'électronique en la plaçant derrière des matériaux résistants.

Les capteurs capacitifs tactiles sont simples à réaliser. La vraie difficulté se pose avec les capteurs projetés pour lesquels il faut ajuster la portée du champ. La meilleure façon d'y parvenir passe par l'expérimentation et les tests.

- **Du prix** : Un kit capacitif tactile conçu pour une tâche spécifique coûte environ de 12 à 20 €. Il remplit bien son office, mais il reste limité en ce qui concerne la conception de l'interface. Il existe une console de gestion de capteur capacitif produit par Sparkfun qui pour environ 8 €

vous permet de contrôler jusqu'à 12 capteurs capacitifs. Vous devrez réaliser la surface tactile vous-même, mais vous serez libre de créer une interface qui convient exactement à votre projet.

L'option la moins coûteuse consiste à utiliser la bibliothèque CapSense d'Arduino qui vous permet de créer un capteur capacitif avec uniquement une antenne !

- **De l'emplacement** : Les capteurs capacitifs tactiles fonctionnent avec tous les métaux conducteurs . Ainsi, si vous êtes en mesure de concevoir une coque élégante, il ne vous restera plus qu'à la connecter à votre Arduino. Si vous recherchez quelque chose de plus discret, testez différents types de bois ou de plastique qui masqueront votre antenne métallique. Une fine couche de contreplaqué permet au métal d'être proche de la surface et de déclencher le capteur. En recouvrant l'antenne avec une surface non conductrice, vous la dotez d'une propriété quasiment magique, celle de surprendre les utilisateurs qui se demanderont comment le dispositif fonctionne.

Le moyen le plus simple pour réaliser un capteur capacitif est d'utiliser la bibliothèque CapSense de Paul Badger. En utilisant la bibliothèque CapSense (voir l'encadré ci-dessus), vous pouvez tout à fait faire disparaître tous les commutateurs mécaniques pour les remplacer par de très robustes capteurs tactiles capacitifs ou encore des détecteurs de présence capacitifs.

Implémenter le croquis CapPinSketch

Pour ce projet, il faut :

- Un Arduino Uno
- Un fil d'antenne
- Des pinces crocodiles (optionnelles)

Comme vous pouvez le voir sur la photo de la Figure 12-7, cela nécessite peu de travail. Vous pouvez vous contenter d'un simple fil connecté sur la broche 5, vous pouvez ensuite agrandir le dispositif en le connectant sur n'importe quelle autre surface conductrice. Les pinces crocodiles permettent de maintenir facilement différents types d'antennes.

Si la bibliothèque CapSense est reconnue, le dossier exemple à l'intérieur devrait l'être également. Réalisez le circuit et choisissez Fichier→Exemples→CapSense→Exemples→CapPinSketch dans le menu Arduino afin de charger le croquis.

Figure 12-7 : Une photo d'un capteur capacitif DIY.

```
#include <CapPin.h>
/* CapPin
* Capacitive Library CapPin Demo Sketch
* Paul Badger 2011
* Cette classe utilise les résistances pull-up intégrées qui lisent la capacité
* d'une broche La broche est définie comme entrée et le pullup est défini,
* Le tour de boucle correspond au passage de la broche à HIGH.
* La méthode readPin est rapide et peut être lue 1000 fois en moins de 10 ms.
* En lisant la broche de manière répétée, vous pouvez capter "la pression de la
* main" à petite échelle avec un petit capteur. Un capteur plus grand (une
* pièce de métal) retournera des valeurs plus grandes et pourra capter une plus
* grande distance. Pour une méthode plus sensitive, voir la méthode CapTouch
* Branchez un fil avec ou sans un morceau d'aluminium attaché à la broche.
* Couvrir le capteur d'aluminium, de papier ou tout autre isolant est,
* conseillé pour éviter que les utilisateurs touchent directement la broche.
*/

CapPin cPin_5 = CapPin(5);    // lit la broche 5

float smoothed;
```

```
void setup()
{

   Serial.begin(115200);
   Serial.println("start");
   // slider_2_7.calibrateSlider();

 }

 void loop()
 {
   delay(1);
   long total1 = 0;
   long start = millis();
   long total = cPin_5.readPin(2000);


  // simple filtre pour éliminer tout vacillement
  // change paramètre (0 est min, .99 est max)
  smoothed = smooth(total, .8, smoothed);


Serial.print( millis() - start); // temps d'exécution en mS
Serial.print("\t");
Serial.print(total);            // total de la rangée
Serial.print("\t");
Serial.println((int) smoothed); // lissé
   delay(5);
}

// simple filtre
// requiert de recycler la sortie dans le paramètre "smoothedVal"
int smooth(int data, float filterVal, float smoothedVal){

   if (filterVal > 1){ // vérifie si les paramètres sont dans la plage de valeurs
     filterVal = .999999;
   }
   else if (filterVal <= 0){
     filterVal = 0;
  }

   smoothedVal = (data * (1 - filterVal)) + (smoothedVal * filterVal);

  return (int)smoothedVal;
}
```

Appuyez sur le bouton de compilation pour vérifier votre code. Le compilateur vous indiquera en rouge toute erreur grammaticale éventuelle. Si le croquis se compile correctement, cliquez sur Téléverser pour l'envoyer vers votre carte. Lorsque le chargement est achevé, ouvrez le moniteur série et effleurez ou approchez-vous de l'antenne. Vous devriez voir deux valeurs apparaître sur votre écran. Sur la gauche, la valeur brute en train d'être lue ; sur la droite, la valeur correspondante une fois lissée.

Si rien ne se passe, revérifiez vos câblages :

- Assurez-vous d'utiliser le bon numéro de broche.
- Vérifiez les connexions sur la platine d'essais. Si les fils ou les composants ne sont pas connectés sur les bonnes rangées, cela ne fonctionnera pas.

Comprendre le croquis CapPinSketch

Au démarrage du croquis, dans les déclarations, un nouvel objet CapPin est instancié. Notez que `cPin_5` correspond au nom de l'objet et qu'il est assigné à la broche 5 via `CapPin(5)`.

```
CapPin cPin_5 = CapPin(5);   // lit la broche 5
```

Une variable de type `float` nommée `smoothed` est déclarée pour stocker la valeur du capteur une fois cette dernière traitée.

```
float smoothed ;
```

```
Dans la configuration, la communication série est initiée pour utiliser la
vitesse la plus rapide disponible pour Arduino qui correspond à 115200 bauds.
Le message « start » est ensuite envoyé pour vous indiquer que le port série
est bien connecté. :void setup()
{

  Serial.begin(115200);
  Serial.println("start");
```

La ligne commentée ci-dessous n'est pas utilisée dans ce croquis, mais elle est référencée dans d'autres exemples de CapSense. Nous n'en parlerons pas dans cet exemple, mais elle pourra être *décommentée* afin d'inclure d'autres fonctions de calibrage contenues dans la bibliothèque.

Qu'est-ce qu'une valeur flottante ?

Un float, ou nombre à virgule flottante, est un nombre contenant une partie décimale. Les variables peuvent être définies sous forme de nombre à virgule flottante plutôt que sous forme de nombres entiers. Cela peut s'avérer préférable dans certaines situations, comme dans le cas où vous prélevez une valeur capacitive extrêmement précise. Cependant, le traitement des flottants prend plus de temps que celui des entiers et doit être évité dans la mesure du possible.

```
// slider_2_7.calibrateSlider );

}
```

Dans ce croquis, de nombreuses variables sont déclarées localement. En effet, comme elles ne sont pas nécessaires en dehors de la boucle, elles sont supprimées et redéclarées après chaque tour de boucle.

En premier lieu, un délai d'une milliseconde est ajouté pour améliorer la stabilité de la lecture :

```
void loop()
{

  delay(1);
```

Ensuite, une variable `totall` de type long est déclarée. Cette variable peut prêter à confusion car le *L* minuscule et la valeur numérique 1 se ressemblent beaucoup avec la plupart des polices de caractère. De plus, elle ne semble pas être utilisée dans ce croquis et doit sans doute être un reliquat des versions précédentes.

```
long totall = 0;
```

La variable de type `long` suivante reçoit la valeur fournie par `millis()`. Comme il s'agit d'une variable locale, sa valeur est réinitialisée à chaque tour.

```
long start = millis();
```

La fonction spécifique `.readPin()` lit la broche capacitive.

```
long total = cPin_5.readPin(2000);
```

Si vous souhaitez explorer ce code plus en détail, reportez-vous aux fichiers capPin.ccp de la bibliothèque CapSense. À première vue, cela semble déconcertant, mais en observant la ligne ci-dessous, vous pouvez voir que cette valeur correspond au nombre d'échantillons fait par l'Arduino à partir de la lecture.

```
long CapPin::readPin(unsigned int samples)
```

Éditer et modifier le fonctionnement interne des bibliothèques n'est pas recommandé aux débutants, même s'il est toujours bon de savoir ce qui se passe exactement dans votre code afin d'en avoir une meilleure compréhension.

Une fonction de lissage est également incluse dans ce croquis. Cette fonction récupère les valeurs brutes lues depuis le capteur, les lisse et fournit de nouvelles valeurs en sortie. À présent, elle est définie à 0,8. Mais n'hésitez pas à tester et à modifier cette valeur pour trouver le taux de lissage approprié à votre application. Ce taux dépend de la vitesse à laquelle la boucle est complétée et du nombre de lectures réalisées durant cette période, n'oubliez pas ce point si vous envisagez d'ajouter de nombreux autres contrôles d'autres entrées.

```
// simple filtre pour éliminer tout vacillement
// change paramètre (0 est min, .99 est max)
smoothed = smooth(total, .8, smoothed);
```

Enfin, les valeurs sont écrites sur le port série afin de pouvoir les consulter. millis()-start nous donne la durée nécessaire à la récupération d'une lecture. Si plus d'échantillons sont prélevés ou si des délais quelconques sont ajoutés au code, cela augmentera en conséquence le temps nécessaire pour terminer un tour de boucle et de ce fait la réactivité du capteur.

```
serial.print( millis() - start); // temps d'exécution en ms
```

```
Des tabulations sont ajoutées afin d'espacer les valeurs. Le total et les va-
leurs lissées sont tous deux affichés afin de pouvoir les comparer. Vous note-
rez peut-être un léger délai dans le temps de réponse de ces valeurs. Ce délai
indique que votre Arduino est en train de lire des valeurs supplémentaires afin
de réaliser un lissage. Cependant, ce délai est normalement à peine perceptible
car la vitesse en bauds configurée pour le capteur est très élevée. :Serial.
print("\t");
Serial.print(total);            // total de la rangée
Serial.print("\t");
Serial.println((int) smoothed); // lissé
   delay(5);
```

Tout en bas du croquis, en dehors de la boucle principale, se trouve une fonction supplémentaire. Il s'agit d'un filtre passe-bas qui vous renvoie une valeur lissée. Comme vous pouvez le constater, cette fonction ne commence pas ici par `void` comme c'était le cas pour `setup()` et `loop()` mais par `int`. Cette syntaxe indique que la fonction retournera une valeur entière.

```
// simple filtre
// requiert de recycler la sortie dans le paramètre "smoothedVal"
int smooth(int data, float filterVal, float smoothedVal){

  if (filterVal > 1){ // vérifie si les paramètres sont dans la plage de valeurs
    filterVal = .999999;
  }
  else if (filterVal <= 0){
    filterVal = 0;
  }

  smoothedVal = (data * (1 - filterVal)) + (smoothedVal * filterVal);

  return (int)smoothedVal;
}
```

Déclencher des lasers

Les faisceaux laser déclencheurs sont constitués de deux parties, une source de lumière laser et un capteur de lumière. Comme vous avez dû l'apprendre dans les films, lorsqu'un faisceau est rompu, une alarme se déclenche et les gardiens accourent. Avec un Arduino, vous pouvez réaliser un tel dispositif très simplement et déclencher avec tout ce que vous voulez. Mais plutôt que d'acheter un système de sécurité dernier cri, vous pouvez le fabriquer vous-même en utilisant quelques composants simples. :Pour cette réalisation, tenez compte :

- **De la complexité** : Les lasers constituent un sujet délicat car il existe des risques potentiels à les manipuler. Mais au lieu de mettre en danger votre vue ou de passer plusieurs années à les étudier, essayez plutôt des composants qui ont déjà été testés certifiés et assemblés sous forme de produits. Les stylos laser et les pointeurs laser par exemple sont largement répandus et relativement peu chers. Ils font généralement partie des lasers de classe 1, ce qui correspond à des lasers visibles et sûrs si l'on en fait un usage normal. Cependant, il est conseillé de vérifier les spécifications de votre laser afin de vous assurer qu'il est bien adapté à votre public et à son environnement. Les adultes sont normalement assez avisés pour ne pas regarder directement un laser, mais redoubler de prudence avec les enfants. Comme les faisceaux laser sont très précis, le mieux est d'en choisir un disposant d'un large capteur afin d'avoir une grande surface à viser. La seule difficulté supplémentaire apportée par ce type de capteur peut provenir de son alimentation. Un pointeur laser est généralement alimenté par des piles, vous risquez donc d'avoir à remplacer ces dernières fréquemment à moins de les remplacer par une alimentation externe de puissance égale.

Afin de pouvoir les utiliser en extérieur, je vous suggère de protéger le capteur et le laser dans des boîtiers. Pour faciliter leur alignement et ajouter une certaine touche, je vous suggère également de monter ces boîtiers sur des minitrépieds.

- **Du prix** : Pour environ 12 €, vous pouvez acquérir un petit pointeur laser discret. Les principales différences entre les modèles de pointeurs résident dans le type de piles qu'ils utilisent et dans la couleur de leur faisceau. Un capteur de lumière coûte environ de 0,50 € à 2 euros en fonction de sa taille. Comptez environ 5 € pour un boîtier est de 6 à 8 € pour un trépied.
- **De l'emplacement** : Disposez le déclencheur aussi bas que possible afin d'éviter tout contact des yeux avec le laser. Ce dispositif de laser fait d'excellents déclencheurs de caméras, vous trouverez des exemples dans le chapitre bonus de ce livre à l'adresse `www.dummies.com/go/aduinofd`.

Un déclencheur laser est une amélioration d'un détecteur de luminosité conventionnelle. Grâce à sa capacité de fournir une source lumineuse plus intense et mieux contrôlée, vous pouvez améliorer la précision de ces derniers.

Dans cet exemple, nous utilisons un laser pour tirer le meilleur parti d'un détecteur de lumière. Grâce au circuit DigitalInOutSerial, nous pouvons surveiller la réponse de nos capteurs lorsqu'ils sont :heurtés par le laser et détecter le moment où le laser est obscurci. Grâce à ces informations, vous pouvez alors déclencher autant de sorties que vous le souhaitez.

Implémenter le croquis DigitalInOutSerial

Il vous faut :

- Un Arduino Uno
- Une platine d'essais
- Un détecteur de lumière
- Une LED

- Une résistance de 10 kΩ
- Une résistance de 220 Ω
- Des straps

Réalisez le circuit illustré au schéma des Figures 12-8 et 12-9 correspondant à la partie réceptrice. Le stylo laser peut être alimenté soit par piles, soit en étant relié à un transformateur de voltage équivalent à ces dernières. Pour obtenir plus de détails sur le choix d'un transformateur, reportez-vous au chapitre 15.

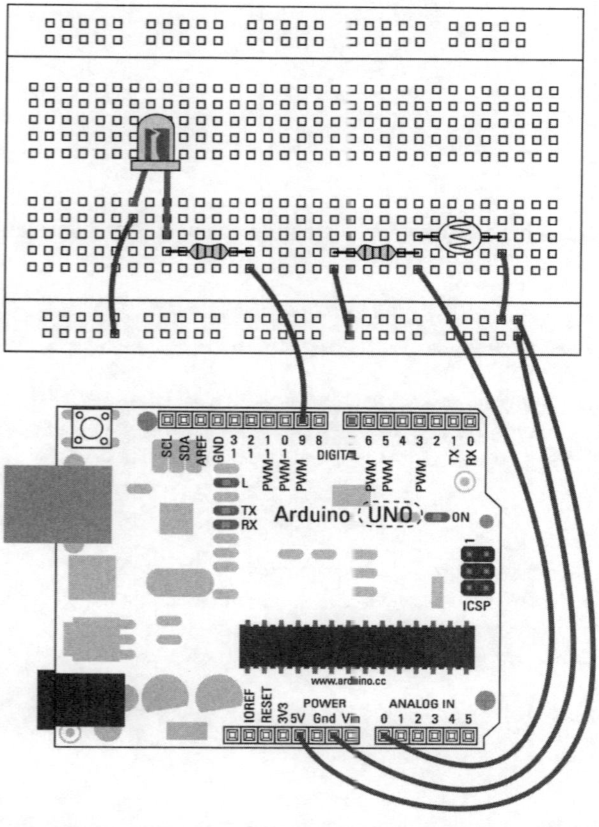

Figure 12-8 : Le schéma d'un circuit d'une entrée analogique et d'une sortie LED.

Choisissez Fichier→Exemples→03.Analog→AnalogInOutSerial depuis le menu Arduino pour charger le croquis.

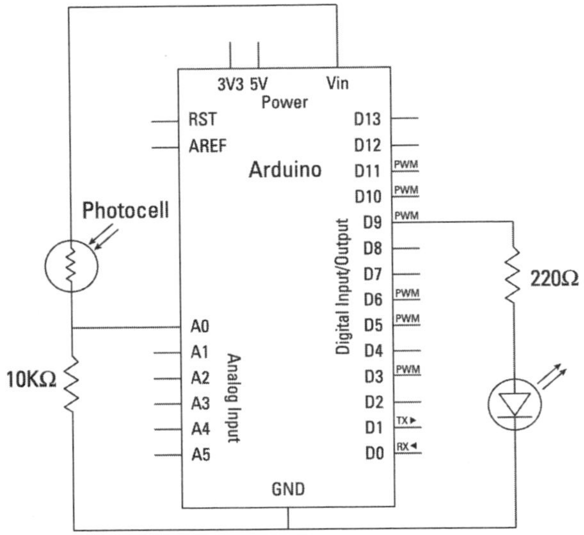

Figure 12-9 : Le diagramme d'un circuit d'une entrée analogique et d'une sortie LED.

```
/*
 Entrée analogique, sortie analogique, Sortie série

Lit la broche de l'entrée analogique, compare le résultat dans une plage de 0
à  255 et utilise le résultat pour définir la modulation PWM d'une broche de
sortie. Affiche aussi le résultat sur l'écran série.

Le circuit:

* potentiomètre connecté à la broche analogique 0.
Broche centrale du potentiomètre va sur la broche analogique.
Broches latérales du potentiomètre vont sur +5V
*  LED connectée de la broche numérique 9

Créé le 29 Déc. 2008
modifié le 9 Avr 2012
par Tom Igoe

Ce code exemple est dans le domaine public.

*/

// Ces constantes ne changent pas. Elles servent à nommer
// les broches utilisées:
const int analogInPin = A0; // broche d'entrée analogique à laquelle
```

```
                    le potentiomètre est attaché
const int analogOutPin = 9;  // broche de sortie analogique à laquelle est
                     attachée la LED

int sensorValue = 0;        // valeur lue dans le pot
int outputValue = 0;       // valeur de sortie dans la PWM (sortie analogique)

void setup() {
  // initialise des communications série à 9600 bps:
Serial.begin(9600);
}


void loop() {
  // lit l'analogique en valeur:
  sensorValue = analogRead(analogInPin);
  // la compare à la plage de la sortie analogique:
  outputValue = map(sensorValue, 0, 1023, 0, 255);
  // change la valeur de la sortie analogique:
  analogWrite(analogOutPin, outputValue);

  // affiche les résultats sur le moniteur série:
  Serial.print("sensor = " );
  Serial.print(sensorValue);
  Serial.print("\t output = ");
  Serial.println(outputValue);
  // attend 2 millisecondes avant le prochain tour de boucle
  // pour que le convertisseur analogique-numérique se règle
  // après la dernière lecture:
  delay(2);
}
```

Cliquez sur le bouton de compilation pour vérifier votre code. Le compilateur indiquera en rouge les erreurs grammaticales qu'il rencontrera. Si le croquis se compile correctement, cliquez sur Téléverser pour le transférer vers votre carte. Cela fait, disposez votre laser de manière à ce qu'il cible le centre du capteur de lumière. :Vous devriez pouvoir lire sur le moniteur série les valeurs maximales. En obstruant le faisceau, ces valeurs diminuent et la LED indique cet événement. :Lorsque ces valeurs descendent en dessous d'un certain seuil, vous pouvez déclencher toutes sortes d'actions.

Si rien ne se passe, revérifiez vos câblages :

- Assurez-vous d'utiliser le bon numéro de broches.
- Vérifiez les connexions sur la platine d'essais. Si les câbles ou les composants ne sont pas connectés à la bonne rangée de la platine, ils ne fonctionneront pas.

Comprendre le croquis AnalogInOutSerial

Pour obtenir plus de détails sur le fonctionnement de ce croquis, reportez-vous aux notes AnalogInOutSerial du chapitre 7. Vous trouverez également des suggestions concernant le lissage et le calibrage de différents croquis au chapitre 11.

Détecter le mouvement

Un capteur infrarouge passif (PIR) est un capteur que l'on rencontre communément dans certaines maisons et locaux commerciaux. Vous avez pu voir ce capteur disposé dans le coin d'une pièce se mettre à clignoter en rouge dès qu'il détecte le mouvement d'une personne. Il détecte la chaleur dégagée par les personnes, les animaux ou toute autre source de radiations infrarouges. Les radiations infrarouges sont invisibles aux yeux humains, :même s'il ne pose aucun problème au capteur. Le capteur lui-même est semblable à ceux que l'on trouve dans les caméras numériques à ceci près qu'il ne dispose pas de lentilles complexes pour capturer les détails d'une image. En fait, un capteur PIR se situe quelque part entre un capteur de lumière de haute résolution et une caméra basse résolution. Ce type de capteur dispose de lentilles simples conçues pour lui fournir un grand angle de vue.

Plus fréquemment, ce type de capteur est utilisé pour la détection de mouvements par des alarmes anticambriolage. En fait, au lieu de détecter les mouvements, il détecte les changements de température. Mais, si ces modifications de température peuvent déclencher un système d'alarme ou tout autre dispositif, ce type de dispositif est avant tout conçu pour détecter les modifications dans un environnement.

Il existe deux moyens d'obtenir un capteur PIR. Le premier consiste à démonter une alarme anti-intrusion, qui contient généralement une lentille et un capteur. Mais ce dernier peut être difficile à identifier. La seconde méthode est d'en acheter un spécifiquement conçu pour un projet de microcontrôleur. Ce type de capteur est généralement fourni sous forme d'un objectif ressemblant à une balle de ping-pong surmontant une barre contenant une carte nue. Ce dernier est plus simple d'utilisation, nous détaillerons ces composants bien connus plus loin dans cette section. :Lors de votre conception, tenez compte :

- **De la complexité** : Il peut s'avérer difficile de détourner un capteur PIR existant conçu pour un usage spécifique. L'un des avantages d'utiliser ce type de capteur réside dans le fait qu'il est prépackagé, ce qui réduit le temps nécessaire à l'assemblage des composants. Les systèmes préfabriqués sont conçus pour être simples à installer. Ils offrent un calibrage manuel en proposant un potentiomètre ajustable par un simple tournevis. Cela permet un réglage à la volée bien plus rapide qu'un rechargement des données.

Si vous utilisez un capteur PIR qui n'est pas déjà prépackagé, les aspects matériels et logiciels vous paraîtront beaucoup plus simples, mais il vous faudra un peu de réflexion pour créer un boîtier de protection. Certains capteurs PIR disposent de leur propre logique embarquée et fonctionnent à la manière d'un commutateur, prenant l'état `HIGH` lorsqu'un mouvement survient. Ce type de capteur nécessite une phase de calibrage pour identifier la différence entre un changement et la normale.

- **Du prix** : Un capteur PIR courant coûte entre 12 et 35 €. Le coût principal réside dans le boîtier qui reçoit généralement un aspect discret high-tech. Les capteurs PIR ne coûtent qu'une fraction de ce prix (environ 8 €), mais il faudra leur ajouter un boîtier supplémentaire pour qu'ils soient d'une quelconque utilité.
- **De l'emplacement** : De nombreux boîtiers vous permettent d'apposer les capteurs directement sur un mur. Vous pouvez également envisager de les installer sur des minitrépieds afin de les orienter. Certains trépieds sont équipés d'une ventouse de montage qui permet de les fixer sur des surfaces lisses telles que des vitres.

La plupart des capteurs PIR sont directement prêts à l'emploi. Il suffit de les alimenter. Ils sont capables de se calibrer eux-mêmes en fonction de ce qu'ils peuvent voir, puis ils vous envoient une valeur `HIGH` ou `LOW` lorsqu'ils détectent un changement. Ce qui les rend extrêmement simples d'utilisation, car ils fonctionnent avec le même type de signal qu'un bouton-poussoir.

Implémenter le croquis DigitalReadSerial

Dans cet exemple, vous allez apprendre à utiliser le SE-10, il s'agit d'un capteur PIR disponible chez les principaux revendeurs Arduino. Ce capteur PIR particulier dispose de trois fils : un rouge, un marron, et un noir. Le fil rouge correspond à la source d'alimentation et doit être connecté au 5 V. Curieusement, le fil noir correspond au signal et non à la masse (voir la Figure 12-10 ; le fil noir est celui le plus à gauche, le marron est celui du milieu et le rouge est celui de droite). Le marron doit être relié à la masse et le noir à la broche 2.

La broche du signal correspond à un collecteur ouvert et doit être branchée en position active `HIGH`. Pour cela, utilisez une résistance de 10kΩ pour la connecter sur 5 V. La broche reçoit `HIGH` lorsqu'il n'y a pas de mouvement et `LOW` lorsqu'un mouvement est détecté.

Il vous faut :

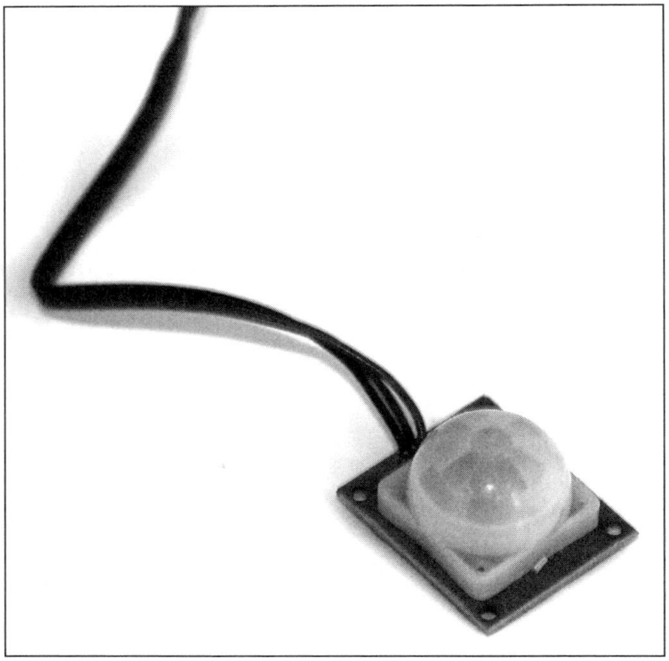

Figure 12-10 : Le SE-10 et son étrange code couleur.

- Un Arduino Uno
- Une platine d'essais
- Un capteur PIR SE-10
- Une résistance de 10 kΩ
- Des straps

Réalisez le circuit comme l'indiquent le schéma et le diagramme illustrés aux Figures 12-11 et 12-12.

Réalisez le circuit et choisissez Fichier→Exemples→01. Basics→DigitalReadSerial dans le menu Arduino pour charger le croquis. Ce croquis est destiné à un bouton-poussoir, mais ici il utilise les mêmes principes. Si vous souhaitez rendre le croquis plus spécifique, vous pouvez l'enregistrer avec des noms d'objets et de variables plus appropriées.

```
/*

 DigitalReadSerial
```

```
Lit une entrée numérique sur la broche 2, affiche le résultat sur l'écran série

Ce code exemple est dans le domaine public.
*/

// la broche numérique 2 est attachée à un bouton-poussoir. Nommez-le:
 int pushButton = 2;

// la routine de configuration s'exécute en une seule fois quand vous appuyez
   sur réinitialiser:
void setup() {
  // initialise la communication série à 9600 bits par seconde:
  Serial.begin(9600);
  // la broche du bouton-poussoir est une entrée:
pinMode(pushButton, INPUT);
}

// la routine de la boucle s'exécute encore et encore:
void loop() {
  // lit la broche d'entrée:
  int buttonState = digitalRead(pushButton);
  // affiche l'état du bouton:
  Serial.println(buttonState);
  delay(1); // délai entre les lectures pour stabilité
}
```

Appuyez sur le bouton de compilation pour vérifier votre code. Durant cette opération, toute erreur grammaticale devrait être indiquée en rouge le cas échéant. Si le croquis est compilé correctement, cliquez sur Téléverser pour transférer ce dernier sur votre carte. Cela fait, apposez le capteur PIR sur une surface libre de mouvements et ouvrez le moniteur série. L'ouverture du moniteur série réinitialise le croquis. Le capteur se calibre de lui-même dans les secondes qui suivent. Lorsqu'un mouvement est détecté, vous devrez voir la valeur `buttonState` changer, passant de 1 (pas de mouvement) à 0 (mouvement).

Si rien ne se passe, revérifiez vos câblages :

- Assurez-vous d'utiliser le bon numéro de broches.
- Vérifiez les connexions sur la platine d'essais. Si les câbles ou les composants ne sont pas connectés sur la bonne rangée, ils ne fonctionneront pas.
- Essayez de relancer le capteur PIR en déconnectant puis en reconnectant le fil GND, et assurez-vous qu'il ne bouge pas durant ou après le calibrage.

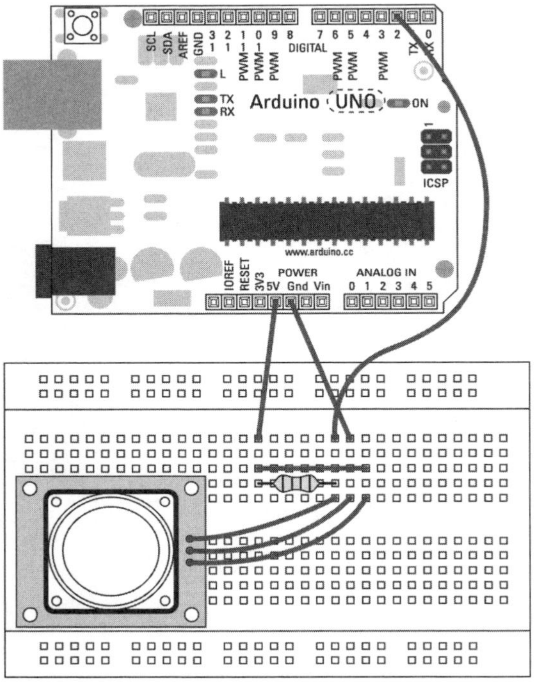

Figure 12-11 : Le schéma d'un circuit de capteur PIR.

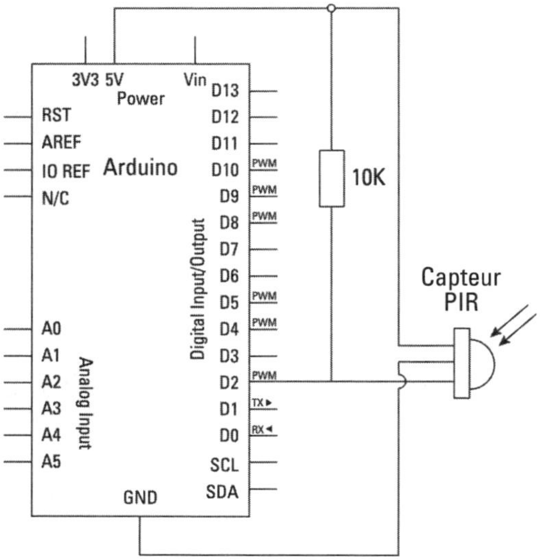

Figure 12-12 : Le diagramme d'un circuit de capteur PIR.

Comprendre le croquis DigitalReadSerial

La seule variable à déclarer est `pin2`, la broche `pushButton`, ou dans ce cas la broche `pirSensor`.

```
// la broche numérique 2 est attachée à un bouton-poussoir. Nommez-le:
 int pushButton = 2;
```

```
Dans la configuration, le port série est ouvert et réglé pour utiliser une
fréquence de 9600 bauds, la broche d'entrée est configurée sur une sortie. ://
la routine de configuration s'exécute en une seule fois quand vous appuyez sur
réinitialiser:
void setup() {
  // initialise la communication série à 9600 bits par seconde:
  Serial.begin(9600);
  // la broche du bouton-poussoir est une entrée:
pinMode(pushButton, INPUT);
}
```

Dans `loop()`, la broche d'entrée est lue et sa valeur est stockée dans `buttonState`. Cette valeur vaut `HIGH` lorsqu'aucun mouvement n'est détecté, car la résistance pull-up reçoit une tension de la broche 5 V. Lorsqu'un mouvement survient, le collecteur ouvert fait chuter la tension et indique `LOW`.

```
// la routine de la boucle s'exécute encore et encore:
void loop() {
  // lit la broche d'entrée:
  int buttonState = digitalRead(pushButton);
```

La valeur en entrée est affichée par le moniteur série.

```
  // affiche l'état du bouton:
  Serial.println(buttonState);
  delay(1); // délai entre les lectures pour stabilité
}
```

NOTE TECHNIQUE

Ceci est un bon exemple illustrant l'emploi d'un même code sur différents matériels. À présent il vous est possible de déclencher différentes sorties en vous basant sur les signaux `HIGH` et `LOW` du capteur PIR. Pour simplifier l'usage et la clarté de votre code à d'autres personnes, renommez les variables avec des noms plus appropriés, ajoutez vos propres commentaires et enregistrez le croquis sous un nom facilement identifiable.

Mesurer les distances

Deux capteurs de mesure de distance sont extrêmement populaires : le capteur infrarouge de proximité et le télémètre ultrasonore. Ils fonctionnent de manière analogue et effectuent à peu près la même tâche. Cependant, il est important d'utiliser le bon capteur au bon endroit. Un capteur infrarouge de proximité dispose d'une source lumineuse et d'un capteur de lumière ; le temps mis par la lumière pour revenir est mesuré pour déterminer la distance d'un objet.

Un télémètre ultrasonore lance une onde sonore de haute fréquence et écoute son écho lorsque celle-ci rencontre une surface solide. En mesurant le temps mis par le signal pour revenir jusqu'à sa source, le capteur ultrasonore est capable de déterminer la distance parcourue par ce dernier.

Les capteurs infrarouges de proximité ne sont pas très précis et ont une portée plus courte que les télémètres ultrasonores.

Lors de vos conceptions, tenez compte :

- **De la complexité** : Ces deux capteurs sont conçus pour être extrêmement simples à intégrer dans vos projets Arduino. Ils sont employés dans des applications réelles pour des usages similaires telles que des applications d'assistance au parking.

  Ici encore, la difficulté principale réside dans la réalisation d'un boîtier. Les capteurs infrarouges de proximité, tels que ceux réalisés par Shape, disposent d'un trou pour tournevis permettant de réaliser les réglages depuis l'extérieur du boîtier. Maxbotix, en revanche, réalise des télémètres ultrasoniques qui ne disposent pas de cette fonctionnalité, mais dont la forme cylindrique facilite le montage sur une surface en perçant un trou au travers.

- **Du prix** : Les capteurs de proximité infrarouges coûtent autour de 12 € et ont une portée d'environ 1,50 m. Les télémètres ultrasoniques proposent une plus large gamme et sont plus fiables, mais est au détriment de leur prix. Comptez environ 20 € pour un capteur ayant une portée d'environ 6,50 m et 80 € pour un modèle plus résistant dont la portée s'étend jusqu'à 7,65 m.

- **De l'emplacement** : On utilise fréquemment ces capteurs pour détecter la présence d'une personne ou d'un objet dans un espace particulier et plus particulièrement lorsqu'un capteur de pression devient trop simple à éviter ou lorsqu'un capteur PIR risque de donner des mesures erronées.

Les capteurs de proximité infrarouges fonctionnent bien dans un environnement sombre, mais ils deviennent inefficaces à la lumière directe du soleil.

Le télémètre ultrasonique de MaxBotix est l'un de mes capteurs favoris et l'un des plus fiables que je connaisse. En utilisant un télémètre ultrasonique, vous pouvez décider de la largeur du rayon que vous souhaitez émettre. Un faisceau large vous permettra de détecter les gros objets et d'avoir une vague idée de leur direction ; un faisceau fin permet d'obtenir une grande précision durant vos mesures.

Implémenter le croquis MaxSonar

Dans cet exemple, vous allez apprendre à mesurer précisément les distances en utilisant un MaxBotix LV-EZ0. Les modèles EZ0, EZ1, EZ2, EZ3 et EZ4 fonctionnent tous de la même manière. Cependant, ils offrent tous des faisceaux de largeurs différentes, aussi choisissez le modèle approprié à votre projet. :Les télémètres ne nécessitent que quelques ajustements mineurs. Il y a trois manières de connecter le télémètre : Utiliser l'analogique, la largeur d'impulsion ou la communication série. Dans cet exemple, vous verrez comment mesurer la largeur d'impulsion et comment la convertir en distance. La sortie analogique est plus simple à lire depuis vos broches d'entrée analogique, mais elle ne fournit pas de mesures aussi précises que la largeur d'impulsion. Cet exemple ne couvre pas la communication série.

Il faut :

- Un Arduino Uno
- Un télémètre ultrasonique LV-EZ0
- Des straps

Réalisez le circuit à partir des schémas et des diagrammes des Figures 12-13 et 12-14. Les connexions du télémètre sont clairement indiquées sur la face intérieure de la carte. Les connexions 5 V et GND apportent l'alimentation à votre capteur et doivent être connectées aux bornes 5 V et GND de votre Arduino. La connexion PW correspond au signal de la largeur d'impulsion qui doit être lue par la broche 7 de votre Arduino. Assurez-vous que votre télémètre est bien fixé et orienté dans la direction de votre choix.

Vous retrouverez le code de MaxSonar réalisé par Bruce Allen à l'adresse `www.arduino.cc/playground/Main/MaxSonar`. À présent, créez un nouveau croquis, copiez ou saisissez le code ci-dessous et enregistrez-le avec un nom simple à se rappeler tel que `myMaxSonar`.

```
//Libre à vous d'utiliser ce code.
//Veillez à demander l'autorisation à son auteur si vous souhaitez l'utiliser
// ou le modifier.
//Auteur: Bruce Allen
//Date: 23/07/09
```

```
//Broche numérique 7 pour lire la largeur de l'impulsion dans l'appareil
    MaxSonar.
//Cette variable est une constante car la broche ne change pas tout au long de
l'exécution de ce code.
const int pwPin = 7;
//variables pour stocker les valeurs
long pulse, inches, cm;

void setup() {
//Ceci ouvre une connexion série pour booster les résultats dans la console du
    PC
Serial.begin(9600);
}

void loop() {

  pinMode(pwPin, INPUT);
  //Sert à lire l'impulsion qui est envoyée par l'appareil MaxSonar.
  //Représente la largeur de l'impulsion avec un facteur d'échelle de 147 uS
    par pouce.

pulse = pulseIn(pwPin, HIGH);
//147uS par pouce
inches = pulse/147;
//change les pouces en centimètres
cm = inches * 2.54;

Serial.print(inches);
Serial.print("in, ");
Serial.print(cm);
Serial.print("cm");
Serial.println();
delay(500);
}
```

Cliquez sur le bouton de compilation. Le compilateur devrait vous indiquer en rouge toute erreur grammaticale le cas échéant. Si le croquis se compile correctement, cliquez sur Téléverser pour le transférer sur votre carte. Cela fait, ouvrez le moniteur série, vous devrez voir la distance mesurée en pouces et en centimètres. Si la valeur est fluctuante, essayez avec un objet plus volumineux.

Ce croquis vous permet de mesurer une distance en ligne droite avec précision. :Confrontez les résultats indiqués avec une mesure faite en utilisant un mètre. Ajustez le code en conséquence si vous constatez des divergences.

Si rien ne se passe, revérifiez vos câblages :

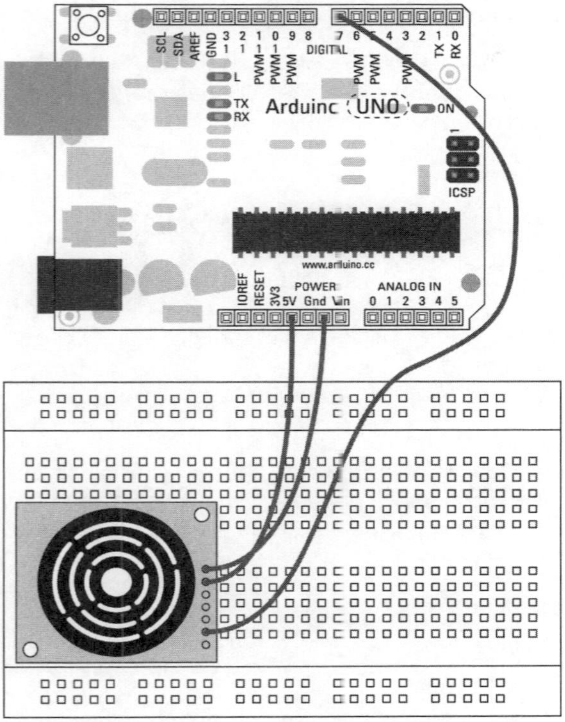

Figure 12-13 : Le schéma d'un circuit LV-EZ0.

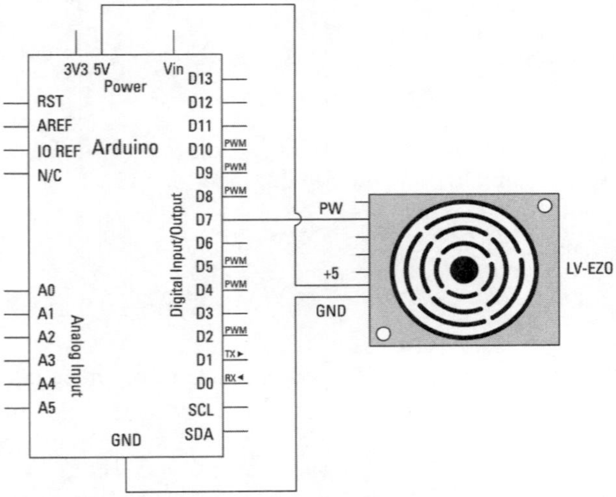

Figure 12-14 : Le diagramme d'un circuit LV-EZ0.

- Assurez-vous d'utiliser les bons numéros de broches.
- Vérifiez les connexions sur votre platine d'essais. Si les fils ou les composants ne sont pas connectés sur les bonnes rangées de votre platine, ils ne fonctionneront pas.

Comprendre le croquis MaxSonar

Dans les déclarations, la broche 7 est définie comme `pwPin`

```
//Cette variable est une constante car la broche ne change pas tout au long de
l'exécution de ce code.
const int pwPin = 7;
```

Des variables de type `long` sont employées pour stocker la largeur d'impulsion et les distances exprimées en pouces et en centimètres. Notez que si ces variables n'ont pas de valeur par défaut, vous pouvez les déclarer toutes les trois à la suite.

```
//variables pour stocker les valeurs
long pulse, inches, cm;
```

Dans `setup`, la connexion série est ouverte pour afficher les résultats.

```
void setup() {
//Ceci ouvre une connexion série pour booster les résultats dans la console du
  PC
Serial.begin(9600);
}
```

Dans la boucle principale, `pwPin` est définie en tant qu'entrée. Vous pouvez faire cette définition dans la boucle ou la déplacer dans `setup()`.

```
void loop() {

  pinMode(pwPin, INPUT);
```

La fonction `pulseIn` retourne, en microsecondes, la durée mise par l'impulsion avant de revenir.

```
  //Sert à lire l'impulsion qui est envoyée par l'appareil MaxSonar.
  //Représente la largeur de l'impulsion avec un facteur d'échelle de 147 uS
```

```
    par pouce.

pulse = pulseIn(pwPin, HIGH);
```

L'impulsion parcourt 1 pouce toutes les 147 microsecondes, ainsi, nous pouvons calculer la distance à partir du temps. Avec cette information, une simple conversion permet d'afficher cette distance selon différentes unités.

```
//147uS par pouce
inches = pulse/147;
//change les pouces en centimètres
cm = inches * 2.54;
```

Le résultat est envoyé sur le moniteur série via l'instruction `Serial.println`.

```
Serial.print(inches);
Serial.print("in, ");
Serial.print(cm);
Serial.print("cm");
Serial.println();
```

Pour faciliter la lecture, un délai est ajouté après l'impression de chaque ligne, vous pouvez cependant le supprimer, si la réactivité est plus importante pour vous.

```
 delay(500);

}
```

Cette opération vous permet d'obtenir une mesure de distance précise que vous pouvez incorporer dans vos propres projets. Une manière simple d'y parvenir consiste à employer une instruction `if` :comme par exemple :

```
if (cm < 50) {
// Faites quelque chose !
}
```

Est-ce que quelqu'un m'entend ?

Le son est une autre manière de détecter la présence, et la meilleure façon d'y parvenir consiste à employer un microphone électret . On pense généralement aux sons sous une forme analogique qui compose les bruits qui nous sont familiers. Cependant, un grand nombre de sons que nous entendons chaque jour proviennent ou sont convertis d'une source numérique. Ainsi, en convertissant un son en signal numérique, il est possible de l'interpréter sur un ordinateur ou sur un Arduino. Un microphone électret ressemble au microphone que l'on trouve dans les écouteurs des casques informatiques et sont extrêmement sensibles. Ils nécessitent cependant un amplificateur afin que l'Arduino puisse enregistrer leurs signaux.

Lors de votre conception, tenez compte :

- **De la complexité** : Il existe un très grand nombre de microphones électret. Cependant, le plus simple est de loin le Breakout Board de Sparkfun. Il est fourni préassemblé avec un micro monté sur une carte et dispose d'un amplificateur, il peut être facilement câblé sur un Arduino sous forme d'entrée analogique. Il est possible de récupérer un microphone électret sur un casque ou sur des écouteurs, mais vous devrez y adjoindre un amplificateur pour pouvoir les utiliser. Le microphone devra être protégé de l'environnement et des contacts humains.
- **Du prix** : Le microphone en lui-même est extrêmement peu cher (0,50 €) chez Sparkfun ou chez leurs revendeurs. Une carte complète coûte environ 6 €, ce qui n'est pas très cher eu égard au travail économisé.
- **De l'emplacement** : En tant que capteur d'ambiance, le microphone peut être placé n'importe où dans une pièce. Si vous souhaitez détecter un son spécifique comme un claquement de porte, il est préférable de placer le microphone proche de cette dernière pour améliorer la qualité de la lecture.

Les microphones électret sont parfaits pour mesurer l'amplitude ou le volume d'un bruit. Et ils peuvent déclencher une variété de sorties.

Implémenter le croquis AnalogInOutSerial

Dans cet exemple, vous observez les niveaux sonores captés par un microphone électret. Ce simple capteur peut être considéré comme une entrée analogique de votre Arduino.

Il faut :

- Un Arduino Uno

- Une platine d'essais pour un microphone électret
- Des straps

Réalisez le circuit indiqué par le schéma et le diagramme des Figures 12-15 et 12-16 pour connecter le micro en tant qu'entrée et la LED en tant que sortie. La plaque de tests du microphone nécessite un peu de soudure pour la connecter à la platine d'essais ou à votre Arduino.

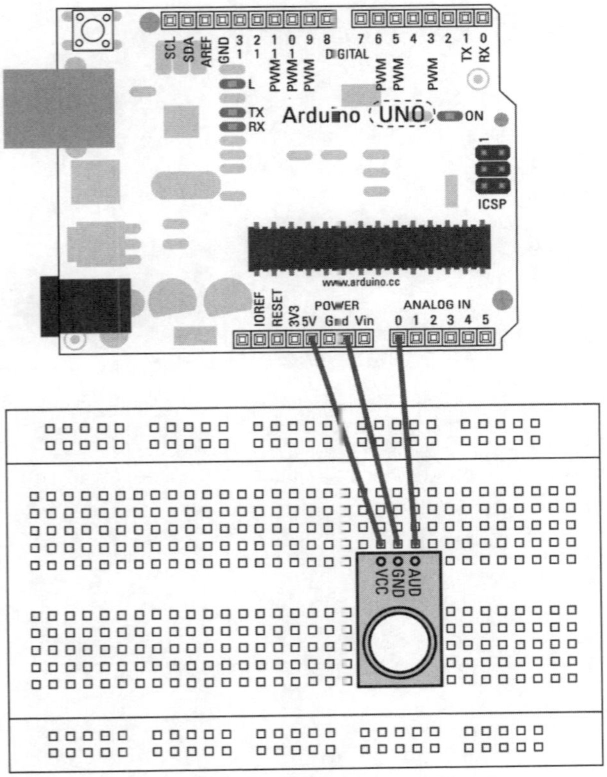

Figure 12-15 : Le schéma d'un circuit d'un électret.

Choisissez Fichier→ Exemples→03.Analog→AnalogInOutSerial dans le menu Arduino pour charger le croquis.

```
/*
 Entrée analogique, sortie analogique, Sortie série

Lit la broche de l'entrée analogique, compare le résultat dans une plage de 0
à  255 et utilise le résultat pour définir la modulation PWM d'une broche de
```

```
sortie. Affiche aussi le résultat sur l'écran série.

Le circuit:

* potentiomètre connecté à la broche analogique 0.
Broche centrale du potentiomètre va sur la broche analogique.
Broches latérales du potentiomètre vont sur +5V
*  LED connectée de la broche numérique 9

Créé le  29 Déc. 2008
modifié le 9 Avr 2012
par Tom Igoe

Ce code exemple est dans le domaine public.

*/

// Ces constantes ne changent pas. Elles servent à nommer
// les broches utilisées:
const int analogInPin = A0; // broche d'entrée analogique à laquelle
                   le potentiomètre est attaché
const int analogOutPin = 9;  // broche de sortie analogique à laquelle est
                     attachée la LED

int sensorValue = 0;        // valeur lue dans le pot
int outputValue = 0;       // valeur de sortie dans la PWM (sortie analogique)

void setup() {
  // initialise des communications série à 9600 bps:
Serial.begin(9600);
}


void loop() {
  // lit l'analogique en valeur:
  sensorValue = analogRead(analogInPin);
  // la compare à la plage de la sortie analogique:
  outputValue = map(sensorValue, 0, 1023, 0, 255);
  // change la valeur de la sortie analogique:
  analogWrite(analogOutPin, outputValue);

  // affiche les résultats sur le moniteur série:
  Serial.print("sensor = " );
  Serial.print(sensorValue);
  Serial.print("\t output = ");
  Serial.println(outputValue);
  // attend 2 millisecondes avant le prochain tour de boucle
```

```
  // pour que le convertisseur analogique-numérique se règle
  // après la dernière lecture:
  delay(2);
}
```

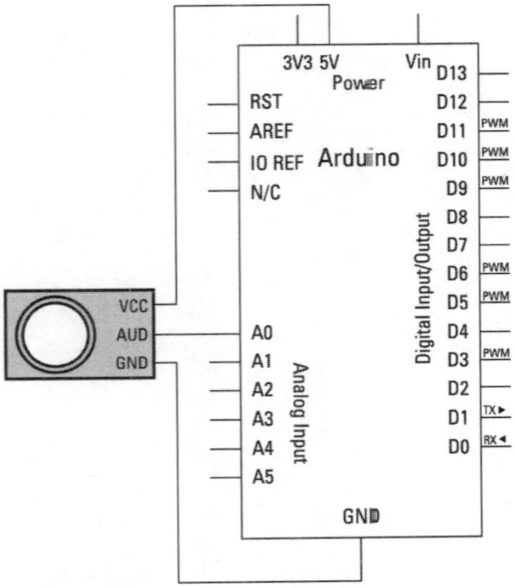

Figure 12-16 : Le diagramme d'un circuit d'un électret.

Cliquez sur le bouton de compilation pour vérifier votre code, ce faisant toute erreur grammaticale devrait être indiquée en rouge. Si le code se compile correctement, cliquez sur Téléverser pour l'envoyer vers votre carte. Cela fait, ouvrez le moniteur série et observez les valeurs analogiques allant de 0 à 1024.

Si rien ne se passe, revérifiez vos câblages :

- Assurez-vous d'avoir bien utilisé le bon numéro de broche.
- Vérifiez les connexions sur votre platine d'essais. Si les câbles ou les composants ne sont pas connectés sur les bonnes rangées de la platine, ils ne fonctionneront pas.
- Observez les différentes plages de valeur que vous récupérez de différents environnements sonores et la manière dont votre microphone les interprète. Vous pouvez également vous intéresser au croquis Smoothing du chapitre 11. En utilisant une instruction `if`, vous pourrez réaliser une action chaque fois qu'un niveau sonore dépasse le seuil indiqué.

Comprendre le croquis AnalogInOutSerial

Pour obtenir plus de détails sur le fonctionnement de ce croquis, reportez-vous aux notes concernant `AnalogInOutSerial` du chapitre 7. Vous pouvez aussi trouver quelques suggestions dans les différents croquis concernant le lissage et le calibrage au chapitre 11.

Quatrième partie

Booster le potentiel de l'Arduino

« Je suis occupé. J'ai promis à mon voisin de régler sa PS2 pour qu'il joue à d'autres jeux ».

Dans cette partie

Vous allez en apprendre bien plus sur les projets Arduino. Vous découvrirez comment utiliser Arduino Mega 2560 qui peut contrôler plus de sorties qu'un Arduino standard. Vous apprendrez aussi comment, en ajoutant du matériel supplémentaire, vous pousserez votre carte Uno le plus possible avec des registres et des pilotes PWM. Fort de toutes ces découvertes, vous serez en mesure d'animer un nombre incroyable de LED pour créer votre propre version des illuminations de Noël des Champs-Élysées et contrôler une armée de servomoteurs.

Chapitre 13

Devenir un spécialiste des cartes filles et des bibliothèques

Dans ce chapitre

- Découvrir les cartes filles
- Jeter un œil à la gamme des cartes filles disponibles
- S'initier aux bibliothèques

Plus vous progresserez dans l'apprentissage de l'Arduino et plus vous voudrez en faire, c'est bien naturel, mais attention de ne pas vouloir courir avant de savoir marcher. Le domaine qui vous intéresse est peut-être hautement spécialisé et requiert pour le maîtriser un investissement en termes de temps qui peut s'avérer conséquent. Dans ce cas, n'oubliez pas ce qui est le plus important concernant l'Arduino est la communauté Arduino elle-même, communauté qui vous aidera lorsque vous en aurez besoin

Le point de vue traditionnel qui nous est inculqué lors de notre scolarité est de toujours protéger nos idées et de les garder pour nous. Heureusement, de nombreux membres de la communauté Arduino ne partagent pas ce point de vue et ont la gentillesse de partager avec nous leur travail acharné. En partageant ses connaissances, la communauté Arduino permet à de nombreuses personnes de manipuler matériel et logiciel et d'en tirer de nouveaux usages passionnants. Si à leur tour ces personnes partagent leurs découvertes, la communauté ainsi alimentée grossit, permettant à tous de réaliser des projets encore plus complexes. Dans ce chapitre, vous trouverez des informations concernant les ressources partagées sous forme de cartes filles ou de bibliothèques.

Cartes filles

Les *cartes filles* sont des composants matériels fournissant des fonctionnalités spécifiques, qui prennent place au-dessus de votre Arduino. Par exemple, vous pouvez utiliser une carte fille pour simplifier la connexion et le contrôle d'un moteur. Vous pouvez même, avec ces dernières, transformer votre Arduino en un appareil aussi complexe qu'un téléphone mobile. Une carte fille peut voir le jour sous la forme d'un composant matériel réalisé par un expérimentateur enthousiaste qui souhaite partager ses connaissances avec la communauté. Il peut s'agir également de la réalisation d'un individu ou d'une entreprise qui, à la demande de la communauté Arduino, souhaite rendre une application spécifique plus simple à réaliser.

Les cartes filles peuvent être très simples ou très complexes. Elles sont vendues préassemblées sous forme de kits. Les kits vous permettent plus de liberté dans l'assemblage des cartes filles ; certains nécessitent l'assemblage de circuit sur une carte, d'autres plus complexes sont déjà partiellement préassemblées et ne nécessitent que d'être connectés à une broche.

Les cartes filles vous permettent d'utiliser votre Arduino pour réaliser divers projets tout en passant facilement de l'un à l'autre. Toute l'électronique et les circuits qu'elles embarquent sont contenus dans un boîtier d'une taille comparable à celle de l'Arduino. Il est possible de les empiler pour combiner différentes fonctionnalités. Cependant, elles doivent toutes utiliser les mêmes broches de votre Arduino. Aussi, si vous empilez des cartes filles, assurez-vous que ces dernières respectent cette contrainte. Elles doivent également proposer une broche GND, car les communications entre votre Arduino et un autre appareil nécessitent un GND commun.

Considérations sur les combinaisons

En théorie, les cartes filles peuvent être empilées les unes sur les autres indéfiniment, cependant, avant de pouvoir les combiner, tenez compte :

- **De la taille physique** : Certaines cartes filles ne peuvent pas être disposées au sommet d'une autre. Les composants plus hauts que le connecteur HE risquent de toucher la partie inférieure des cartes se trouvant au-dessus. Cette situation, qui peut se solder par un court-circuit si une connexion est faite par erreur, peut sérieusement endommager vos cartes.

- **De l'obstruction des entrées/sorties** : Si une entrée ou une sortie est obstruée par une autre carte fille, c'est que cette dernière devient redondante. Par exemple, il n'y a aucun intérêt à avoir une carte fille joystick ou LCD sous une autre carte fille, car il n'est possible que d'en utiliser une seule.

- **De l'exigence d'alimentation** : Certains matériels nécessitent beaucoup de puissance. Bien que l'utilisation de la même source d'alimentation et des mêmes broches pour la masse ne pose pas de problème, il y a une limite à la quantité de courant pouvant transiter entre les 10 autres broches d'entrée sortie (I/O) qui est de 40 mA par broche (200 mA maximum). Si vous dépassez cette valeur, vous risquez d'endommager sérieusement votre carte et toutes les cartes filles qui lui sont rattachées. Dans la plupart des cas, vous pouvez facilement remédier à ce problème en alimentant votre Arduino et ses cartes filles avec une alimentation externe de manière à ce que le courant ne traverse pas l'Arduino. Assurez-vous d'utiliser la GND commune, si vous communiquez entre les cartes via I2C, SPI ou la série.

- **Des broches** : Certaines cartes filles nécessitent l'emploi de broche particulière. Il est important de s'assurer que cette dernière ne nécessite pas l'emploi des mêmes broches. Dans le meilleur des cas, cela se solderait par un dysfonctionnement, dans le pire des cas, vous pourriez envoyer un voltage au mauvais endroit et endommager votre carte.

- **Du logiciel** : Certaines cartes filles nécessitent des bibliothèques particulières pour fonctionner. Elles peuvent entrer en conflit avec des librairies appelant les mêmes fonctions, aussi tenez compte des spécifications et des besoins de chacune d'entre elles.

- **Des interférences radio/Wi-Fi/GPS/GSM** : Les appareils sans fil ont besoin d'espace pour fonctionner. Déplacer les antennes à distance de votre carte pour maintenir un signal clair. Si une antenne est montée sur la carte, il est déconseillé de la recouvrir. Essayez de toujours placer les cartes filles sans fil au sommet de la pile.

Se documenter sur le sujet

Afin de vous donner une bonne idée des cartes filles disponibles, cette section en présente certaines des plus intéressantes disponibles sur le marché et vous indique où trouver davantage d'informations sur le sujet.

Notez que les prix indiqués sont ceux appliqués au moment où nous écrivons ce livre et qu'ils sont susceptibles de changer. Les liens sont également susceptibles d'être modifiés. Les informations techniques sont collectées sur les sites Web des constructeurs, cependant, vérifiez toujours les détails par vous-même afin de vous assurer de bien acheter ce qu'il vous faut. Les cartes sont mises à jour de temps à autre, vérifiez que vous disposez des toutes dernières versions.

Enfin, de nombreux retours d'expérience sur ces produits sont consultables en ligne, lisez-les toujours pour vous faire une bonne idée sur les produits que vous souhaitez acquérir.

Cette gamme de cartes filles englobe un grand nombre d'usages différents, mais dans la plupart des cas, vous n'en aurez besoin que d'une seule pour mener à bien un projet. Ces cartes constituent également un excellent moyen de tester un concept avant d'aller plus loin dans un projet et de se lancer dans la miniaturisation.

N'OUBLIEZ PAS

Les prix indiqués sont ceux généralement constatés chez les distributeurs. Cependant, en cherchant bien ou en achetant en gros, vous pouvez réduire considérablement les coûts.

Proto Shield Kit Rev3

Réalisée par : Arduino

Prix : £8.95 chez RS Components ; $12.95 chez Mouser ; 9 € chez Arduino Store

Broche utilisée : aucune.

Le Proto Shield (Figure 13-1) est une plateforme destinée à la réalisation de circuits personnalisés sur votre Arduino. De nombreuses cartes filles présentées dans ce chapitre ajoutent à votre Arduino des fonctionnalités spécifiques. Avec Proto Shield, vous pouvez décider de la manière de les utiliser. Prenez vos schémas de platines d'essais existants et soudez-les à la surface du Proto Shield afin que votre projet soit beaucoup plus pérenne. Proto Shield propose également une version large qui correspond à la taille du MegaArduino. Autre fonctionnalité intéressante de ces cartes, elles proposent un support pour pièces SMD qui sont difficiles à fixer autrement.

Le Proto Shield est vendu soit préassemblé, soit sous forme de kit qui nécessite la réalisation de soudure.

Vous trouverez plus d'informations en anglais sur la carte sur la page produit d'Arduino à l'adresse : `http://arduino.cc/en/Main/ArduinoProtoShield`.

ProtoScrew Shield

Réalisée par : WingShield Industries

Prix : £9.94 chez Proto-Pic ; $14.95 chez SparkFun ; 7,99 € à la boutique Semageek

Broche utilisée : aucune.

La carte fille ProtoScrew est proche du Proto Shield classique, mais dispose d'un bornier à vis connecté aux broches. Cette fonctionnalité est très bien adaptée pour les applications qui ont de nombreuses entrées susceptibles d'être modifiées ou interverties, elle simplifie également le montage et le démontage. En effet, changer une pièce ou un câble est plus simple avec un

Figure 13-1 : Un ProtoShied complètement assemblé.

bornier à vis qu'avec de la soudure, gardez ce point à l'esprit lorsque vous concevrez votre prochain projet.

La carte fille ProtoScrew est vendue sous forme de kit et nécessite des soudures.

Vous pouvez trouver plus d'informations sur la page produit de SparkFun (`www.sparkfun.com/products/9729`).

Adafruit Wave Shield v1.1

Réalisée par : Adafruit

Prix: £18.00 chez Oomlou ; $22.00 chez Adafruit ; 19,20 € à la boutique Semageek

Broches utilisées : 13, 12, 11, 10, 5, 4, 3, 2 sur un Uno R3

La carte Wave Shield (voir la Figure 13-2) est un kit relativement peu onéreux qui vous permet de jouer de la musique et du son avec votre Arduino. La Wave Shield vous permet de jouer des fichiers .WAV directement depuis une carte SD, ce qui permet de télécharger de fichiers facilement depuis votre ordinateur. Pour utiliser cette carte fille, vous avez besoin de la bibliothèque WaveHC disponible sur la page produit ou via une recherche sur Google Code (`http://code. google.com/p/wavehc/`).

La Wave Shield est vendue sous forme de kit qui nécessite des soudures. Le lecteur de carte SD utilise les broches 13,12 et 11, car il supporte l'interface série à grande vitesse (SPI) qui est un protocole nécessaire pour assurer un transfert rapide des données. La broche 10 est utilisée pour communiquer avec le lecteur SD et les broches 5, 4, 3 et 2 sont utilisées pour les échanges avec le convertisseur numérique/analogique (DAC) qui convertit les signaux numériques en courant analogique.

Pour obtenir plus de détails, visitez la page produit sur le site Arduino à l'adresse (`www.adafruit.com/products/94`), vous trouverez également des tutoriaux à l'adresse `www.ladyada.net/make/waveshield/`.

Figure 13-2 : Une WaveShield totalement montée.

MP3 Player Shield

Réalisée par : SparkFun

Prix : £23.95 chez HobbyTronics ; $39.95 chez SparkFun ; 30 € à la boutique Semageek

Broches utilisées : 13, 12, 11, 9, 8, 7, 6, 5, 4, 3, 2 sur Uno R3

Vous pouvez transformer votre Arduino en lecteur MP3 avec cette carte fille facile à assembler ! Elle peut non seulement décoder les fichiers MP3, mais également les fichiers Ogg Vorbis, ACC, WMA et MIDI. La carte MP3 dispose d'un lecteur de carte MicroSD facilitant le chargement des fichiers et un mini-jack de 3,5 mm permet de le raccorder à un système de haut-parleurs.

La carte fille MP3 (voir la Figure 13-3) est assemblée, mais nécessite quelques petites soudures pour connecter le connecteur HE aux barrettes mâles. Le lecteur de carte SD utilise les broches 13, 12 et 11. La broche 9 est utilisée pour dialoguer avec le lecteur de carte SD. Les broches 8, 7, 6 et 2 assurent les échanges avec le décodeur audio MP3 VS1053B. Les broches 4 et 3 permettent l'ajout de fonctionnalités MIDI supplémentaire.

Figure 13-3 : Un kit de carte fille MP3.

Pour obtenir plus de détails, visitez la page produit de SparkFun (www.sparkfun.com/products/10628). Vous trouverez des tutoriaux sur le sujet à l'adresse www. sparkfun.com/tutoriels/295, mais ils sont assez anciens. Heureusement, les commentaires des utilisateurs de ce tutoriel corrigent bon nombre des problèmes que vous pourriez rencontrer ; un utilisateur a même écrit une bibliothèque pour vous simplifier la vie ! Voici un bon exemple de ce que peut réaliser la communauté Arduino pour soutenir un produit.

Lisez toujours les commentaires et les entrées de forum concernant les produits et les kits. Ces commentaires contiennent souvent une multitude de détails sur des produits spécifiques. Assurez-vous juste de ne pas poster une question qui a déjà été posée, vous risquez sinon de vous voir renvoyer à la lecture du manuel !

MIDI Shield

Réalisée par : SparkFun

Prix : £13.90 chez HobbyTronics ; $19.95 chez SparkFun ; 15,95 € chez lelectronic.fr

Broches utilisées : 7, 6, 4, 3, 2, A1, A0 sur Uno R3

MIDI est l'acronyme de *Musical Instrument Digital Interface*, interface qui révolutionna l'industrie de la musique dans les années 80. Bien que cette technologie soit relative ancienne maintenant, le MIDI reste un bon standard pour connecter des instruments, des ordinateurs, des pédales d'effets, une pléthore d'autres appareils encore largement utilisés. Avec la carte fille MIDI, vous pouvez interfacer tout ce qui est capable d'envoyer ou de recevoir des données MIDI puis d'incorporer ces données dans votre projet Arduino.

MIDI Shield est vendu sous forme de kit et nécessite des soudures.

Pour plus de détails, visitez la page produit de Sparkfun (www.sparkfun.com/products/9595). Vous trouverez d'excellents tutoriaux sur le MIDI à l'adresse (http://arduino.cc/en/Tutoriel/Midi et http://itp.nyu.edu/physcomp/Labs/MIDIOutput). Un grand nombre de ressources relatives au MIDI sont disponibles également aux adresses (www.tigoe.net/pcomp/code/communication/midi/ et http://hinton-instruments.co.uk/reference/midi/protocol/).

RGB LCD Shield w/16 x 2 characters display

Réalisée par : Adafruit

Prix : £15.36 chez Adafruit ; $24.95 chez Adafruit (NDT : indisponible en euros au moment de la traduction du livre et seulement distribuée sur le site d'adafruit)

Broches utilisées : A4 et A5 sur Uno R3

Ce package d'écran LCD (affichage à cristaux liquides) très pratique rassemble tout ce qui vous est nécessaire sur une seule carte. Les LCD équipent les anciens téléphones mobiles et les anciennes consoles de jeux telles que la Game Boy de Nintendo. Ils utilisent un film qui vient recouvrir une surface de couleur unie généralement rétroéclairée. Les pixels de ce film peuvent être activés ou désactivés afin de créer des motifs, du texte ou des graphiques que vous pouvez contrôler avec votre Arduino. Le cœur de cette carte fille est composé d'un LCD RGB, ce qui signifie que vous pouvez aussi jouer avec les couleurs de toute la palette RVB. Le rétroéclairage RVB est contrôlé directement par votre Arduino. Il s'agit d'un écran capable d'afficher 16 x 2 caractères (pas de graphique) soit deux rangées de 16 lettres. En fonction du mode que vous choisissez, l'écran affichera soit du texte en couleur sur un fond sombre (négatif), soit un texte foncé sur un fond coloré (positif). Il existe une grande variété de cartes LCD capables d'afficher des caractères, aussi, assurez-vous de choisir celui qui convient le mieux à vos critères.

La carte fille RGB LCD est vendue en kit et nécessite des soudures. Au lieu d'utiliser neuf broches ou plus, vous pouvez n'en utiliser que deux pour contrôler le LCD, le rétroéclairage et les boutons en utilisant le protocole I2C pour communiquer avec la carte fille, la broche 4 pour les données (SDA) et la broche 5 analogique pour l'horloge (SCL). Ce protocole est utilisé par de nombreux appareils, il est donc important de bien le connaître. Pour en apprendre davantage sur l'I2C, reportez-vous à l'excellent tutoriel de John Boxall à l'adresse `http://tronixstuff.wordpress.com/2010/10/20/tutoriel- arduino-and-the-i2c-bus/`.

Il existe également des cartes filles utilisant la même technologie, mais qui ne vous limitent pas au simple emploi de caractères alphanumériques. Si vous souhaitez afficher vos propres graphiques, vous pouvez vous tourner vers la carte Color LCD de SparkFun qui utilise un écran de Nokia 6100 ou encore vers la carte TFT Touch.

TFT Touch Shield

Réalisée par : Adafruit

Prix : £56.74 chez Proto-PIC ; $59.00 chez Adafruit ; 60 € chez Mchobby.be

Broches utilisées : 5, 6, 7, 8, 9, 10, 11, 12, 13, A0, A1, A2, A3

Si l'écran LCD ne couvre pas tous vos besoins, vous pouvez vous tourner vers la carte fille TFT Touch pour ajouter à votre projet un écran tactile couleur complet. Cet écran est un TFT LCD (une variation des écrans LCD qui utilise un transistor à couche mince (TFT) pour améliorer la qualité des images) qui possède une résolution de 240 x 320 pixels et un codage de couleurs sur 18 bits permettant 262 144 couleurs différentes. L'écran est équipé d'un écran tactile résistif capable d'enregistrer la pression d'un doigt n'importe où sur sa surface.

La carte fille TFT Touch est vendue totalement assemblée et ne requiert pas de soudure. Elle peut donc très simplement être enfichée au sommet de votre Arduino. La carte nécessite de très nombreuses broches pour fonctionner et ne laisse disponibles que les broches numériques 2 et 3 et les broches analogiques 4 et 5. La broche 12 peut être récupérée si vous n'utilisez pas le lecteur de carte MicroSD.

Rendez-vous sur la page produit `www.adafruit.com/products/376` et sur `http://learn.adafruit.com/2-8-tft-touch-shield` où vous trouverez un tutoriel complet. Adafruit a très gentiment écrit une bibliothèque complète permettant de dessiner des pixels, des formes et du texte (`https ://github.com/adafruit/TFTLCD- Library`) ainsi qu'une autre destinée à l'écran tactile qui est capable de détecter les mouvements horizontaux et verticaux ainsi que la pression (`https ://github.com/adafruit/Touch-Screen-Library`).

Joystick Shield

Réalisée par : SparkFun

Prix : £8.94 chez Proto-PIC ; $12.95 chez SparkFun ; 12 € chez Arduino Store

Broches utilisées : 2, 3, 4, 5, 6, A0, A1

La carte fille Joystick (voir la Figure 13-4) dispose de toutes les fonctionnalités d'un contrôleur de jeux moderne sur une unique carte compatible avec Arduino. Elle vous offre quatre boutons assignables ainsi qu'un bouton supplémentaire caché dans le Joystick lui-même. Avec son stick ergonomique, vous pouvez effectuer des transitions fluides entre les axes x et y pour générer des mouvements très précis.

La carte Joystick est vendue en kit et nécessite des soudures. Elle n'utilise que cinq broches numériques et deux analogiques, laissant ainsi les autres broches de l'Arduino disponibles pour d'autres usages. Les cinq boutons utilisent les broches de 2 à 6. Le mouvement du joystick est mesuré à l'aide de deux potentiomètres analogiques : analog 0 qui gère le mouvement horizontal et analog 1 qui gère le mouvement vertical.

Vous trouverez plus de détails sur la page produit de SparkFun (`www.sparkfun. com/products/9760`), ainsi qu'un tutoriel d'assemblage très complet (`www.sparkfun.com/tutoriels/161`) et un guide de démarrage rapide (`www.sparkfun.com/tutoriels/171`).

Figure 13-4 : Une carte mère de Joystick.

Gameduino

Réalisée par : James Bowman

Prix : $41.99 chez Cool Components ; $52.95 chez SparkFun ; 59 € chez seeds-tudio.com

Broches utilisées : 9, 11, 12, 13

Le processeur Atmel AVR dans votre Arduino est bien plus puissant que celui des vieilles consoles de jeux 8 bits des années 80. C'est pourquoi James Bowman a décidé de réaliser sa propre carte fille pour tirer parti de cette puissance et pour réaliser un adaptateur de jeu pour Arduino : le Gameduino (voir la Figure 13-5). Avec le Gameduino, vous pouvez générer des graphiques sur un moniteur, un projecteur ou tout appareil compatible VGA grâce au connecteur VGA de la carte. La partie audio utilise un connecteur minijack 3,5 mm. Vous pouvez associer cette carte avec la carte fille Joystick décrite dans la section précédente pour créer un tout en un : console et contrôleur.

Figure 13-5 : Un Gameduino s'associe parfaitement avec une carte fille Joystick.

Le Gameduino est vendu totalement assemblé et prêt à l'emploi. Il est considéré par l'Arduino comme un SPI (*Serial Peripheral Interface*) et utilise quatre broches pour sa communication. Pour obtenir plus de détails sur les périphériques SPI, rendez-vous à l'adresse (`http://fr.wikipedia.org/wiki/Serial_Peripheral_Interface`). Vous trouverez des informations plus spécifiques concernant l'Arduino sur `http://arduino.cc/en/Reference/SPI`. Pour information, la broche 9 correspond à SEL ou SS (slave select), 11 à MOSI (master output, slave input), 12 à MISO (master input, slave output) et la 14 à SCK OU SCLK : l'horloge série.

Une mine de ressources est disponible sur la page produit d'Arduino (`http://excamera.com/sphinx/gameduino/`). Commencez par télécharger les croquis d'exemples, pour voir ce qu'il est possible de réaliser depuis l'adresse `http://excamera.com/sphinx/gameduino/samples/`. Les nombreux détails concernant le Gameduino nécessitent une lecture assidue pour bien comprendre ce travail de pointe. Bonne chance !

Adafruit Motor/Stepper/Servo Shield Kit v1.0

Réalisée par : Adafruit

Prix : £16.00 chez Oomlout ; $19.50 chez Adafruit ; 24 € chez Conrad

Broches utilisées : 3, 4, 5, 6, 7, 8, 9, 10, 11, 12

Vous aimez les moteurs ? Vous souhaitez les essayer tous ? Cette carte fille est faite pour vous. La carte Adafruit Motor/Stepper/Servo vous permet en effet de faire tourner tous les moteurs que vous voulez. Vous pouvez y connecter jusqu'à deux servomoteurs de 5 V, deux moteurs pas à pas et quatre moteurs alternatifs bidirectionnels. Les borniers à vis simplifient grandement le montage des moteurs, et comme il est important avec les moteurs de disposer de suffisamment de puissance, un bornier à vis vous permet d'ajouter rapidement une alimentation externe à votre Arduino.

La carte fille Adafruit Motor/Stepper/Servo est vendue en kit et nécessite des soudures. Les broches 4, 7, 8 et 12 sont requises en cas d'utilisation de moteur DC pour faire fonctionner la puce (74HC595) qui les contrôle. Les broches 3, 5, 6 et 11 contrôlent individuellement la vitesse des moteurs DC ou pas à pas. Les broches 9 et 10 gèrent les servomoteurs connectés. Ce qui vous laisse les broches numériques 3 et 13 ainsi qu'une gamme complète de broches analogiques que vous pouvez utiliser comme des broches numériques si nécessaire.

Vous trouverez de nombreux détails sur la page produit Arduino (`www.adafruit. com/products/81`). Un tutoriel complet est disponible sur (`www.ladyada.net/make/mshield/`). Faites attention à la charge des moteurs, cette carte est conçue pour fournir 600 mA par moteur avec un courant de pointe de 1,2 A. Si vous approchez d'1 A, ajoutez un dissipateur de chaleur.

Ici encore, une bibliothèque facilitant l'utilisation des moteurs est fournie par Adafruit, vous la trouverez sur `www.ladyada.net/make/mshield/download.html`.

Motor Shield R3

Réalisée par : Arduino

Prix : £18.90 chez RS Components ; $36.25 chez Arduino Store ; 23,88 € à la boutique Semageek.com

Broches utilisées : 3, 8, 9, 11, 12, 13, A0, A1

La carte fille Arduino Motor est la carte moteur officielle conçue par l'équipe Arduino. Elle peut contrôler un nombre réduit de moteurs, soit deux moteurs DC, soit un moteur pas à pas unipolaire, mais elle peut délivrer une intensité allant jusqu'à 2 A par canal qui permet un travail important. Elle est également compatible avec le TinkerKit, qui est idéal lorsqu'il n'est pas envisageable de dénuder des fils ou de les souder ou pour des expérimentations rapides utilisant différents types de capteurs pour contrôler vos moteurs.

La carte Arduino Motor Shield Rev3 est vendue complètement assemblée et prête à l'emploi. Les broches de l'Arduino Motor Shield sont réparties selon deux canaux A et B. Chaque canal permet de fournir individuellement à deux moteurs DC quatre fonctionnalités : direction, vitesse, freinage et détection de courant. Les broches 12 et 13 contrôlent respectivement la direction de chacun des canaux ; les broches 3 et 11 contrôlent la vitesse de chaque moteur en utilisant pwm ; les broches 9 et 8 sont utilisées pour stopper brusquement le moteur au lieu de le ralentir ; les broches 0 et 1 peuvent être utilisées pour lire la charge courante des moteurs de chaque canal ; envoyant en sortie 3,3 V pour une intensité maximale de 2 A.

Pour alimenter les moteurs, vous devez utiliser une alimentation externe qui peut être connectée via un bornier à vis sur la carte. Il est aussi intéressant de noter que les fiches situées au sommet de la carte sont destinées au module TinkerKit et qu'elles ne sont pas si simples à utiliser si l'on ne dispose pas des connecteurs appropriés.

Pour en savoir plus sur l'Arduino Motor Shield, reportez-vous à la page produit de l'Arduino store (`http://store.arduino.cc/ww/index. php?main_page=product_info&cPath=11_5&products_id=204`). Vous trouverez plus de détails sur cette carte sur le site Arduino (`http://arduino.cc/en/Main/ArduinoMotorShieldR3`). Des interrogations sur les modules ThinkerKit ? Visitez `www.tinkerkit.com`.

LiPower Shield

Réalisée par : SparkFun

Prix : £23.57 chez Proto-PIC ; $29.95 ; 21,75 € chez SparkFun

Broche utilisée : 3

Les batteries sont la clef pour rendre votre projet Arduino plus mobile. Cette carte vous permet d'utiliser des piles au lithium rechargeables à la place de piles volumineuses de type AA ou AAA. Bien que ces piles ne délivrent que 3,7 V, certains dispositifs permettent de les pousser jusqu'à 5 V afin qu'elles puissent alimenter votre Arduino.

La carte fille LiPower est assemblée, mais nécessite quelques petites soudures pour rattacher le connecteur HE. Comme cette carte fille est là pour délivrer de la puissance et non pour en consommer, elle ne nécessite qu'une seule broche. La broche 3 peut être configurée pour déclencher une alarme, lorsque sa capacité tombe en dessous de 32 %.

Pour obtenir plus de détails, consultez la page produit de SparkFun (`www.sparkfun.com/products/10711`). Vous trouverez des notes intéressantes sur le matériel concernant la difficulté de charger des batteries au lithium ; lisez bien tous les commentaires accompagnant la description. D'autres dispositifs plus petits permettant de délivrer 3,7 V sont disponibles (Polymer USB Charger and Battery by SparkFun (www.sparkfun.com/products/9876) et le USB/DC Lithium Polymer battery charger 5-12 V – 3,7/4,2 V par Adafruit (www.adafruit.com/products/280). Ces appareils sont parfaits s'ils sont appariés avec des versions basse tension d'Arduino telles que Pro Micro – 3,3 V/8 MHz (www.sparkfun.com/products/10999) ou Arduino Pro 328 – 3,3 V/8 MHz (www.sparkfun.com/products/10914). Ils s'avèrent très pratiques lorsqu'il est nécessaire de réduire la taille de votre projet Arduino.

GPS Shield Retail Kit

Réalisée par : SparkFun

Prix : £60.59 chez Cool Components ; $79.95 ; 43,55 € chez SparkFun

Broches utilisées : 0, 1 ou 2, 3 (par défaut)

Avec la carte GPS (Figure 13-6), vous pouvez rapidement et simplement ajouter des données de géolocalisation dans votre projet. Vous pouvez ainsi déterminer votre emplacement avec une précision de quelques mètres ou réaliser une œuvre artistique basée sur vos déplacements du mois. Cette carte vous fournira également une heure extrêmement précise.

Figure 13-6 : La carte fille GPS SparkFun incluant le EM-406a.

La carte GPS est proposée montée, mais nécessite quelques soudures. Les données provenant du module GPS peuvent être soit connectées directement sur l'UART afin d'envoyer les données de géolocalisation vers la RX de l'Arduino et les broches TX 0 et 1, soit sur DLINE pour envoyer les données sur les broches numériques 2 et 3 (par défaut). Du code ne peut être envoyé vers l'Arduino que s'il est configuré sur DLINE.

Notez que le kit est vendu avec un module GPS, cette carte est conçue pour le module EM-406a (`www.sparkfun.com/products/465`).

Vous pouvez utiliser d'autres modules comme les EM-408 et EB-85A, mais vous devrez acheter le connecteur approprié séparément.

Pour obtenir plus de détails, visitez la page produit de SparkFun (`www.sparkfun.com/products/10710`). Vous trouverez également un excellent guide de démarrage (`www.sparkfun.com/tutoriels/173/`) qui vous permettra de prendre la carte en main en peu de temps. SparkFun propose aussi un excellent guide d'achat pour GPS (`www.sparkfun.com/pages/GPS_Guide`).

GPS Logger Shield Kit v1.1

Réalisée par : Adafruit

Prix : £20.53 chez Proto-PIC ; $19.50 chez Adafruit ; 38 € chez selectronic.com

Broches utilisées : 10, 11, 12, 13 et deux autres broches quelconques

La carte fille GPS Logger vous permet de retrouver et de stoker des informations de géolocalisation en utilisant le Global Positioning System. Vous pouvez ainsi déterminer votre emplacement avec une précision de quelques mètres ou réaliser une œuvre artistique basée sur vos déplacements du mois. Cette carte vous fournira également une heure extrêmement précise. Les données sont stockées sur une carte SD sous forme de fichier texte et peuvent être superposées sur Google Maps ou visualisées par d'autres logiciels.

Avec la taille (toujours croissante) des cartes SD, vous êtes en mesure de stocker beaucoup plus d'informations que ne peut le faire votre Arduino dans sa mémoire interne. Ce point est particulièrement intéressant, car elle permet à votre appareil mobile d'enregistrer des données sans avoir recours à un ordinateur, ce qui vous permet de laisser à la maison votre ordinateur encombrant pendant que votre appareil GPS parcourt le monde !

L'Adafruit GPS Logger Shield Kit est un kit qui nécessite des soudures. Les broches 10, 11, 12 et 13 sont employées pour la communication avec la carte SD. Cependant, le module GPS lui-même ne requiert que quelques broches connectées par des straps. Les broches RX et TX doivent être connectées sur deux broches numériques telles que les broches 2 et 3. Vous pouvez activer d'autres fonctions numériques comme par exemple une LED signalant l'enregistrement des données, une broche surveillant le signal de synchronisation GPS ou une broche détectant la présence d'une carte dans le lecteur.

Notez qu'il vous faudra acquérir les modules GPS et SD séparément. Cette carte est conçue pour le module EM-406a (www.adafruit.com/products/99), mais fonctionne avec une variété d'autres modules (http://ladyada.net/make/gpsshield/modules.html).

Vous pouvez obtenir la carte et d'autres informations chez Adafruit (www.adafruit.com/products/98). Un tutoriel approfondi est disponible sur le site Ladyada (www.ladyada.net/make/gpsshield/) qui passe en revue tous les points allant de la construction du kit au code Arduino pour la gestion de données GPS.

Wireless Proto Shield et Wireless SD Shield

Réalisées par : Arduino

Prix : £12.22 et £15.92 chez RS Components ; $27 et $36/19,99 € et 22,90 € chez Arduino Store.

Broches utilisées : 0 et 1 pour le Wireless Proto Shield ; 0, 1, 4, 11, 12, 13 pour le Wireless Shield SD

L'Arduino Wireless Proto Shield vous permet de créer un réseau de dispositifs sans fil utilisant des modules radio XBee. Ces modules, très polyvalents, fiables et abordables sont utilisés pour relier plusieurs cartes Arduino afin de créer votre propre réseau de capteurs sans fil. La carte fille Wireless Shield SD vous offre également la possibilité de stocker des données que vous pouvez collecter de votre réseau pour les visualiser ensuite sur un ordinateur. Chaque carte fille dispose également d'un grand emplacement qui permet d'ajouter plusieurs capteurs ou d'actionneurs à votre projet.

Le Wireless Shield et le Wireless Shield SD sont vendues entièrement assemblées et prêtes à l'emploi. Les cartes filles communiquent avec les croquis situés sur l'Arduino ou via l'USB. Vous pouvez alterner entre ces deux modes en utilisant la série. Si vous disposez de la Wireless Shield SD, les broches 4, 11, 12 et 13 sont utilisées par cette dernière pour communiquer et ne sont donc plus disponibles pour effectuer d'autres fonctions.

Notez que vous devrez acquérir le module XBee séparément. Le module XBee 1mW Chip Antenna - Series 1 (802.15.4) est un bon choix pour démarrer et est disponible chez RS Components (http://uk.rs-online.com/web/p/zigbee-ieee-802154/0102715/) et SparkFun (www.sparkfun.com/products/8664). SparkFun dispose en anglais d'un guide d'achat de très bonne qualité, qui vous sera utile si vous faites vos premiers pas dans le monde des réseaux sans fil (www.sparkfun.com/pages/xbee_guide).

La page produit d'Arduino propose plus de détails sur la carte fille (`http://arduino. cc/en/Main/ArduinoWirelessShield`), vous trouverez un tutoriel sur la communication via XBee 1mW Chip Antenna - Series 1 (802.15.4) sur le site Arduino (`http://arduino.cc/en/Guide/ArduinoWirelessShield`).

Ethernet Shield R3 et Ethernet Shield R3 with PoE

Réalisées par : Arduino

Prix : £25.42 et £36.82 chez RS Components ; $45.95 et $59.95 chez SparkFun ; 29 € les deux chez Arduino

Broches utilisées : 4, 10, 11, 12, 13

La carte fille Ethernet (voir la Figure 13-7) permet à votre Arduino d'échanger avec Internet sans avoir recours à un ordinateur. Votre Arduino peut donc lui aussi contribuer à enrichir les données se trouvant sur Internet. Il peut surveiller Twitter et réagir aux hashtags ou téléverser de données issues de capteurs pour les rendre disponibles au reste du monde. La carte dispose

Figure 13-7 : Une carte fille Ethernet (sans le module PoE).

même de son propre lecteur microSD permettant d'enregistrer les résultats ou de stoker des fichiers qui seront ensuite distribués sur le réseau. La version R3, qui est la version la plus récente, propose quelques broches supplémentaires pour assurer la compatibilité avec le Uno R3.

L'Ethernet Shield R3 with Power-over-Ethernet (PoE) inclut un module supplémentaire disposé en diagonale sur la carte. Il s'agit d'un module PoE qui permet d'alimenter l'Arduino en utilisant le câble Ethernet. Conformément au standard IEEE 802.3af PoE, il faut pour cela disposer d'un câble Ethernet de catégorie 5 (CAT5). Les hubs et les routeurs domestiques ne supportent généralement pas le PoE, mais il s'agit d'une technologie intéressante.

L'Ethernet Shield R3 et Ethernet Shield R3 with PoE sont vendues entièrement assemblées et prêtes à l'emploi. Les broches 4, 11 et 13 sont utilisées pour communiquer avec la carte SD de la carte fille et ne peuvent être utilisées pour d'autres fonctions.

Vous obtiendrez plus de précisions sur la page produit Arduino (`http://arduino.cc/en/Main/ArduinoEthernetShield`) et sur les bibliothèques Ethernet sur `http://arduino.cc/en/Reference/Ethernet`.

Wifi Shield

Réalisée par : Arduino

Prix : £74.39 chez Proto-PIC ; $84.95 chez SparkFun ; 69 € chez Arduino

Broches utilisées : 4, 7, 10, 11, 12, 13

La Wifi Shield (voir la Figure 13-8) vous permet de vous connecter sans fil sur un hub ou une borne Wi-Fi. Ce qui est très utile si vous n'avez pas accès à un port Ethernet ou si vous souhaitez rendre votre projet plus mobile. La carte dispose également d'un lecteur microSD qui vous permet de sauver des résultats ou d'enregistrer des fichiers que vous souhaitez rendre disponibles sur Internet.

La carte Wifi Shield est vendue assemblée et prête à l'emploi. L'Arduino communique avec cette dernière grâce au processeur Wifi Shield et au lecteur de carte microSD via le bus SPI et les broches 11, 12 et 13. Vous pouvez utiliser la broche 10 pour sélectionner le processeur de la carte WiFi Shield (HDG104) et la broche 4 pour sélectionner la carte microSD. La broche 7 est employée pour le protocole – le processus qui permet de mettre en œuvre la communication entre deux appareils, dans notre cas entre l'Arduino et la Wifi Shield.

Vous trouverez plus de détails concernant la Wifi Shield sur la page produit de l'Arduino (`http://arduino.cc/en/Main/ArduinoWiFiShield`). Il existe un excellent tutoriel qui vous aidera à démarrer avec la Wifi Shield à l'adresse `http://arduino.cc/en/Guide/ArduinoWiFiShield`. La bibliothèque Wi-Fi est

Figure 13-8 : La carte fille Arduino Wifi.

décrite en détail sur la page de Référence d'Arduino à l'adresse `http://arduino.cc/en/Reference/WiFi`.

Cellular Shield avec SM5100B

Réalisée par : SparkFun

Prix : £66.17 chez Proto-PIC ; $99.95 ou 72,58 € chez SparkFun

Broches utilisées : 0, 1 or 2, 3 (par défaut)

La carte Cellular Shield (voir la Figure 13-9) transforme votre modeste Arduino en téléphone cellulaire portable. Avec cette carte, vous pouvez envoyer et recevoir des appels, des messages textuels et même des données. Vous n'avez besoin que d'une carte SIM prépayée et d'une antenne pour être prêt à communiquer avec le reste du monde. Avec Serial.print, vous pouvez envoyer les codes adéquats pour communiquer avec le SM5100B.

La carte Cellular avec SM5100B est vendue entièrement assemblée et prête à l'emploi. Il vous faut acheter une antenne disposant d'un connecteur SMB comme la Quad-band Cellular Duck Antenna SMA (www.sparkfun.com/products/675) de SparkFun. L'Arduino communique avec le SM5100B via les broches RX et TC 0 et 1, ou en utilisant la bibliothèque SoftwareSerial, via les broches 2 et 3 qui sont sélectionnées par défaut, mais dont le choix peut être configuré par des cavaliers situés sur la carte.

La carte SIM doit disposer de suffisamment de crédits pour réaliser ce à quoi vous la destinez. Les offres illimitées de messages textuels sont particulièrement utiles. D'autres options telles que la présence d'un micro ou d'un haut-parleur, sont requises car sans elles vous ne serez pas capable de faire autre chose que d'appeler et de raccrocher.

Vous trouverez plus d'informations sur la page produit de SparkFun (www.sparkfun.com/products/9607). Cette page propose un croquis d'exemple, mais pour disposer d'une vraie introduction au GSM, je vous recommande de vous rendre sur le site de John Boxall (http://tronixstuff.wordpress.com/2011/01/19/tutoriel-arduino-and-gsm-cellular-part-one/).

Figure 13-9 : La carte fille Cellular.

Geiger Counter – Radiation Sensor Board

Réalisée par : Liberium

Prix : £110.80 chez Cooking Hacks ; $170 chez MicroController Pros (NDT : au moment de la rédaction de ce livre, cette carte n'est disponible qu'en livres ou en dollars).

Broches nécessaires : 2, 3, 4, 5, 6, 7, 8, 9, 10, 11, 12, 13

La Radiation Sensor Board est probablement une des cartes filles Arduino les plus impressionnantes. Elle vous permet de surveiller le niveau de radiation dans un environnement. Cette carte a été réalisée pour aider les Japonais à vérifier le niveau de radiation suite à la catastrophe de Fukushima en mars 2011. Le compteur Geiger peut utiliser différents tubes Geiger afin de détecter différents types et niveaux de radiations. Elle dispose également, pour retourner des informations, d'un affichage LCD, d'une LED et d'un haut-parleur piézo.

ATTENTION ! Cette carte utilise des tubes Geiger qui fonctionnent à des tensions dangereuses (400 V-1000 V) et qui requièrent donc beaucoup de prudence dans leur manipulation. Il est préférable de conserver cette carte dans un boîtier étanche afin de prévenir tout contact humain. Les radiations sont dangereuses, mais l'électricité l'est aussi, si vous ne voyez pas de quoi je parle, passez votre chemin !

Le haut-parleur piézo et les LED sont connectés à la broche 2, ils sont déclenchés à chaque impulsion générée par le tube Geiger. En fonction du tube employé et du nombre de pulsations par minute (cpm), vous pouvez déterminer le niveau de radiation exprimé en Sieverts par heure. Les broches 3 et 8 sont utilisées pour l'affichage LCD afin d'afficher le détail de la lecture du capteur. Les broches 9 et 13 sont utilisées pour les LED bar qui permettent d'obtenir un retour visuel sans équivoque du niveau de radiation. Les trois premières LED sont vertes, les deux dernières sont rouges.

Des informations supplémentaires sur ce projet sont disponibles sur la page produit de Cooking Hack à l'adresse `www.cooking-hacks.com/index.php/documentation/tutoriels/geiger-counter-arduino-radiation-sensor-board`).

Rester informé

Beaucoup d'autres cartes filles sont disponibles et de nombreuses sont créées ou améliorées en permanence. Voici quelques conseils pour rester à la page.

Rendez-vous régulièrement dans les boutiques pour y voir leurs derniers produits. C'est un peu comme dans un magasin de bricolage, vous ne savez jamais ce que vous allez y trouver.

- **Arduino Store** (http://store.arduino.cc)
- **Adafruit** (www.adafruit.com)
- **Maker Shed** (www.makershed.com)
- **Seeed Studio** (www.seeedstudio.com)
- **SparkFun** (www.sparkfun.com)

Rendez-vous également régulièrement sur les blogs consacrés à Arduino ; ils traitent souvent des nouveaux kits et applications et constituent une bonne source d'inspiration.

- **Arduino Blog** (http://arduino.cc/blog)
- **Adafruit** (www.adafruit.com/blog)
- **Hack A Day** (http://hackaday.com)
- **Make** (http://blog.makezine.com)
- **Seeed Studio** (www.seeedstudio.com/blog)
- **SparkFun** (www.sparkfun.com/news)

Certains ont fait l'effort de documenter des cartes filles, rendez-leur visite :

- **Arduino Playground** (www.arduino.cc/playground/Main/SimilarBoards#goShie)
- **Arduino Shield List** (http://shieldlist.org)

Fréquenter les bibliothèques

Les croquis basiques peuvent vous mener déjà loin. Cependant, lorsque vous deviendrez plus aguerri, vous devrez en apprendre davantage sur les bibliothèques. Les *bibliothèques* fournissent des fonctionnalités additionnelles à vos croquis, soit en permettant d'utiliser du matériel spécifique, soit en fournissant des fonctions logicielles complexes. Ainsi, de la même manière que vous vous rendez dans une bibliothèque physique pour apprendre quelque chose de nouveau, vous ajoutez une bibliothèque à votre Arduino pour lui enseigner de nouvelles fonctionnalités. En ajoutant une bibliothèque dans vos croquis, vous pouvez rapidement et simplement accéder à des fonctions qui vous permettront d'atteindre vos buts.

Débuter avec du matériel et un logiciel complexe peut s'avérer difficile. Heureusement, de nombreuses personnes ont pris le temps de documenter leurs progressions et ajoutent souvent à leurs bibliothèques des exemples pouvant être aisément intégrés à vos propres croquis. À partir de ce point, il est possible de réaliser quelque chose de fonctionnel, et en vous accrochant, de mieux comprendre. C'est cette approche basée sur l'expérimentation qui vous permet de réaliser rapidement de grands progrès concernant le logiciel et le matériel. Progrès qui autrement seraient très difficiles à effectuer.

Les bibliothèques standard

Cette section présente une sélection des bibliothèques incluses dans la version actuelle d'Arduino (1.0.1) à l'heure où nous écrivons cet ouvrage. Les bibliothèques standard couvrent une vaste gamme de domaines qui correspondent à des sujets populaires et bien documentés. Vous pouvez trouver ces bibliothèques en ouvrant Croquis-→Importer bibliothèque. Sélectionner une bibliothèque ajoute une ligne au début de votre croquis de la manière suivante `#include <EEPROM.h>`. Avant de comprendre la manière dont fonctionne une bibliothèque, choisissez un exemple et testez-le. Vous trouverez des exemples en bas du menu qui apparaît à Fichier→Exemples.

Voici une brève description de ces bibliothèques :

- **EEPROM** (`http://arduino.cc/en/Reference/EEPRO`) : Votre Arduino est équipé d'une Electrically Erasable Programmable Read-Only Memory (EEPROM), qui correspond à un stockage permanent similaire à un disque dur d'ordinateur. Les données stockées dans cet emplacement demeurent, même si vous éteignez votre Arduino. En utilisant la bibliothèque EEPROM, vous pourrez lire les informations qui s'y trouvent.
- **Ethernet** (`http://arduino.cc/en/Reference/Ethernet`) : Si vous disposez d'une carte fille Ethernet, la bibliothèque Ethernet vous permet de communiquer simplement et rapidement avec Internet. Cette bibliothèque permet d'utiliser votre Arduino en tant que serveur accessible par d'autres appareils ou en tant que client.
- **Firmata** (`http://arduino.cc/en/Reference/Firmata`) : Firmata offre un moyen de contrôler votre Arduino via un logiciel d'ordinateur. Il s'agit d'un protocole de communication standard, ainsi vous pouvez utiliser cette bibliothèque plutôt que de créer votre propre logiciel de communication.
- **LiquidCrystal** (`http://arduino.cc/en/Reference/LiquidCrystal`) : La bibliothèque LiquidCrystal vous permet de faire communiquer votre Ar-

duino avec la plupart des écrans à cristaux liquides. Cette bibliothèque est basée sur le pilote Hitachi HD44780 qui gère des écrans facilement identifiables à leur interface 16 broches.

- **SD** (`http://arduino.cc/en/Reference/SD`) : La bibliothèque SD permet de lire et d'écrire sur les cartes SD et microsSD connectées à votre Arduino. Les cartes SD utilisent SPI pour transférer les données rapidement. Pour ce faire, elles utilisent les broches 11, 12 et 13 et éventuellement une broche supplémentaire afin de sélectionner la carte SD.

- **Servo** (`http://arduino.cc/en/Reference/Servo`) : La bibliothèque Servo vous permet de contrôler jusqu'à 12 servomoteurs avec un Uno R3 (et jusqu'à 48 sur un Mega). La plupart des servo « hobbystes » tournent sur 180 degrés ; vous pouvez spécifier la rotation du servo en degrés en utilisant cette bibliothèque.

- **SPI** (`http://arduino.cc/en/Reference/SPI`) : La Serial Peripheral Interface (SPI) est une méthode de communication qui permet à votre Arduino de communiquer très rapidement avec d'autres appareils sur de courtes distances. Il peut s'agir de recevoir des données d'un capteur, d'échanger avec des périphériques tels qu'une carte SD ou un autre microcontrôleur.

- **SoftwareSerial** (`http://arduino.cc/en/Reference/Software Serial`) : La bibliothèque Software Serial vous permet d'utiliser n'importe quelle broche numérique pour envoyer et recevoir des messages via la série, venant ainsi remplacer ou compléter les traditionnelles broches 0 et 1. Ce qui est particulièrement utile, si vous souhaitez libérer des broches pour la communication avec un ordinateur afin de garder, par exemple, une connexion permanente pour le débogage, tout en étant capable de téléverser de nouveaux croquis.

- **Stepper** (`http://arduino.cc/en/Reference/Stepper`) : La bibliothèque Stepper vous permet de contrôler des moteurs pas à pas depuis votre Arduino. Ce code nécessite un matériel approprié, reportez-vous aux notes de Tom Igo sur le sujet (`www.tigoe.net/pcomp/code/circuits/motors/stepper-motors/`).

- **Wi-Fi** (`http://arduino.cc/en/Reference/WiFi`) : La bibliothèque Wi-Fi est basée sur la bibliothèque Ethernet présentée précédemment. Elle intègre des modifications spécifiques pour la carte Wi-Fi qui permet une connexion sans fil à Internet. La bibliothèque Wi-Fi fonctionne également avec la bibliothèque SD ce qui permet de stocker des données sur la carte.

- **Wire** (`http://arduino.cc/en/Reference/Wire`) : La bibliothèque Wire permet à votre Arduino de communiquer avec les appareils I2C (connus également sous le nom de TWI (*two-wire interface*)). Ces appareils peuvent être par exemple des LED adressables ou des Nunchuk Wii.

Installer des bibliothèques additionnelles

De nombreuses bibliothèques ne sont pas incluses dans le logiciel Arduino. Certaines sont dédiées à des appareils spécifiques ; d'autres sont des améliorations ou des adaptations de bibliothèques existantes. Arduino permet d'ajouter ces bibliothèques si facilement que vous pouvez rapidement les essayer pour voir si elles correspondent à vos besoins.

Les bibliothèques sont généralement distribuées sous forme de fichiers `.zip` qui ont le même nom que la bibliothèque. Ainsi la bibliothèque CapSense sera distribuée dans le fichier `CapSense.zip`. Les noms peuvent être composés d'un numéro de version tel que CapSense-1.0.1 ou CapSense_20120930. Ces versions numérotées ainsi distribuées vous permettent de choisir facilement entre la dernière version ou une version spécifique.

Le fichier se décompresse sous la forme d'un dossier contenant des fichiers se terminant par `.h` et `.cpp` tels que `CapPin.h` et `CapPin.cpp` et parfois des dossiers d'exemples.

Dans la dernière version d'Arduino (1.0.1 à l'heure où nous écrivons ces lignes), il est simple d'ajouter des bibliothèques. Déplacez simplement le dossier de la bibliothèque dans votre dossier croquis Arduino.

Avec Mac OS X, cela se présente comme ceci :

```
~/Documents/Arduino/libraries/CapSense/CapPin.h
~/Documents/Arduino/libraries/CapSense/CapPin.cpp
~/Documents/Arduino/libraries/CapSense/examples
```

Avec Windows :

```
My Documents /Arduino/libraries/CapSense/CapPin.h
My Documents /Arduino/libraries/CapSense/CapPin.cpp
My Documents /Arduino/libraries/CapSense/examples
```

Une fois la bibliothèque installée, redémarrez votre Arduino et sélectionnez Croquis→Importer bibliothèque pour voir si elle se trouve bien dans la liste (Figure 13-10). La bibliothèque ne fonctionnera pas si les fichiers ne se trouvent pas dans le bon dossier ou si son nom est modifié.

Si la bibliothèque dispose d'un dossier d'exemple, vous devrez être en mesure de le voir dans Fichier→Exemples sous un nom correspondant à la bibliothèque (Figure 13-11).

C'est tout ce qu'il faut faire pour installer une bibliothèque. La suppression d'une bibliothèque est encore plus simple, il suffit de supprimer le dossier correspondant du dossier croquis d'Arduino.

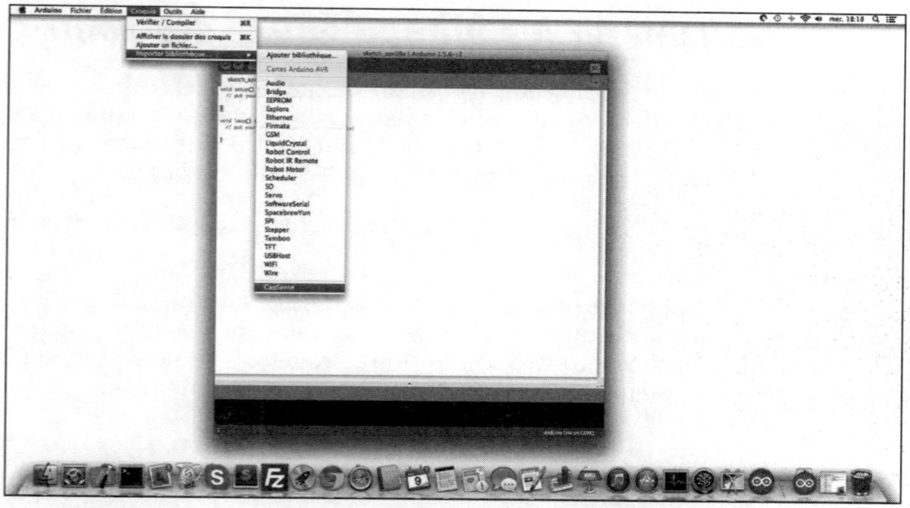

Figure 13-10 : Le menu Arduino affiche les bibliothèques dans la liste déroulante Importer bibliothèque.

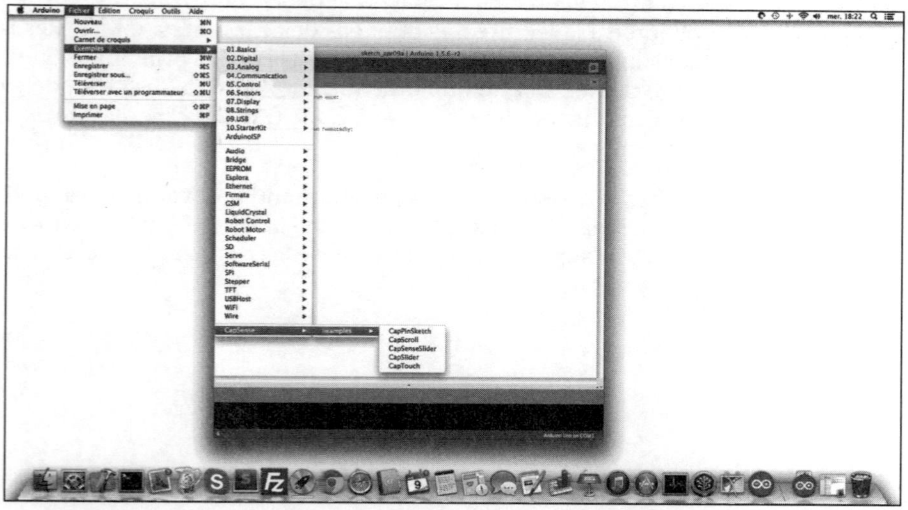

Figure 13-11 : Si des exemples sont disponibles avec la bibliothèque, vous devrez la voir dans le menu.

Récupérer les bibliothèques des contributeurs

Vous trouverez une longue liste de bibliothèques créées par des contributeurs de la communauté sur la page bibliothèque d'Arduino à l'adresse http://arduino.cc/en/Reference/Libraries. Une liste exhaustive est disponible à http://arduino.cc/playground/Main/LibraryList.

CapSense et TimerOne sont deux bibliothèques très utiles et communément utilisées :

- **CapSense** (www.arduino.cc/playground/Main/CapSense) : CapSense est une bibliothèque qui vous permet de faire un capteur capacitif à partir d'une ou plusieurs broches de votre Arduino. Vous pouvez ainsi réaliser un capteur tactile ou un capteur de présence très rapidement avec peu de matériel.

  La page Arduino Playground propose beaucoup d'informations très utiles, cependant vous trouverez une version plus récente du code sur GitHub (https ://github. com/moderndevice/CapSense).

- **TimerOne** (http://playground.arduino.cc//Code/Timer1) : TimerOne ou Timer1 utilise une horloge matérielle de votre Arduino pour déclencher des événements à intervalles réguliers. Cette bibliothèque est très bien adaptée à la lecture des données des capteurs à intervalles réguliers sans interrompre les processus de la boucle principale. Il existe une page dédiée à cette bibliothèque sur Arduino Playground, le code mis à jour est disponible sur Google Code (http://code.google.com/p/arduino-timerone/).

Si vous êtes vraiment désireux de comprendre davantage les bibliothèques, voire d'écrire la vôtre, lisez l'article suivant concernant l'écriture de bibliothèque sur la page d'Arduino à l'adresse http://arduino.cc/en/Hacking/LibraryTutoriel.

Chapitre 14

Capter plus d'entrées et contrôler plus de sorties

Dans ce chapitre

- Envoyer de nombreux signaux en utilisant une carte Mega 2560
- Utiliser un registre à décalage
- Apprendre à compter en binaire

Disposer d'une sortie et d'une entrée c'est déjà bien, c'est même parfois suffisant pour votre projet. Cependant, il est parfois utile de pouvoir gérer un capteur ou un contrôleur qui utilise simultanément un grand nombre d'entrées/sorties. De nombreuses installations artistiques numériques renommées sont en fait basées sur des actions assez simples ; la vraie complexité réside à répéter ces actions des centaines, voire des milliers de fois.

Dans ce chapitre, vous découvrirez comment réaliser un grand nombre d'activités simultanément avec votre Arduino. Pour cela, vous utiliserez une plus grande carte, l'Arduino Mega 2560 ou du matériel spécifique capable d'augmenter les capacités de l'Arduino standard. Vous découvrirez les points positifs et négatifs de chacune de ces deux approches, puis vous serez en mesure de vous équiper pour réaliser un projet Arduino « monstre ».

Contrôler de multiples LED

Une des méthodes les plus simples pour étendre votre projet Arduino consiste à utiliser une carte plus importante telle que l'Arduino Mega 2560. Cette carte monstrueuse, illustrée à la Figure 14-1, met à votre disposition beaucoup de broches supplémentaires : 54 broches I/O numériques, 15 broches PWM et

Figure 14-1 : Un Arduino Mega 2560.

16 broches analogiques. Avec le Mega 2560, vous disposez de plus d'espace pour tout type d'entrée/sortie. Mais ce n'est pas tout. Le Mega dispose de quatre ports séries matériels qui vous permettent de communiquer simultanément avec de multiples appareils séries. Ce dernier point est très appréciable car il permet de dédier la ligne USB série à la communication avec un ordinateur sans perturber les connexions avec les appareils séries.

Tous ces moyens de communication sont rendus possibles grâce au microprocesseur ATmega2560 de la carte. Si vous comparez le Mega 2560 à un Uno, la première différence que vous remarquerez concerne son apparence. Si vous observez la puce d'un Uno R3, vous découvrirez que l'ATmega328 ressemble à un mille-pattes – une forme connue sont le nom de boîtier dual inline (connu aussi sous les acronymes DIP et DIL) en raison de leur deux lignes de broches parallèles. Plus précisément, ce dispositif est un boîtier dual-line en plastique (PDIP). Si vous regardez le centre de votre Mega 2560, vous y verrez une puce en forme de losange connue que l'on nomme boîtier quad line plat (QFP) en raison de quatre jeux de broches et de son profil très plat. Plus spécifiquement, celui-ci est un boîtier thin quat flat (TQFP), dont il existe de nombreuses variations. Vous pouvez voir les deux puces à la Figure 14-2.

Mais la forme physique n'est pas la seule différence ; les noms des puces sont aussi légèrement différents. Le nom des microcontrôleurs est imprimé sur le sommet de leur puce : sur un Uno vous pouvez lire ATMEGA328P-PU alors que sur le Mega il est écrit ATMEGA2560 16-AU (ces deux noms sont visibles à la Figure 14-2). Il s'agit des numéros de produit qui correspondent à la capacité mémoire des puces. Les deux nombres importants sont 328 et 2560 qui correspondent à la quantité de mémoire flash disponible – 32K et 256 K respectivement. La mémoire flash est utilisée pour stocker les croquis, le Mega 2560 dispose donc de plus de sept fois plus d'espace qu'un Uno, ce qui s'avère particulièrement utile lorsqu'un programme doit disposer d'un nombre important de données.

Figure 14-2 : PDIP et TQFP.

Pour vous familiariser avec le Mega, jetez un œil à la disposition des broches sur la carte présentée à la Figure 14-3. La majeure partie de la carte est similaire à celle de l'Uno, mais vous devez avoir une attention particulière au bloc de broches situé au bout afin de vous assurer de ne pas utiliser les broches 5 V et GND à la place des broches numériques. De plus, certaines cartes filles nécessitent d'être modifiées pour fonctionner avec le Mega 2560, aussi, lisez les instructions avec attention.

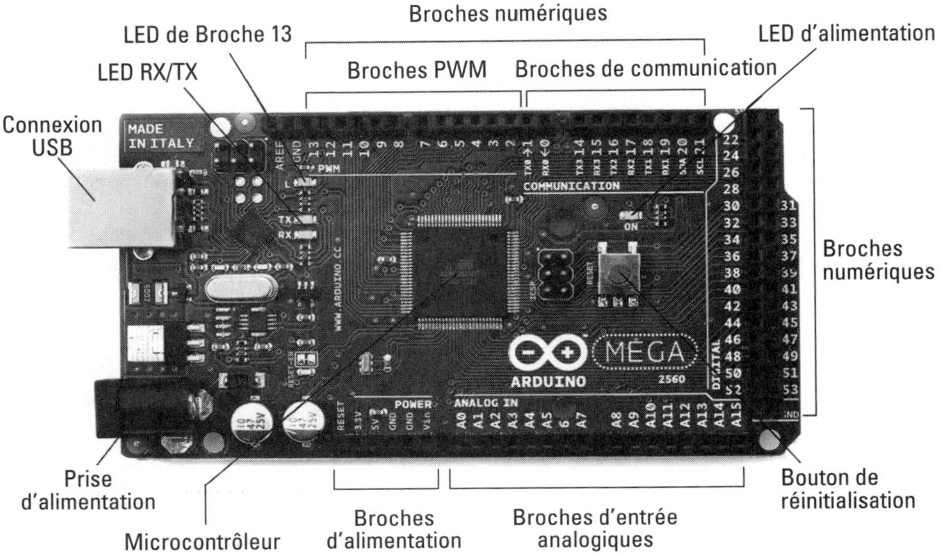

Figure 14-3 : La carte Mega 2560 annotée.

Implémenter le croquis AnalogWriteMega

Dans cet exemple, vous allez apprendre à réaliser une barre de lumière LED. Comme le Mega 2560 dispose potentiellement de 15 broches PWM, c'est un appareil parfait pour contrôler avec précision de nombreuses sorties analogiques. Le croquis AnalogWriteMega permet de réaliser des transitions douces entre les LED.

Pour ce projet, il vous faut :

- Un Arduino Mega 2560
- Une platine d'essais
- Douze LED
- Douze résistances 220 Ω
- Des straps

Comme la réalisation de ce circuit est très répétitive, utilisez des fils de même taille et de couleurs différentes pour y voir plus clair. En choisissant les LED et les résistances, vérifiez vos calculs. Les LED standard de 3 et 5 mm requièrent dans la plupart des kits une tension de 2,5 V et 25 mA alors que les broches numériques de l'Arduino peuvent fournir une tension maximale de 5 V.

Ce que l'on peut résumer par :

(5 V – 2,5 V) / 0,025 A = 100 Ω

Une résistance de 100 ohms est donc la valeur exacte pour utiliser une LED jusqu'à la puissance maximale recommandée, cependant en utilisant une résistance de 220 ohms vous ne prenez aucun risque et prolongez la durée de vie des composants. Une règle générale pour choisir une résistance consiste à en choisir une dont la valeur est immédiatement en dessous de la valeur calculée. Si vous trouvez que la LED n'éclaire pas assez, vous pouvez soit utiliser des résistances proches de la valeur optimale, soit utiliser des LED plus brillantes.

Après avoir réuni vos LED, résistances et straps, assemblez le circuit comme l'illustrent les Figures 14-4 et 14-5. Ce circuit est composé de 12 petits circuits identiques où chaque broche de l'Arduino Mega est connectée à une résistance de 220 ohms, puis sur l'anode (grande patte) de la LED, la cathode (patte courte) est connectée à la masse.

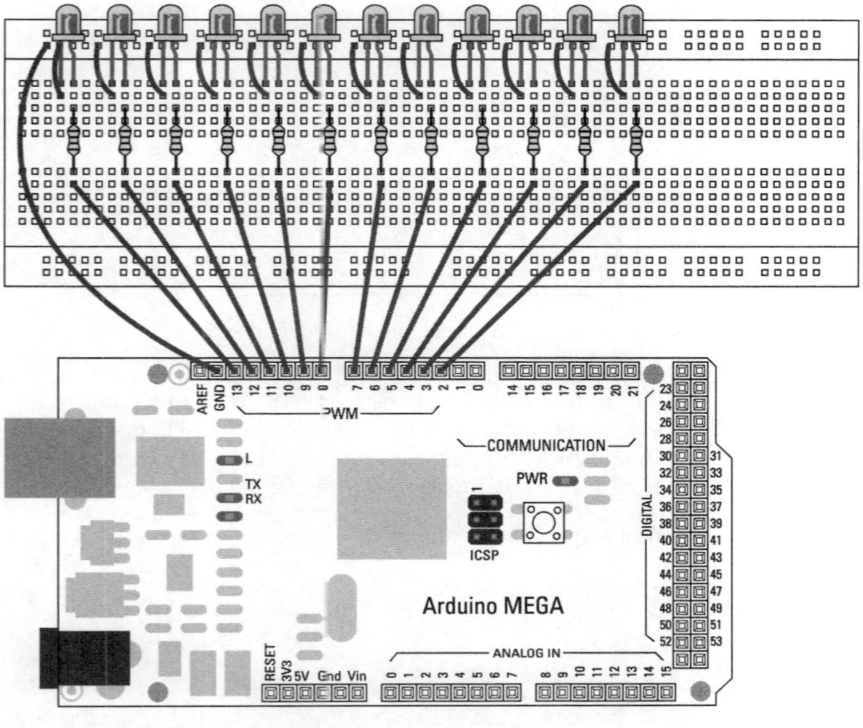

Figure 14-4 : De nombreuses LED raccordées au Mega.

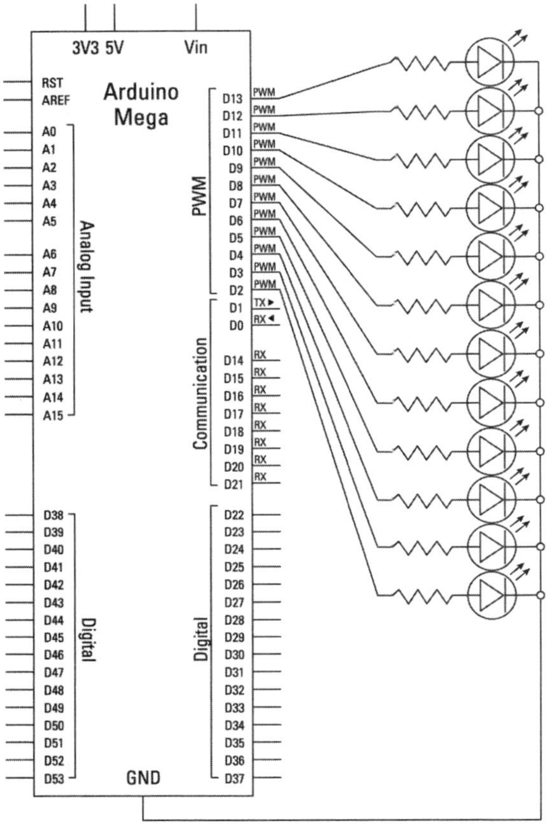

Figure 14-5 : Un schéma du circuit du contrôleur de LED.

Après avoir monté le circuit, vous trouverez le croquis approprié dans le menu Arduino en choisissant Fichier→Exemples→03. Analog→AnalogWriteMega pour afficher le croquis permettant de nombreuses écritures via la fonction `analogWrite()`.

Le code du croquis est le suivant:

```
/*
Mega analogWrite() test

Ce croquis fait varier l'intensité des LED une à une sur les broches numériques
2 à 13. Ce croquis qui est écrit pour Arduino Mega, ne fonctionne pas sur les
cartes précédentes.

Le circuit:
```

```
* LED connectées aux broches 2 à 13.

créé 8 Févr 2009

par Tom Igoe
Ce code exemple est dans le domaine public.
*/
// Ces constantes ne changent pas. Elles servent à nommer
// les broches utilisées:
const int lowestPin = 2;
const int highestPin = 13;


void setup() {
  // définit les broches de 2 à 13 comme sorties:
  for (int thisPin =lowestPin; thisPin <= highestPin; thisPin++) {
  pinMode(thisPin, OUTPUT); }
}

void loop() {
// parcourt toutes les broches:
 for (int thisPin =lowestPin; thisPin <= highestPin; thisPin++) {
// fait varier LED de thisPin de éteint à allumé
 for (int brightness = 0; brightness < 255; brightness++) {
  analogWrite(thisPin, brightness);
 delay(2);
}

// fait varier LED de thisPin de allumé à éteint:
 for (int brightness = 255; brightness >= 0; brightness--) {
  analogWrite(thisPin, brightness);
  delay(2); }

// pause entre les LED:
delay(100); }
}
```

Si votre croquis se charge correctement, vous verrez toutes les LED s'allumer et s'éteindre progressivement les unes après les autres, puis recommencer.

Si cela ne se passe pas ainsi, revérifiez vos câblages :

- Assurez-vous de bien utiliser les bons numéros de broches.
- Vérifiez les connexions sur la platine d'essais. Si les straps ou les composants ne sont pas connectés sur les bonnes rangées de la platine, ils ne fonctionneront pas.

- Vérifiez que vos LED sont reliées correctement avec la patte longue reliée à la résistance et la courte reliée à la masse.

Comprendre le croquis AnalogWriteMega

Ce croquis est semblable au croquis AnalogWrite du chapitre 7, mais il y est ici répété de nombreuses fois. Avec une boucle for il est possible de réaliser de nombreuse fois une tâche répétitive sans avoir à réécrire le même code pour chaque LED.

Au début de ce croquis, vous déclarez les entiers constants. Mais plutôt que de déclarer 12 valeurs, vous pouvez ne déclarer que les valeurs highesPin et lowestPin car la carte dispose de 12 broches PWM alignées de la broche 2 à la broche 13.

```
const int lowestPin = 2;
const int highestPin = 13;
```

Durant la configuration, les broches sont définies dans la boucle for en tant que sortie. Comme les numéros des broches se suivent, vous pouvez utiliser la valeur du compteur pour les assigner en tant que sortie (OUTPUT). Dans la boucle, la variable locale thisPin est déclarée comme un entier dont la valeur est égale à lowestPin ; C'est le point de départ, ensuite la variable thisPin est comparée à highestPin. Si thisPin est inférieure ou égale (<=) à highestPin, la broche numérique ayant le même numéro est définie comme sortie et thisPin est incrémentée de un lors du prochain tour de boucle. Ce processus définit rapidement toutes les broches en tant que sortie et n'utilise que 2 lignes de code au lieu de 12.

```
void setup() {
// définit les broches de 2 à 13 comme sorties:
for (int thisPin =lowestPin; thisPin <= highestPin; thisPin++) {
pinMode(thisPin, OUTPUT); }
}
```

Dans la boucle principale, il y a des boucles for dans des boucles for ! Vous pouvez voir le début de chaque boucle en suivant l'indentation des instructions for. Pour formater votre code automatiquement, choisissez Outils→Auto Format (ou appuyez sur Ctrl + T sous Windows ou cmd/T sur un Mac). Si vous êtes perdu, déplacez le curseur sur l'accolade de droite, vous verrez l'accolade appariée apparaître en surbrillance. La première boucle est parcourue pour chaque broche allant du numéro 2 à 13 en incrémentant à chaque tour, jusqu'à atteindre 14, la valeur de thisPin.

```
void loop() {
// parcourt toutes les broches:
 for (int thisPin =lowestPin; thisPin <= highestPin; thisPin++) {
// fait varier LED de thisPin de éteint à allumé
```

La première boucle vous fournit le numéro de la broche courante, il est donc possible de l'utiliser dans les deux boucles `for` suivantes. La première de ces boucles crée une nouvelle boucle avec la variable `brightness`. Cette dernière est incrémentée en partant de 0 jusqu'à 255. À chaque incrément, un `analogWrite` est exécuté avec comme argument la valeur courante de brightness. Un délai de 2 ms est ajouté avant chaque retour en début de boucle.

```
for (int brightness = 0; brightness < 255; brightness++) {
  analogWrite(thisPin, brightness);
  delay(2);
}
```

Une fois que `brightness` a atteint la valeur PWM maximale de 255, la boucle `for` suivante est réinitialisée à 0. Elle réalise exactement les mêmes opérations mais cette fois à rebours.

```
for (int brightness = 255; brightness >= 0; brightness--) {
  analogWrite(thisPin, brightness);
  delay(2);
}
```

À la fin de la seconde boucle `for`, un délai de 100 ms est ajouté avant que le croquis ne reprenne son exécution au niveau de la boucle supérieure. Cette dernière répète la même tâche, mais avec la broche suivante et ce jusqu'à la broche numéro 13. Après la broche 13 en effet, le critère pour boucler n'est plus rempli et le programme s'achève.

```
// pause between LEDs:
   delay(100);
   }
}
```

Ce croquis allume et éteint progressivement chaque LED entre les broches 2 et 13 et constitue un bon moyen de s'assurer du bon fonctionnement d'un circuit. Mais ce n'est pas le point le plus intéressant de l'application, lisez la prochaine section, vous découvrirez comment en faire davantage durant la configuration.

Modifier le croquis AnalogWriteMega

Animer une barre de LED peut s'avérer très amusant. Il y a une énorme différence entre faire clignoter des LED et les animer.

La première étape consiste à modifier la séquence afin de la rendre plus intéressante. En ajoutant une boucle `for` supplémentaire et en commentant le délai, vous pouvez créer une belle animation. Pour cela, créez un nouveau croquis, saisissez le code ci-dessous et sauvez-le en lui donnant un nom simple à vous rappeler tel que myLedAnimation. Vous pouvez également ouvrir le croquis AnalogWriteMega, réaliser les modifications (indiquées par flèches dans la marge), puis choisissez Fichier→Enregistrer pour enregistrer le croquis sous le nom de votre choix.

TRUC : Une bonne pratique consiste à mettre à jour comme ci-dessous, les commentaires de votre croquis lorsque vous le modifiez.

```
/* myLedAnimation
Ce croquis fait varier l'intensité des LED sur les broches numériques de 2 à 13
et puis les fait s'éteindre une à une de la broche 13 à 2.

Ce croquis a été écrit pour l'Arduino Mega, et ne fonctionne pas sur les cartes
précédentes.

Le circuit:
* LED connectées aux broches 2 à 13.

Code original de Tom Igoe (2009) - Mega analogWrite() test

Modifié par [Votre_Nom] (20__)

*/

const int lowestPin = 2;
const int highestPin = 13;

void setup() {

   for (int thisPin =lowestPin; thisPin <= highestPin; thisPin++) {
    pinMode(thisPin, OUTPUT);
    } }


void loop() {
  for (int thisPin =lowestPin; thisPin <= highestPin; thisPin++) {
 // fait varier LED de thisPin d'éteint à allumé:
  for (int brightness = 0; brightness < 255; brightness++) {
```

```
    analogWrite(thisPin, brightness);
   delay(2); }

 }
  for (int thisPin =highestPin; thisPin >= lowestPin; thisPin--) {

    for (int brightness = 255; brightness >= 0; brightness--) {
     analogWrite(thisPin, brightness);
     delay(2);
    }


      // pause entre les LEDs:

// delay(100);
 }
}
```

En exécutant le programme, vous obtenez une rangée de LED qui s'allument rapidement les unes après les autres. Lorsque la rangée est totalement allumée, les LED diminuent d'intensité jusqu'à s'éteindre puis la séquence complète recommence.

C'est un bon début, mais vous pouvez mieux faire. Ce fragment de code transforme votre affichage LED en quelque chose ressemblant à KITT (le compagnon électronique de David Hasselhoff dans *K 2000* !)

Créez un nouveau croquis, entrez le code suivant et enregistrez-le avec un nom facile à retenir tel que myKnightRider. Vous pouvez également ouvrir le croquis AnalogWriteMega, y faire vos modifications (indiquées par les flèches dans la marge) puis cliquez sur Fichier→Enregistrer pour sauvegarder le croquis avec un nouveau nom.

```
/* myKnightRider

Ce croquis fait varier l'intensité de LED des broches 2 à 13 et de 13 à 2,
comme KITT de K 2000. Malheureseusement ce n'est pas une voiture qui parle !

Ce croquis a été écrit pour Arduino Mega, et ne fonctionne pas sur les cartes
précédentes.
Le circuit:
* LED connectées aux broches 2 à 13.

Code original de Tom Igoe (2009) - Mega analogWrite() test
Modifié par [Votre_Nom] (20__)

*/
```

```
// Ces constantes ne changent pas. Elles servent à nommer
// les broches utilisées:
const int lowestPin = 2;
const int highestPin = 13;


void setup() {
  // définit les broches 2 à 13 comme sorties:
  for (int thisPin =lowestPin; thisPin <= highestPin; thisPin++) {
  pinMode(thisPin, OUTPUT);
 }
}

void loop() {
  // parcourt les broches:
  for (int thisPin =lowestPin; thisPin <= highestPin; thisPin++) {
   // fait varier LED de thisPin d'éteint à allumé:
   for (int brightness = 0; brightness < 255; brightness++) {
    analogWrite(thisPin, brightness);
    delay(2);
  }
   for (int brightness = 255; brightness >= 0; brightness--) {
     analogWrite(thisPin, brightness);
    delay(2);
  }
}

for (int thisPin =highestPin; thisPin >= lowestPin; thisPin--) {
  // fait varier LED de thisPin d'allumé à éteint:
  for (int brightness = 0; brightness < 255; brightness++) {
    analogWrite(thisPin, brightness);
    delay(2);
 }
  for (int brightness = 255; brightness >= 0; brightness--) {
    analogWrite(thisPin, brightness);
    delay(2);
 }
  // pause entre LEDs:
  // delay(100);
 }
}
```

Ce croquis anime vos LED de manière incroyable, les LED s'allument les unes après les autres dans un mouvement de gauche à droite. Vous pouvez ajuster le délai et l'intensité des LED pour obtenir exactement l'effet souhaité. Pour vous inspirer du KITT original, visionnez un vieil épisode de K-2000 que vous trouverez en effectuant une recherche sur Google.

Contrôler de nombreuses LED par décalage

Parfois, même le Mega 2560 avec ses 70 broches s'avère insuffisant, et il faut trouver des moyens d'obtenir plus d'entrées et de sorties. Heureusement, il y a des puces qui augmentent le nombre d'entrées/sorties qu'un Arduino peut contrôler. Ce type de puce est un *registre à décalage*. De nombreux types de registres à décalage sont disponibles. Le 74HC595 est très utilisé, il permet 8 bits en entrée série, sortie série ou parallèle sur cette page (`http://www.nxp.com/documents/data_sheet/74HC_HCT595.pdf`). 8 bits fait référence au nombre de sorties qui peuvent être contrôlées, donc pour comprendre comment fonctionne le registre à décalage, vous devez d'abord bien faire la différence entre binaire, bit et octet comme je vous l'explique dans l'encadré ci-après. Un 74HC595 est représenté à la Figure 14-6.

Figure 14-6 : Un registre à décalage 74HC595.

Comme vous pouvez le constater, des nombres extrêmement larges peuvent être formés en utilisant seulement des zéros et des uns. Dans ce cas, vous avez 8 valeurs binaires pour une valeur décimale totale de 255. Quand vous parlez de mémoire, chaque valeur binaire utilise un bit de mémoire et chaque groupe de huit bits constitue un octet. Pour vous donner une échelle de grandeur, un croquis Arduino vierge utilise 466 octets ; un Uno peut stocker un maximum de 32 256 octets et un Mega un maximum de 258 048 octets.

Binaire, bits et octets

Le système binaire utilise deux valeurs : 0 et 1. Comme il n'utilise que deux valeurs, il est également connu sous le nom de base 2. Les nombres décimaux auxquels vous faites généralement référence sont en base 10 et utilisent les chiffres de 0 à 9 ; les chiffres hexadécimaux sont en base 16 et utilisent les chiffres de 0 à 9 et les lettres de A à F.

Mais comment le système binaire peut-il communiquer avec beaucoup d'appareils alors que vous n'avez que deux options ? La réponse est que vous utilisez des valeurs binaires.

Si vous prenez un nombre binaire en base 2 tel que 101010110, vous pouvez déterminer sa valeur en base 10 en utilisant une simple table de conversion. Le binaire se lit de droite à gauche. Comme il est en base 2, chaque valeur correspond à la valeur binaire multipliée par 2 à une puissance 2x, où x est égal à la position du bit, en commençant par 0 à droite. Par exemple, comme illustré ci-après la quatrième valeur binaire est égale à 1 x (2 x 2 x 2) = 8.

Binaire	1	0	1	0	1	1	0	1	
Calcul	$1x2^7$	$0x2^6$	$1x2^5$	$0x2^4$	$1x2^3$	$1x2^2$	$0x2^1$	$1x2^0$	Total
Décimal	128	0	32	0	8	4	0	1	173

La Figure 14-7 représente un diagramme des broches sur le 74HC595. Le nom des broches est expliqué dans le Tableau 14-1.

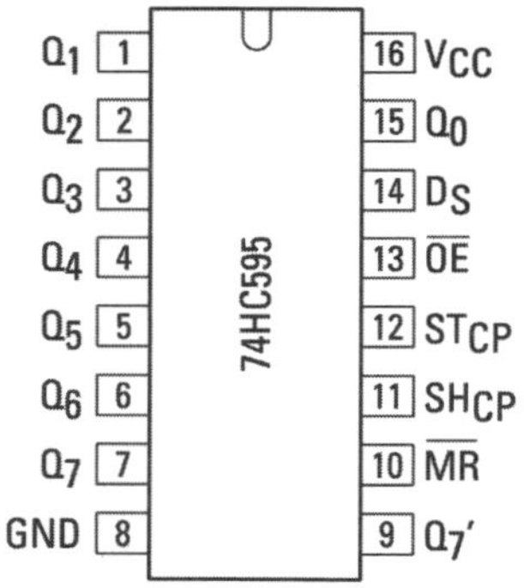

Figure 14-7 : Diagramme des broches sur le 74HC595.

Dans le cas du 74HC595, les huit broches de sortie correspondent aux huit bits dans un octet. Les valeurs sont envoyées un bit à la fois vers le registre à décalage. Quand la broche d'horloge (SH_CP) passe à `HIGH`, tous les bits se décalent d'un rang vers l'avant, la dernière broche « disparaît » et une nouvelle broche prend sa valeur depuis l'entrée de données série (DS). Les bits sont tous stockés dans le registre jusqu'à ce que la broche latch (ST_CP) passe à HIGH et que les valeurs soient envoyées vers les sorties.

Tableau 14-1 : Les broches du 74C595.

Broche	Description	Usage
Q0-Q7	Broches de sortie	Elles sont reliées aux LED
GND	Masse	Elle est reliée à la masse de votre Arduino
Q7′	Sortie série	Sortie série utilisée pour décaler des données vers un autre 74HC595
MR	Master Reclear en anglais, active `LOW`	Vide le registre à décalage si elle passe à `LOW`
SH_CP	Shift Register Clock Pin en anglais, broche de l'horloge du registre à décalage	Si elle passe à `HIGH`, décale en avant toutes les valeurs d'un.
ST_CP	Storage Register Lock Pin (broche de verrouillage)	Quand passe `HIGH`, génère les nouvelles valeurs du registre à décalage. Doit passer à `HIGH` juste après que SH_CP passe à LOW.
OE	Output Enable	Active la sortie et la désactive quand elle passe à `HIGH`.
DS	Entrée des données séries	Broche d'entrée des nouvelles données séries.
Vcc	Alimentation tension positive	Alimentation des LED

La valeur totale sur huit bits (ou sur un octet ou sur un nombre décimal compris entre 0 et 255) représente chaque combinaison du registre, c'est-à-dire représente la manière dont le registre à décalage transmet ses sorties. Si vous envoyez 11111111, toutes les broches de sortie passent à `HIGH`, si vous envoyez 10101101, les broches 0, 2, 3, 5 et 7 passent à `HIGH`. Vous pouvez aussi chaîner le 74HC595, ce qui signifie que vous pouvez ajouter plusieurs puces pour étendre le nombre de sorties en utilisant la broche de sortie série (Q7). Ce qui vous donnera plus de registres pour décaler les bits des données. Si vous envoyez 16 bits (ou deux octets ou un nombre décimal compris entre 0 et 65 536), les bits traversent le premier registre et le second tout en se décalant.

Implémenter shiftOutCode, le croquis Hello World

Dans cet exemple, vous allez observer le décalage de sortie avec un seul 74CH595 pour contrôler huit LED. Les LED se comptent en binaire de 0 à 255.

Il vous faut :

- Un Arduino uno
- Une grande platine d'essais
- Un 74CH595
- Huit LED
- Huit résistances de 220 Ω
- Des straps

Le 74CH595 est placé dans un espace au centre de la platine d'essais et devrait s'insérer parfaitement, parce que votre platine d'essais a été conçue en prévision de cet emplacement. L'espace du centre vous permet de connecter facilement les câbles des deux côtés de la puce, laissant chaque côté des broches séparé l'un de l'autre. Mais ici plus qu'ailleurs, prévoyez de chaque côté de la platine une ligne d'alimentation et une ligne de masse. Vous pouvez ainsi relier les broches 5 V de l'Arduino et les broches de la masse de chaque côté de la platine, comme l'illustre le circuit de la Figure 14-8.

La disposition des broches est assez simple, excepté celle de la première, la broche 0, qui est sur le côté opposé de la platine par rapport aux autres. Dans cet exemple, utilisez des straps de couleurs ou un kit qui permet de suivre la trace des connexions. Terminez le circuit tel qu'il est reproduit aux Figures 14-8 et 14-9.

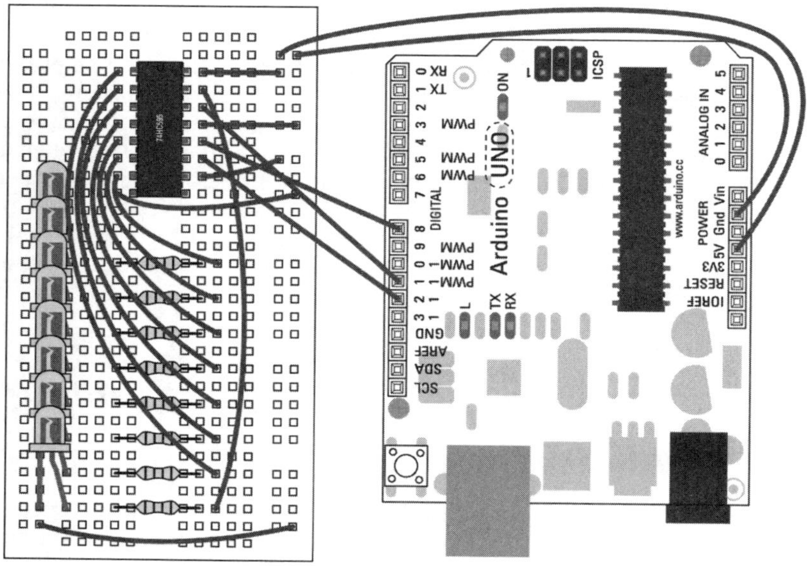

Figure 14-8 : Un circuit pour utiliser 74HC595.

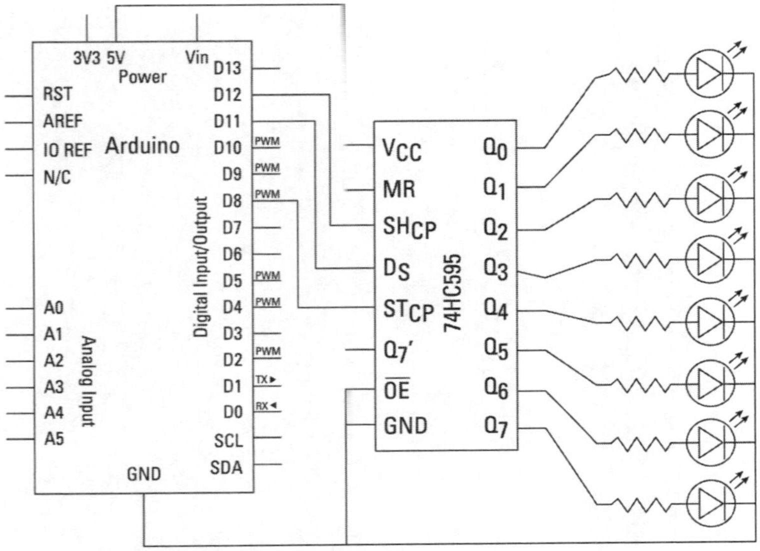

Figure 14-9 : Schéma pour utiliser un 74HC595.

Une fois le circuit monté, vous avez besoin du logiciel adéquat pour l'utiliser. Créez un nouveau croquis en saisissant le code ci-dessous et en l'enregistrant sous un nom facile à se souvenir comme MyShiftOut ou bien allez récupérer cet exemple sur `http://arduino.cc/en/Tutorial/ShftOut11`.

```
//**************************************************************//
// Nom : shiftOutCode, Hello World
// Auteurs : Carlyn Maw,Tom Igoe, David A. Mellis
// Date : 25 Oct, 2006
// Modifié: 23 Mar 2010
// Version : 2.0
// Notes : Code pour utiliser un registre à décalage 74HC595 //
// : pour compter de 0 à 255
//****************************************************************

//Broche connectée sur ST_CP du 74HC595
int latchPin = 8;
//Broche connectée sur SH_CP du 74HC595
int clockPin = 12;
////Broche connectée sur DS du 74HC595
int dataPin = 11;


void setup() {
```

```
//configure les broches en sortie pour contrôler le registre à décalage
pinMode(latchPin, OUTPUT);
pinMode(clockPin, OUTPUT);
pinMode(dataPin, OUTPUT);
}

void loop() {
// compte de 0 à 255 et affiche le nombre
// sur les LED
for (int numberToDisplay = 0; numberToDisplay < 256; numberToDisplay++) {
// prend la broche latchPin basse
// pour que les LED ne changent pas pendant l'envoi des bits:
digitalWrite(latchPin, LOW);
// décale les bits:
shiftOut(dataPin, clockPin, MSBFIRST, numberToDisplay);

//prend la broche latch à HIGH pour que les LED s'éclairent:
digitalWrite(latchPin, HIGH);
// fait une pause avant de traiter une nouvelle valeur:
delay(500);
}
}
```

La rangée de LED devrait se compter en binaire de 0 à 255. En général, le binaire se lit de droite à gauche avec le plus petit bit, 1, à droite et le plus grand, ici 128, à gauche. Regardez bien les cinq premiers numéros pour vérifier si le motif est correct. Le Tableau 14-2 reproduit la conversion de 0 à 9.

Tableau 14-2 : Décimal en binaire.

Décimal	Binaire
0	00000000
1	00000001
2	00000010
3	00000011
4	00000100
5	00000101
6	00000110
7	00000111
8	00001000
9	00001001

Si rien ne se produit, revérifiez vos câblages :

- Vérifiez les connexions sur la platine d'essais. Si les straps ou des composants ne sont pas connectés aux bonnes lignes de la platine, ils ne fonctionneront pas.
- Vérifiez que les LED sont bien orientées, dans le bon ordre et que les broches de l'Arduino sont connectées aux bonnes broches du 74H595.

Comprendre shiftOutCode, le croquis Hello World

Au début du croquis, il faut déclarer trois broches pour contrôler le registre à décalage. La broche 8 est celle du verrouillage, elle est utilisée pour sortir les valeurs du registre ; la broche 12 est celle de l'horloge, qui sert à décaler les bits broche par broche ; la broche 11 permet d'envoyer des nouvelles données dans le registre.

```
//Broche connectée sur ST_CP du 74HC595
int latchPin = 8;
//Broche connectée sur SH_CP du 74HC595
int clockPin = 12;
////Broche connectée sur DS du 74HC595
int dataPin = 11;
```

Dans la configuration, il suffit de définir le `pinMode` de chaque broche sur `OUTPUT` :

```
void setup() {
//configure les broches en sortie pour contrôler le registre à décalage
pinMode(latchPin, OUTPUT);
pinMode(clockPin, OUTPUT);
pinMode(dataPin, OUTPUT);
}
```

Notez que la loop() est relativement petite malgré la complexité de la tâche. Une boucle `for ()` sert à compter de 0 à 255. Une variable locale nommée `numberToDisplay` est le nombre en cours.

```
void loop() {
// compte de 0 à 255 et affiche le nombre
// sur les LED
for (int numberToDisplay = 0; numberToDisplay < 256; numberToDisplay++) {
```

La broche latch est à `LOW` afin qu'elle ne sorte aucune valeur du registre pendant que vous les changez.

```
// prend la broche latchPin basse
// pour que les LED ne changent pas pendant l'envoi des bits:
digitalWrite(latchPin, LOW);
```

La fonction `shiftOut` est incluse dans Arduino pour remplir exactement ce rôle précisément. Pour ce faire, elle demande quatre paramètres : le premier est `dataPin` ; le deuxième `clockPin`, le troisième est la position des bits qu'il soit le plus grand (`MSBFIRST`) ou le plus petit (`LSBFIRST`). Ces quatre paramètres sont la valeur à afficher qui est ici la variable locale `numberToDisplay`. Cette fonction prend la valeur et gère toutes les impulsions pour les convertir en une combinaison de broches qui remplissent le tampon :

```
// décale les bits:
shiftOut(dataPin, clockPin, MSBFIRST, numberToDisplay);
```

Il ne reste plus qu'à repasser la broche latch à `HIGH` pour envoyer les valeurs mises à jour aux LED.

```
//prend la broche latch à HIGH pour que les LED s'éclairent:
digitalWrite(latchPin, HIGH);
```

Une courte pause d'une demi-seconde se produit avec la fonction `delay()` avant que le programme ne recommence un tour de boucle `for` en incrémentant le nombre de un.

```
// fait une pause avant de traiter une nouvelle valeur:
delay(500);
}
}
```

Ce cycle se poursuit jusqu'à ce que la boucle `for` atteigne 255, ce qui mettra toutes les LED sur `HIGH`, puis il reviendra à 0 et reprendra le comptage. Compter en binaire, c'est bien, mais il ne faut pas trop en abuser. Dans la section suivante, je vais affiner le code pour traiter les LED individuellement.

Modifier shiftOutCode, le croquis Hello World

La précédente méthode binaire permet de comprendre le fonctionnement du registre à décalage, mais que faire si vous voulez activer une broche spécifique sans avoir à la convertir en binaire ? Le code qui suit utilise le même circuit décrit dans la section précédente, mais permet de sélectionner des LED individuellement dans un port série.

Commencez par créer un nouveau croquis en saisissant le code ci-après, puis enregistrez-le sous un nom facile à retenir comme mySerialShiftOut. Ou bien copiez cet exemple depuis la page Arduino `http://arduino.cc/en/Tutorial/ShftOut12`.

```
/*
Shift Register Example
for 74HC595 shift register

Ce croquis lit l'entrée série et l'utilise pour définir les broches
D'un registre à décalage 74HC595.

Matériel:
* Registre à décalage 74HC595 connecté aux broches 2, 3, et 4 de l'Arduino,
Comme expliqué ci-dessous.
* LED connectées à chaque sortie du registre à décalage

Créé le 22 Mai 2009
Créé le 23 Mars 2010
par Tom Igoe

*/
//Broche connectée à la broche latch (ST_CP) du 74HC595
const int latchPin = 8;
//Broche connectée à la broche horloge (SH_CP) du 74HC595
const int clockPin = 12;
////Broche connectée aux Data dans (DS) du 74HC595
const int dataPin = 11;

void setup() {
//définit les broches en sorties car elles sont adressées dans la boucle prin-
  cipale
pinMode(latchPin, OUTPUT);
pinMode(dataPin, OUTPUT);
pinMode(clockPin, OUTPUT);
Serial.begin(9600);
Serial.println("reset");
}


void loop() {
if (Serial.available() > 0) {
  // caractères ASCII '0' à '9  sont
  // representés par les valeurs de 48 à 57.
```

```
    // donc si l'utilisateur entre un chiffre entre 0 e 9 en ASCII,
    // soustraire 48 pour récupérer la valeur actuelle:
    int bitToSet = Serial.read() - 48;
    // écrit dans le registre à décalage avec le bit correct:
    registerWrite(bitToSet, HIGH);
  }
}
// Cette méthode envoie des bits au registre à décalage:


void registerWrite(int whichPin, int whichState) {
// bits à envoyer
byte bitsToSend = 0;

// ferme la sortie donc les broches ne s'allument plus
// pendant que le bit est supprimé:
digitalWrite(latchPin, LOW);

// active le bit supérieur dans bitsToSend:
bitWrite(bitsToSend, whichPin, whichState);

// supprime le bit:
shiftOut(dataPin, clockPin, MSBFIRST, bitsToSend);

// active la sortie pour que les LED puissent s'allumer:
digitalWrite(latchPin, HIGH);
}
```

Une fois le croquis téléversé, cliquez sur le bouton du moniteur série pour ouvrir la fenêtre. Le premier mot devrait être « reset » ce qui est affiché dans `setup` quand le croquis démarre. Saisissez des nombres entre 0 et 7, puis cliquez sur Send (Envoyer) ou appuyez sur le bouton Entrée pour activer différentes LED dans la rangée.

Dans ce code, vous convertissez le système d'adressage binaire en un décimal et au lieu d'entrer des combinaisons binaires, vous sélectionnez des adresses individuelles de chaque LED en entrant un nombre décimal compris entre 0 et 7.

Dans la boucle principale, l'instruction `if` vérifie s'il y a des données à lire. Serial.`available` est le tampon ou l'espace de stockage des octets entrants, donc l'instruction `if` vaut `TRUE` et on continue et des données sont transmises :

```
if (Serial.available() > 0) {
```

Les caractères envoyés via le port série sont transmis en caractères ASCII et ils sont lus avec `Serial.read` et interprétés comme équivalent de valeur entière sur le chart ASCII. Cela qui met les chiffres compris entre 0 et 9 dans la plage de 48 à 57, donc pour les récupérer dans la bonne plage, il suffit de soustraire 48 à la lecture :

```
int bitToSet = Serial.read() - 48;
```

Une fonction personnalisée appelée `registerWrite` fait la conversion de 0 à 9 en des valeurs plus simples d'octets. Cette fonction est à l'extérieur de la boucle principale en bas du croquis :

```
// écrit dans le registre à décalage le bon bit:
registerWrite(bitToSet, HIGH);
}
```

Les deux valeurs qui peuvent être dans `registerWrite` sont déclarées au début du croquis comme `whichPin` et `whichState`. Ces variables et tout ce qui est dans la fonction sont en local et ne peuvent pas être référencées dans la boucle principale :

```
void registerWrite(int whichPin, int whichState) {
```

Une variable d'octet est déclarée et est envoyée à 0 :

```
// bit à envoyer
byte bitsToSend = 0;
```

Comme dans l'exemple précédent, la broche latch passe à `LOW` avant de décaler les bits :

```
// désactive la sortie, les broches ne s'allument plus
// pendant que les bits sont supprimés:
digitalWrite(latchPin, LOW);
```

Cette fois, une nouvelle fonction nommée `bitWrite` est utilisée. Elle comporte trois paramètres : la variable que vous venez d'écrire, ici `bitsToSend` ; le bit de l'octet à écrire, de 0 (le plus petit et le plus à droite) à 7 (le plus grand et le plus à gauche) et l'état qu'il soit `HIGH` ou `LOW`.

```
// turn on the next highest bit in bitsToSend
bitWrite(bitsToSend, whichPin, whichState);
```

Par exemple, si l'octet `bitsToSend` est égal à 0, il est égal à 00000000 en binaire. Si vous utilisez la fonction `bitWrite` avec `whichPin` égale à 4 et `whichState` égal à `HIGH` (ou 1), `bitsToSend` sera égal à 00010000.

Une fois que `bitWrite` met à jour la valeur de l'octet `bitsToSend`, `bitsToSend` est transmis via la fonction `shiftOut()` pour mettre à jour le registre :

```
// shift the bits out:
shiftOut(dataPin, clockPin, MSBFIRST, bitsToSend);
```

Enfin, la broche latch passe à `HIGH` et les résultats sont mis à jour sur les LED elles-mêmes.

```
// turn on the output so the LEDs can light up:
digitalWrite(latchPin, HIGH);
}
```

Faire plus avec le même circuit

Ce dernier exemple vous permet de communiquer les valeurs en série, mais vous pouvez aussi automatiser cette procédure avec une boucle `for` pour compter de 0 à7 et recommencer. La valeur peut aussi provenir d'un capteur, comme d'un potentiomètre, en utilisant la fonction `map` pour faire varier une jauge quand vous tournez le bouton. Les possibilités sont illimitées. Vous trouverez de nombreux autres exemples sur le site Arduino, augmentant en complexité (`http://arduino.cc/en/Tutorial/ShiftOut`) dont plusieurs registres à décalage en cascade.

NOTE TECHNIQUE

Une fois les deux registres à décalage passés, vous seriez bien avisé d'alimenter les LED de l'extérieur pour réduire la quantité de courant qui passe sur l'Arduino. Si vous utilisez beaucoup de LED, vous pouvez facilement dépasser les 200 mA. Utilisez un multimètre pour vérifier l'intensité du courant d'alimentation du circuit et sa sécurité.

L'exemple de ce chapitre présente une seule puce. Vous pouvez trouver d'autres puces, telles que TLC5940 qui peuvent contrôler 16 sorties PWM et qui fonctionnent sur le même principe. La page Google Code contient de nombreuses informations détaillées ainsi qu'une bibliothèque d'Alex Leone (`http://code.google.com/p/tlc5940arduino/`). Vous pouvez aussi faire l'inverse et lire beaucoup d'entrées. Pour en savoir plus sur le décalage, consultez le site Arduino à la page at `http://arduino.cc/en/Tutorial/ShiftIn`.

Chapitre 15

Multiplier les sorties avec I²C

Dans ce chapitre

- Découvrir I²C
- Contrôler de nombreux servos
- Trouver la bonne alimentation électrique

Ce chapitre va vous apprendre tout ce qu'il est nécessaire de savoir pour travailler avec I²C (prononcez eye-squared-see or eye-two-see), qui propose une autre façon de contrôler un grand nombre de sorties. Pour illustrer les capacités de ce très bon protocole de communication, nous verrons comment contrôler non pas quelques LED (comme au chapitre 14), mais une armée de servomoteurs. Mais avoir la capacité de contrôler des centaines de servos est une chose, les alimenter en est une autre, nous aborderons également ce point et vous présenterons les nombreuses options qui s'offrent à vous dans ce domaine.

Qu'est-ce qu'I²C ?

I²C est un excellent protocole de communication qui est idéal lorsqu'il s'agit de recevoir les signaux d un grand nombre de sorties. (Nous parlons également des autres méthodes pour recevoir de nombreuses sorties au chapitre 14). Heureusement, je ne suis pas le seul à promouvoir cette technologie. Il existe d'excellents produits qui utilisent la puce PCA9685 contrôlée par I2C comme le pilote PWM qui vous permet de contrôler jusqu'à 16 servomoteurs avec une unique carte. L'interface I²C (`http://www.adafruit.com/`

`products/815`) 16 canaux sur 12 bits PWM/Servo Driver de chez Adafruit (voir Figure 15-1), est un kit partiellement assemblé qui facilite le contrôle de nombreux moteurs, LED ou d'autres circuits encore.

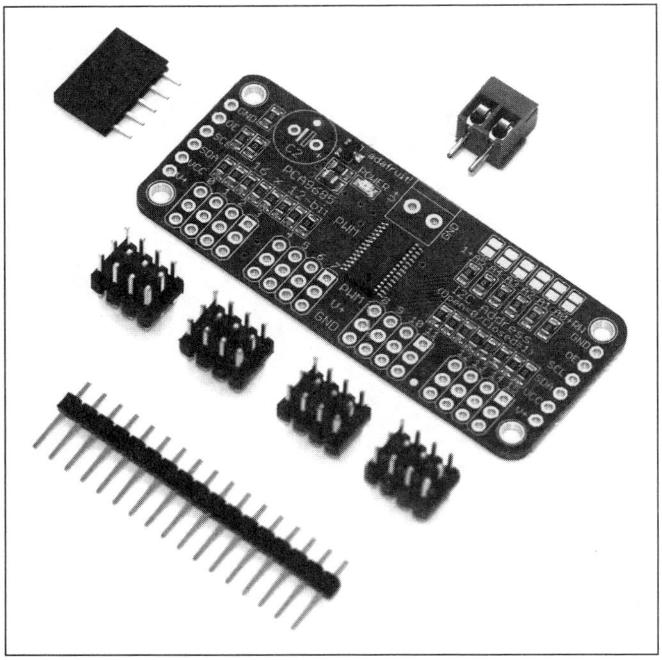

Figure 15-1 : La carte I2C PWM/ Servo Driver.

La carte est conçue pour contrôler des servos qui utilisent trois broches de connexion (masse, 5 V, et signal), elle est donc composée de 16 groupes de trois broches permettant ainsi de brancher facilement vos servos en utilisant la prise 3 broches standard. Physiquement, ces broches sont regroupées par groupe de quatre. À l'extrémité de la carte se trouvent six broches destinées à la communication avec la puce PCA9685.

Le servo, comme précisé au chapitre 8, est un moteur DC associé à un encodeur qui permet de déterminer sa position. Les moteurs DC standard sont durs à la tâche et fonctionnent bien lorsqu'il s'agit de tourner vite et de manière continue dans une direction, comme c'est le cas par exemple pour des moteurs de voitures ou d'avions. Les servos par contre sont faits pour effectuer des mouvements de précision ; certains servos tournent continuellement (ou peuvent être modifiés pour le faire), mais généralement ils tournent d'un nombre spécifique de degrés et sont excellents pour un grand nombre d'applications allant des robots marcheurs aux treuils électroniques pour les voiles des bateaux.

Les broches en partant du haut vers le bas sont :

- GND : La masse
- OE : Sortie eEnable
- SCL : Horloge série
- SDA : Données série
- VCC : Alimentation pour le PCA9685
- V+ : Alimentation pour les servos

Sur ces broches, il suffit d'utiliser VCC et GND pour alimenter la puce PCA9685 et SCL et SDA pour permettre à l'I²C de communiquer avec l'Arduino et les autres cartes. Comme la carte a les mêmes broches des deux côtés, vous pouvez penser que ces cartes ont la capacité d'être reliées entre elles « en cascade ». On donne à chaque carte une adresse physique via un petit terminal doré situé en haut à droite de la carte que l'on nomme cavalier à soudure. Ces cavaliers permettent en soudant les jumpers idoines de définir pour chaque carte une valeur binaire. La carte 0 n'a pas de terminal connecté, les cartes sont adressées à partir de 1 en soudant les terminaux entre eux. Il s'agit d'une configuration semi-permanente qui peut être défaite en utilisant une pompe à dessouder.

La broche V+ est reliée au dernier composant, le bornier à vis disposé en haut de la carte. Il s'agit là d'une fonctionnalité importante de cette carte. Bien qu'il soit possible d'alimenter des moteurs et leurs contrôleurs en utilisant la même source d'alimentation, ce n'est pas conseillé. En effet, les moteurs nécessitent fréquemment une tension et une intensité importante pour tourner et tirer leurs charges. Parfois, des pics sont atteints en fonction du nombre de moteurs et de leurs charges. Ces pics peuvent avoir un effet très dangereux pour la puce de contrôle PCA9685 basse tension. Ainsi sur cette carte, l'alimentation est séparée, les servomoteurs (ou les LED) peuvent tourner sur une alimentation de 12 V alors que la puce PWM peut travailler à partir du courant faible de 5 V fourni par l'Arduino.

Contrairement aux 74HC595, registres à décalage et TLV58940, le PCA9685 dispose d'une horloge interne, ainsi, il n'est pas nécessaire que votre Arduino envoie un signal permanent pour sa mise à jour, ce qui le laisse libre pour effectuer d'autres tâches.

Dans l'exemple suivant, vous allez apprendre à assembler et à contrôler un I²C PWM Servo Driver pour réaliser votre propre projet de contrôler massif de moteurs.

Assembler l'I²C PWM/Servo Driver

Tous les composants si utiles de la carte I²C PWM/Servo Driver ont été déjà assemblés pour vous, mais vous devez y apporter une touche finale. Avant cela, faites un essai à blanc en disposant les composants avant de vous lancer comme ceci :

Dans le kit vous disposez de :

- Une carte I2C PWM/Servo Driver
- Quatre barrettes de broches 3 x 4
- Une barrette de broches mâles
- Un bornier à vis

Suivez les étapes ci-après pour réaliser un essai à blanc de votre assemblage.

1. **Avec une paire de coupe-fils, coupez la barrette dans le sens de la longueur afin d'obtenir deux barrettes 1 x 6 (voir la Figure 15-2).**

   Vous les utilisez à chaque extrémité pour connecter en premier lieu la carte à votre Arduino puis pour chaîner ces cartes.

2. **Disposez toutes les pièces en vrac sur la carte afin de vous assurer qu'il y a une place suffisante.**

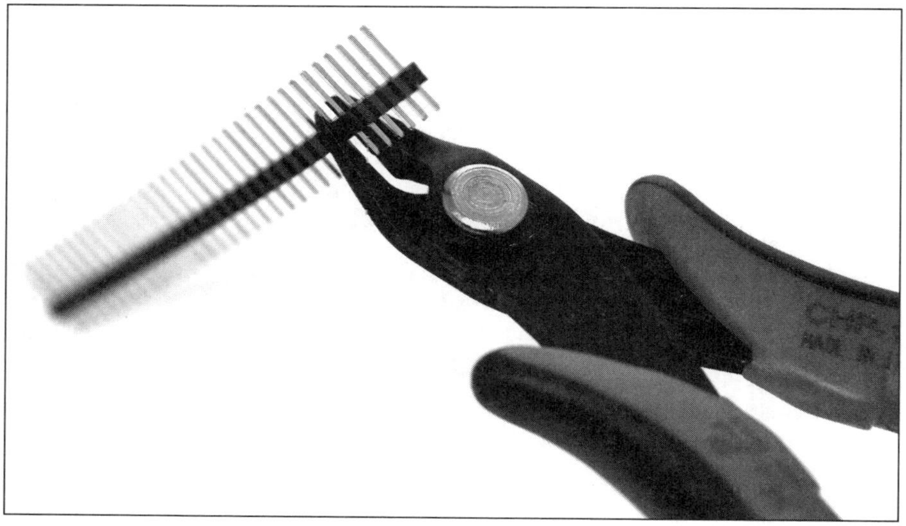

Figure 15-2 : Couper la barrette dans le ce sens de la longueur.

La barrette doit être orientée dans sa longueur vers le haut, et le bornier à vis doit être en face de la carte pour faciliter le branchement des câbles. Lorsque vous êtes satisfait de l'emplacement des broches, vous pouvez commencer à souder.

3. **Faites place nette (voir la description du chapitre 5), et faites chauffer votre fer à souder, humidifiez votre éponge et sortez votre soudure.**

   Se préparer une tasse de thé ou de café est optionnel, mais est toujours recommandé.

Avant de commencer à souder, notez que les broches de données de la carte sont les plus sensibles à la chaleur, et qu'elles peuvent être endommagées si la température est trop élevée. Je vous recommande une grande température de fer afin de faire fondre la soudure très rapidement. Cela implique que la soudure fond autour de la jonction avant qu'elle ne s'écoule le long de la puce, ayant ainsi le temps de refroidir. Si vous n'êtes pas à l'aise avec ces techniques de soudure, entraînez-vous dans un premier temps sur un morceau de plaque de circuit imprimé et sur quelques broches.

Comme les barrettes de broches 3 x 4 sont les plus difficiles, il vaut mieux commencer avec elles. L'objectif est d'atteindre la couche de plastique de la carte, vous pouvez y arriver soit en plaquant un morceau d'adhésif sur le composant et la carte, soit en utilisant une pince de type troisième main. Personnellement, je trouve que les troisièmes mains sont utiles pour maintenir les cartes, mais qu'elles génèrent plus de problèmes qu'elles n'en résolvent lorsqu'il s'agit de maintenir des composants.

Elles peuvent également endommager les circuits délicats, aussi maintenez ces derniers à bonne distance de leurs dents. Utilisez plutôt du Blue Tack pour maintenir le composant jusqu'à la réalisation des points de soudure. Vous devez ensuite disposer la barrette de broches. Je recommande de connecter en premier GND et V+ car elles peuvent supporter plus de chaleur que la ligne de données. Lorsque vous soudez les connecteurs à l'intérieur de la barrette 3 x 4, il peut être difficile de maintenir le fer en position. Essayez de maintenir votre fer sur un coin et de souder de gauche à droite si vous êtes droitier. Cela évitera de travailler au-dessus des soudures déjà réalisées et diminuera les chances de créer une connexion avec ces dernières. Mais en cas d'incident, utilisez simplement une pompe à souder pour supprimer l'excédent.

Une fois les soudures de la barrette 3 x 4 réalisées, soudez les barrettes à chaque extrémité ; cela devrait être beaucoup plus simple, d'autant que votre technique s'améliore.

Enfin, connectez le bornier à vis. Vous noterez que les broches et les trous sont bien plus larges que ceux des barrettes, car ici les broches sont destinées à fournir le courant nécessaire pour tous les moteurs connectés. Si une connexion est trop petite, elle chauffe et fond, il est donc important de toujours disposer de fils conçus pour des courants supérieurs à ceux que vous utilisez. Cependant, en raison de cette connexion plus large, vous noterez que le bornier à vis met plus longtemps à atteindre la température nécessaire pour faire fondre la soudure. Attention, si vous attendez trop longtemps, la partie en plastique pourrait fondre.

C'est tout simple, n'est-ce pas ? Vous savez à présent mettre en place une carte I²C PWM/Servo Drive prête à l'emploi. Vérifiez bien vos connexions pour éviter tout risque de court-circuit. Utilisez la mesure de conductivité de votre multimètre lorsque votre carte n'est pas alimentée pour vérifier les connexions dont vous n'êtes pas sûr. Les lignes V+ et GND de vos servos doivent être reliées sur deux rangées car elles reçoivent leur alimentation de la même source. Pour l'instant, ne soudez pas le cavalier d'adressage, car nous commençons avec la première carte qui porte le numéro 0.

Utiliser l'I²C PWM/Servo Driver

Dans la section précédente, vous avez appris à assembler l'I²C PWM/Servo Driver. Dans cette section, vous allez voir comment l'utiliser. L'exemple de cette section vous montre comment envoyer un signal vers la carte pour contrôler les servos de chaque broche. Vous pouvez tester cette fonctionnalité avec un seul servo, mais une fois l'avoir vu en œuvre, vous voudrez certainement en commander d'autres pour obtenir l'effet complet.

Pour ce projet il vous faut :

- Un Arduino Uno
- Un servomoteur
- Une alimentation externe
- Un tournevis de précision
- Des straps

La carte fille dispose d'une barrette de broches à connecter, mais ces broches ne peuvent pas être directement branchées sur l'Arduino. Il faut utiliser des straps avec des prises d'un côté et des broches de l'autre (femelle et mâle) – telles qu'illustré à la Figure 15-3 – que vous trouverez chez Cool Components (`http://www.coolcomponents.co.uk/catalog/jumper-wires-male-female-p-355.html`) ou chez SparkFun (`https://www.sparkfun.com/products/9140`).

Si vous êtes un vrai pro, vous pouvez réaliser vos propres câbles en utilisant des fils prétorsadés et des prises que vous pouvez trouver chez Technobots (`http://www.technobotsonline.com/cable-and-accessories/cable/pre-crimped-wires.html` et chez `http://www.technobotsonline.com/connectors-and-headers/`

Figure 15-3 : Straps avec prise.

cable-assembly-housings.html) ou encore chez Pololu (http://www.pololu.com/catalog/category/71 et http://www.pololu.com/catalog/category/70). Vous obtiendrez ainsi des fils avec des connecteurs à chaque extrémité qui auront un aspect super professionnel, si vous les regroupez avec une gaine spirale comme celle disponible chez RS Components (http://uk.rs-online.com/mobile/p/cable-spiral-wrapping/6826842/).

Vérifiez que la tension et l'intensité de l'alimentation correspondent bien au nombre de servos que vous utilisez. Certains petits servos utilisent le 5 V, mais il en existe toute une variété qui utilise plutôt du 12 V. Pour alimenter ces servos, vous disposez de deux options : une alimentation Bench Top pour connecter rapidement votre carte ou une alimentation externe modifiée comme celle utilisée par les chargeurs de téléphones mobiles ou les ordinateurs. Reportez-vous aux encadrés « Alimentation Bench-top » et « Alimentations externes » de ce chapitre pour obtenir plus d'informations.

Alimentation Bench-top

Les alimentations Bench-top (visibles sur la figure ci-dessous) permettent de tester des circuits rapidement, en appliquant une gamme de tension et un courant maximum à ne pas dépasser, vous pouvez observer la consommation de votre circuit. À titre de comparaison, vous pouvez consulter les différents modèles chez Maplin au Royaume-Uni. Commencez par un modèle peu cher comme le DC 3 - 12V 3A Compact Bench Power Supply disponible chez Maplin à l'adresse `http://www.maplin.co.uk/dc-3-12v-3a-compact-bench-power-supply-96963` qui n'offre pas de retour sur la consommation de courant. Ou essayez un modèle plus cher tel que le Bench Power Supply with LCD Screen disponible chez Maplin à l'adresse `http://www.maplin.co.uk/bench-power-supply-with-lcd-screen-219129`, qui, lui, affiche le courant consommé par votre circuit. Si vous optez pour une alimentation de ce type, il vous suffit de connecter deux fils sur les bornes positives et négatives et de les relier aux bornes négatives et positives du bornier à vis de la carte.

Baisser toujours le bouton d'alimentation avant d'allumer. Il peut facilement arriver que le voltage soit réglé trop haut lorsque l'appareil est éteint et qu'il endommage votre circuit lorsqu'il est rallumé.

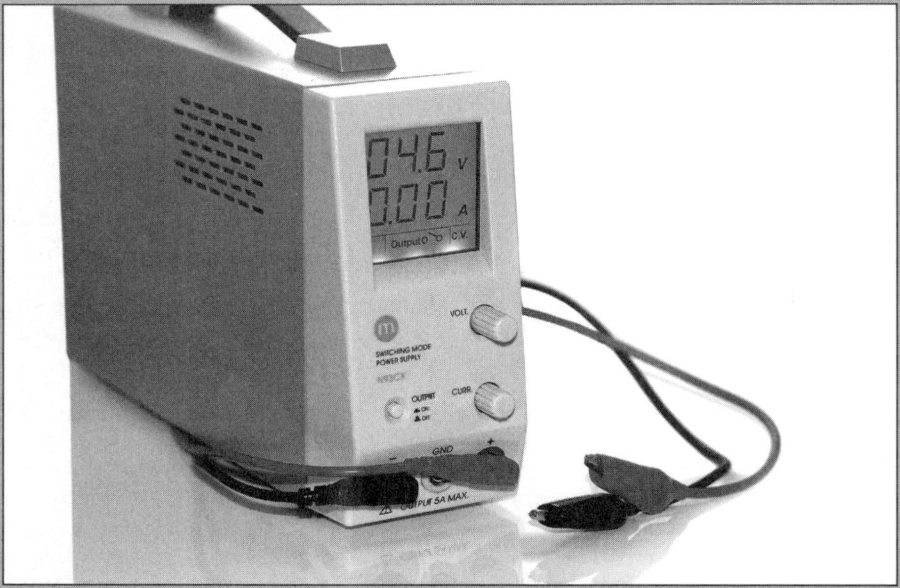

Alimentations externes

Lorsque vous recherchez des alimentations électriques externes (illustrées à la figure ci-dessus), n'achetez que celles qui sont réglementaires. Comme les appareils non réglementés ne délivrent pas une tension précise, ils sont moins chers mais aussi bien moins fiables. Regardez sur la boîte des appareils pour voir ceux qui sont réglementaires et ceux qui ne le sont pas. Ils peuvent également délivrer une tension unique ou multiple. Ceux à tension unique délivrent une tension spécifiée, ceux à tension multiple délivrent une sélection de tension (3, 4, 5, 6, 9, 12) ainsi qu'une intensité variable, permettant une intensité plus importante sur les basses tensions. L'alimentation de Maplin au Royaume-Uni, e High Power Multi-Voltage Desktop Power Supply (`http://www.maplin.co.uk/high-power-multi-voltage-desktop-power-supply-48517`), est un bon appareil, cher mais qui délivre toute une gamme de tension très utile (5, 6, 9, 12, 13.5 et 15) et fournit une intensité maximum allant jusqu'à 4 A, ce qui est plus que suffisant pour la plupart des applications. Vous pouvez trouver des alimentations similaires chez RadioShack telles que l'Enercell Universal 1000 mA AC Adapter (`http:// www.radioshack.com/product/index.jsp?productId=3875403`). Ces appareils sont généralement fournis avec une variété de connecteurs standard tels que la prise d'alimentation 2,1 mm de l'Arduino, ce qui est très utile pour les petites quantités de courant (jusqu'à 500 mA) car il peut être branché sur votre Arduino afin de permettre d'alimenter des composants depuis la broche Vin. Cependant, bon nombre de servos nécessitent un courant plus important, pouvant dépasser les 1 A, n'essayez pas de les alimenter depuis votre Arduino.

Dénudez plutôt les fils afin qu'ils puissent être directement connectés au bornier à vis de votre carte gérant les servos ou à un domino pour augmenter la taille du fil. En premier lieu, vérifiez que l'alimentation est débranchée. Coupez environ 10 cm de fil à partir de la base du connecteur (de cette façon, vous pouvez toujours le reconnecter). Le fil de l'alimentation est probablement bi-axial – deux fils multibrins côte à côte – ou coaxial,- un fil multibrin dans le centre et un autre qui l'entoure.

Le Bi-axial est facile à dénuder en utilisant une pince à dénuder et peut alors être étamé avec un peu de soudure. Le positif est généralement repéré d'un symbole discret, comme des traits blancs ou des points rouges, mais ce n'est pas toujours le cas, n'oubliez donc pas de tester avec un multimètre.

Il est un peu plus difficile de travailler avec le coaxial. En effet, si vous enlevez la couche externe isolant le fil avec une pince à dénuder, vous révélez un maillage de fils. Ces derniers peuvent être retressés et disposés sur le côté pour révéler le fil central. Vous pouvez alors dénuder le fil central tout en laissant suffisamment d'isolation de sorte que les deux fils ne se touchent pas. Vous pouvez ensuite souder ces deux fils de manière à maintenir les brins ensemble puis à les connecter au bornier à vis. Le fil de terre est habituellement sur le maillage à l'extérieur du fil, mais ce n'est pas toujours le cas, il faut donc le tester avec un multimètre. Lorsque vous étamez, veillez à ne pas faire fondre l'isolant autour du noyau central, car cela pourrait créer un court-circuit.

Pour tester la polarité de votre alimentation, fixez ces extrémités à votre surface de travail de sorte qu'elles ne puissent pas se toucher ; un ruban électrique accomplira cette tâche parfaitement. Branchez ensuite votre alimentation et réglez le multimètre pour obtenir du courant continu, puis placez les sondes à l'extrémité de chaque fil

Les sondes sont généralement rouges et noires pour plus de lisibilité. Cependant, si vous obtenez une tension négative, c'est que vous lisez l'alimentation dans le mauvais sens – inversez alors vos sondes afin de les assigner aux lignes positives et négatives correctes. Pour éviter les incidents, débranchez l'alimentation jusqu'à ce que les extrémités de chaque fil soient fixées soit par un bornier à vis, soit par un adhésif électrique.

Vérifiez toujours la tension de votre alimentation externe avec un multimètre avant de l'utiliser pour alimenter votre projet (comme indiqué dans le chapitre 5). Il est facile d'oublier la tension fournie par votre alimentation. Un bon projet consiste aussi à s'assurer que les anciennes alimentations sont toujours capables de délivrer les tensions qu'elles sont censées fournir.

Si vous avez une alimentation externe ou une alimentation Bench Top capable d'afficher des valeurs, reliez votre multimètre en série soit avec la puissance soit avec la masse afin d'obtenir une évaluation du courant consommé comme nous l'avons déjà vu au chapitre 5. Pour cela, lorsque vous êtes sûr de vos fils positifs et négatifs, mettez l'appareil hors tension et attachez-les au bornier à vis à l'aide d'un tournevis miniature. La polarité est indiquée sur le dessus de la carte, vérifiez bien que le +5 V et GND sont dans le bon sens.

Le diagramme du circuit (Figure 15-4) et son schéma (Figure 15-5) détaillent le câblage de la carte PWM. Les connexions peuvent être divisées en trois zones. La première est destinée à l'alimentation de la puce I²C de la carte. Ensuite, les broches VCC et GND de la carte doivent être connectées aux broches 5 V et GND de votre Arduino. De même, pour envoyer des données vers la puce, les broches SCL et SDA de la carte sont connectées aux broches SCL et SDA de votre Arduino. Si vous utilisez une carte plus ancienne que l'Uno R3, vous ne verrez pas ces broches car elles ont été ajoutées récemment, utilisez à la place les broches analogiques 4 (SDA) et 5 (SCL). Enfin, le dernier câblage est destiné à fournir la puissance nécessaire aux servomoteurs. Pour cela, connectez l'alimentation aux bornes positives et négatives en utilisant un tournevis de précision.

Une fois le circuit réalisé, vous aurez besoin d'un logiciel adéquat pour le faire fonctionner. Pour le récupérer, suivez ces étapes :

1. **Téléchargez Adafruit PWM/Servo Driver Library from Github** (`https://github.com/adafruit/Adafruit-PWM-Servo-Driver- Library`).

2. **Depuis la page du projet, téléchargez le fichier** `.zip` **et décompressez-le pour obtenir le dossier de la bibliothèque.**

3. **Renommez le dossier en** `Adafruit_PWMServoDriver` **et placez-le dans votre dossier de bibliothèques situé dans votre dossier de croquis Arduino.**

4. **Relancez votre Arduino et cliquez sur Fichier→Exemples pour retrouver le croquis Adafruit_ PWMServoDriver.**

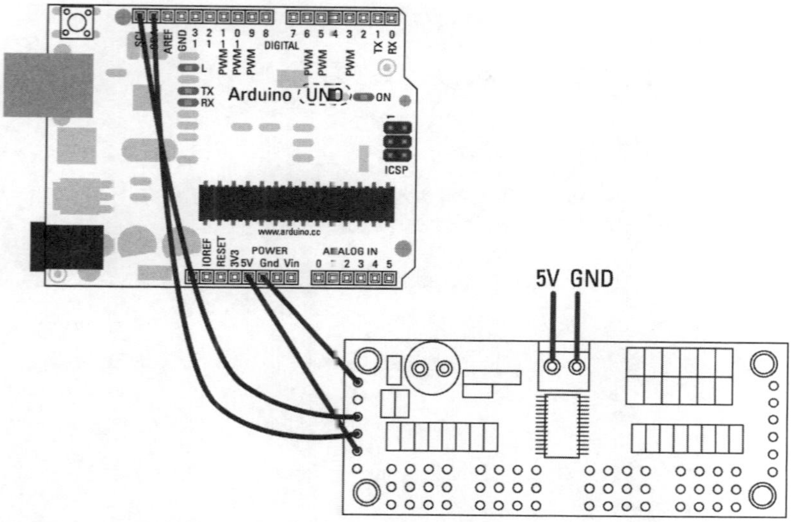

Figure 15-4 : Diagramme du câblage d'une carte PWM Driver.

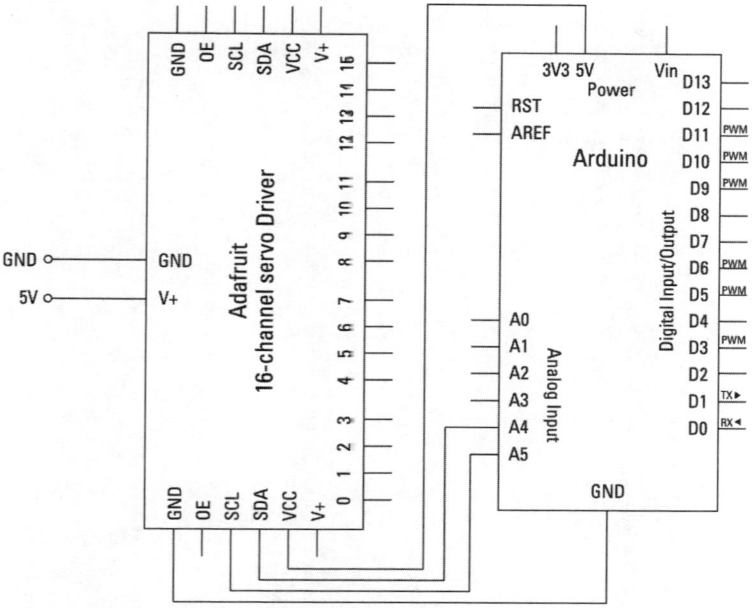

Figure 15-5 : Le schéma d'une carte PWM Driver.

Vous trouverez ci-dessous le code correspondant au croquis :

```
/***************************************************
Exemple pour Adafruit 16-channel PWM & Servo driver
Test Servo - pilotera 16 servos, l'un après l'autre

Choisissez un modèle dans la boutique d'Adafruit!
------> http://www.adafruit.com/products/815

These displays use I2C to communicate, 2 broches pour
L'Interface. pour Arduino UNOs, SCL -> Analog 5, SDA -> Analog 4

Adafruit consacre beaucoup de temps et de ressources pour fournir ce code,
Merci d'aider Adafruit et le matériel libre en achetant des produits
chez Adafruit!

Écrit par Limor Fried/Ladyada pour Adafruit Industries.
BSD license, all text above must be included in any redistribution
****************************************************/

#include <Wire.h>
#include <Adafruit_PWMServoDriver.h>
// utilise l'adresse par défaut 0x40
Adafruit_PWMServoDriver pwm = Adafruit_PWMServoDriver();

// vous pouvez faire appel à une autre adresse si vous voulez
//Adafruit_PWMServoDriver pwm = Adafruit_PWMServoDriver(0x41);


// Selon le servo, la taille min et max de l'impulsion varie
// qu'elle soit aussi petite/grande que possible
// Modifiez si nécessaire selon les servos que
// vous avez!
#define SERVOMIN 150 // this is the 'minimum' pulse length count (out of 4096)
#define SERVOMAX 600 // this is the 'maximum' pulse length count (out of 4096)

// # compteur du servo
uint8_t servonum = 0;

void setup() {
  Serial.begin(9600);
  Serial.println("16 channel Servo test!");


  pwm.begin();
```

```
  pwm.setPWMFreq(60); // servos analog s'exécute à  ~60 Hz
}

// utilisez cette fonction si vous aimez une impulsion longue en secondes
// e.g. setServoPulse(0, 0.001) is a ~1 millisecond pulse width.
void setServoPulse(uint8_t n, double pulse) {
  double pulselength;

  pulselength = 1000000; // 1,000,000 us per second
  pulselength /= 60; // 60 Hz
  Serial.print(pulselength); Serial.println(" us per period");
  pulselength /= 4096; // 12 bits of resolution
  Serial.print(pulselength); Serial.println(" us per bit");
  pulse *= 1000;
  pulse /= pulselength;
  Serial.println(pulse);
  pwm.setPWM(n, 0, pulse);
}



void loop() {
  // Pilote chaque servo un après l'autre
  Serial.println(servonum);
  for (uint16_t pulselen = SERVOMIN; pulselen < SERVOMAX; pulselen++) {
   pwm.setPWM(servonum, 0, pulselen);
}
  delay(500);
  for (uint16_t pulselen = SERVOMAX; pulselen > SERVOMIN; pulselen--) {
   pwm.setPWM(servonum, 0, pulselen);
}

  delay(500);
  servonum ++;

  if (servonum > 15)
  servonum = 0;
}
```

Téléversez le croquis et branchez votre alimentation. Le servo tourne jusqu'à sa valeur maximale en degrés, puis revient à sa position 0. Observez la consommation du circuit, si vous n'avez pas atteint les capacités maximales de votre alimentation, vous pouvez ajouter plus de servos sur la carte pour obtenir l'effet complet. Si vous souhaitez visualiser la progression du programme, ouvrez le Moniteur Série pour voir le moteur correspondant aux sorties 0 à 15.

Si vous ne voyez aucun mouvement ou constatez un comportement étrange, revérifiez vos câblages :

- Assurez-vous de bien utiliser un numéro de broche correct.
- Si vos servos ont des mouvements saccadés, c'est sans doute qu'ils ne reçoivent pas assez de courant. Relevez la consommation correspondant à un pic et comparez-la avec la capacité de votre alimentation.
- Si vous entendez des sons de frottement désagréables provenant de vos servos, débranchez-les immédiatement ; vous allez sans doute devoir ajuster les valeurs SERVOMAX et SERVOMIN. Reportez-vous pour cela à la section suivante.

Comprendre le croquis I²C PWM/Servo Driver

Deux bibliothèques sont incluses avant `setup`, ces bibliothèques sont essentielles pour utiliser ce matériel. `Wire.h` est incluse pour vous permettre le dialogue entre I²C et la carte ; `Adafruit_PWMServoDriver.h` est incluse pour réaliser des fonctions plus spécifiques.

```
#include <Wire.h>
#include <Adafruit_PWMServoDriver.h>
```

Un nouvel objet nommé `pwm` est déclaré via une fonction particulière fournie par Adafruit_PWMServoDriver.h. Elle définit l'adresse de la carte qui par défaut vaut 0x40. Cette valeur définit l'adresse de base, aussi si vous souhaitez accéder à la carte 1, vous indiquerez 0x41.

```
// utilise l'adresse par défaut 0x40
Adafruit_PWMServoDriver pwm = Adafruit_PWMServoDriver();

// vous pouvez faire appel à une autre adresse si vous voulez
//Adafruit_PWMServoDriver pwm = Adafruit_PWMServoDriver(0x41);
```

Les deux instructions suivantes utilisent #`define` pour définir la longueur d'impulsion maximum et minimum ; cette valeur définit l'angle de rotation en degrés des servos ; ainsi si vous pensez que vos servos tournent trop ou pas assez, vous pouvez ajuster cette valeur pour affiner leurs comportements.

```
// Selon le servo, la taille min et max de l'impulsion varie,
// qu'elle soit aussi petite/grande que possible
// Modifiez si nécessaire selon les servos que
```

```
// vous avez!
#define SERVOMIN 150 // this is the 'minimum' pulse length count (out of 4096)
#define SERVOMAX 600 // this is the 'maximum' pulse length count (out of 4096)
```

Le terme `uint8_t` est un type de donnée C qui correspond à une valeur non signée sur 8 bits. *Non signée* signifie qu'elle n'utilise que des valeurs positives, et 8 bits signifie que ces valeurs sont comprises en 0 et 255. Dans notre cas, nous utilisons ce terme pour déclarer `servonum`, la variable qui contient le servo courant. Un `int` standard avec Arduino est codé sur deux octets (de -32 768 à 32 767), il est aussi appelé `int16_t`. Vous pouvez en savoir davantage sur les int à l'adresse suivante : `http://arduino.cc/en/Reference/Int`.

```
// # compteur du servo
uint8_t servonum = 0;
```

Dans `setup`; le port série est ouvert avec une vitesse de transfert de 9600 bauds et le message d'ouverture «16 channel Servo test!» est envoyé pour marquer le début du programme. L'objet `pwm` (ou carte 0 comme vous l'avez compris) est initialisé via `pwm.begin` et la fréquence du servo est définie à 60 Hz.

```
void setup() {
  Serial.begin(9600);
  Serial.println("16 channel Servo test!");


  pwm.begin();


  pwm.setPWMFreq(60); // servos analog s'exécute à  ~60 Hz
```

Vient ensuite la fonction `setServoPulses` qui définit la durée en secondes au lieu de le faire en hertz, cependant cette fonction n'est pas utilisée dans cet exemple.

```
// utilisez cette fonction si vous aimez une impulsion longue en secondes
// e.g. setServoPulse(0, 0.001) is a ~1 millisecond pulse width. Ce n'est pas
   précis !
void setServoPulse(uint8_t n, double pulse) {
  double pulselength;

  pulselength = 1000000; // 1,000,000 us per second
  pulselength /= 60; // 60 Hz
  Serial.print(pulselength); Serial.println(" us per period");
  pulselength /= 4096; // 12 bits of resolution
  Serial.print(pulselength); Serial.println(" us per bit");
```

```
  pulse *= 1000;
  pulse /= pulselength;
  Serial.println(pulse);
  pwm.setPWM(n, 0, pulse);
}
```

Dans `loop`, le numéro du servo courant est envoyé au Moniteur Série.

```
void loop() {
  // Pilote chaque servo un après l'autre
  Serial.println(servonum);
```

À présent, il est temps de le faire tourner. Une boucle `for` est utilisée pour déplacer le servo courant de sa valeur minimale à sa valeur maximale. Lorsque le servo atteint la valeur maximum (`SERVOMAX`), il attend une demi-seconde, puis une autre boucle `for` repasse cette valeur à son minimum (`SERVOMIN`). Ce minimum atteint, un nouveau délai d'une demi-seconde est appliqué. La boucle `for` incrémente l'impulsion d'une valeur à la fois afin d'obtenir un mouvement fluide. Notez que `uint16_t` est employé pour déclarer la variable locale `pulselen`, ce qui revient à utiliser un `int` non signé standard. Vous trouverez plus d'informations sur les valeurs `int` à l'adresse : `http://arduino.cc/en/Reference/UnsignedInt`.

```
  for (uint16_t pulselen = SERVOMIN; pulselen < SERVOMAX; pulselen++) {
   pwm.setPWM(servonum, 0, pulselen);
}
  delay(500);
  for (uint16_t pulselen = SERVOMAX; pulselen > SERVOMIN; pulselen--) {
   pwm.setPWM(servonum, 0, pulselen);
}

  delay(500);
  servonum ++;
```

Lorsqu'un servo termine son mouvement, `servonum` est incrémenté de un. Si `servonum` dépasse 16, il repasse à zéro car il a atteint le dernier servo.

Il y a également ici une autre spécificité du langage C, une instruction `if` peut être écrite sur une seule ligne sans avoir recourt aux accolades ({ }).

```
  if (servonum > 15)
  servonum = 0;
}
```

C'est un très bon croquis pour tester la communication avec la carte tout en contrôlant vos servos comme vous le souhaitez en utilisant `pwm.SetPWM(servonum,0,pulselen)`. Cependant, comme la plupart des bibliothèques, celle-ci est en constante évolution, et vous aurez peut-être des questions qui ne trouvent pas de réponse. Le forum Adafruit est le meilleur endroit pour poser vos questions sur cette carte et sur la bibliothèque. Vous y trouverez des sujets similaires aux vôtres ainsi que de nombreuses personnes qui essaieront de vous aider. Rendez-vous sur `http://forums.adafruit.com` et lisez la section Other Arduino products.

Acheter des servomoteurs

Vous disposez à présent d'un moyen de contrôler un grand nombre de servos, il vous reste maintenant à savoir où les acheter et quels sont les critères à surveiller. Il existe un grand nombre de sites qui vendent des servomoteurs en ligne, une requête rapide sur Google vous donnera un bon nombre d'options. Les deux domaines qui utilisent le plus les servomoteurs sont la robotique et l'aéromodélisme, ces boutiques et ces sites qui fournissent ce type de produits proposent généralement toute une gamme de servos.

La force de vos servos est appelée *couple* ou *moment de torsion* est généralement mesurée en kilogrammes par centimètre (kg/cm) ou en livre par pouce (lb/in). Le couple des servos peut aller pour un minuscule moteur destiné à tourner les ailerons d'un avion de 0,2 kg/cm à un énorme de 9,8 kg/cm capable de hisser les voiles d'un bateau. Juste pour comparaison, le couple créé par les mains d'un homme adulte est approximativement de 8 kg (source : *NASA's human performance charts* disponible sur la page `http://msis.jsc.nasa.gov/ sections/section04.htm`).

Évidemment, le couple dépend de la force du moteur et de la qualité de ses composants. Une grande variété de servomoteurs utilisent de 4 à 12 V et couvrent la plupart des besoins. Leurs principales différences résident dans la quantité de courant nécessaire lorsque le servo tire ou pousse sa charge, actions auxquelles nous faisons référence sous le terme « en charge ». Lorsque le servo est en charge, il peut consommer plus de courant que lorsqu'il est à vide, mieux vaut donc tester les moteurs individuellement avec un multimètre connecté à la ligne d'alimentation et mesurer leurs consommations (comme décrit au chapitre 5) et prévoir une marge raisonnable afin de prévenir ses besoins additionnels. Il est bon de noter également qu'une alimentation électrique ne délivre que de 70 à 80 % de son intensité théorique. Ce qui signifie qu'une alimentation de 1 A ne délivrera en réalité que 700 à 800 mA. Car, bien qu'il soit possible d'en tirer 1 A, elle risquerait dans ce cas de se détériorer rapidement.

La puissance ne fait pas le prix, avec les servos, vous découvrirez qu'une grande variété de petits moteurs ont les prix les plus élevés. Cela provient de la difficulté de réaliser ces derniers. En effet, les composants de ces servos sont d'une grande importante, les matériaux qui les composent peuvent impliquer de grandes différences dans le prix et les performances. La plupart des servos sont destinés à des charges relativement faibles et utilisent des engrenages en nylon. Le nylon est bien adapté car il n'exerce pratiquement aucun frottement sur les autres éléments en nylon, et ce même après des milliers d'utilisations. Le nylon est autolubrifiant et ne requiert donc pas de graisse additionnelle. Cependant les servos plus importants ont des engrenages en métal qui sont capables de supporter des charges plus importantes, car ils ne sont pas aussi flexibles que le nylon et présentent moins de risque de se casser avec un excès de charge.

Selon la façon dont ils sont contrôlés, les servos peuvent être analogiques ou numériques. Les deux types de servos ont les mêmes composants et trois fils de connexion. Cependant, les servos numériques disposent d'un microprocesseur capable d'analyser le signal qu'ils reçoivent et transmettent des impulsions aux moteurs beaucoup plus rapidement que les servos traditionnels ayant une électronique analogique. Avec plus de signaux par seconde, ce type de servo a un temps de réponse plus court. Cependant, comme chaque impulsion consomme du courant, les servos numériques consomment plus, mais leur couple plus important leur permet de supporter des charges plus lourdes. Le mauvais côté de ce type de servo réside donc dans la consommation et le prix d'achat.

Il existe de nombreuses marques, pour vous faire une idée, commencez vos recherches sur le site `www.servodatabase.com` qui propose un comparatif prix/performances intéressant, ainsi que des informations sur les modèles les plus populaires.

Si vous recherchez un servo basique abordable un peu plus gros que les servos proposés dans la plupart des kits, regardez du côté du Futaba S3003 que vous pouvez trouver sur `http://www.gpdealera.com/cgi-bin/wgainf100p.pgm?I=FUTM0031`.

D'autres utilisations de I²C

Les servomoteurs ne sont pas les seuls objets que vous pouvez contrôler via I²C. D'autres produits sont prêts à être raccordés à votre Arduino pour vous aider à réaliser une énorme installation. Un de ces produits est le Addressable LED Ribbon (https://www.sparkfun.com/products/11272) visible à la Figure 15-6. Les rubans de LED se présentent sous une forme flexible qui permet de recouvrir avec des LED une surface de grande dimension. Le ruban lui-même est composé d'une sorte de PCB flexible recouvert de LED, de résistances et de contacts et sont depuis peu disponibles à un prix raisonnable. Vous en avez peut-être déjà vu dans des lieux avec un éclairage d'ambiance disposé le long des murs.

Figure 15-6 : Un ruban de LED adressables.

Comme avec les LED individuelles, certaines ne disposent que d'une couleur, d'autres vous permettent de régler leurs valeurs RGB pour obtenir la couleur de votre choix. La plupart des rubans de LED n'utilisent qu'un seul circuit et ne permettent que de changer la couleur ou la luminosité que pour toutes les LED à la fois. Cependant, les rubans de LED adressables permettent de contrôler individuellement chacune des LED, ce qui permet, avec un contrôle total sur leurs couleurs et leurs luminosités, de créer des animations vraiment très intéressantes.

Il existe de nombreux et très bon tutoriaux qui vous aideront à intégrer des rubans de LED adressables dans vos projets. Visitez les pages produits de SparkFun (`https://www.sparkfun.com/ products/11272`) et d'Adafruit (`http://learn.adafruit.com/digital led-strip`) pour voir cela plus en détail.

Cinquième partie

Découvrir la partie logicielle

« Roger ! Vérifie la connexion de la machine à coudre au PC. Je recommence à recevoir des e-mails cousus sur mes rideaux. »

Dans cette partie

À ce stade de votre lecture, vous savez câbler, souder, charger du code, bref, vous savez faire tout ce qui relève de la physique dans le monde réel. Mais avez-vous pensé au virtuel ? Savez-vous qu'il est possible de combiner vos connaissances de l'électronique avec le logiciel de votre ordinateur pour créer de superbes effets visuels interactifs ou pour utiliser les données de votre ordinateur ou de l'Internet pour créer de la lumière, du son ou du mouvement dans le monde réel ?

Chapitre 16

Découvrir Processing

Dans ce chapitre

- Découvrir Processing
- Dessiner des formes de différentes couleurs et tailles

Dans les chapitres précédents, tout ce que vous avez appris concernait l'Arduino comme appareil autonome. Un programme est téléversé dans l'Arduino et il effectue la tâche à l'infini jusqu'à ce qu'on lui dise d'arrêter ou jusqu'à ce qu'on l'éteigne. On apprécie l'Arduino pour sa simplicité et sa clarté et tant qu'il n'y a pas d'interférences extérieures ou d'erreurs dans le code, et si ces composants ont une bonne longévité, il répétera sa fonction de façon fiable. Cette simplicité est extrêmement utile et permet d'utiliser l'Arduino non seulement comme une super plateforme de prototypage, mais aussi comme un outil sûr pour des produits et des installations interactifs comme c'est déjà le cas depuis quelques années dans de nombreux musées.

Même si cette simplicité est très appréciable, de nombreuses applications dépassent le cadre des capacités d'un Arduino. L'une d'entre elles (du moins jusqu'à présent) est l'exécution de logiciel informatique. Bien que l'Arduino soit à la base un ordinateur, ses capacités d'exécution sont bien loin d'être aussi développées et complexes que celles des programmes installés sur votre ordinateur de bureau ou portable. Bon nombre de ces logiciels sont hautement spécialisés en fonction de la tâche que vous donnez. Vous pourriez largement en bénéficier si seulement vous pouviez relier le logiciel au monde réel tout comme le fait l'Arduino.

Comme l'Arduino peut se connecter à votre ordinateur et être affiché sur le port série, d'autres programmes peuvent aussi être connectés de la même manière que votre ordinateur communique avec une imprimante, un scanner, ou un appareil photo. Donc en combinant les capacités d'interaction avec le monde physique de l'Arduino et les capacités logicielles de traitement des données de l'ordinateur, vous êtes en mesure de créer des projets d'une grande variété en entrées, sorties et processus.

Bon nombre de programmes spécifiques sont conçus pour effectuer des tâches spécifiques et tant que vous n'avez pas déterminé ce que vous voulez spécifier, il vaut mieux utiliser un logiciel plus générique. Processing est un bon point de départ.

Dans ce chapitre, vous allez faire la connaissance de Processing, le projet jumeau qui s'est développé en même temps que celui d'Arduino. Processing est un environnement logiciel qui, de la même manière que l'Arduino, sert à tester des circuits rapidement qui peuvent « croquer » des programmes. C'est un logiciel libre assez conséquent et grâce à ses similarités avec l'Arduino, il est très facile à apprendre.

Regarder sous le capot

Un Arduino peut communiquer sur son port série comme un périphérique, lequel peut être lu par n'importe quel programme qui communique avec le port série. Parmi les nombreux programmes disponibles, Processing est le plus connu.

Processing est une large gamme d'applications qui va de la visualisation de données à la création d'œuvres génératives en passant par des captures de mouvements avec une caméra numérique pour effectuer des performances numériques. Ce ne sont que quelques pistes, mais vous pouvez en admirer quelques exemples à l'adresse suivante `http://processing.org/exhibition/`.

Processing est un langage basé sur Java qui ressemble fortement au C (sur lequel est basé le code de l'Arduino) et au C++ . Il est disponible pour Windows, Mac OS et Linux. Ben Fry et Casey Reas ont développé Processing pour permettre aussi aux artistes, designers et autres de tester du code afin que ce ne soit pas uniquement l'exclusivité des développeurs et des ingénieurs. Tout comme les idées sont souvent couchées sur papier, Processing est conçu pour faire le croquis d'un logiciel ; les programmes peuvent se développer très vite et s'adapter sans avoir à y passer un temps infini.

Processing est un environnement de développement intégré (IDE) basé sur du texte tout comme l'Arduino (en réalité, il a été « emprunté » par l'équipe d'Arduino lors du développement de ce dernier). Une fenêtre (voir la Figure 16-1) affiche l'applette Java que le code crée. Comme Arduino, la force de Processing est sa communauté importante qui partage et commente les croquis, et permet aux participants de bénéficier de diverses applications Processing open source aussi bien que de modifier le code de Processing.

Dans ce chapitre, vous allez apprendre à utiliser Processing, mais pour en savoir plus sur cet environnement, consultez son site Web officiel à l'adresse `http://processing.org/`.

NOTE TECHNIQUE

D'autres langages de programmation peuvent s'interfacer avec l'Arduino. Je vous présente Max/Pure Data et OpenFrameworks dans les encadrés de ce chapitre. Si vous souhaitez avoir la liste complète de tous ces langages, allez à l'adresse `http://arduino.cc/playground/Main/Interfacing`.

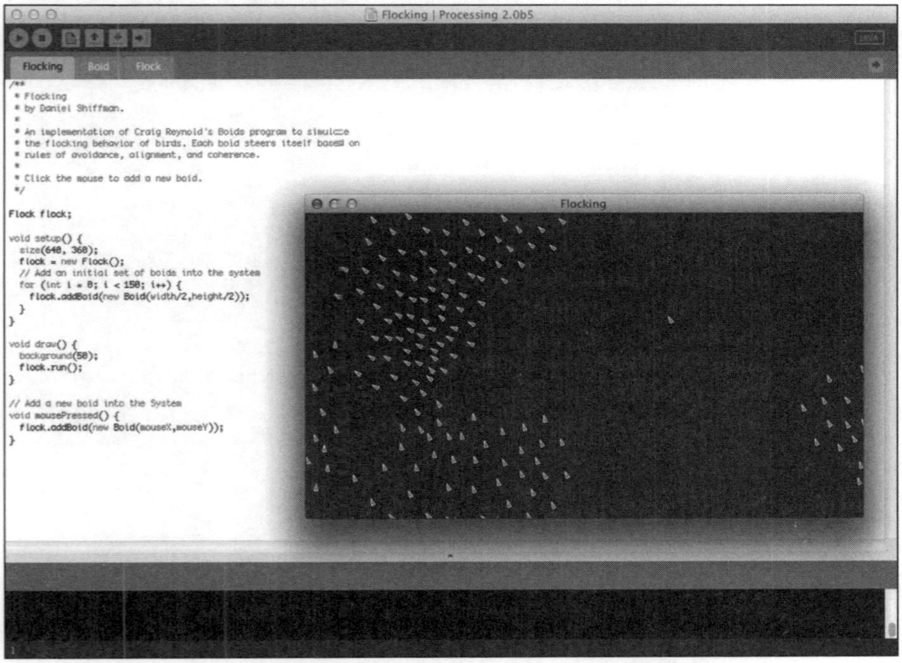

Figure 16-1 : Exemple de vue de Processing.

Installer Processing

Processing est gratuit. Pour le télécharger, rendez-vous à la page de téléchargement `http://processing.org/download/` et sélectionnez votre système d'exploitation. Au moment de la rédaction de ce livre, Processing en était à la version 2.0 Béta 5 et était pris en charge par Mac OS X, Windows 32 et 64 bits, Linux 32 et 64 bits. N'oubliez pas que cela peut changer entre le moment où j'écris ces lignes et où vous les lisez.

Pour installer Processing :

Max/Pure Data

Max (connu aussi sous le nom de Max/MSP) est un langage de programmation graphique aux nombreuses et diverses utilisations, mais qui sert généralement aux applications audio, de synthèse de musiques et de sons. Il est disponible pour Windows, Mac OS, Linux et autres systèmes d'exploitation plus obscurs.

Contrairement aux langages de programmation traditionnels basés sur du texte, Max passe par une interface graphique pour connecter des objets à d'autres, tout comme les synthétiseurs peuvent être « patchés » avec des câbles pour connecter les différentes fonctions de l'instrument. La société Cycling 74 a mis à jour la version commerciale du logiciel Max en 1990 en se basant sur le travail de Miller Puckette pour créer un système de création musicale. Bien que le logiciel ne soit pas libre, l'interface de programmation permet aux tiers de créer leurs propres extensions du logiciel pour des usages spécifiques. Miller Puckette a également développé une version libre et gratuite, mais complètement reconçue, nommée PureData.

Vous trouverez plus d'informations sur Max et PureData sur les pages de leur site respectif : `http://cycling74.com/products/max/` et `http://puredata.info`. Pour lancer la communication entre Max et Arduino, recherchez le composant judicieusement nommé Maxuino (`http://www.maxuino.org/archives/category/updates`), et pour PureData et Arduino, recherchez Pduino (`http://at.or.at/hans/pd/objects.html`).

Vous trouverez d'autres liens utiles sur le site d'Arduino (`http://www.arduino.cc/playground/interfacing/MaxMSP` et `http://www.arduino.cc/playground/interfacing/MaxMSP`).

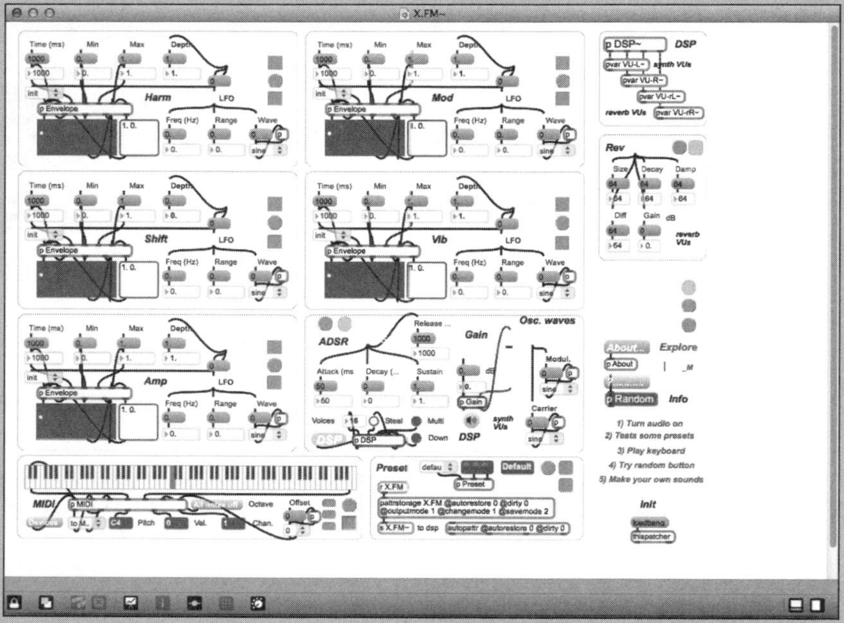

openFrameworks

openFrameworks, un kit d'outils C++ open source pour tester du code, est développé par Zachary Lieberman, Théo Watson et Arturo Castro ainsi que d'autres membres de la communauté openFrameworks. openFrameworks s'exécute sur Windows, Mac OS, Linux, iOS et Android. Mais il n'est pas basé sur Java comme Processing. C'est une bibliothèque C++ qui est conçue pour être la base essentielle afin de débuter avec des applications audiovisuelles.

openFrameworks est particulièrement puissant pour les images, vous permettant d'utiliser facilement OpenGL pour faire des rendus intenses ou des applications vidéo. Contrairement à Processing, à Max et à PureData, openFrameworks n'est pas un langage ; en fait, c'est une collection de bibliothèques libres, connue comme un framework logiciel, d'où son nom.

Comme openFrameworks n'a pas son propre environnement de développement intégré, le logiciel utilisé pour écrire et compiler le code dépend du système d'exploitation. Cette fonctionnalité représente souvent une difficulté pour les débutants, car il n'y a pas d'IDE contrôlé de manière centralisée. L'avantage est que le C++ est très polyvalent et peut être utilisé sur la plupart des systèmes d'exploitation, y compris ceux des téléphones portables.

Pour en savoir plus et consulter des tutoriaux, rendez-vous sur les sites `http://www.openframeworks.cc/` et `http://www.openframeworks.cc/tutorials/introduction/000_introduction.html`. SparkFun propose aussi un bon tutoriel pour l'utiliser avec Arduino sous Windows à `http://www.sparkfun.com/tutorials/318`.

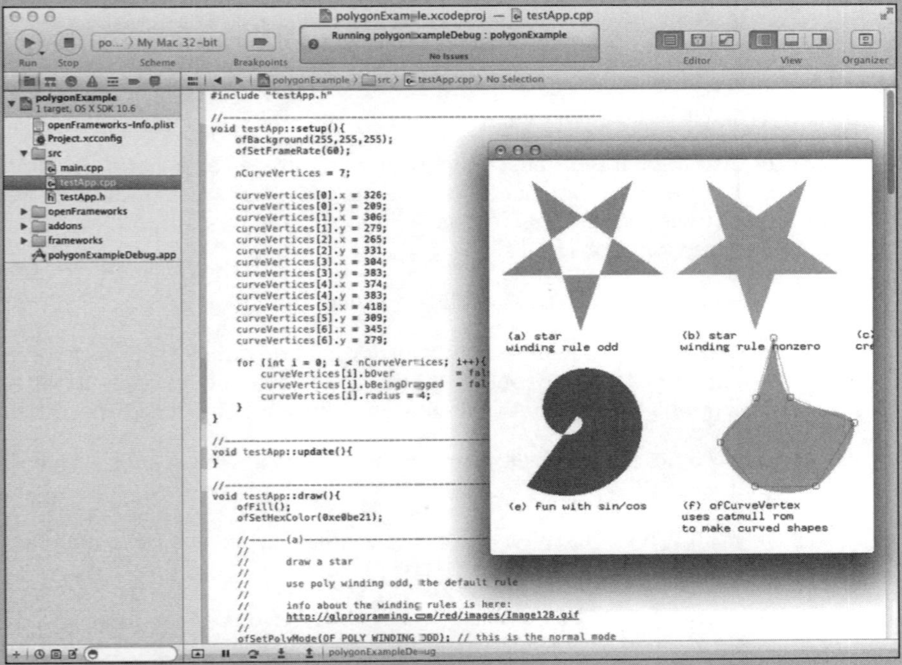

- **Sur un Mac** : Le fichier `.zip` se décompresse automatiquement et se place dans le dossier des applications à `~/Applications/Processing`. Vous pouvez aussi le mettre sur votre bureau. Du bureau, vous pouvez le glisser dans le Dock pour avoir un accès plus facile ou créer un alias du bureau.
- **Sur Windows** : Décompressez le fichier `.zip` et placez le dossier Processing sur le bureau ou dans un emplacement comme le dossier Program files : `C:/Program Files/Prccessing/`. Créez un raccourci vers l'exécutable `Processing.exe` et placez-le à l'endroit qui vous convient le mieux : bureau ou menu Démarrer.

L'interface de Processing

Une fois Processing installé, lancez l'application. Processing s'ouvre avec un croquis vide (voir Figure 16-2) un peu comme la fenêtre d'Arduino. Sa fenêtre est composée de cinq zones principales :

- une barre d'outils avec des boutons ;
- des onglets ;
- un éditeur texte ;
- une zone de message ;
- une console.

Le croquis vide contient aussi la barre de menus de l'application principale Processing, ce qui donne accès aux menus déroulants des options de l'application, au chargement des croquis, à l'importation des bibliothèques, et à bien d'autres fonctions.

Voici un aperçu de la barre d'outils de Processing :

- **bouton Run** : Exécute ou fait tourner le code dans l'éditeur de texte comme une *applette* (petite application) dans une nouvelle fenêtre. Les raccourcis clavier sont Ctrl + R pour Windows et Cmd + R pour Mac OS.
- **bouton Stop** : Arrête l'exécution du code et ferme la fenêtre de l'applette.
- **bouton New** : Ouvre un nouveau croquis vierge avec pour nom la date et une lettre pour distinguer les croquis comme sketch_121230a.
- **bouton Open** : Vous permet de sélectionner des croquis récents dans un répertoire ou le dossier Examples.

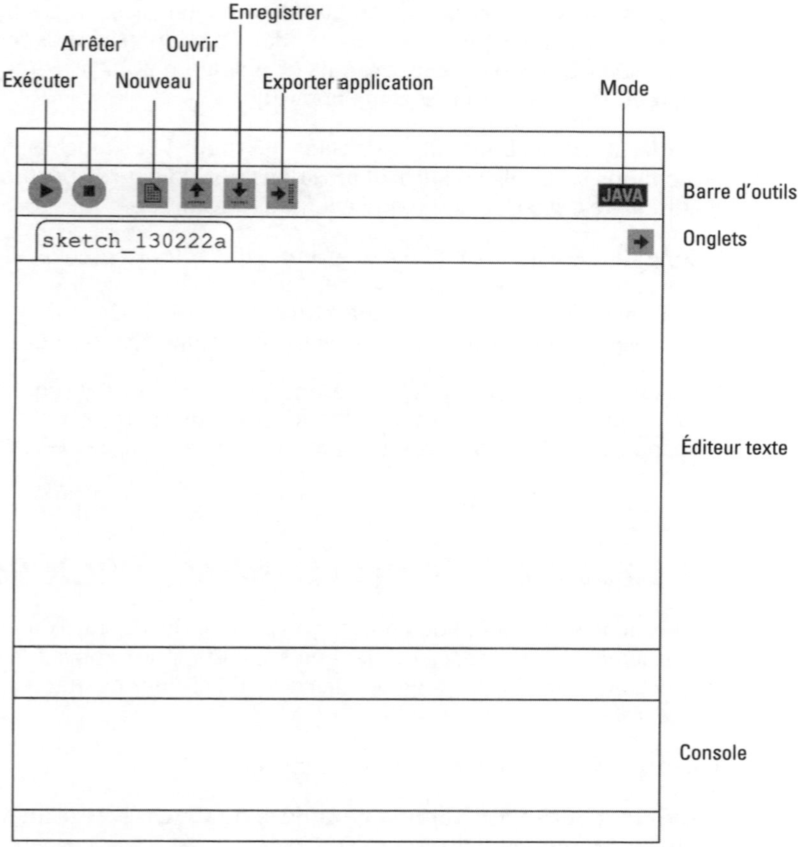

Figure 16-2 : L'application Processing est assez similaire, tout en étant différente à celle de l'Arduino.

- **bouton Save** : Enregistre le croquis. Quand vous l'enregistrez, donnez-lui un nom descriptif à la place du nom prédéfini.
- **bouton Export Application** : Vous permet d'exporter le croquis Processing sous une application, ce qui peut être utile si vous devez exécuter l'application au démarrage ou distribuer le code à des personnages qui n'ont pas Processing.
- **bouton Mode** : Vous permet de basculer de mode entre Java (standard), Android (mobile et tablettes) et JavaScript (applications en ligne). C'est une nouvelle fonction incluse dans la version la plus récente. Pour en savoir plus sur ces modes, consultez les pages suivantes : `http://wiki.processing.org/w/Android` et `http://wiki.processing.org/w/JavaScript`.

- **bouton Tabs** : Structure l'organisation de plusieurs fichiers dans un croquis Processing. Utilisez les onglets dans des programmes très grands pour séparer les objets du croquis principal ou pour intégrer des tables de recherche de données dans un croquis.
- **l'éditeur texte** : Entrez le code dans le croquis. Les mots ou fonctions reconnus sont mis en surbrillance dans des couleurs appropriées. Cet éditeur texte est le même que celui de l'Arduino
- **zone de message** : Affiche des erreurs, des retours ou des informations sur la tâche en cours. Vous verrez une notification comme lorsque l'enregistrement du croquis est réussi, mais plus souvent, il s'agit de messages qui indiquent où sont les erreurs dans le code.
- **console** : Affiche plus d'informations détaillées sur le croquis. Utilisez la fonction `println()` pour faire afficher les valeurs de votre croquis. Vous verrez aussi des informations supplémentaires sur des erreurs.

Faire son premier croquis avec Processing

Contrairement à Arduino, vous n'avez pas besoin de kit supplémentaire pour travailler avec Processing, ce qui le rend très utile pour apprendre à coder : il suffit de saisir une ou deux lignes de code, de cliquer ensuite sur Run et de voir le résultat.

Commencez votre premier croquis comme suit :

1. **Appuyez sur Ctrl + N (dans Windows) ou Cmd + N (sur un Mac) pour ouvrir un nouveau croquis.**
2. **Cliquez dans l'éditeur de texte et saisissez cette ligne de code :**

```
ellipse(50,50,10,10);
```

3. **Cliquez sur le bouton Run.**

   La fenêtre de la nouvelle applette s'ouvre, affichant un cercle blanc au milieu de la zone grise, comme l'illustre la Figure 16-3.

Félicitations ! Vous venez d'écrire votre premier programme Processing !

C'est un beau cercle. Cette ligne de code affiche une ellipse. Mais une ellipse n'est pas normalement circulaire. Comme vous lui avez donné les paramètres pour faire un cercle, le mot *ellipse* est mis en surbrillance orange dans l'éditeur texte, vous signalant que la fonction est reconnue. Les deux premiers nombres sont les coordonnées de l'ellipse, 50, 50, ici en pixels. Comme la fenêtre par défaut est de 100 x 100 pixels, les coordonnées de 50, 50 placent

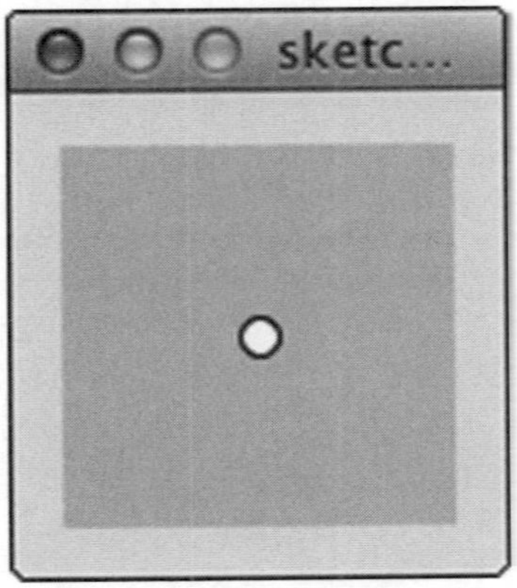

Figure 16-3 : Un croquis Processing qui dessine une ellipse aux dimensions égales, appelée aussi cercle !

l'ellipse au centre. Les valeurs 10, 10 indiquent la largeur et la hauteur de l'ellipse, formant ainsi un cercle. Cette fonction pourrait s'écrire ainsi :

```
ellipse(x,y,width,height)
```

Les coordonnées de l'ellipse (ou de toute autre forme ou point, peu importe) sont écrites en x et y. Ils indiquent un point dans un espace en deux dimensions (2D), qui ici est un point mesuré en pixels sur l'écran. Les positions horizontales font référence à la coordonnée x ; les positions verticales font référence à y. La profondeur de l'espace en 3D se réfère à z. Ajoutez maintenant la ligne de code qui suit, juste au-dessus de l'instruction `ellipse()` :

```
size(300,200);
```

Cliquez sur le bouton Run. Vous obtenez une ellipse dans le coin supérieur gauche de la fenêtre, comme illustré à la Figure 16-4. La fonction `size()` permet de définir la taille de la fenêtre de l'application en pixels, ce qui fait ici 300 pixels de large et 200 pixels de haut. Si votre écran est différent de la Figure 16-4, vous avez sans doute placé les instructions dans le mauvais ordre. Les lignes de code sont lues dans l'ordre, aussi si c'est le code de l'ellipse en premier, l'ellipse occupera entièrement la fenêtre vierge. Et avec une fenêtre d'affichage rectangulaire, vous constaterez que les coordonnées sont en haut à gauche.

Les coordonnées sont mesurées sur une grille invisible avec un point au centre à 0, 0 pour un espace 2D (ou 0, 0, 0 pour un espace 3D), qui est la référence de l'origine. C'est basé sur le système de cordonnées cartésien que vous avez appris à l'école. Les nombres peuvent être aussi bien positifs que négatifs, tout dépend du côté où ils se placent par rapport à l'origine. Sur

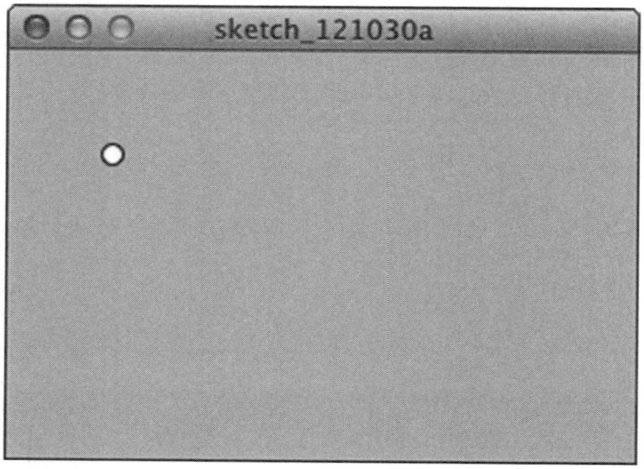

Figure 16-4 : Une fenêtre d'affichage redimensionnée affiche plus sur la grille des coordonnées.

l'écran de l'ordinateur, l'origine est en haut à gauche parce que les pixels se dessinent du coin supérieur gauche au coin inférieur droit, une ligne à la suite de l'autre (voir la Figure 16-5). Ce qui veut dire que notre instruction `size (300, 200)` affiche une fenêtre de 300 pixels de gauche à droite sur l'écran et 200 pixels de haut en bas.

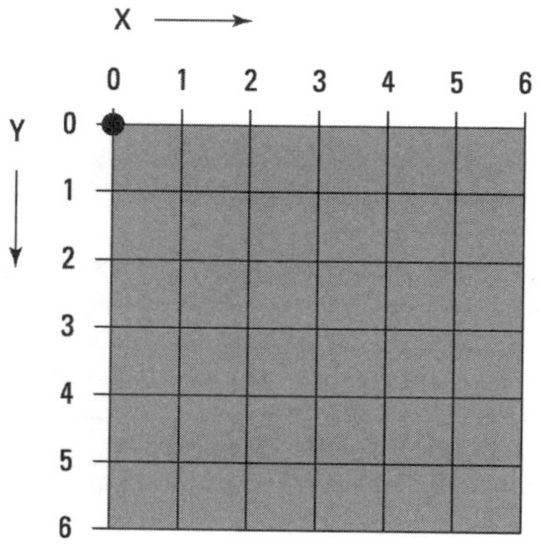

Figure 16-5 : Voici à quoi ressemble la grille sur un ordinateur.

Dessiner des formes

Pour mieux déterminer toutes les formes possibles que vous pouvez dessiner, voici les plus basiques :

- `point ()`

  Un seul point est la forme la plus basique et est très utile pour fabriquer des formes plus complexes. Saisissez le code ci-dessous et cliquez sur le bouton Run. Regardez de très près, vous verrez un seul pixel noir au centre de la fenêtre d'affichage (voir Figure 16-6). C'est le point que le code a tracé :

```
size(300,200);
point(150,100);
```

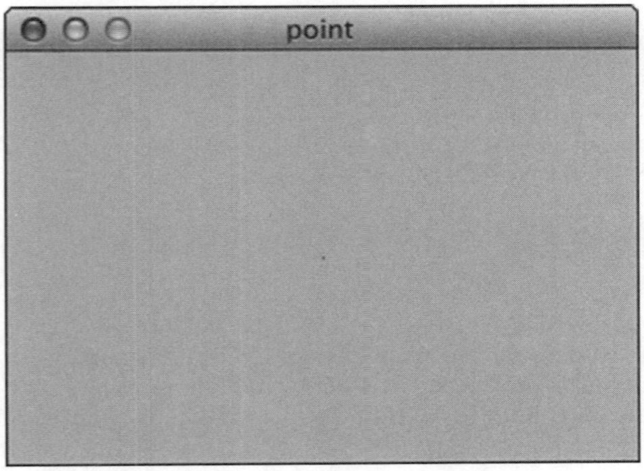

Figure 16-6 : En regardant de près on voit le point.

  Vous pouvez écrire un point aussi comme suit :

```
point(x,y);
```

- `line()`

  Une ligne est la connexion de deux points, ce que l'on fait en définissant les points de début et de fin. Saisissez le code qui suit pour générer un écran similaire à la Figure 16-7 :

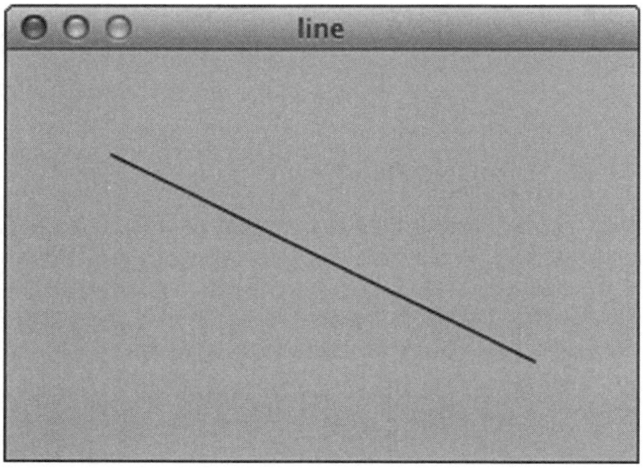

Figure 16-7 : Une ligne entre deux points.

```
size(300,200);
line(50,50,250,150);
```

Vous pouvez aussi l'écrire en une ligne :

```
line(x1,y1,x2,y2);
```

- rect()

  Vous pouvez dessiner un rectangle de différentes manières. Dans le premier exemple, le rectangle est dessiné en identifiant un point de départ, ainsi que la largeur et la hauteur du rectangle. Saisissez le code qui suit pour tracer un rectangle au centre de la fenêtre d'affichage :

```
size(300,200);
rect(150,100,50,50);
```

  Dans cet exemple, le rectangle commence au point 150, 100 au centre de la fenêtre d'affichage. Cette fonction est particulièrement utile si vous voulez que la taille du rectangle reste constante, mais que sa position change. Vous pourriez aussi l'écrire ainsi :

```
rect(x,y,width,height);
```

  Pour tracer un rectangle, vous avez la possibilité de choisir parmi différents modes (voir la Figure 16-8). Si le mode est défini au centre, le rectangle est tracé au centre du point et non à partir de ce point. Saisis-

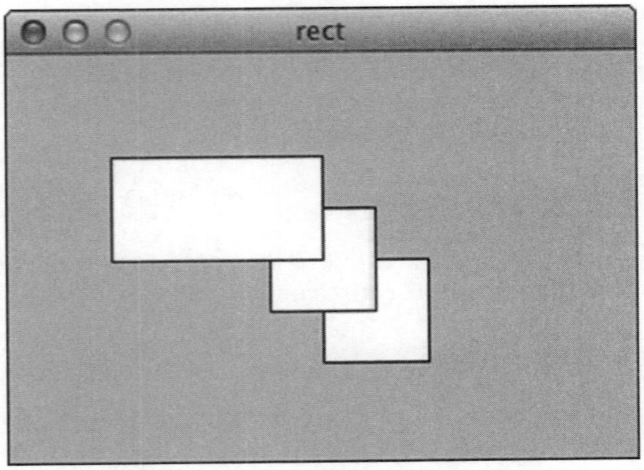

Figure 16-8 : Une sélection de rectangles différemment tracés.

sez le code ci-dessous pour voir que les mêmes valeurs affichent une position différente si `rectMode` est passé à `CENTER`.

```
rectMode(CENTER);
size(300,200);
rect(150,100,50,50);
```

Le rectangle est maintenant centré dans la fenêtre d'affichage. La forme s'étend de manière égale du centre du point de gauche à droite et de haut en bas. Vous pouvez l'écrire aussi comme suit :

```
rect(x,y,width,height);
```

Vous pouvez également afficher un rectangle en déclarant deux coins opposés en diagonale. Saisissez le code ci-dessous, cette fois avec `rectMode` sur `CORNERS` :

```
rectMode(CORNERS);
size(300,200);
rect(150,100,50,50);
```

Le rectangle est légèrement différent des deux autres, parce qu'il commence au point dans le centre 150, 100, mais il se termine au point 50, 50, se doublant sur lui-même. Vous pouvez l'écrire aussi comme suit :

```
rect(x1,y1,x2,y2);
```

- ellipse()

  Le premier élément traité dans ce chapitre était ellipse, qui permet de tracer une ellipse. Recopiez le code ci-dessous pour tracer une ellipse au centre de la fenêtre d'affichage :

```
ellipse(150,100,50,50);
```

  Le mode par défaut d'ellipse est CENTER, contrairement à `rect` qui est `CORNERS`. Vous pouvez aussi l'écrire comme suit :

```
ellipse(x,y,width,height);
```

  Comme avec `rectMode()`, vous pouvez définir différents modes (voir la Figure 16-9) pour dessiner des ellipses avec `ellipseMode()`. Recopiez le code ci-dessous pour tracer une ellipse à partir de coin et non de son centre :

```
ellipseMode(CORNERS);
size(300,200);
ellipse(150,100,50,50);
```

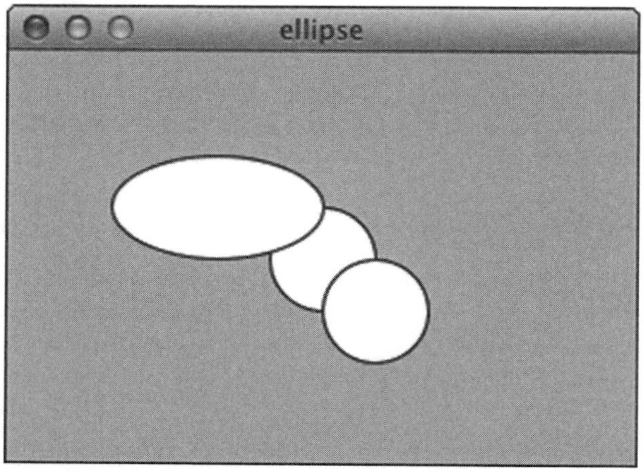

Figure 16-9 : Une sélection d'ellipses différemment tracées.

Cela trace une ellipse de son coin supérieur gauche avec une largeur de 50 et une hauteur de 50. Vous pouvez aussi l'écrire comme suit :

```
ellipse(x,y,width,height);
```

Vous pouvez également tracer une ellipse en spécifiant plusieurs coins. Recopiez le code ci-dessous pour passer ellipseMode à CORNERS :

```
EllipseMode(CORNERS);
size(300,200);
ellipse(150,100,50,50);
```

Tout comme pour rectMode (CORNERS), l'ellipse ici a doublé sur elle-même. Le premier coin est le point du centre du croquis et le second est au point 50, 50.

Changer la couleur et l'opacité

À présent que vous en savez un peu plus sur les formes, vous pouvez leur attribuer une apparence. La manière la plus simple de le faire est de jouer sur les couleurs et l'opacité. Vous pouvez aussi voir à travers chacune des formes et mélanger les couleurs en superposant des formes.

Voici les fonctions principales :

- background (0)

  Cette fonction change l'arrière-plan de votre croquis. Vous pouvez choisir des valeurs d'échelle de gris ou couleur.

  • Échelle de gris

    Ouvrez un nouveau croquis et saisissez le code qui suit pour changer la couleur grise par défaut de la fenêtre en noir :

```
background(0);
```

    Passez de 0 à 255 pour changer la couleur en blanc :

```
background(255);
```

    Toutes les valeurs situées entre 0 (noir) et 255 (blanc) sont des valeurs d'échelle de gris. Cette plage de valeurs part de 0 à 255 parce qu'il y a 8 bits de données dans un octet (voir chapitre 14), ce qui signifie que vous avez besoin d'un octet pour stocker une valeur de couleur d'échelle de gris.

  • Couleur

    Pour mettre un peu de vie, ajoutez de la couleur dans l'arrière-plan du croquis. À la place de l'échelle de gris sur 8 bits, vous utilisez des couleurs de 24 bits, ce qui revient à rouge sur 8 bits, vert sur

8 bits et bleu sur 8 bits. La couleur de l'arrière-plan est définie par ces trois valeurs au lieu d'une.

```
background(200,100,0);
```

Ce qui donne un arrière-plan orange. L'arrière-plan orange est composé d'une valeur rouge de 200, d'une valeur verte de 100 et d'une valeur bleue de 0. Il existe plusieurs modes de couleur, mais dans cet exemple la ligne de code peut être interprétée comme suit :

```
background(red,green,blue);
```

- fill()

Voulez-vous changer la couleur des formes que vous dessinez ? Utilisez fill pour définir la couleur tout en contrôlant l'opacité de la forme :

• couleur

fill définit la couleur d'une forme qui est tracée après lui. En faisant appel plusieurs fois à fill, vous pouvez changer la couleur de différentes formes. Recopiez le code ci-dessous pour tracer trois ellipses de couleurs différentes, comme à la Figure 16-10.

```
background(255);
noStroke();

// Rouge brillant
fill(255,0,0);
ellipse(50,35,40,40);

// Vert brillant
fill(0,255,0);
ellipse(38,55,40,40);

// Bleu brillant
fill(0,0,255);
ellipse(62,55,40,40);
```

L'arrière-plan est défini à blanc (255) et la fonction noStroke supprime les bordures des formes (vous pouvez le commenter pour en voir les effets). Le premier cercle dessiné est rouge. Vous le voyez dans l'applette parce que deux autres cercles le chevauchent. La valeur rouge est la plus élevée (255), la deuxième est celle du vert et la troisième celle du bleu. Si on dessine une autre forme à la fin du code, elle aura la même couleur bleue que la dernière valeur de fill.

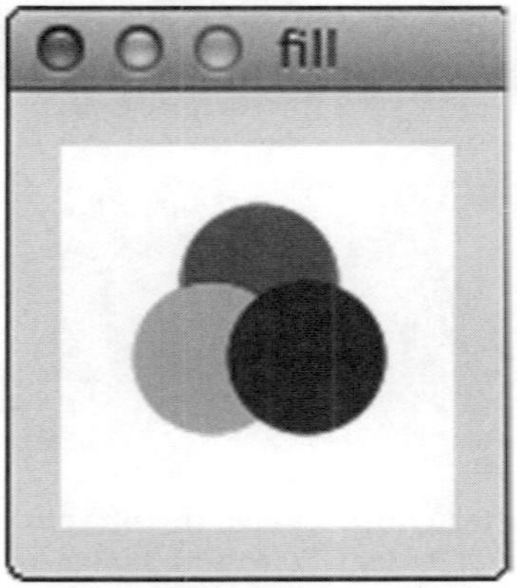

Figure 16-10 : Différents cercles en couleur.

- Opacité

  Vous pouvez aussi attribuer de l'opacité aux couleurs, créant ainsi des formes semi-transparentes. En ajoutant une quatrième valeur à la fonction fill, vous définissez l'opacité de 0 (complètement transparent) à 255 (couleur solide). Mettez à jour le code précédent en lui ajoutant les valeurs qui suivent pour donner de la transparence aux cercles :

```
background(255);
noStroke();

// Rouge brillant
fill(255,0,0,100);
ellipse(50,35,40,40);

// Vert brillant
fill(0,255,0,100);
ellipse(38,55,40,40);

// Bleu brillant
fill(0,0,255,100);
ellipse(62,55,40,40);
```

Jouer avec l'interaction

Tout ceci est bien, mais terriblement statique. Nous allons injecter un peu de vie aux croquis en nous servant de la souris comme une entrée. Pour ce faire, il faudra mettre à jour constamment le croquis en effectuant des tours de boucle encore et encore, en envoyant de nouvelles valeurs à chaque tour de boucle. Recopiez le code ci-dessous pour créer un croquis interactif :

```
void setup() {
}

void draw() {
ellipse(mouseX,mouseY,20,20);
}
```

Ce code trace une ellipse centrée sur les coordonnées du curseur de la souris, aussi quand vous déplacez la souris, vous laissez une traînée d'ellipses, comme l'illustre la Figure 16-11. Les fonctions `mouseX` et `mouseY` sont mises en surbrillance bleue dans l'éditeur de texte et prennent les coordonnées du curseur de la souris dans la fenêtre d'affichage. Ces valeurs sont les nombres de pixels à l'horizontale et à la verticale.

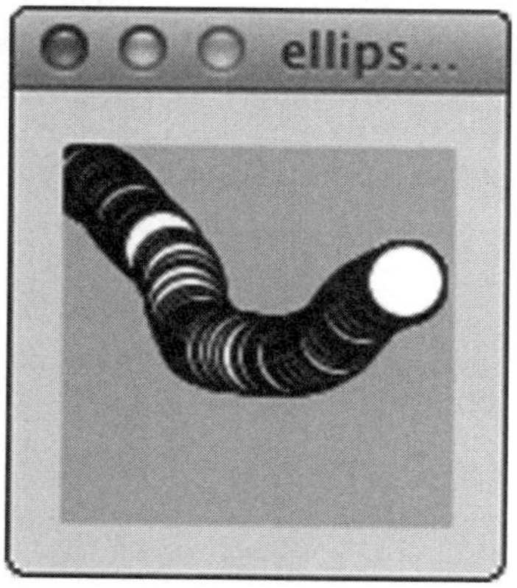

Figure 16-11 : Tracer une multitude d'ellipses à chaque déplacement du curseur de la souris.

Ce code ne devrait pas vous être totalement étranger. À la place du `void setup` et de `void loop` d'Arduino, Processing utilise `void setup` et `void draw`. Ils fonctionnent exactement de la même manière : `setup` s'exécute une fois au début du croquis ; `loop` et `draw` s'exécutent tout le temps jusqu'à ce qu'on leur dise de s'arrêter.

Modifiez légèrement le croquis pour couvrir toutes les ellipses précédentes et pour afficher seulement la plus récente (voir la Figure 16-12) :

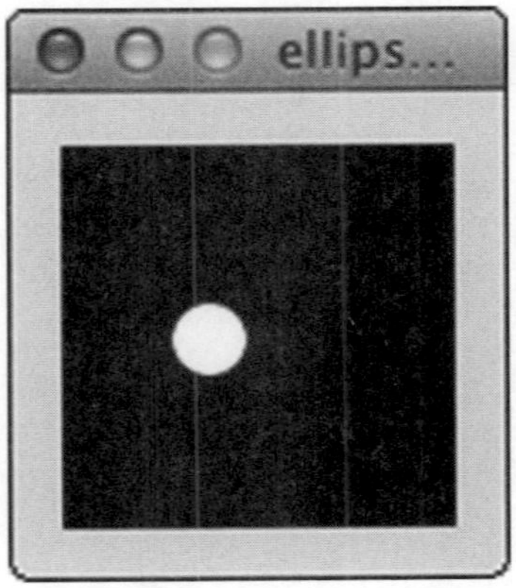

Figure 16-12 : Une seule ellipse apparaît en suivant le curseur de la souris.

```
void setup() {
}

void draw() {
background(0);
ellipse(mouseX,mouseY,20,20);

}
```

Vous pouvez faire bien plus avec Processing, mais continuer de développer d'autres sujets dépasserait le cadre de ce livre. J'espère que ces quelques points vous donneront une idée des effets visuels que peut produire le code. Vous trouverez une quantité d'exemples sur le site et dans le logiciel Processing. La meilleure approche est comme toujours de tester ces exemples, d'en modifier les valeurs pour voir ce qui se passe.

Chapitre 17

Agir sur le monde réel

Dans ce chapitre

- Allumer une vraie lampe à l'aide d'un interrupteur virtuel
- Représenter des données provenant du monde réel
- Envoyer des signaux entre l'Arduino et Processing

Au chapitre précédent, vous avez appris les bases de Processing, ses différences et ses similitudes avec Arduino. Ce chapitre porte sur la combinaison des deux outils pour intégrer les mondes virtuels et physiques. Ces quelques exercices vous apprendront comment envoyer et recevoir des données dans Arduino et dans Processing. Vous pourrez créer vos propres projets en vous appuyant là-dessus, peut-être pour générer quelque représentation visuelle stupéfiante à partir des informations remontées par vos capteurs, ou pour allumer une lumière chaque fois que vous êtes mentionné sur Twitter.

Créer un bouton virtuel

Dans cet exemple, vous apprenez à rajouter un bouton à l'écran avec Processing, qui contrôle une LED sur votre Arduino. C'est un excellent croquis pour apprendre à produire des interactions entre les ordinateurs et le monde réel, ainsi qu'entre Arduino et Processing.

Il vous faudra :

- Un Arduino Uno
- Une LED

La configuration est très simple pour cette introduction à Arduino et Processing, puisqu'il ne vous faut qu'une LED.

Comme le montrent les Figures 17-1 et 17-2, insérez la longue patte dans la broche 13, et la courte dans GND. Si vous n'avez pas de LED, vous pouvez simplement observer la LED de la carte libellée « L ».

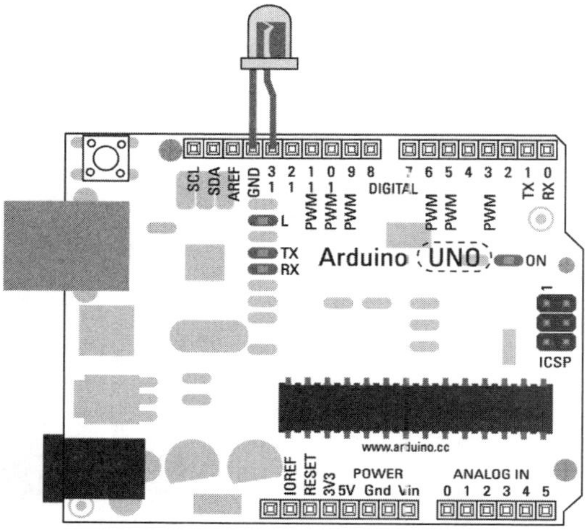

Figure 17-1 : Un diagramme de l'Arduino avec une LED connectée à la broche 13.

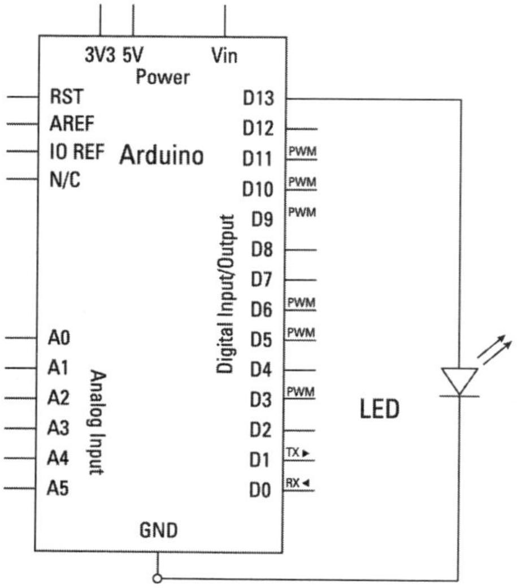

Figure 17-2 : Le schéma de l'Arduino avec une LED connectée à la broche 13.

Mettre en place le code pour Arduino

Une fois que votre circuit est assemblé, vous avez besoin du logiciel idoine pour l'utiliser. Dans le menu Arduino, sélectionnez Fichier->Exemples->04. Communications->PhysicalPixel pour trouver le bon croquis.

Ce croquis contient du code Arduino et du code Processing pour atteindre le résultat escompté (on en trouve une variante dans Max 5). Le code qui apparaît sous le code Arduino est commenté pour éviter d'interférer avec ce dernier.

Dans les anciennes versions d'Arduino, les noms des fichiers de croquis se terminaient par `.pde`, ce qui correspond à l'extension des fichiers de Processing. Cela engendrait de la confusion, si bien que les fichiers Arduino prennent désormais l'extension `.ino`. Ces extensions distinctes permettent de conserver les fichiers Arduino et Processing au même endroit. Si vous tentez d'ouvrir un `.pde` dans Arduino, l'application supposera qu'il s'agit d'un vieux croquis Arduino et vous demandera si vous souhaitez remplacer son extension par `.ino`.

```
/*
  Physical Pixel

 Un exemple d'utilisation de la carte Arduino pour recevoir
 des données de l'ordinateur. Dans ce cas, la carte Arduino
 allume une LED quand elle reçoit le caractère 'H', et l'éteint
 quand elle reçoit le caractère 'L'.

 Les données peuvent être envoyées à l'Arduino via le moniteur
 série, ou via tout autre programme comme Processing (voir le code
 plus bas), Flesh (via un proxy serial), PD ou Max/MSP.

 Le circuit:
 * LED connectée de la broche numérique 13 à la masse

 Créé en 2006
 Par David A. Mellis
 Modifié le 30 août 2011
 par Tom Igoe et Scott Fitzgerald

 Cet exemple de code est dans le domaine public.

 http://www.arduino.cc/en/Tutorial/PhysicalPixel
 */

const int ledPin = 13; // La broche à laquelle la LED est reliée
int incomingByte;      // Une variable pour les données parvenant par série
```

```
void setup() {
  // Initialiser la communication série:
  Serial.begin(9600);
  // Faire de la broche de la LED une sortie:
  pinMode(ledPin, OUTPUT);
}

void loop() {
  // Voir si des données série sont arrivées:
  if (Serial.available() > 0) {
    // Lire l'octet le plus ancien dans le tampon série:
    incomingByte = Serial.read();
    // Si c'est un H majuscule (ASCII 72), allumer la LED:
    if (incomingByte == 'H') {
      digitalWrite(ledPin, HIGH);
    }
    // Si c'est un L majuscule (ASCII 76) éteindre la LED:
    if (incomingByte == 'L') {
      digitalWrite(ledPin, LOW);
    }
  }
}
```

Téléversez maintenant le croquis.

Une fois que l'Arduino est configuré pour recevoir un message de Processing, vous devez configurer le croquis de Processing pour envoyer un message sur le même port série que celui qu'utilise votre Arduino.

Mettre en place le code de Processing

Le code se trouve entre les marques de commentaires sur plusieurs lignes (/* et */), après le croquis Arduino. Copiez le code, et collez-le dans un nouveau croquis Processing, puis sauvegardez-le avec un nom approprié, comme PhysicalPixel.

```
/* Code Processing pour cet exemple

 // Survol de la souris détecté par le port série

 // Démontre comment envoyer les données à la carte Arduino
 // afin d'allumer une lumière si la souris se trouve sur un
 // carré, et l'éteindre si elle ne s'y trouve pas

 // Créé en avril 2003
```

```
// Basé sur des exemples de Casey Reas et Hernando Barragan
// Modifié le 30 août 2011
// Par Tom Igoe
// Cet exemple de code est dans le domaine public.



import processing.serial.*;

float boxX;
float boxY;
int boxSize = 20;
boolean mouseOverBox = false;

Serial port;

void setup()  {
size(200, 200);
boxX = width/2.0;
boxY = height/2.0;
rectMode(RADIUS);

// Dresse la liste de tous les ports séries disponibles dans le volet
// de sorties. Vous devrez choisir le port auquel la carte Arduino est
// connectée dans cette liste. Le premier port dans la liste est le port
// #0 et le troisième port est le port #2.
println(Serial.list());

// Ouvrir le port auquel la carte Arduino est connectée (dans ce cas, le
// port #0). S'assurer d'ouvrir le port au débit qu'utilise la carte
// Arduino (9600bps)
port = new Serial(this, Serial.list()[0], 9600);

}

void draw()
{
background(0);

// Tester si le curseur de la souris est sur le carré
if (mouseX > boxX-boxSize && mouseX < boxX+boxSize &&
mouseY > boxY-boxSize && mouseY < boxY+boxSize) {
mouseOverBox = true;
// Dessiner un contour et modifier la couleur du carré
stroke(255);
fill(153);
// Envoyer un 'H' pour indiquer que la souris est sur le carré
```

```
port.write('H');
}
else {
// Rétablir le carré dans son état d'origine
stroke(153);
fill(153);
// Envoyer un 'L' pour éteindre la LED
port.write('L');
mouseOverBox = false;
}

// Dessiner le carré
rect(boxX, boxY, boxSize, boxSize);
}
```

Cliquez sur le bouton Run pour lancer le croquis Processing, et une applette apparaîtra. L'applette affiche un fond noir au centre duquel se trouve un carré gris, lequel représente votre bouton virtuel (voir Figure 17-3). Si vous déplacez votre souris sur le carré gris, vous pouvez voir que son contour devient blanc. Si vous jetez un œil sur votre Arduino, vous verrez que chaque fois que votre souris passe sur le carré gris, la LED s'allume, matérialisant le survol du carré.

Si votre LED ne s'allume pas, vérifiez par deux fois votre code :

- Vérifiez que vous utilisez les bons numéros de broche
- Vérifiez que les pattes de la LED sont dans le bon sens
- Vérifiez que votre code Arduino a été téléversé correctement et que votre Processing ne contient pas d'erreur. Notez que vous ne pouvez pas téléverser tandis que le croquis Processing communique avec votre Arduino ; vous devrez arrêter le croquis pour cela.

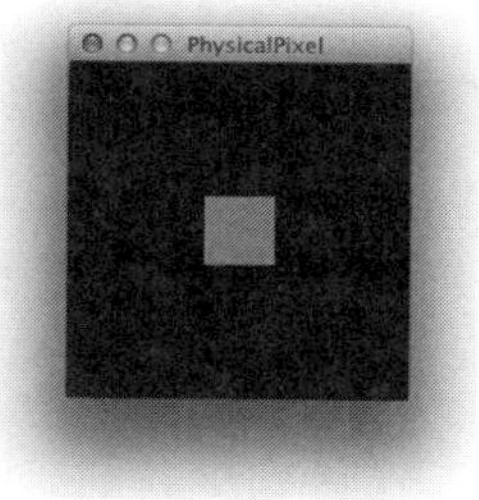

Figure 17-3 : Votre applette Processing affiche un pixel virtuel.

Comprendre le croquis Processing de PhysicalPixel

Chaque fois que c'est possible, c'est une bonne idée de diviser vos projets en plusieurs éléments. Vous utilisez peut-être plusieurs entrées et sorties, mais si vous ne traitez que de l'une à la fois, il sera plus facile de les comprendre et de détecter les problèmes qu'elles peuvent poser. Comme le côté Processing correspond à l'entrée, vous devriez commencer par là.

La structure du croquis Processing ressemble à celle de l'Arduino. Vous importez des bibliothèques et déclarez des variables au début du croquis, et spécifiez quelques valeurs à déterminer dans `setup`. La fonction `draw` répète le processus tant qu'elle n'est pas informée du contraire.

Processing utilise des bibliothèques pour ajouter des fonctionnalités comme Arduino le fait. Dans notre cas, une bibliothèque de communication série est requise pour dialoguer avec l'Arduino. Dans Arduino, cette bibliothèque peut être récupérée en utilisant `#include <nomBibliotheque.h>`, mais dans Processing, vous utilisez le mot-clé `import`, suivi du nom et du caractère `*` pour charger tout le contenu de la bibliothèque.

```
import processing.serial.*;
```

Un flottant est un nombre décimal à un chiffre après la virgule, comme 0,5 ou 10,9, et ainsi de suite. Dans notre cas, deux flottants sont déclarés, `boxX` et `boxY`. Ce sont les coordonnées pour placer le carré.

```
float boxX;
float boxY;
```

Ensuite, `boxSize` définit la dimension du carré par un entier. Comme c'est un carré, seule une valeur est requise.

```
int boxSize = 20;
```

Un booléen (qui ne peut valoir que vrai ou faux, soit `true` et `false` respectivement) est utilisé pour indiquer si la souris est sur le carré. Il est à `false` pour commencer.

```
boolean mouseOverBox = false;
```

La dernière chose que vous devez faire, c'est de créer un nouvel objet pour le port série. Nombre de connexions séries pourraient être déjà utilisées sur votre PC, et il est donc important que chacune soit libellée pour être utilisée au besoin. Dans notre cas, vous n'utilisez qu'un seul port. Le mot *Serial* est spécifique à la bibliothèque serial pour indiquer que vous souhaitez créer un nouvel objet correspondant à un port série (une connexion), et le mot *port* est le nom que vous souhaitez donner à l'objet en question.

```
Serial port;
```

Dans setup, il faut tout d'abord définir les dimensions de la fenêtre d'affichage. Ce sera un carré de 200 pixels de côté.

```
void setup()  {
size(200, 200);
```

Les variables boxX et boxY sont calculées pour être proportionnelles à largeur et à la hauteur de la fenêtre d'affichage. Elles sont toujours égales à la moitié de la largeur et à la moitié de la hauteur, respectivement. Ensuite, rectMode prend la valeur RADIUS. rectMode indique comment les valeurs transmises plus loin à rectangle doivent être interprétées. En l'occurrence, RADIUS spécifie que les deux premières valeurs fournissent les coordonnées du centre du carré, tandis que les deux autres correspondent à la moitié de la largeur et de la hauteur, respectivement. De la sorte, le carré se trouve parfaitement centré.

```
boxX = width/2.0;
boxY = height/2.0;
rectMode(RADIUS);
```

Votre ordinateur peut disposer de multiples connexions séries, alors mieux vaut en imprimer une liste pour localiser votre Arduino.

```
println(Serial.list());
```

Le port le plus récent apparaît en haut de la liste à la position 0, alors si vous venez tout juste de connecter votre Arduino, c'est ce port que vous devriez sélectionner. Si vous n'utilisez pas la fonction Serial.list, vous pourriez remplacer Serial.list()[0] par un autre numéro dans la liste, qui sera affiché dans la console. Vous pouvez aussi remplacer Serial.list()[0] par le nom exact du port, comme /dev/tty.usbmodem26221 ou COM5. Il est utile de spécifier le nom exact si vous avez connecté plusieurs Arduino à votre ordinateur. Le nombre 9600 correspond au débit en bits par seconde, la vitesse à laquelle vous communiquez avec votre Arduino.

Si le débit n'est pas identique aux deux extrémités (celui qui envoie, celui qui reçoit), les données ne sont pas reçues.

```
port = new Serial(this, Serial.list()[0], 9600);
}
```

Dans draw, la première tâche est de dessiner un fond noir.

```
void draw()
{
background(0);
```

Processing utilise le même système de conditions qu'Arduino. L'instruction if teste la position de la souris pour savoir si elle se trouve sur le carré. Si l'abscisse de la souris mouseX est plus grande que l'abscisse du centre du carré diminuée de la moitié du côté, et plus petite que l'abscisse du centre augmentée de la moitié du côté, alors la souris est sur la colonne du carré. Ce test est combiné à l'aide de l'instruction ET (&&) à un test de même nature pour déterminer si la souris se trouve sur la ligne du carré. Ce n'est donc que si les deux tests sont validés que le booléen mouseOverBox prend la valeur true.

```
// Tester si le curseur de la souris est sur le carré
if (mouseX > boxX-boxSize && mouseX < boxX+boxSize &&
mouseY > boxY-boxSize && mouseY < boxY+boxSize) {
mouseOverBox = true;
```

Pour indiquer que mouseOverBox est true, le code trace un contour blanc autour du carré. Plutôt que de tracer un nouveau carré, il suffit de modifier la couleur du contour à l'aide de stroke. La valeur de 255 est un code pour la couleur blanc.

```
// Dessiner un contour et modifier la couleur du carré
stroke(255);
```

Quant à fill qui permet de modifier la couleur du carré, elle prend la valeur 153 correspondant à un gris moyen.

```
fill(153);
```

C'est alors que les communications importantes sont effectuées. L'instruction port.write est comme Serial.print, mais elle est utilisée pour écrire sur un port série dans Processing. Le caractère envoyé est un H, comme pour HIGH.

```
// Envoyer un 'H' pour indiquer que la souris est sur le carré
port.write('H');
}
```

L'instruction else indique à Processing ce qu'il doit faire si la souris n'est pas sur le carré.

```
else {
```

La valeur communiquée à `stroke` est un gris médian, comme pour le carré. La couleur de remplissage de ce dernier reste donc identique, que le curseur de la souris soit dessus ou non.

```
// Rétablir le carré dans son état d'origine
stroke(153);
fill(153);
```

Le caractère L est envoyé sur le port série pour signifier que la LED est éteinte.

```
// Envoyer un 'L' pour éteindre la LED
port.write('L');
```

Le booléen `mouseOverBox` est passé à `false`.

```
mouseOverBox = false;
}
```

Pour finir, le carré est tracé. Ses coordonnées sont toujours centrées, et ses dimensions restent les mêmes ; la seule différence est dans la couleur appliquée à l'instruction `if`. Si la souris est sur le carré, le contour est passé en blanc (actif), et si ce n'est pas le cas, le contour est gris médian comme le contenu et ne se distingue plus (inactif).

```
// Dessiner le carré
rect(boxX, boxY, boxSize, boxSize);
}
```

Comprendre le croquis Arduino de PhysicalPixel

Dans la section précédente, vous apprenez comment la partie Processing fonctionne pour fournir un signal. Le signal est envoyé à votre Arduino par la connexion série. Dans cette section, vous apprenez donc ce que la partie Arduino en fait. Le code Arduino pour cet exemple est relativement simple en comparaison des autres exemples figurant dans ce livre, et parfaitement indiqué pour comprendre comment fonctionne une connexion série. Je recommande toujours de commencer avec ce croquis pour se lancer dans un projet impliquant une communication de Processing vers Arduino. C'est une excellente méthode pour s'assurer que votre matériel et votre logiciel fonctionnent ; vous pouvez bâtir dessus pour l'adapter à vos besoins.

Tout d'abord, la constante et la variable sont déclarées. La broche de la LED – la broche 13 – correspond à la sortie et ne change pas, si bien qu'elle est déclarée comme une constante. La valeur `incomingByte` reçoit les données ; conduite à changer, elle est déclarée comme un entier (`int`), et non un caractère (`char`). J'explique pourquoi plus loin.

```
const int ledPin = 13; // La broche à laquelle la LED est reliée
int incomingByte;      // Une variable pour les données parvenant par série
```

Dans `setup`, la communication série est initialisée et configurée à un débit de 9600.

N'oubliez pas que dans Processing et Arduino, si vous modifiez le débit du matériel ou de l'application qui envoie les données, vous devez aussi changer le débit du matériel ou de l'application qui les reçoit. Lorsque vous communiquez avec un ordinateur, vous pouvez choisir parmi les débits suivants : 300, 600, 1200, 2400, 4800, 9600, 14400, 19200, 28800, 34800, 57600 ou 115200.

```
void setup() {
  // Initialiser la communication série:
  Serial.begin(9600);
```

La broche 13, ou `ledPin` telle qu'elle est nommée, est configurée en sortie.

```
  // Faire de la broche de la LED une sortie:
  pinMode(ledPin, OUTPUT);
}
```

La première action dans `loop` est de déterminer si des données sont disponibles. `Serial.available` teste le tampon série, qui contient toute donnée envoyée à l'Arduino avant qu'elle ne soit lue.

En vérifiant que la valeur retournée est plus grande que 0 avant d'envisager de lire le tampon, vous réduisez le nombre de lectures de ce dernier considérablement, puisque vous ne le lisez que si une donnée y est apparue. Si vous lisiez systématiquement le tampon, vous ralentiriez le fonctionnement de votre Arduino ainsi que celui de tout matériel ou logiciel qui s'appuie dessus.

```
void loop() {
  // Voir si des données séries sont arrivées:
  if (Serial.available() > 0) {
```

Si la valeur est plus grande que 0, le contenu du tampon est lu et conservé dans la variable `incomingByte` de type `int`.

```
// Lire l'octet le plus ancien dans le tampon série:
incomingByte = Serial.read();
```

Vous devez maintenant savoir si les données reçues sont celles que votre programme attend. Processing envoie un caractère H, mais ce n'est qu'un octet de données que vous pouvez traiter comme un entier ou un caractère. Dans le cas présent, vous le traitez comme un entier. L'instruction `if` teste s'il correspond à la valeur 72, qui correspond au code ASCII du caractère H. Les guillemets indiquent que H désigne le caractère, et non une variable nommée H. L'instruction `if (incomingByte == 72)` se comporterait de la même manière.

```
// Si c'est un H majuscule (ASCII 72), allumer la LED:
if (incomingByte == 'H') {
```

Si les valeurs sont égales, la broche 13 passe à `HIGH`.

```
  digitalWrite(ledPin, HIGH);
}
```

Si la valeur est un caractère L, ou un entier de valeur 76, la même broche passe à `LOW`.

```
    // Si c'est un L majuscule (ASCII 76) éteindre la LED:
    if (incomingByte == 'L') {
      digitalWrite(ledPin, LOW);
    }
  }
}
```

C'est une interaction très élémentaire de Processing vers Arduino, mais elle constitue une excellente base pour des projets plus élaborés. Dans cet exemple, l'interaction avec l'écran constitue l'entrée, mais il serait possible d'y substituer une entrée plus complexe. Par exemple, la reconnaissance faciale : lorsque votre visage est au centre de l'écran, le signal est envoyé. De même, du côté Arduino, il serait possible de générer une autre sortie plutôt que de se contenter d'allumer une LED (aussi amusant que ce soit). Par exemple, vous pourriez relier des photocoupleurs à une télécommande et commencer à lire quelque chose chaque fois que le signal `HIGH` est envoyé, et vous pourriez faire une pause chaque fois qu'un signal `LOW` est envoyé.

Dessiner un graphique

Dans la section précédente de ce chapitre, vous découvrez comment envoyer des données dans une direction. Voulez-vous savoir comment envoyer des signaux dans l'autre direction, c'est-à-dire de l'Arduino à Processing ? Dans cet exemple, vous découvrez comment lire la valeur d'un potentiomètre sur votre Arduino et afficher visuellement le résultat dans un applet Processing.

Il vous faudra :

- Un Arduino Uno
- Une platine d'essais
- Un potentiomètre
- Des straps

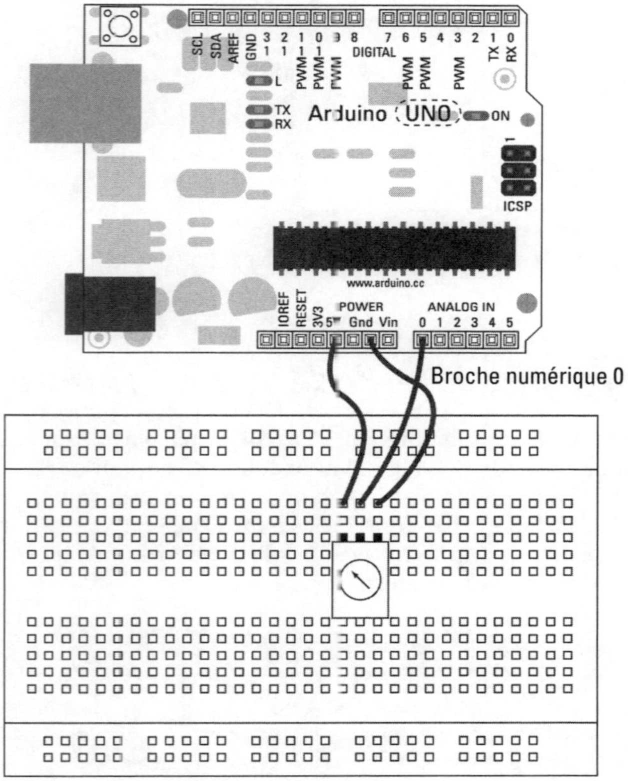

Figure 17-4 : Un diagramme de circuit pour une entrée par potentiomètre.

Le circuit de base utilise un potentiomètre pour envoyer une valeur analogique à Processing qui peut être interprétée et affichée sur un graphique à l'écran. Assemblez le circuit en suivant les Figures 17-4 et 17-5. La patte centrale du potentiomètre est reliée à la broche analogique 0. Concernant les deux autres pattes, l'une est reliée au 5 V et l'autre à GND. En inversant ces broches, il est possible de modifier le sens de la valeur générée quand vous tournez le potentiomètre.

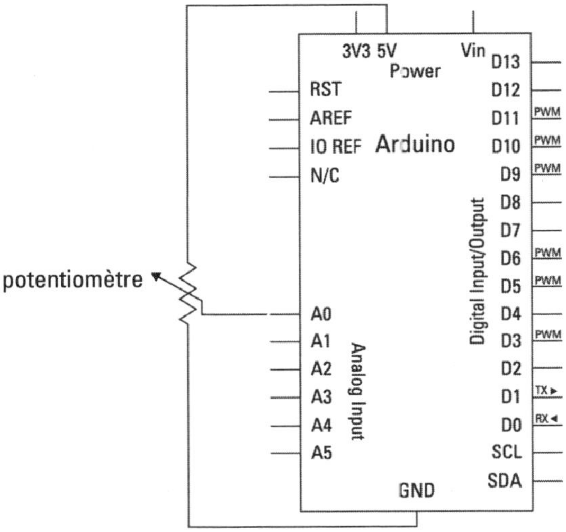

Figure 17-5 : Un schéma de circuit pour une entrée par potentiomètre.

Mettre en place le code pour Arduino

Une fois que vous avez assemblé votre circuit, vous avez besoin du logiciel idoine pour l'utiliser. Dans le menu Arduino, sélectionnez Fichier->Exemples->04.Communication->Graph pour trouver le croquis. Ce croquis contient le code Arduino et le code Processing (ainsi qu'une variante pour Max 5). Le code Processing se trouve sous le code Arduino ; il est commenté pour ne pas interférer avec ce dernier.

```
/*
  Graph

 Un simple exemple de communication entre l'Arduino et l'ordinateur:
 la valeur de la broche analogique 0 est envoyée sur le port série. Nous
 parlons de communication «série», car la connexion apparaît tant à l'Arduino
 qu'à l'ordinateur sous la forme d'un port série, quoique nous n'utilisions
```

```
  pas de câble USB. Les octets sont envoyés les uns après les autres (en série)
  de l'Arduino à l'ordinateur.

  Vous pouvez utiliser le moniteur série Arduino pour visualiser les données
  envoyées, ou vous pouvez les lire avec Processing, PD, Max/MSP ou tout autre
  programme capable de lire des données sur un port série. Le code Processing
  qui figure plus bas dessine un graphique avec les données reçues pour que vous
  puissiez visualiser la valeur de l'entrée analogique dans le temps.

  Le circuit :
  Un capteur analogique quelconque est connecté à la broche analogique 0.

  Créé en 2006
  Par David A. Mellis
  Modifié le 9 avril 2012
  Par Tom Igoe et Scott Fitzgerald

  Cet exemple de code est dans le domaine public.

  http://www.arduino.cc/en/Tutorial/Graph
  */

void setup() {
  // Initialiser la communication série:
  Serial.begin(9600);
}

void loop() {
  // Envoyer la valeur sur la broche analogique 0:
  Serial.println(analogRead(A0));
  // Attendre un peu pour stabiliser le convertisseur
  // analogique-vers-numérique après la dernière lecture:
  delay(2);
}
```

Téléversez maintenant votre croquis.

L'Arduino étant configuré pour recevoir un message de Processing, vous devez mettre en place le croquis Processing pour recevoir le message parvenant sur le port série.

Mettre en place le code Processing

Le code se trouve entre les marques de commentaires sur plusieurs lignes (/* et */), après le croquis Arduino. Copiez le code, et collez-le dans un nouveau croquis Processing, puis sauvegardez-le avec un nom approprié, comme Graph.

```
// Croquis Graphing


// Ce programme récupère une chaîne de caractères codés en ASCII
// sur le port série à 9600 bps et les affiche sous forme d'un graphique.
// Il s'attend à ce que les valeurs soient comprises entre 0 et 1023,
// suivies d'un retour à la ligne

// Créé le 20 avril 2005
// Mis à jour le 18 janvier 2008
// par Tom Igoe
// Cet exemple de code est dans le domaine public.

import processing.serial.*;

Serial myPort;         // Le port série
int xPos = 1;          // L'abscisse du graphique

void setup () {
// Spécifier les dimensions de la fenêtre
size(400, 300);

// Dresser la liste de tous les ports séries disponibles
println(Serial.list());
// Je sais que le premier port dans la liste sur mon Mac
// est toujours celui de mon Arduino, alors j'ouvre
// le port Serial.list()[0].
// Ouvrez le port que vous utilisez.
myPort = new Serial(this, Serial.list()[0], 9600);
// Ne générez pas serialEvent() à moins de recevoir un caractère de
// passage à la ligne
myPort.bufferUntil('\n');
// Configurer la couleur initiale du fond
background(0);
}
void draw () {
// Tout se déroule dans serialEvent()
}

void serialEvent (Serial myPort) {
// Récupérer la chaîne ASCII
String inString = myPort.readStringUntil('\n');

if (inString != null) {
```

```
// Supprimer tous les caractères espace à la fin
inString = trim(inString);
// Convertir en entier et rapporter à la hauteur de l'écran
float inByte = float(inString);
inByte = map(inByte, 0, 1023, 0, height);

// Dessiner la ligne
stroke(127,34,255);
line(xPos, height, xPos, height - inByte);

// A la fin de l'écran, reverir à son début
if (xPos >= width) {
xPos = 0;
background(0);
}
else {
// Incrémenter l'abscisse
xPos++;
}
}
}
```

Cliquez le bouton Run pour exécuter le croquis Processing, et une applette devrait apparaître. L'applette a un fond noir et affiche un graphique en violet représentant les valeurs retournées par l'entrée analogique de l'Arduino, comme sur la Figure 17-6. Lorsque vous tournez le potentiomètre, le graphique violet s'ajuste pour en rendre compte. Le graphique est mis à jour dans le temps, si bien qu'il progresse insensiblement. Lorsqu'il atteint l'extrémité de la fenêtre d'affichage, il recommence au point de départ, sur la gauche de la fenêtre.

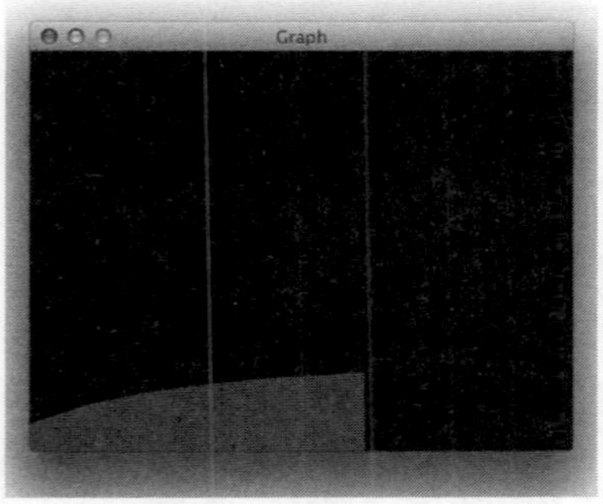

Figure 17-6 : Un graphique violet représente les valeurs retournées par votre capteur.

Si vous ne voyez pas le graphique, vérifiez par deux fois votre câblage :

- Vérifiez que vous utilisez les bons numéros de broche
- Vérifiez que le potentiomètre est bien connecté.
- Vérifiez que votre code Arduino a été téléversé correctement et que votre Processing ne contient pas d'erreur. Notez que vous ne pouvez pas téléverser tandis que le croquis Processing communique avec votre Arduino ; vous devrez arrêter le croquis pour cela.

Comprendre le croquis Graph pour Arduino

Dans `setup`, le code doit seulement initialiser le port série. Il suffit d'indiquer que le débit est de 9600, ce qui doit correspondre au débit indiqué dans le croquis Processing.

Les broches d'entrée analogiques sont configurées en entrée par défaut, si bien que vous n'avez pas à appeler `pinMode`.

```
void setup() {
  // Initialiser la communication série:
  Serial.begin(9600);
}
```

Dans `loop`, une seule ligne est utilisée pour afficher la valeur du capteur sur le port série. La broche est directement désignée plutôt que de passer par une variable (telle que `analogPin`), car il n'y est pas fait référence par la suite. La broche est A0, c'est-à-dire l'entrée analogique 0.

```
void loop() {
  // Envoyer la valeur sur la broche analogique 0:
  Serial.println(analogRead(A0));
```

Les lectures analogiques sont extrêmement rapides, généralement plus rapides que lorsqu'elles doivent être converties en numérique. Parfois, cette vitesse peut engendrer des erreurs, si bien qu'attendre un bref délai de 2 millisecondes entre deux lectures peut aider à stabiliser les résultats.

```
  // Attendre un peu pour stabiliser le convertisseur
  // analogique-vers-numérique après la dernière lecture:
  delay(2);
}
```

Comprendre le croquis Graph pour Processing

Lorsque les données sont envoyées sur le port série, Processing lit les données et les interprète pour dessiner le graphique. Tout d'abord, vous devez importer la bibliothèque dans le croquis et créer une nouvelle instance du port. Dans ce cas, le nouvel objet correspondant au port série est nommé `myPort`.

```
import processing.serial.*;

Serial myPort;         // Le port série
```

Un entier, défini par `xPos`, conserve la trace de la dernière colonne tracée dans le graphique (l'abscisse).

```
int xPos = 1;          // L'abscisse du graphique
```

Dans `setup`, la fenêtre d'affichage est définie comme faisant 400 pixels de largeur et 300 pixels de hauteur.

```
void setup () {
// Spécifier les dimensions de la fenêtre
size(400, 300);
```

Pour trouver le bon port série, `Serial.list` est appelée et les informations qu'elle retourne sont affichées dans la console avec `println`. La fonction `println` est semblable à `Serial.println` dans Arduino, mais elle est utilisée dans Processing pour observer des valeurs arrivant sur le port série. Ces valeurs s'affichent sur la console plutôt que de partir sur le port série, et sont utilisées pour déboguer plutôt que pour communiquer.

```
// Dresser la liste de tous les ports séries disponibles
println(Serial.list());
```

Le port utilisé par votre Arduino devrait apparaître en haut de la liste, si bien que `myPort` utilise la position 0 pour le repérer. Si vous n'utilisez par la fonction `Serial.list`, vous pouvez remplacer `Serial.list()[0]` par un autre nombre dans la liste affichée dans la console. Vous pouvez aussi remplacer `Serial.list()[0]` par le nom exact du port, comme /dev/tty.usbmodem26221 ou COM5. Il est utile de spécifier le nom si vous avez connecté plusieurs Arduino à l'ordinateur. Le nombre 9600 correspond au débit, la vitesse à laquelle vous communiquez avec votre Arduino. Si le débit n'est pas le même de part et d'autre, les données ne seront pas reçues.

```
myPort = new Serial(this, Serial.list()[0], 9600);
```

Dans cet exemple, vous disposez d'une autre manière de faire le tri entre les bonnes et les mauvaises données. La fonction `serialEvent` se déclenche chaque fois qu'une donnée arrive dans le tampon du port série. En l'occurrence, cette fonction vérifie qu'il s'agit d'un caractère suivi d'un caractère de retour à la ligne, tel que `Serial.println(100)` utilisé du côté de l'Arduino. Le retour à la ligne, équivalent à celui généré par la touche Retour du clavier, a un caractère ASCII, auquel on se réfère par `\n`. La fonction pourrait parfaitement rechercher n'importe quel autre caractère, tel que la tabulation `\t`.

```
// Ne générez pas serialEvent() à moins de recevoir un caractère de
// passage à la ligne
myPort.bufferUntil('\n');
```

Pour commencer, le fond est colorié en noir.

```
// Configurer la couleur initiale du fond
background(0);
}
```

Dans `draw`, il n'y a rien à faire car `serialEvent` surveille le port série et se déclenche chaque fois que vous recevez un caractère retour à la ligne. Le commentaire figurant dans le code vient vous le rappeler !

```
void draw () {
// Tout se déroule dans serialEvent()
}
```

La fonction `serialEvent` fait partie de la bibliothèque `serial` et se déclenche chaque fois que des données arrivent dans le tampon du port série. Comme la condition `bufferUntil('\n')` est utilisée, `serialEvent` se déclenche chaque fois qu'un caractère retour à la ligne arrive.

```
void serialEvent (Serial myPort) {
```

Une chaîne de caractères est déclarée pour conserver les données lues sur le port `myPort`. Ces données sont lues jusqu'à rencontrer un caractère retour à la ligne. Comme l'Arduino envoie un entier suivi d'un retour à la ligne, suivi d'un entier, et ainsi de suite, les valeurs sont lues une par une.

```
// Récupérer la chaîne ASCII
String inString = myPort.readStringUntil('\n');
```

Une instruction `if` vérifie que la chaîne contient des données et qu'elle n'est donc pas vide (`null`).

```
if (inString != null) {
```

Pour s'assurer qu'il n'y a pas d'anomalies, la fonction `trim` est utilisée pour supprimer les espaces, les tabulations et les retours à la ligne dans la chaîne. Cette fonction supprime donc tous les caractères de mise en forme pour que les autres caractères puissent être lus clairement.

```
// Supprimer tous les caractères espace à la fin
inString = trim(inString);
```

Maintenant que la chaîne des nombres est propre, elle peut être convertie en un flottant nommé `inByte`. Le flottant est déclaré du côté gauche de l'équation. On lui affecte le résultat de la conversion en flottant d'`inString`. Vous pouvez aussi utiliser des parenthèses autour de la variable pour la convertir dans d'autres types de données, comme `int()` ou ou ou `byte()`.

```
// Convertir en entier et rapporter à la hauteur de l'écran
float inByte = float(inString);
```

`inByte` et alors rapporté à une plage plus adéquate. La plage des valeurs du capteur s'étend de 0 à 1023 ; `inByte` est donc rapporté à une plage s'étendant de 0 à la hauteur de la fenêtre d'affichage, de sorte que les valeurs reçues puissent être représentées proportionnellement à ce qu'elles valent sans dépasser la hauteur de la fenêtre.

```
inByte = map(inByte, 0, 1023, 0, height);
```

Ce graphique est très détaillé, une colonne étant représentée par une colonne de pixels. Cet effet graphique est généré par la fonction `line`. Pour passer la couleur de la colonne à violet, la fonction `stroke` est alimentée avec les valeurs correspondantes des composantes rouge, verte et bleue. La colonne est définie par un point de départ et un point d'arrivée. Comme il s'agit d'afficher un graphique, vous souhaitez afficher beaucoup de colonnes de hauteurs variables. Comme vous pouvez le constater, les abscisses des points de départ et d'arrivée sont les mêmes. L'ordonnée du premier correspond à la hauteur de la fenêtre, ce qui le place tout en bas de cette dernière. Celle de l'autre point est égale à cette hauteur diminuée de la valeur de `inByte`, ce qui signifie que plus cette valeur est grande, plus le haut de la colonne est proche du haut de la fenêtre.

```
// Dessiner la ligne
stroke(127,34,255);
line(xPos, height, xPos, height - inByte);
```

Notez que si vous avez des problèmes pour choisir la couleur, vous pouvez utiliser Tools->Color Selector dans le menu de Processing. Cet outil vous affiche une palette qui vous donne les valeurs des composantes rouge, verte et bleue de la couleur que vous sélectionnez, ainsi que leurs versions hexadécimales, comme vous pouvez le voir sur la Figure 17-7.

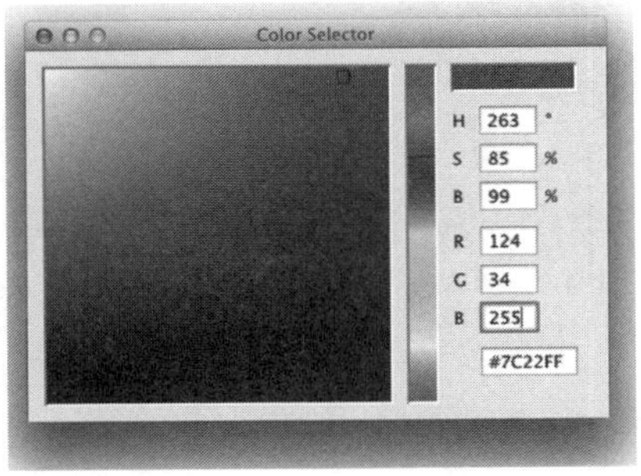

Figure 17-7 : Cette palette de Processing peut s'avérer très utile.

Le morceau de code qui suit gère le déplacement de `xPos` le long de l'axe des abscisses du graphique tandis que le temps s'écoule. Si `xPos` devient supérieur ou égal à la largeur de la fenêtre, la colonne à tracer ensuite sortirait de cette dernière. La variable est alors remise à 0, et un nouveau fond est affiché pour effacer le graphique qui vient de se terminer.

```
// A la fin de l'écran, revenir à son début
if (xPos >= width) {
xPos = 0;
background(0);
}
```

Si `xPos` n'est pas égal à la largeur de la fenêtre, elle est incrémentée pour la fois prochaine.

```
else {
// Incrémenter l'abscisse
xPos++;
}
}
}
```

C'est un excellent moyen pour se familiariser avec la communication entre l'Arduino et Processing. L'Arduino pourrait facilement envoyer des données d'un capteur analogique pour détecter du son, du mouvement, de la lumière. Du côté de Processing, les choses sont un peu plus complexes, mais c'est surtout parce que vous générez ici une représentation graphique des données reçues complexe. Le graphique pourrait facilement devenir une ellipse qui grossit ou se réduit tandis que la valeur captée change. Pourquoi ne pas essayer ?

Gérer plusieurs signaux

La seule chose qui vaut mieux qu'envoyer un signal à Processing, c'est de lui envoyer plusieurs signaux, non ? Toutefois, traiter cette situation peut s'avérer délicate, car même s'il est facile de les envoyer de différents capteurs, il peut être difficile de les traiter dans le bon ordre à l'autre bout. Dans cet exemple, vous apprenez à envoyer les données de trois capteurs distincts connectés à votre Arduino vers votre croquis Processing.

Il vous faudra :

- Un Arduino Uno
- Une platine d'essais
- Deux potentiomètres 10 kΩ
- Un bouton-poussoir
- Une résistance 10 kΩ
- Des straps

Le circuit est une combinaison de trois entrées distinctes. Quoiqu'elles utilisent la même alimentation et la même masse, vous devez les considérer individuellement. Deux potentiomètres vous fournissent deux valeurs distinctes. Ils sont câblés comme vous câbleriez un capteur de lumière ou un capteur thermique, un côté relié au 5 V, l'autre à une broche d'entrée analogique qui remonte le signal ainsi qu'à GND via une résistance. Ils pourraient être remplacés par des entrées analogiques dotées des résistances appropriées. Le bouton-poussoir fournit un signal numérique. D'un côté, il est relié au 5 V, et de l'autre à une broche numérique ainsi qu'à GND via une résistance. Le circuit complet est représenté sur les Figures 17-8 et 17-9.

Mettre en place le code pour Arduino

Une fois que vous avez assemblé votre circuit, vous avez besoin du logiciel idoine pour l'utiliser. Dans le menu Arduino, sélectionnez Fichier->Exemples->04.Communication->SerialCallResponse pour trouver le croquis. Ce croquis contient le code Arduino et le code Processing (ainsi qu'une variante pour Max 5). Le code Processing se trouve sous le code Arduino ; il est commenté pour ne pas interférer avec ce dernier.

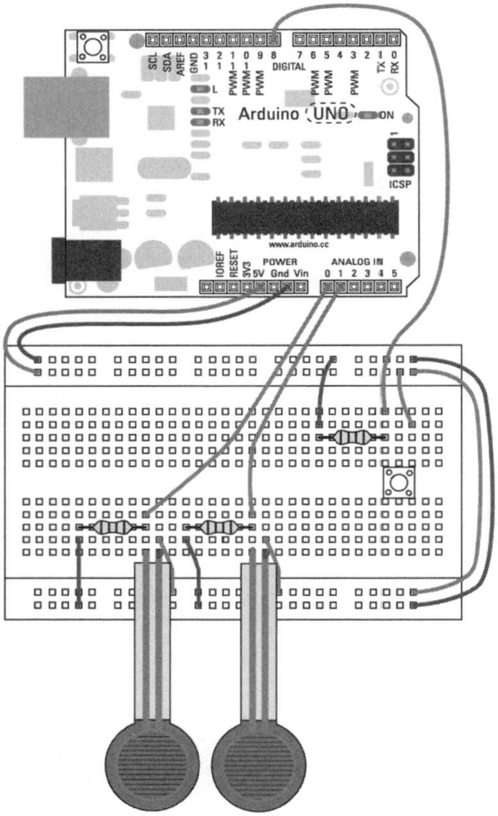

Figure 17-8 : Le diagramme d'un circuit pour deux entrées analogiques et une entrée numérique.

```
/*
  SerialCallResponse
 Langage: Wiring/Arduino

 Ce programme envoie un A ASCII (octet de valeur 65) au démarrage
 et répète jusqu'à ce qu'il reçoive des données.
 Il attend alors un octet sur le port série, et envoie
 trois valeurs produites par les capteurs chaque fois qu'il
 reçoit un octet.

 Merci à Greg Shakar et Scott Fitzgerald pour les améliorations

   Le circuit:
 * potentiomètres reliés aux broches d'entrée analogiques 0 et 1
```

```
 * bouton-poussoir relié à l'entrée/sortie numérique 2

 Créé le 26 septembre 2005
 Par Tom Igoe
 Modifié le 24 avril 2012
 Par Tom Igoe et Scott Fitzgerald

 Cet exemple de code est dans le domaine public.

 http://www.arduino.cc/en/Tutorial/SerialCallResponse

 */

int firstSensor = 0;    // Premier capteur analogique
int secondSensor = 0;    // Second capteur analogique
int thirdSensor = 0;     // Capteur numérique
int inByte = 0;          // Octet provenant par le port série

void setup()
{
  // Configurer le port série à 9600
  Serial.begin(9600);
  while (!Serial) {
    ; // Attendre que le port série connecte. Pour Leonardo uniquement
  }

  pinMode(2, INPUT);   // Le capteur numérique est sur la broche numérique 2
  establishContact(); // Envoie un octet pour établir le contact jusqu'à ce
                      // que le destinataire réponde
}

void loop()
{
  // Si nous recevons un octet valide, lire les entrées analogiques
  if (Serial.available() > 0) {
    // Récupérer l'octet reçu
    inByte = Serial.read();
    // Lire la première entrée analogique, et diviser par 4 pour rapporter
    // la valeur à la plage de 0 à 255
    firstSensor = analogRead(A0)/4;
    // Attendre 10 ms pour que le convertisseur récupère
    delay(10);
    // Lire la seconde entrée analogique, et diviser par 4 pour rapporter
    // la valeur à la plage de 0 à 255
    secondSensor = analogRead(1)/4;
    // Lire l'état du bouton et le rapporter à 0 ou 255
    thirdSensor = map(digitalRead(2), 0, 1, 0, 255)
```

```
    // Envoyer les valeurs des capteurs
    Serial.write(firstSensor);
    Serial.write(secondSensor);
    Serial.write(thirdSensor);
  }
}

void establishContact() {
  while (Serial.available() <= 0) {
    Serial.print('A');   // Envoyer un A majuscule
    delay(300);
  }
}
```

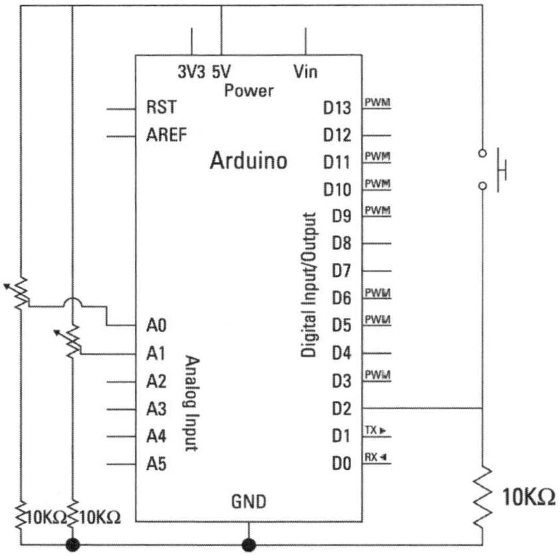

Figure 17-9 : Le schéma d'un circuit pour deux entrées analogiques et une entrée numérique.

Téléversez ce code dans votre Arduino. Maintenant que votre Arduino est configuré pour envoyer des données à Processing, vous devez configurer le croquis Processing pour recevoir et interpréter les données par le port série.

Mettre en place le code pour Processing

Le code se trouve entre les marques de commentaires sur plusieurs lignes (/* et */), après le croquis Arduino. Copiez le code, et collez-le dans un nouveau croquis Processing, puis sauvegardez-le avec un nom approprié, comme SerialCallResponse.

```
// Cet exemple de code est dans le domaine public.

import processing.serial.*;

int bgcolor;                                  // Couleur de fond
int fgcolor;                                  // Couleur de remplissage
Serial myPort;                          // Le port série
int[] serialInArray = new int[3];       // Là où nous stockons ce qui est reçu
int serialCount = 0;                    // Le nombre d'octets reçus
int xpos, ypos;                         // Position de départ de la balle
boolean firstContact = false;          // Si nous avons entendu parler le micro-
                                          contrôleur

void setup() {
  size(256, 256);  // Dimensions du terrain
  noStroke();      // Pas de bordure pour la prochaine forme dessinée

  // Position de départ de la balle (milieu du terrain)
  xpos = width/2;
  ypos = height/2;

  // Afficher une liste des ports séries, pour débogage
  println(Serial.list());

  // Je sais que le premier port série sur mon Mac
  // est toujours mon adaptateur FTDI, alors j'ouvre Serial.list()[0].
  // Sur une machine Windows, c'est généralement COM1.
  // Ouvrez le port que vous utilisez.
  String portName = Serial.list()[0];
  myPort = new Serial(this, portName, 9600);
}

void draw() {
  background(bgcolor);
  fill(fgcolor);
  // Dessiner la forme
  ellipse(xpos, ypos, 20, 20);
}

void serialEvent(Serial myPort) {
  // Lire un octet sur le port série
  int inByte = myPort.read();
  // Si c'est le premier octet reçu, et si c'est un A,
  // vider le port série et noter que
```

```
  // nous venons d'entrer en contact avec le microcontrôleur.
  // Autrement, ajouter l'octet à un tableau
  if (firstContact == false) {
    if (inByte == 'A') {
      myPort.clear();          // Vider le tampon du port série
      firstContact = true;    // Vous êtes entré en contact avec le microcon-
                                 trôleur
      myPort.write('A');       // En demander davantage
    }
  }
  else {
    // Ajouter le dernier octet provenant du port série à un tableau
    serialInArray[serialCount] = inByte;
    serialCount++;

    // Si nous avons 3 octets
    if (serialCount > 2 ) {
      xpos = serialInArray[0];
      ypos = serialInArray[1];
      fgcolor = serialInArray[2];

      // Afficher les valeurs (pour le débogage)
      println(xpos + «\t» + ypos + «\t» + fgcolor);

      // Envoyer un A majuscule pour demander plus de données des capteurs
      myPort.write('A');
      // Réinitialiser serialCount
      serialCount = 0;
    }
  }
}
```

Cliquez sur le bouton Run pour exécuter le croquis Processing, et une applette démarre. L'applette a un fond noir, et chaque fois que vous pressez un bouton-poussoir, un point blanc apparaît. Ajustez les potentiomètres pour déplacer le point horizontalement et verticalement. Lorsque vous relâchez le bouton-poussoir, le point disparaît.

Si vous n'observez pas ce comportement, vérifiez par deux fois votre câblage :

- Vérifiez que vous utilisez les bons numéros de broche.
- Vérifiez que les potentiomètres sont bien connectés.
- Vérifiez que votre code Arduino a été téléversé correctement et que votre Processing ne contient pas d'erreur. Notez que vous ne pouvez

pas téléverser tandis que le croquis Processing communique avec votre Arduino ; vous devrez arrêter le croquis pour cela.

Comprendre le code SerialCallResponse pour le croquis Arduino

Au démarrage du croquis, quatre variables sont déclarées. Trois sont pour conserver les valeurs retournées par les capteurs, et une pour conserver l'octet envoyé par le croquis Processing.

```
int firstSensor = 0;     // Premier capteur analogique
int secondSensor = 0;    // Second capteur analogique
int thirdSensor = 0;     // Capteur numérique
int inByte = 0;          // Octet provenant par le port série
```

Dans setup, le port série est initialisé et son débit est ajusté à 9600. L'instruction while teste l'existence d'une connexion série avant de continuer. L'instruction se lit comme « tant qu'il n'y a pas de connexion série, ne rien faire ». Cette ligne de code n'est requise que si vous utilisez une carte Leonardo.

```
void setup()
{
  // Configurer le port série à 9600
  Serial.begin(9600);
  while (!Serial) {
    ; // Attendre que le port série connecte. Pour Leonardo uniquement
  }
```

La broche 2 est celle du bouton-poussoir, et est configurée en entrée à l'aide de pinMode.

```
  pinMode(2, INPUT);   // Le capteur numérique est sur la broche numérique 2
```

Une fonction propriétaire appelée establishContact est appelée pour signaler au croquis Processing que l'Arduino est prêt.

```
  establishContact();  // Envoie un octet pour établir le contact jusqu'à ce
                       // que le destinataire réponde
}
```

Dans loop, une instruction if vérifie si des données sont parvenues sur le port série. Si c'est le cas, l'octet est lu et conservé dans inByte.

```
void loop()
{
  // Si nous recevons un octet valide, lire les entrées analogiques
  if (Serial.available() > 0) {
    // Récupérer l'octet reçu
    inByte = Serial.read();
```

La variable firstSensor contient la valeur délivrée par le potentiomètre relié à la broche analogique 0, une fois divisée par 4. Cette opération permet de rapporter la valeur à une échelle de 0 à 255.

```
    // Lire la première entrée analogique, et diviser par 4 pour rapporter
    // la valeur à la plage de 0 à 255
    firstSensor = analogRead(A0)/4;
```

Une brève pause de 10 millisecondes permet au convertisseur analogique-vers-numérique de convertir la valeur.

```
    // Attendre 10 ms pour que le convertisseur récupère
    delay(10);
```

La valeur générée par le second capteur est elle aussi lue et convertie en utilisant la même méthode, et conservée dans la variable secondSensor.

```
    // Lire la seconde entrée analogique, et diviser par 4 pour rapporter
    // la valeur à la plage de 0 à 255
    secondSensor = analogRead(1)/4;
```

Le cas du bouton-poussoir est particulier. Pour rapporter sa valeur à l'échelle utilisée pour les autres capteurs, la fonction map est utilisée. La première valeur fournie à la fonction map est la variable qui doit être convertie. Dans notre cas, ce n'est pas une variable, mais le résultat retourné par digitalRead sur la broche 2. Il serait possible de placer ce résultat dans une variable, mais ce n'est pas nécessaire. Le bouton peut retourner 0 et 1. Ces valeurs sont rapportées à l'échelle des autres capteurs, soit 0 et 255. La valeur convertie est conservée dans la variable thirdSensor.

```
    // Lire l'état du bouton et le rapporter à 0 ou 255
    thirdSensor = map(digitalRead(2), 0, 1, 0, 255)
```

Les valeurs des capteurs sont alors envoyées les unes après les autres par le port série en utilisant `Serial.write`.

```
    // Envoyer les valeurs des capteurs
    Serial.write(firstSensor);
    Serial.write(secondSensor);
    Serial.write(thirdSensor);
  }
}
```

À la fin du croquis, on trouve la fonction propriétaire `establishContact` qui a été appelée dans `setup`. Elle surveille le port série pour voir si une connexion série est disponible. Si ce n'est pas le cas, `establishContact` envoie un A majuscule sur le port série toutes les 300 millisecondes. Lorsque la connexion est enfin disponible, la fonction s'arrête.

```
void establishContact() {
  while (Serial.available() <= 0) {
    Serial.print('A');   // Envoyer un A majuscule
    delay(300);
  }
}
```

Comprendre le croquis SerialCallReponse pour Processing

Examinons maintenant ce qui se passe du côté Processing pour établir le contact, interpréter les valeurs et les afficher. La première action entreprise dans le script Processing est d'importer la bibliothèque `serial`.

```
import processing.serial.*;
```

Nombre de variables doivent être déclarées pour ce croquis. Les deux premières sont les couleurs pour le fond et les formes.

```
int bgcolor;                                    // Couleur de fond
int fgcolor;                                    // Couleur de remplissage
```

Une nouvelle instance de port série est créée, nommée `myPort`.

```
Serial myPort;                        // Le port série
```

Un tableau de trois valeurs entières est créé.

```
int[] serialInArray = new int[3];    // Là où nous stockons ce qui est reçu
```

Un compteur entier est déclaré pour conserver la trace du nombre d'octets qui ont été lus.

```
int serialCount = 0;                 // Le nombre d'octets reçus
```

Les valeurs entières `xpos` et `ypos` conservent les coordonnées du point.

```
int xpos, ypos;                         // Position de départ de la balle
```

Un booléen conserve une valeur indiquant si le contact a été établi avec l'Arduino.

```
boolean firstContact = false;        //
```

Dans `setup`, les dimensions de la fenêtre d'affichage sont spécifiées. La fonction `noStroke` s'assure que les formes sont dessinées sans bordure, et ce à partir de maintenant.

```
void setup() {
  size(256, 256);  // Dimensions du terrain
  noStroke();      // Pas de bordure pour la prochaine forme dessinée
```

Les valeurs de départ des coordonnées du point le positionnent au centre de la fenêtre d'affichage : la moitié de la largeur et la moitié de la hauteur, respectivement.

```
  // Position de départ de la balle (milieu du terrain)
  xpos = width/2;
  ypos = height/2;
```

Pour créer une connexion série, une liste des ports séries est affichée.

```
  // Afficher une liste des ports séries, pour débogage
  println(Serial.list());
```

Le port utilisé par votre Arduino figure généralement en haut de la liste, si bien que la chaîne `portName` contient par défaut 0, et `myPort` devient le port correspondant. Notez qu'il est possible de l'écrire autrement : `Serial(this, Serial.list()[0], 9600);`.

Si vous n'utilisez pas la fonction Serial.list, vous pouvez remplacer Serial.list()[0] par le numéro d'un des ports de la liste affichée dans la console. C'est pratique si vous avez connecté plusieurs Arduino à votre ordinateur. Le nombre 9600 fait référence au débit du port série, et doit être identique de part et d'autre.

```
  String portName = Serial.list()[0];
  myPort = new Serial(this, portName, 9600);
}
```

Dans draw, le fond est d'abord affiché. Comme la couleur du fond n'a pas été définie, elle vaut 0 par défaut, ce qui correspond à du noir. De même, la couleur de remplissage n'ayant pas été définie, elle correspond à du noir pour l'instant.

```
void draw() {
  background(bgcolor);
  fill(fgcolor);
```

Une ellipse est dessinée, centrée dans la fenêtre d'affichage, de 20 pixels de diamètres.

```
  // Dessiner la forme
  ellipse(xpos, ypos, 20, 20);
}
```

L'essentiel de l'action se déroule dans serialEvent, qui modifie l'ellipse dessinée en permanence par la boucle draw.

```
void serialEvent(Serial myPort) {
```

Si des données parviennent sur le port série, cela déclenche serialEvent. Le premier octet de données est lu en utilisant myPort.read et stocké dans la variable inByte.

```
  // Lire un octet sur le port série
  int inByte = myPort.read();
```

Si le croquis Processing ne communique pas déjà avec l'Arduino via le port série, il passe à l'instruction if qui suit pour voir si l'octet est un caractère A. Si oui, le tampon du port série est vidé, le booléen firstContact est passé à true, et le caractère A est renvoyé à l'Arduino. Vous vous souvenez de la fonction establishContact dans le croquis Arduino ? Elle envoie sans cesse le caractère A jusqu'à ce que la connexion soit établie. Lorsqu'un A parvient à l'Arduino, la fonction establishContact se termine, et loop peut commencer à envoyer des données. Cette technique se nomme *handshaking* (littéralement, se serrer la main), une négociation entre deux systèmes pour établir la communication.

```
if (firstContact == false) {
  if (inByte == 'A') {
    myPort.clear();          // Vider le tampon du port série
    firstContact = true;    // Vous êtes entré en contact avec le microcon-
                               trôleur
    myPort.write('A');       // En demander davantage
  }
}
```

Si firstContact est true, le programme lit l'octet arrivé et le rajoute à un tableau d'octets reçus serialInArray, dans l'ordre où ils parviennent.

```
else {
  // Ajouter le dernier octet provenant du port série à un tableau
  serialInArray[serialCount] = inByte;
```

Chaque fois qu'un octet est ainsi lu, le compteur qui désigne la place qu'il occupe dans le tableau est incrémenté.

```
  serialCount++;
```

Lorsque le compteur est supérieur à 2, c'est que trois octets ont été lus.

```
  // Si nous avons 3 octets
  if (serialCount > 2 ) {
```

Le potentiomètre sur la broche analogique 0 fournit l'abscisse du point ; le potentiomètre sur la broche analogique 1 fournit son ordonnée ; le bouton fournit sa couleur de remplissage.

```
    xpos = serialInArray[0];
    ypos = serialInArray[1];
    fgcolor = serialInArray[2];
```

Ces valeurs sont aussi imprimées dans la console afin de vérifier que tout fonctionne bien. Dans Processing, vous pouvez combiner de nombreuses valeurs dans une instruction print ou println en utilisant le symbole +. Vous pouvez aussi utiliser le symbole \t pour insérer une tabulation entre les valeurs pour les espacer proprement.

```
    // Afficher les valeurs (pour le débogage)
    println(xpos + «\t» + ypos + «\t» + fgcolor);
```

Un autre A majuscule est envoyé pour déclencher la condition `if (Serial.available() > 0)` et répéter le processus.

```
    // Envoyer un A majuscule pour demander plus de données des capteurs
    myPort.write('A');
```

La valeur `serialCount` est réinitialisée à 0 pour recommencer à stocker les octets qui parviennent dans le tableau.

```
    serialCount = 0;
   }
  }
}
```

C'est un excellent point de départ pour commencer à lire les valeurs de multiples capteurs dans un programme tournant sur l'ordinateur. Pourquoi ne pas créer un clavier géant pour refaire la scène du film *Géant* de Tom Hanks ? Ou alors, collecter des données d'une série de capteurs pour surveiller la météo chez vous ? La sortie générée par ce croquis est des plus élémentaires, mais vous pouvez exploiter l'incroyable potentiel de Processing pour en générer de plus sophistiquées. Quelques recherches sur « visualisation de données » sur le Web vous donneront une bonne idée de ce qui est possible.

Sixième partie

Les dix commandements

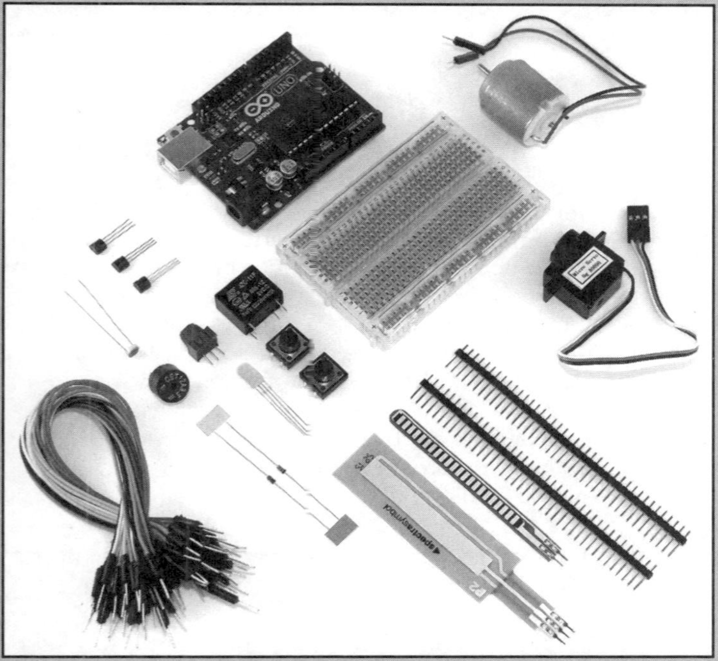

Dans cette partie

Que serait un livre Pour les Nuls sans la partie des dix commandements ? Dans cette partie, je fais la liste d'une foule de ressources pratiques pour les apprentis Arduinistes comme vous. Vous trouverez entre autres une sélection de sites Web qui sont d'importantes sources d'inspiration et de maintenance du kit Arduino. Je vous donne également les références de magasins de bricolage qui fournissent des composants compatibles avec Arduino et quelques enseignes électroniques et de matériel qui sont tout à fait aptes à vous conseiller quand vous êtes en quête d'un élément particulier.

Chapitre 18

Dix références pour en savoir plus sur Arduino

Dans ce chapitre

- Rechercher de l'inspiration sur le Web
- Trouver des tutoriels et des lectures avancées
- Dénicher des communautés dans le monde réel

Si ce livre est votre premier contact avec le monde d'Arduino, vous allez vite vous rendre compte qu'il existe une foultitude de ressources sur Arduino disponibles sur Internet. Vous pourrez même trouver de nouveaux matériels compatibles à Arduino, des projets et tutoriels, et pourquoi pas de l'inspiration. Dans ce chapitre, je vous présente les dix sites les plus populaires pour vous guider dans votre initiation.

Arduino Blog

`http://arduino.cc/blog/`

Ce blog dédié à Arduino est une super source de l'actualité d'Arduino. Vous lirez des informations sur les tout nouveaux matériels et logiciels officiels et suivrez l'actualité de projets intéressants. Vous pourrez aussi discuter avec l'équipe Arduino qui souhaite partager ses connaissances avec la communauté du blog.

Hack a day

http://hackaday.com

Hack a day est une excellente ressource sur toutes sortes de magie technologique. Outre la présentation de nombreux projets et posts sur Arduino, ce site vous offre aussi des ressources équivalentes sur toutes les autres catégories de technologies dont vous ne soupçonnez même pas l'existence. Ce site rassemble une excellente collection d'informations et de posts pour booster votre imagination.

SparkFun

http://www.sparkfun.com/news

SparkFun fabrique et vend toutes sortes de produits qui vous permettront de concrétiser vos projets, dont ceux qui impliquent Arduino. SparkFun a un excellent fil d'actualités très bien mis à jour où il y a toujours quelque chose d'intéressant à lire ou à voir. Cette société fournit aussi d'excellentes vidéos qui expliquent ses « trucs » et documentent des événements que l'équipe de SparkFun organise ou prévoit.

Make

http://blog.makezine.com

Make est un magazine de bricolage qui célèbre toutes sortes de technologies. Son blog couvre toutes les technologies « Faites-le vous-même » et des projets qui peuvent être une source d'inspiration. Arduino occupe une telle place dans cette communauté qu'on lui a même consacré une sous-section.

Adafruit

http://www.adafruit.com/blog

Adafruit est un site de commerce en ligne, un fournisseur et un forum de tout ce qui peut faire marcher votre projet. Son blog annonce une sélection de plus en plus étoffée de produits Adafruit ainsi que d'autres nouvelles technologies intéressantes.

Bildr

http://bildr.org

Bildr est une excellente ressource qui fournit des tutoriaux bien développés publiés par la communauté et aussi faciles à comprendre. Il propose aussi d'excellentes illustrations qui permettent de suivre aisément toutes les connexions. Bon nombre de ces tutoriaux sont basés sur Arduino et fournissent tout le code et toutes les informations nécessaires sur les composants dont vous avez besoin, ainsi que les magasins américains où on peut se procurer ces composants.

Instructables

http://www.instructables.com/

Instructables est une plateforme de documentation sur le Web qui permet à tout le monde de partager ses projets et de suivre pas à pas la manière qui permet de les réaliser. Instructables n'est pas seulement dédié à Arduino ou à une technologie précise, vous pouvez trouver tout un monde de matériel intéressant.

YouTube

www.youtube.com

YouTube est un merveilleux moyen de perdre son temps, mais plutôt que de regarder des chats faire les clowns, pourquoi ne pas saisir Arduino dans le champ de recherche du site pour découvrir bien des sources fiables de projets bien documentés. Attention, ils fournissent des projets Arduino broadcastés. C'est pourtant utile de voir le résultat propre des projets.

Hackerspaces

http://hackerspaces.org

Hackerspaces sont des espaces physiques où des artistes, des designers, des fabricants, des hackers, des encodeurs, des ingénieurs et n'importe qui d'autre peuvent se rencontrer pour apprendre, se socialiser ou collaborer à des projets ;des hackers se trouvent dans un réseau perdu un peu partout dans le monde, commencez par consulter la carte à `http://hackerspaces.org/wiki/List_of_Hacker_Spaces` pour en trouver un près de chez vous.

Arduino Forum

`http://arduino.cc/forum/`

Arduino forum est un bon endroit pour obtenir des réponses à des questions précises sur Arduino. Vous constaterez que souvent les personnes qui parcourent ce forum rencontrent les mêmes problèmes que vous et après quelques recherches approfondies vous y trouverez vraisemblablement la solution.

Amis, collègues, workshops

Débuter avec Arduino de votre propre chef peut être difficile. Certes, vous disposez des très nombreuses ressources sur Internet, mais l'un des meilleurs moyens d'apprendre est avec des amis et collègues, parce qu'apprendre ensemble vous enseigne davantage que seul.

Mieux ! Allez à la rencontre des autres dans un workshop. Les clients de ce type d'établissement ont souvent le même intérêt, vous permettent de polariser vos connaissances ou ils peuvent avoir des intérêts complètement différents, vous permettant de vous faire découvrir quelque chose que vous ne connaissiez pas. Les workshops Arduino sont dispersés à travers le monde. Si vous faites une recherche soignée sur les forums d'Arduino, des hackerspaces ou Google, vous trouverez sans doute un workshop près de chez vous.

Chapitre 19

Dix super boutiques à connaître

Dans ce chapitre

- Trouver les boutiques Arduino au Royaume-Uni
- Découvrir les fournisseurs qui livrent dans le monde entier

Pour acheter des pièces pour votre projet, vous trouverez un grand nombre croissant de magasins qui répondent à vos besoins. Ces magasins distribuent aussi d'autres appareils électroniques ménagers ainsi que l'Arduino. Ils proposent également une variété de cartes et de composants que vous pouvez utiliser dans votre projet Arduino. Dans ce chapitre, je donne la liste de quelques magasins. Il est temps de faire du shopping !

Faire du shopping au Royaume-Uni

Si vous vivez en Angleterre, vous aurez l'embarras du choix ! C'est un peu le Far West de l'électronique de loisirs, où un grand nombre de petites entreprises distribuent des kits Arduino. Ceux cités ici ne représentent que quelques-uns des magasins, il existe bien plus de stocks Arduino. Ne vous limitez pas à cette liste. La plupart de ces enseignes distribuent aussi aux quatre coins du monde avec les principaux services de livraison.

SK Pang

`http://www.skpang.co.uk`

SK Pang est un fournisseur de composants électroniques situé à Harlow dans l'Essex. Cette société fournit un bon choix de kits Arduino et les membres de son équipe conçoivent leurs propres produits. Vous trouverez entre autres l'Arduino CAN-Bus, qui permettra à votre Arduino de communiquer avec d'autres microcontrôleurs dans des véhicules et Arduino DMX Shield pour communiquer avec des composants d'éclairage et d'autres effets compatibles DMX.

Technobots

`http://www.technobotsonine.com`

Fondé en 2001, Technobots un distributeur d'électroniques et de composants mécaniques à Totton dans le Hampshire. Ce magasin propose une grande variété de composants électriques, électroniques et mécaniques avec plus de 8 000 produits en ligne. Je n'ai pas trouvé ailleurs en Grande-Bretagne la même variété de choix de câbles et de toutes les formes et de toutes les tailles. Ces câbles et broches sont très utiles pour connecter efficacement les cartes.

Proto-PIC

`http:///proto-pic.co.uk`

Proto-Pic se trouve à Kirkcaldy en Écosse. Cette entreprise appartient et est gérée par ReiChron Ldt, qui a commencé à développer très sérieusement un système logiciel pour assister la phase de tests de la pression dans l'industrie d'extraction de pétrole sous-marin selon son site Web. Créée en 2006, l'entreprise a développé du matériel et du logiciel maison, et en s'appuyant sur ces connaissances, elle a ouvert ProtoPic aux amateurs d'électroniques. L'un des points forts de cette entreprise est qu'elle ne vous expédie pas les articles dans des enveloppes à bulles, mais dans des boîtes en plastique réutilisables dont vous ne vous lasserez pas.

Oomlout

`http://www.oomlout.com`

Oomlout se présente comme une petite maison de design courageuse avec des bureaux à Leeds dans le Yorkshire (pour le design), à Point Robert dans l'état de Washington (la livraison) et à Vancouver en Colombie-Britannique (pour la fabrication). Cette enseigne produit une variété d'articles open source ainsi que ses propres kits Arduino comme le kit ARDX qui est un bon choix pour débuter Arduino.

RoboSavvy

http://robosavvy.com/store

RoboSavvy vend de nombreux produits compatibles avec Arduino, mais il s'adresse plus aux passionnés de robotique, fournissant prise en charge et distribution d'un grand nombre de produits de robotique importés d'un peu partout dans le monde. La société a été créée en 2004 et est basée à Hampstead à Londres.

Active Robots

http://www.active-robots.com

Active Robots est le fournisseur et fabricant leader de produits de robotique et d'électronique à Radstock dans le Somerset. Outre la vente d'une multitude de produits relatifs à Arduino, cette entreprise offre une large sélection de kits de robotique spécifiques comme les cartes relay (pour conduire de nombreux chargements très lourds en toute sécurité) et les servomoteurs linéaires.

Faire du shopping dans le monde entier

Les développeurs Arduino peuvent trouver un grand nombre de distributeurs locaux dans quasiment tous les pays. Voici quelques-uns des fabricants qui distribuent leurs produits à l'international.

Adafruit (États-Unis)

http://www.adafruit.com/

Les ingénieurs du MIT ont créé Adafruit en 2005. Sur leur site Web vous trouverez un grand nombre de ressources, dont les produits conçus par cette société. Vous trouverez aussi d'autres produits ayant d'autres sources, des outils et matériel pour vous aider ainsi que des tutoriels, forums et vidéos qui traitent un grand nombre de sujets. Adafruit est basé à New York (merveilleuse ville !). Elle distribue ses produits à l'étranger et a des distributeurs dans de nombreux pays (NDT : dont la France, voir le site `http://www.kubii.fr/fr/27-adafruit`).

Arduino Store (Italie)

`http://store.arduino.cc/`

Arduino Store a officiellement ouvert ses portes en mai 2011 pour vendre directement des produits Arduino sans passer par des distributeurs tiers. Ce magasin vend des produits de la marque Arduino ainsi qu'une sélection de produits tiers. Elle vend aussi le TinkerKit qui a été spécialement conçu pour rendre abordable aux débutants Arduino et les éléments électroniques qui s'y rattachent en utilisant des fiches pour connecter des entrées et des sorties sans nécessiter un montage expérimental ou sans souder.

Seeed Studio (Chine)

`http://www.seeedstudio.com/`

Seeed Studio est à Shenzhen en Chine et se présente comme une entreprise de matériel libre. La boutique utilise des usines locales pour fabriquer rapidement des prototypes et des projets à petite échelle qui sont distribués dans le monde entier. En plus de proposer la fabrication et la vente de produits, cette société a une communauté présente sur son site Web où l'on peut voter pour les projets que l'on veut voir réaliser par Seeed Studio (`http://www.seeedstudio.com/wish/`).

SparkFun (États-Unis)

`http://www.sparkfun.com/`

SparkFun vend toutes sortes de pièces pour différents types de projets électroniques. Outre la vente de matériels compatibles Arduino, elle conçoit et fabrique beaucoup de cartes et de kits. C'est aussi un excellent site à la devanture d'un magasin qui propose aussi un service de prise en charge et une salle de classe destinée aux fans d'Arduino. Chacune de ses pages produits a un commentaire très actif (et vocal !) qui peut vous aider, tout en améliorant les produits de cette entreprise. Fondée en 2003, elle est basée à Bouler dans le Colorado.

Chapitre 20

Dix adresses pour trouver pièces et composants

Dans ce chapitre

- Rechercher des pièces pour votre projet partout dans le monde
- Dénicher des boutiques locales
- Réutiliser de vieilles pièces

Vous trouverez de nombreuses boutiques vendant des produits Arduino, dont un certain nombre de fournisseurs que vous devez connaître avant d'acheter des pièces et des composants.

RS Components (dans le monde entier)

`http://www.rs-components.com`

RS Components est le plus grand distributeur de produits électroniques. C'est une source sûre avec une large gamme de produits à petits prix. RS a aussi une filiale présente sur le territoire américain sous le nom d'Allied Electronics.

Farnell (dans le monde entier)

`http://www.farnell.com`

C'est le fournisseur britannique d'électronique qui propose un énorme choix de composants. Il est présent dans le monde entier sous le nom de Premier Farnell Group. Cette entreprise est divisée en plusieurs filiales qui permettent de distribuer 24 pays en Europe (Farnell), en Amérique du Nord (Newark Electronics) et en Asie (Element14).

Rapid (dans le monde entier)

`http://www.rapidonline.com`

Rapid est l'un des principaux distributeurs d'électronique au Royaume-Uni. Il se vante de fournir des composants électroniques plus vite que ses concurrents. Dans son stock, vous trouverez une très large sélection de kits électroniques de formation, idéals pour tous ceux qui veulent débuter sans avoir à souder.

Digi-Key (dans le monde entier)

`http://www.digikey.com`

Digi-Key est l'un des plus grands distributeurs de composants électroniques d'Amérique du Nord. Cette société a commencé par le marché amateur de la radio, mais a grossi au fil du temps pour devenir le distributeur d'électronique international qu'il est aujourd'hui.

eBay (dans le monde entier)

`www.ebay.com`

Ce qui est à jeter pour une personne est un trésor pour une autre. eBay est la super source de produits technologiques qui ont besoin d'une nouvelle maison. Bon nombre de pièces et de composants électroniques sont disponibles sur eBay, y compris des pièces rares et spécifiques. Mieux encore, vous trouverez sans doute des composants électroniques grand public que vous pourrez détourner de leur usage premier.

Maplin (Royaume-Uni)

http://www.maplin.co.uk

Maplin est une enseigne de produits électroniques grand public que l'on trouve dans de nombreuses villes anglaises. Cette enseigne propose toutes sortes de produits électroniques ainsi qu'une sélection de composants, kits et outils intéressants. Ce peut être une référence utile et une roue de secours pour tout amateur d'Arduino. Quelques-uns de ses magasins proposent aussi quelques nouveautés de kits Arduino.

RadioShack (États-Unis)

http://www.radioshack.com

RadioShack vend une très large gamme d'accessoires et de composants électroniques et on compte plus de 7 000 magasins aux États-Unis. Il distribue autant des composants grand public qu'une sélection de pièces, de kits et d'outils.

Ultraleds (Royaume-Uni)

http://www.ultraleds.co.uk

Ultraleds est un fournisseur spécialisé dans les produits LED et d'autres accessoires. Il propose aussi des ampoules LED pour la maison et un large choix de tubes DC et ampoules LED à des prix très compétitifs.

EnvironmentalLights.com (États-Unis)

http://www.environmentallights.com

Environemental Lights est le principal fournisseur d'éclairage durable et écoénergétique, basé à San Diego en Californie. Il offre une grande variété d'ampoules LED qui peuvent avoir une multitude d'applications. Cette société vous donne aussi des idées pour de nouveaux projets.

Faire les poubelles (dans le monde entier)

On est toujours surpris par la quantité de choses utiles que les gens jettent tout en ne sachant pas vraiment ce qui est utile et ce qui ne l'est pas. Le truc est de déterminer précisément ce que vous recherchez et de savoir si vous pouvez récupérer les pièces dont vous avez besoin pour votre projet. Il y a tellement de produits et de composants qui pourraient être utiles à votre projet qu'une recherche sur Google peut vous prendre du temps. Le moteur, par exemple, est un composant qui coûte très cher neuf, mais que vous pouvez récupérer dans une variété de produits électroniques grand public comme les imprimantes ou les scanners. Aussi, vous pouvez utiliser des objets du quotidien qui sont produits en masse, même acheter une nouvelle imprimante qui comporte plusieurs moteurs, ce qui vous reviendra moins cher que d'acheter un seul moteur.

Bonus

Hacker d'autres matériels

Dans ce chapitre

- Hacker du matériel
- Contrôler à distance
- Contrôler un appareil photo
- Prétendre être un clavier

Vous devez connaître la formule selon laquelle il faut savoir utiliser le bon outil au bon moment pour faire du bon travail. On trouve une multitude de produits pour accomplir des tâches, dont la conception a fait l'objet d'investissements conséquents. Malheureusement, tous n'ont pas été conçus en ayant Arduino à l'esprit, si bien que vous pourriez rencontrer comme un écart pour faire de ces produits les bons outils pour ce que vous souhaitez faire.

Et justement, hacker, c'est modifier le comportement de matériels et de systèmes pour leur faire faire ce que vous souhaitez. Dans ce chapitre, vous apprenez à transformer en toute sécurité certains d'entre eux, comme les télécommandes, afin d'en faire quelque chose d'utile à vos projets, permettant à votre Arduino d'en faire plus sans risquer sa vie, et sans risquer la vôtre.

Démonter du matériel sans le détruire

Avant que je ne commence à vous expliquer comment transformer le matériel (ce qui sera l'objet de la section suivante avec une manette de PlayStation), vous devriez prêter attention à ces règles essentielles pour vous assurer que ce n'est pas la dernière fois que le matériel en question fonctionne.

- **Vérifiez si quelqu'un l'a déjà fait avant vous.** Internet est une gigantesque base de connaissances, alors veillez bien à l'écumer avant de vous embarquer vers l'inconnu. Si vous souhaitez faire quelque chose, il y a des chances pour que quelqu'un l'ait tenté avant (ou du moins, qu'il ait tenté quelque chose de semblable). Rien de mieux que de trouver un site Web qui contient toutes les réponses à vos questions. Cela vous épargne des essais et des erreurs quant au choix de la télécommande ou de la manette que vous devez acheter. Si vous avez de la chance, vous pouvez même tomber sur des instructions étape par étape, des photographies, et une liste des courses à faire pour acquérir les pièces.

- **Coupez le courant**. Assurez-vous que le matériel que vous comptez utiliser n'est pas sous tension ; retirez les batteries et débranchez toutes les prises. Si vous baladez un tournevis ou si vous touchez des câbles, vous voudrez certainement éviter d'endommager la carte (et vous-même).

- **Prenez des photos avant**. Les photos numériques sont gratuites, et nous avons presque tous accès à un appareil photo numérique d'un type quelconque. Utilisez-le. Il est facile d'oublier où des parties ou des câbles étaient connectés quand ils ne le sont plus, et une simple photo prise au début de chaque étape du démontage peut vous sauver la mise lors du remontage.

- **Prenez soin de vos vis**. La plupart des manettes en plastique et autres matériels ont de minuscules vis. Vous pouvez les retirer avec un tournevis de précision et démonter ainsi soigneusement la manette. Si toutes les vis sont retirées et que vous ne parvenez pas à ouvrir le boîtier, vérifiez sous les autocollants. On peut trouver des vis dessous. C'est souvent un moyen utilisé par les fabricants pour détecter si quelqu'un a entrepris de modifier leur matériel.

- **Rangez les pièces**. Il est très facile d'égarer des vis et des composants lors du démontage, alors munissez-vous d'un récipient pour les ranger. Ce peut être une simple boîte ou une boîte avec des compartiments pour vous organiser un peu, voire même un rangement pour vis magnétiques, qu'on trouve dans tous les bons magasins de matériels. Ou alors, renoncez à toute technique et utilisez un vase, voire une enveloppe.

- **Ne forcez pas**. Et si vous forcez, assumez-en les conséquences. Beaucoup de parties en plastique ne sont pas faites pour être démontées, et remettre tout en place peut alors vous prendre un temps considérable. Parfois, avec beaucoup de patience, vous pouvez localiser des clips et les démonter avec un tournevis, en dosant justement votre effort. Vous risquez toujours de les casser, mais ainsi va la vie. D'ailleurs, la force brute est parfois la seule solution pour ouvrir des boîtiers en plastique. Comme vous ne souhaitez souvent ne disposer que de ce qui se trouve à l'intérieur, casser des pièces ne posera pas un problème, mais faites attention à limiter les dégâts à l'emballage.

- **Attention à la garantie**. Ne vous attendez pas à ce qu'on vous rembourse si vous cassez un matériel. Il a été scellé depuis sa sortie d'usine pour s'assurer que des standards sont respectés. Vous vous livrez à une intervention chirurgicale lourde sur un matériel assemblé pour vous, alors il est très peu probable que le fabricant vous rembourse après une « optimisation » ratée.

Hacker une télécommande

Le hacking d'une télécommande est un excellent moyen pour éviter de recourir à un matériel complexe ou inconnu dans votre projet. En utilisant un composant nommé photocoupleur, vous pouvez activer des boutons sur une télécommande de la même manière que vous pouvez allumer une LED sur votre Arduino. Comprendre comment utiliser ce simple composant peut vous permettre de réaliser des choses avec Arduino facilement, rapidement et en toute sécurité.

Bien des astuces de hacking existent pour Arduino depuis belle lurette, notamment dans l'univers artistique. Si vous avez déjà visité une exposition, vous serez sans doute tombé sur des installations vidéo avec nombre de projecteurs ou d'écrans jouant des DVD (ou avant, des cassettes vidéo), tous synchronisés. Ce résultat était généralement obtenu à la main, en pressant sur les boutons des lecteurs DVD simultanément. C'est bien pour faire tourner en boucle des vidéos, mais que faire si vous souhaitez être plus précis, ou produire une installation plus réactive, qui change quand quelqu'un rentre dans la pièce ? Ici encore, un Arduino peut vous venir en aide.

Une partie d'un lecteur DVD est basse tension : c'est la télécommande. C'est généralement le cas de toute télécommande sans fil, qui fonctionne avec des piles AA ou AAA. C'est très important, car cela signifie qu'en tant qu'engin basse tension, la télécommande permet de contrôler des engins alimentés par des courants plus importants sans avoir besoin de s'y relier électriquement. En hackant la télécommande, vous pouvez donc contrôler directement ce qu'elle contrôle sans avoir à « regarder sous le capot » d'un engin potentiellement dangereux.

On trouve deux grands types de télécommandes. C'est d'abord la télécommande à infrarouges, par exemple utilisée pour les télévisions et les lecteurs DVD. Ce type de télécommande active une LED infrarouge dont le rayonnement n'est pas perceptible par l'œil humain, mais qui l'est par un capteur infrarouge (semblable à un photorécepteur) dont le matériel contrôlé est doté. Pour prévenir les interférences d'autres sources de lumière, comme le soleil ou des ampoules, le matériel dispose d'un filtre qui permet de ne capter qu'une longueur d'onde bien précise.

L'autre type, c'est la télécommande que vous pouvez trouver dans les modèles réduits de voitures ou d'avions (avec lesquels chacun s'amuse durant 10 minutes avant de les casser). Au lieu d'émettre de la lumière, ces télécommandes utilisent des ondes électromagnétiques à très basse fréquence, qui sont invisibles mais qui peuvent se propager bien au-delà d'un signal infrarouge.

Le type de télécommande détermine sa portée, mais quel qu'il soit, la technologie mise en œuvre pour communiquer ce n'est pas ce qui nous intéressera. En effet, nous allons nous intéresser aux boutons.

Si vous démontez une télécommande dont vous n'avez pas besoin ou que vous n'avez pas de crainte à ne pas savoir la remonter, vous pourrez voir ce qu'elle a sous le capot. La plupart des télécommandes de TV disposent de boutons en silicone. Chaque bouton comporte généralement une petite plaquette conductrice noire ou grise collée dessous. Cette plaquette prend appui sur un tas de pistes de cuivre qui s'entremêlent sans jamais se toucher. Lorsque le contact est ainsi établi via la plaquette entre deux pistes de cuivre, le bouton est activé. Sur certaines télécommandes, comme celles utilisées pour contrôler des maquettes de voitures ou d'avions, vous trouvez souvent des boutons-poussoirs montés de diverses manières et déclenchés par des manches de contrôle. Ils sont semblables à ceux que vous trouvez dans votre kit Arduino.

Pour contrôler une télécommande, vous devez jouer sur ces boutons, et pour cela en apprendre plus au sujet des photocoupleurs. C'est l'objet de la section suivante.

Réaliser un circuit à photocoupleur

Comme vous allez utiliser un photocoupleur pour contrôler un bouton, il vous faut d'abord trouver ce bouton. On trouve bien des types de télécommandes. Vous pourriez choisir une télécommande de TV ou de maquette de voiture, mais pour cet exemple, j'ai utilisé une télécommande sous la forme d'une vieille manette de PlayStation.

Ces boutons peuvent prendre toutes sortes de formes, et il est donc important de savoir quoi rechercher. Généralement, un bouton est un circuit ouvert qui se ferme à l'aide d'un conducteur quelconque. Sur la plupart des télécommandes de TV et de manettes de consoles de jeux, le bouton est souvent caché sous une couche de caoutchouc ou de plastique. Sous cette couche, on trouve généralement une plaquette conductrice qui met en contact deux surfaces conductrices elles aussi pour fermer le circuit, déclenchant ainsi l'action associée.

Une fois que vous avez localisé ces deux éléments conducteurs, vous devez trouver quelque chose pour remplacer le bouton et assurer le contrôle depuis votre Arduino ; pour cela, vous utilisez un photocoupleur. Un photocoupleur est un interrupteur qui est activé par la lumière – jetez un œil sur celui de la figure BC-1 – et qu'on désigne aussi par optocoupleur. La lumière est enfermée dans la coque noire de ce minuscule circuit intégré, si bien que vous ne la verrez jamais s'allumer et s'éteindre, mais l'interrupteur le verra.

Figure BC-1 : Un photocoupleur typique.

Un photocoupleur a quatre pattes, deux de chaque côté du circuit. Sur un côté, on trouve une LED, et sur l'autre, un phototransistor. Le phototransistor est comme un transistor utilisé au chapitre 8, mais au lieu de fermer le circuit quand une faible tension lui est appliquée, il le ferme quand la lumière est faite. Cela permet à la partie Arduino du circuit de rester isolée de la télécommande, ce qui signifie qu'il peut interagir avec le circuit de cette dernière sans qu'il soit nécessaire de trop intervenir dessus. Dans l'exemple de cette section, vous apprenez à relier le photocoupleur à un bouton-poussoir pour en faire un bouton-poussoir contrôlé par Arduino. Pour y parvenir, vous n'aurez besoin que de quelques points de soudure.

Pour ce projet, il vous faudra :

- La télécommande que vous avez choisie

- Un multimètre
- Un fer à souder
- Deux longueurs de fil
- Un Arduino
- Une platine d'essais
- Un photocoupleur
- Des straps

Tout d'abord, vous devez souder les deux longueurs de fil aux bornes de l'interrupteur. Il sera ainsi facile de relier l'interrupteur à votre platine d'essais. Veillez à vous munir de fils assez longs pour pouvoir placer le circuit à côté de l'Arduino et de la platine d'essais sans vous gêner.

Dénudez les extrémités du fil et torsadez-les entre votre pouce et votre index. Lorsque vous avez formé des points de contact bien nets, étamez-les avec une petite quantité de soudure, comme sur la figure BC-2. Vous devez procéder ainsi pour qu'ils ne se défassent pas, et pour qu'il soit plus facile de les insérer dans la platine d'essais et de les souder sur d'autres surfaces. Lorsque vous étamez, il est bon de faire glisser le fer à souder vers l'extrémité pour chasser la soudure superflue. Si une goutte de soudure se forme à l'extrémité, vous pouvez toujours la couper pour que ce soit bien net.

ATTENTION !

Si vous hackez une manette alimentée par piles ou batteries, n'oubliez pas de les enlever avant de venir chauffer les fils.

La première étape est de trouver le bouton que vous souhaitez contrôler. Dans le cas de la manette PlayStation, chaque côté d'un bouton correspond à une plaquette métallique, et la partie qui les connecte est attachée à la coque en plastique. Après avoir ôté cette dernière, vous pouvez facilement accéder aux plaquettes en métal et y relier les fils, comme vous pouvez le voir sur la figure BC-2.

Pour localiser les bonnes plaquettes, le moyen le plus sûr est le multimètre, qui permet de tester la continuité (voir chapitre 5). Lorsqu'il émet un son, c'est qu'il y a connexion entre les deux parties du circuit que le bouton de la manette a pour objet de relier et de séparer.

Les plaquettes des boutons de la manette Playstation apparaissent les unes près des autres sur le circuit. Utilisez votre multimètre pour tester la continuité des plaquettes afin de trouver la paire qui ne sonne que lorsque le bouton est pressé. Marquez ces plaquettes, ou prenez-en bonne note mentalement.

Vous devez aussi trouver la manière dont le courant circule dans la manette – c'est-à-dire, quelle est la plaquette positive et quelle est la plaquette néga-

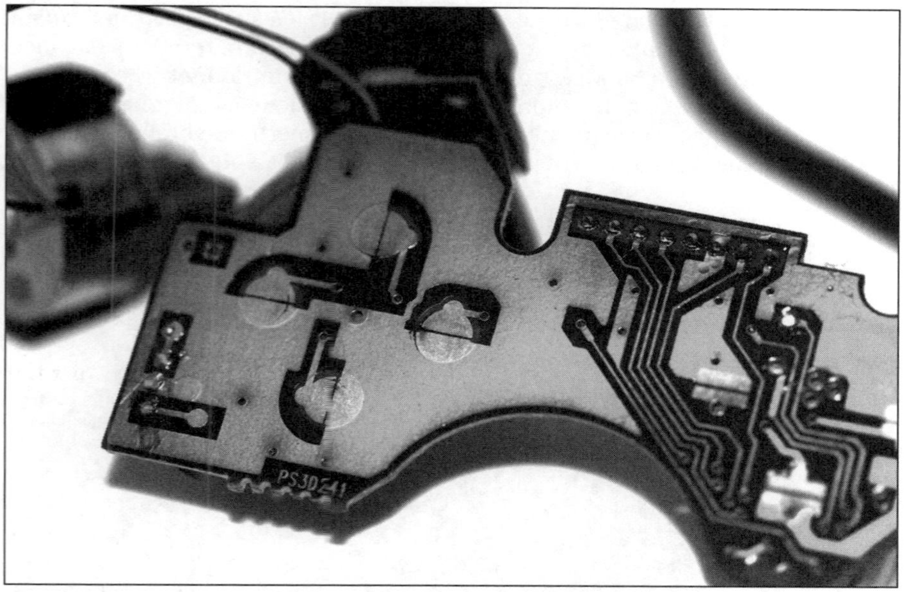

Figure BC-2 : Dans la manette de la PlayStation, vous pouvez voir les contacts pour chaque bouton n'attendant que d'être hacké.

tive. Comme dans le cas du croquis Button (décrit au chapitre 7), un bouton est souvent connecté à la masse lorsqu'il n'est pas utilisé, et à une petite source de tension lorsqu'il est pressé. Pour identifier la plaquette mise à la masse, vous pouvez utiliser le test de continuité de votre multimètre avec les autres parties que vous savez être à la masse, comme la masse des batteries. Lorsque ça sonne, c'est que vous avez trouvé la plaquette mise à la masse ; vous en déduisez que l'autre est mise sous tension.

De là, vous devez souder. Le circuit de la manette de PlayStation est plat, si bien qu'il est facile d'y appliquer de la soudure sur les plaquettes. Il s'agit de souder des fils aux plaquettes pour les relier à la platine d'essais, et de là à l'Arduino.

Dans cet exemple, j'ai soudé les longueurs de fil aux plaquettes métalliques. Maintenez l'extrémité étamée du fil sur la plaquette étamée de la manette et appliquez la chaleur de votre fer à souder. Cela fait fondre les soudures à l'extrémité du fil et sur la plaquette, vous permettant de former un bon contact entre les deux. Une fois que la soudure a refroidi, vous disposez de deux straps bien pratiques pour connecter votre manette à votre platine d'essais.

Si vous le souhaitez, vous pouvez faire trois choses pour rendre votre câblage plus robuste. Premièrement, vous pouvez utiliser une paire de colle chaude pour maintenir les fils en place et éviter qu'en tirant, vous ne brisiez les points de soudure. La colle doit être placée sur le plastique isolant du fil, qui offre une plus grande surface pour l'y faire adhérer. Deuxièmement, vous pouvez torsader les deux fils ensemble pour donner à l'ensemble plus de résistance et le rendre plus propre. Troisièmement, vous pouvez attacher un domino à l'extrémité des fils, ce qui permettra de brancher et débrancher plus facilement votre manette, comme je l'ai fait sur la figure BC-3.

Figure BC-3 : Les deux straps connectés au bouton de la PlayStation.

Maintenant que vous avez tous les composants, vous pouvez assembler la platine d'essais et tester le circuit. Réalisez le circuit représenté sur les figures BC-4 et BC-5 pour contrôler la manette avec votre Arduino.

Vous pouvez faire deux moitiés avec le photocoupleur. Une moitié est l'entrée, qui est essentiellement une LED source de lumière, comme la LED de la broche 13 de votre Arduino. Elle a une polarité, si bien que la source de courant doit être reliée à l'anode (+) et que la cathode (-) doit être reliée à la masse pour que la LED fonctionne. Le courant doit aussi circuler à travers cette moitié de la bonne manière pour éviter d'endommager le photocoupleur. Vous devrez peut-être vous livrer à un petit travail d'enquête (comme expliqué au début de cette section) en utilisant votre multimètre pour découvrir le fil partant de la manette qui fournit le courant, et celui qui est relié à la masse.

Connectez voter bouton au photocoupleur en utilisant les longueurs de fil, et vous pourrez enfin le contrôler !

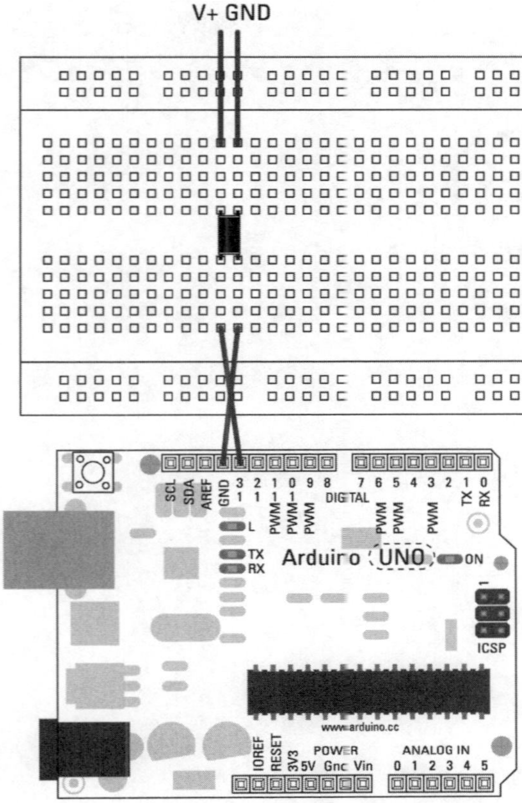

Figure BC-4 : Le schéma du circuit réel pour le circuit à base de photocoupleur.

Une fois que vous avez assemblé le circuit, vous avez besoin du logiciel idoine pour l'utiliser. Dans le menu Arduino, sélectionnez Fichier->Exemples->01. Basics->Blink, et vous devriez accéder au croquis Blink suivant.

```
/*
  Blink
  Active la LED durant une seconde, puis l'éteint durant une seconde,
  et ainsi de suite.

  Cet exemple est dans le domaine public.
 */

// La LED est connectée à la broche 13 sur la plupart des cartes Arduino.
// Donnez-lui un nom:
int led = 13;
```

```
// La routine setup est exécutée quand vous pressez le bouton reset:
void setup() {
  // Faire de la broche numérique une sortie.
  pinMode(led, OUTPUT);
}

// La routine loop boucle à l'infini:
void loop() {
  digitalWrite(led, HIGH);   // Allumer la LED (HIGH la tension haute)
  delay(1000);               // Attendre une seconde
  digitalWrite(led, LOW);    // Éteindre la LED en passant la tension à LOW
  delay(1000);               // Attendre une seconde
}
```

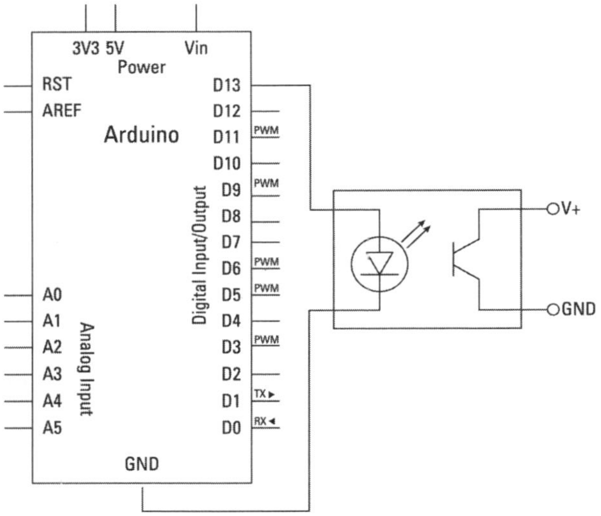

Figure BC-5 : Le schéma logique du même circuit.

Une fois que vous avez téléversé le croquis, l'Arduino déclenche le photocoupleur une fois toutes les secondes (active une fois, désactive la suivante). Si vous avez suivi les étapes précédentes, rien ne se passera, car les batteries de la manette auront été retirées. Je vous ai bien eu !

Débranchez votre Arduino du port USB, replacez les batteries dans la manette, et rebranchez votre Arduino. Quelle que soit la tâche qu'accomplit votre bouton, elle devrait se dérouler une seconde, s'arrêter une seconde, *etc.* La télécommande d'une voiture devrait faire avancer cette dernière par à-coups ; celle de votre TV devrait faire grimper le volume un cran à la fois.

Si vous ne voyez rien se passer, vérifiez par deux fois votre câblage :

- Vérifiez que vous utilisez les bonnes broches.
- Vérifiez les connexions sur la platine d'essais. Si les straps ou les composants ne sont pas connectés en utilisant les bonnes rangées sur la platine d'essais, elles ne fonctionneront pas.
- Vérifiez que le photocoupleur est dans la bonne position et que les bonnes broches sont utilisées. En cas de doute, déconnectez les straps et testez les pattes du photocoupleur avec le test de continuité de votre multimètre pour vous assurer qu'il joue bien le rôle d'interrupteur.

Si vous n'êtes pas familier avec le croquis Blink, reportez-vous au chapitre 4.

En faire plus avec le circuit à base de photocoupleur

Le circuit à base de photocoupleur est parfait pour contrôler des objets contrôlés par télécommande à l'aide d'un minuscule circuit intégré. Dans l'exemple de cette section, vous avez simplement utilisé Blink pour ouvrir et fermer le circuit, ce qui est élémentaire, et c'est souvent tout ce que vous avez à faire pour contrôler des choses plus imposantes. Toutefois, vous pouvez aussi utiliser des photocoupleurs pour générer un signal analogique, générant la même sortie que celle qui fait varier la luminosité d'une LED ou la vitesse de rotation d'un moteur. Toutefois, tenez compte de ce que vous télécommandez. Si c'est un ventilateur que vous activez et désactivez, il faudra plus de temps à ce dernier pour gagner de la vitesse ; les signaux par impulsion n'ont aucun intérêt pour ce type d'application.

TRUC

Quoi que vous essayiez, démarrez toujours sur quelque chose de simple comme Blink, et ajustez le timing une fois que vous êtes satisfait de la communication.

Activer le déclencheur d'un appareil photo numérique reflex mono-objectif

Une grande variété de logiciels (dont certains sont mentionnés au chapitre 16 de ce livre) manipulent des webcams pour capturer des images, mais (pour l'heure, du moins) la résolution et la qualité des webcams sont souvent limitées, ce qui débouche sur des images granuleuses, pas claires. Les webcams dotées d'objectifs de qualité et de bonnes résolutions sont disponibles, mais à des prix prohibitifs, dans la gamme de prix des appareils photo numériques de type reflex mono-objectif. Ne serait-ce pas pratique si vous pouviez prendre des photos à distance avec un tel appareil ?

Un reflex numérique est capable de prendre des images en très haute résolution et de les stocker ou de les transmettre directement à un ordinateur. Si vous pouvez en contrôler un à distance, vous pouvez bénéficier de ses capacités pour faire de la photographie à longue exposition, de la photographie à profondeur de champ dynamique, et de la photographie à grande vitesse. Dans cet exemple, vous apprenez à relier un déclencheur à distance et une connexion autofocus de votre reflex numérique à votre Arduino.

On trouve déjà des déclencheurs à distance dans le commerce, souvent utilisés pour la photographie sur trépied afin de ne pas bouger l'appareil en pressant le déclencheur. Certains utilisent un câble, d'autres sont sans fil, mais ils sont plutôt coûteux pour ce qu'ils sont. On en trouve chez la plupart des boutiques ou sites Web spécialisés dans le matériel photographique, mais pour les meilleurs prix, dirigez-vous vers eBay. Dans cet exemple, vous utilisez un déclencheur de base filaire.

On trouve un couple d'interrupteurs sous la coque d'un déclencheur. Normalement, on trouve l'interrupteur qui déclenche l'autofocus avant de déclencher l'appareil. Sur l'appareil, on trouve une prise, qui varie selon le type de l'appareil. Il existe diverses prises pour diverses marques d'appareil, mais je ne peux malheureusement pas traiter de toutes dans ce livre.

Mon appareil est un Canon 60D, qui dispose d'une prise jack à trois points. C'est une version réduite de la prise jack 3,5 mm d'un casque, mais autrement, elle est identique. Le nombre de points fait référence au nombre de fils utilisés. Dans ce cas, il y a trois fils : un pour l'autofocus, un pour le déclencheur et un autre pour la masse, qui permet d'activer les deux premiers. Ce type de prise se trouve facilement, et vous pouvez en souder vous-même si le cœur vous en dit. La figure BC-6 vous montre à quoi elle ressemble.

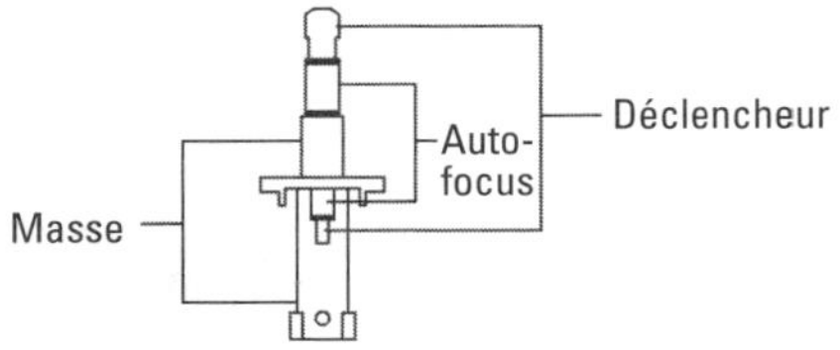

Figure BC-6 : Le diagramme de la prise jack du Canon 60D.

Si vous disposez d'un déclencheur que vous n'utilisez pas, enlevez l'extrémité en démontant la coque de l'interrupteur, ou tout simplement en coupant le câble et en le dénudant pour révéler les trois fils. Vous pouvez confirmer la nature de chaque fil en utilisant le test de continuité de votre multimètre.

Souder une prise jack 2,5 mm

Si vous assemblez vous-même une prise jack 2,5 mm, prenez grand soin quand vous soudez les connecteurs.

En effet, il y a très peu d'espace dans la prise jack 2,5 mm pour les fils qui sont trop longs ou pour les gouttes de soudure trop grosses. Les parties en plastique qui se trouvent entre les plaques métalliques sont aussi particulièrement sensibles à la chaleur, et si vous appliquez le fer à souder trop longtemps, elles pourraient se déformer, voire fondre.

Tout d'abord, étamez le bout de chaque fil. Je recommande d'utiliser un fil à trois brins 7/0,2 ou plus fin. Vous pourriez constater que l'isolant sur le fil se retire au contact de la chaleur ; assurez-vous que le fil est étamé sur toute la longueur de la partie exposée, puis coupez-le pour laisser 2 ou 3 mm dénudés. Les contacts sont très petits, aussi vous n'aurez besoin d'exposer qu'une petite partie du fil.

Ensuite, étamez chacun des contacts sur la prise jack 2,5 mm. Vous n'aurez besoin que de très peu de soudure, alors veillez bien à retirer tout amas avec un aspirateur à soudure. Soudez soigneusement les fils aux contacts. Les fils se trouvent les uns sur les autres, alors veillez bien à démarrer par celui qui se trouve le plus bas (le dernier accessible). Veillez aussi à ce que les contacts soient bien isolés. Lorsque vous avez terminé de souder, procédez à un test rapide. Branchez la prise dans votre appareil photo et allumez-le. Touchez le fil du déclencheur et mettez les fils à la masse – l'appareil devrait prendre une photo. Essayez de régler votre appareil photo sur autofocus et touchez le fil de l'autofocus en mettant les deux autres à la masse. Essayez les deux, et l'appareil devrait faire la mise au point et prendre une photo !

Reportez-vous à l'encadré « Souder une prise jack 2,5 mm » dans ce chapitre si vous comptez souder la prise jack vous-même.

Réaliser un circuit avec transistor

Maintenant que vous disposez de fils, il ne vous reste qu'à réaliser votre propre circuit pour déclencher quand vous le souhaitez. Pour cela, vous n'avez besoin que d'un simple circuit avec transistor.

Pour ce projet, il vous faudra :

- Un appareil photo numérique reflex
- Un câble de déclencheur à distance (acheté ou réalisé par vous-même)
- Un multimètre
- Un fer à souder
- Un Arduino Uno

- Une platine d'essais
- Un transistor
- Des straps

Si vous mesurez la tension entre n'importe quel fil et la masse, vous devriez mesurer 2,5 V, et vous pouvez ainsi vous assurer que vous avez affaire à un courant basse tension. Nombre de transistors fonctionnent à des tensions aussi faibles. Deux bons exemples sont le P2N2222AG, qu'on trouve dans de nombreux kits, et le TIP120 (ou 121/122). D'autres transistors, comme le IRF510/520 MOSFET, sont des canons à tuer les mouches pour une si petite application, car ils sont conçus pour des applications nécessitant beaucoup de puissance, comme une perceuse.

Le transistor se comporte comme au chapitre 8, ouvrant et fermant le circuit entre l'alimentation et la masse. Vous pouvez choisir de ne connecter qu'un seul fil, ou de connecter les deux à des transistors distincts. Dans cet exemple, vous connectez les deux au circuit avec le transistor. Cela permet à l'appareil photo de mettre au point et de se déclencher si l'autofocus est activé. Lorsque l'autofocus est désactivé, l'appareil photo ne prend que des photos, ce qui est bien plus rapide et donc plus indiqué pour des scènes d'action.

En utilisant votre fer à souder, étamez le bout de vos fils dénudés pour les préparer à être utilisés avec la platine d'essais. Assemblez le circuit représenté sur les figures BC-7 et BC-8 pour contrôler votre déclencheur avec l'Arduino. Comme noté au chapitre 8, n'oubliez pas de consulter les détails de votre transistor avant de commencer. Une fois que vous avez étudié la fiche technique, connectez la Base à la broche 13 de votre Arduino.

Comme la résistance est connectée à la broche 13, vous n'avez pas besoin d'en ajouter une, mais si vous utilisez une autre broche, veillez à utiliser une résistance appropriée en vous reportant aux indications chiffrées de la fiche technique de votre transistor et aux calculs du chapitre 6.

Le Collecteur devrait être connecté à la broche du déclencheur de la prise jack 2,5 mm, et l'Émetteur à la masse de cette dernière.

Une fois que le circuit est assemblé, vous avez besoin du logiciel idoine pour l'utiliser. Dans le menu Arduino, sélectionnez Fichier->Exemples->01.Basics ->Blink et vous devriez accéder au croquis Blink. Pour le visualiser, reportez-vous au chapitre 4.

Comme vous vous interfacez avec du matériel, il est important que vous connaissiez les réglages de votre appareil photo. Le Canon 60D propose plusieurs réglages du déclencheur : prise simple, prises en rafale, prises en rafale à haute vitesse, temporisateur et contrôle à distance. Si l'appareil photo est réglé pour une prise simple, il ne prendra qu'une photo lorsque le déclen-

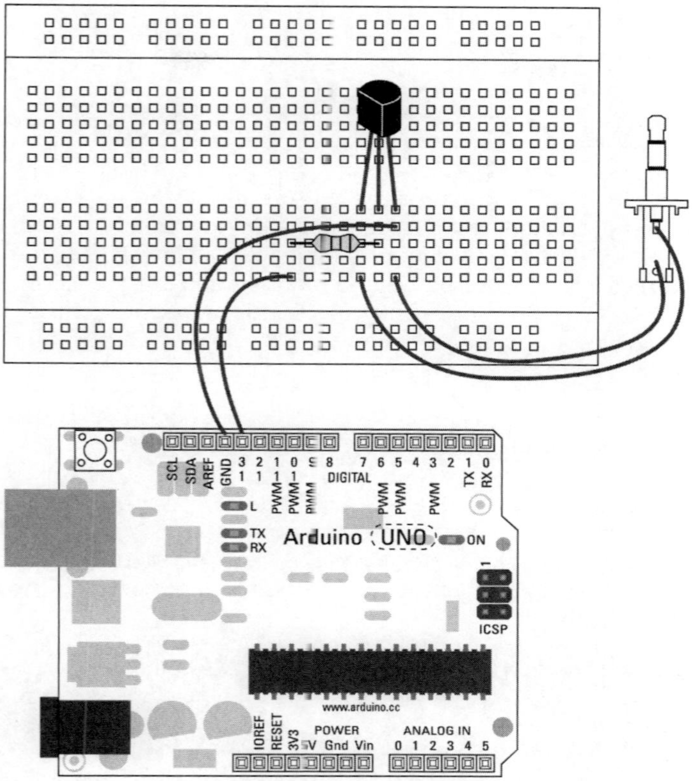

Figure BC-7 : La configuration du circuit pour un circuit à base de transistor SLR.

cheur sera pressé, et ne fera rien d'autre tant que le déclencheur n'aura pas été relâché et pressé de nouveau. Avec le croquis Blink, vous maintenez le déclencheur pressé durant une seconde, vous attendez une autre seconde, et vous répétez. Ce réglage fonctionne bien pour prendre une photo toutes les deux secondes, mais si vous modifiez le réglage du déclencheur pour effectuer des prises en rafale ou des prises en rafale à haute vitesse, l'appareil photo prendra autant de photos qu'il le peut tant que le déclencheur sera pressé, s'arrêtera durant une seconde, et prendra une autre rafale de photos. Ce réglage est parfait pour prendre en photo des sujets qui se déplacent vite, mais consomme votre batterie.

Mieux vaut régler votre appareil photo pour prendre une seule photo et modifier le code pour raccourcir le délai entre `HIGH` et `LOW` et rallonger le délai après. Par exemple, les délais modifiés dans le code suivant sont de 100 et 3000, respectivement :

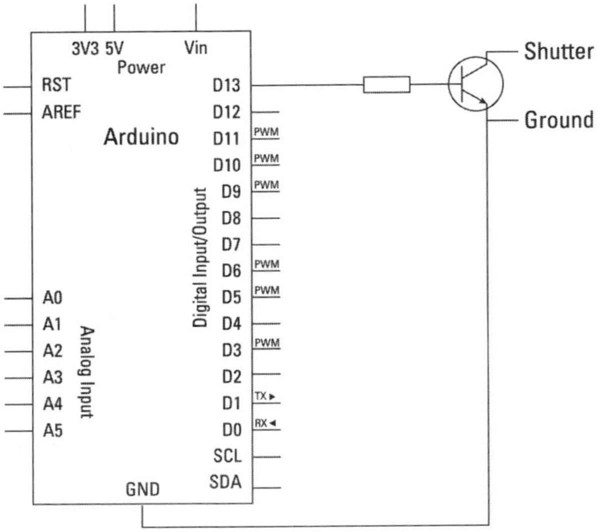

Figure BC-8 : Le schéma pour le circuit à base de transistor SLR.

```
digitalWrite(led, HIGH);   // Allumer la LED (HIGH la tension haute)
delay(100);               // Attendre une seconde
digitalWrite(led, LOW);    // Éteindre la LED en passant la tension à LOW
delay(3000);               // Attendre une seconde
```

Une fois que vous avez téléversé le code, débranchez votre Arduino, connectez la prise jack 2,5 mm à votre appareil photo, et allumez-le. Reconnectez votre Arduino, et l'appareil photo commencera à prendre une photo toutes les quatre secondes.

Si rien ne se passe, vérifiez deux fois votre câblage :

- Vérifiez que vous utilisez les bonnes broches.
- Vérifiez les connexions sur la platine d'essais. Si les straps ou les composants ne sont pas connectés en utilisant les bonnes rangées sur la platine d'essais, elles ne fonctionneront pas.
- Vérifiez que le transistor est dans la bonne position et que les bonnes broches sont utilisées. En cas de doute, vérifiez la tension entre le Collecteur et l'Émetteur en réglant votre multimètre en voltmètre. Vérifiez qu'une petite tension est affichée à l'écran du multimètre chaque fois qu'un signal est émis.

Je traite du croquis Blink au chapitre 4. Reportez-vous-y si vous n'êtes pas certain de ce qui se passe.

Plus encore avec le circuit à base de transistor

Maintenant que vous avez le contrôle total du déclencheur de votre appareil photo, il vous faut quelque chose pour le déclencher. Ce pourrait être une alarme laser, comme celle qui est décrite au chapitre 12. Vous pourriez l'utiliser comme système de sécurité pour attraper quelqu'un en train de commettre une infraction, ou plus pacifiquement pour produire des photos de qualité de personnes prises au dépourvu lors d'une fête. Pour sortir ce matériel dans la nature, vous devez le renforcer afin qu'il résiste. Vous pouvez facilement transférer le circuit sur une carte ou un Proto Shield et l'abriter dans une boîte rigide en appliquant les conseils prodigués au chapitre 13.

Si vous n'appréciez pas la solution toute câblée ou si vous ne parvenez pas à trouver d'informations sur votre déclencheur, vous pouvez dialoguer avec l'appareil photo autrement, comme à l'aide de télécommandes à infrarouges. Vous pouvez hacker une télécommande ou trouver un croquis qui peut faire clignoter une LED à haute fréquence pour en imiter une. Recherchez sur le Web.

Remplacer une souris et un clavier

Aux chapitres 16 et 17 de ce livre, vous avez appris à communiquer avec d'autres logiciels sur votre ordinateur. Vous pouvez y parvenir de nombreuses manières, mais on trouve des astuces pour y parvenir rapidement et facilement. Entre autres, vous pouvez déguiser votre Arduino en périphérique que votre ordinateur reconnaît déjà, comme un clavier ou une souris. En le faisant passer pour un périphérique reconnu, vous pouvez dialoguer avec l'ordinateur sans presque aucune configuration, tout comme vous pouvez connecter une souris et l'utiliser immédiatement.

On trouve des moyens de hacker des claviers et des souris qui nécessitent de démonter le périphérique comme vous le faites dans les autres exemples de ce chapitre. Mais ne serait-ce pas mieux si votre Arduino pouvait simplement prétendre être un clavier ou une souris ? Après tout, c'est bien un périphérique USB, au même titre qu'un clavier ou qu'une souris justement. Jusqu'à récemment, c'était impossible, mais une nouvelle carte Arduino Uno – la Leonardo – a changé la donne. Voyez à quoi elle ressemble sur la figure BC-9.

L'Arduino Leonardo utilise un autre microcontrôleur que l'Uno ou le Mega. Il utilise un ATmega 32u4 (le « u » est pour USB). Il intègre de quoi communiquer par USB, si bien que plutôt que de convertir l'USB en série puis le série en USB, l'Arduino peut directement dialoguer via le port USB, et être considéré comme un périphérique USB par l'ordinateur.

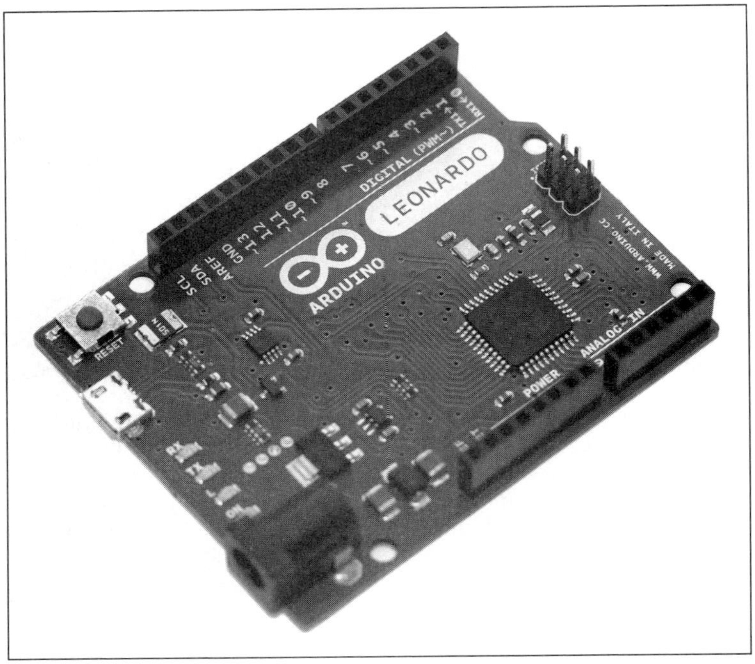

Figure BC-9 : La toute nouvelle carte Leonardo.

Le Leonardo a d'autres intérêts :

- Il peut se comporter comme une interface homme-machine. Cela signifie que le Leonardo peut se comporter comme un clavier ou une souris. C'est parfait pour interagir facilement avec du logiciel, et aussi pour réaliser vos propres périphériques pour ordinateur.
- Il peut aussi communiquer simplement en série, tout comme le fait l'Uno.
- Il est meilleur marché. Comme il comprend moins de composants, sa carte est moins coûteuse à produire, et donc moins coûteuse à acheter. Vous pouvez aussi acheter une carte sans les connecteurs HE, pour faire quelques économies supplémentaires.
- Il dispose d'une broche PWM de plus que l'Arduino Uno. Ce n'est pas un intérêt énorme, mais ça peut quand même aider. La broche 13 est aussi capable de PWM, dorénavant.

Rappelez-vous un point important avant de commencer à utiliser le Leonardo. Comme ce dernier se comporte comme un clavier ou une souris, vous pouvez perdre le contrôle des entrées sur votre ordinateur, ce qui complique singulièrement la reprogrammation. Par exemple, si vous dites à votre Leonardo de taper un poème et de répéter cette commande en boucle, c'est exactement ce qui va se passer – pour toujours. Si cela survient dans votre fenêtre de croquis, vous pouvez imaginer le chaos qui va en résulter. La meilleure solution, c'est de contrôler les sorties clavier et souris à l'aide d'un interrupteur ou d'un bouton connecté à votre Arduino, de sorte que vous pouvez laisser branchée votre carte, mais que vous pouvez l'arrêter au besoin. Représentez-vous ce bouton comme un signal d'alarme à tirer en cas d'urgence.

Le Leonardo présente quelques autres différences avec votre Arduino Uno :

- Il n'a pas de port série assigné. Comme la communication série se déroule via un port série virtuel, le Leonardo n'a pas d'identifiant déterminé. Cela signifie que chaque fois que la carte est réinitialisée, un nouveau port série est attribué (/dev/tty.usbmodemXXXXX ou COM X). C'est un problème pour les programmes qui s'adressent à un port donné ; dans ce cas, mieux vaut utiliser un Uno.
- Le port série n'est pas réinitialisé lorsqu'il est ouvert. Sur l'Uno, le croquis est réinitialisé chaque fois que le port série est ouvert, que ce soit pour une communication série ou pour le moniteur série. Ce n'est pas le cas avec le Leonardo, ce qui signifie que les lignes `Serial.print` ou `Serial.write` figurant dans `setup()` sont ignorées. Une technique pour éviter de manquer ces instructions, c'est de vérifier si la connexion série existe :

```
// Tant que la connexion série n'existe pas, ne rien faire
while (!Serial);
```

- La communication série en bien plus rapide. Comme il n'y a pas de conversion série vers USB, le Leonardo est capable de remplir le tampon de votre port série bien plus vite que toutes les cartes précédentes. Si vous notez que votre moniteur série ralentit, insérez un petit délai d'une milliseconde pour aider :

```
// Attendre 1 milliseconde
delay (1);
```

- Une prise micro-USB remplace la prise USB traditionnelle. Plutôt qu'un câble USB A-B, vous aurez donc besoin d'un câble USB A-micro B, comme ceux utilisés sur les liseuses Kindle ou les tablettes et téléphones Android.
- Les LED ont été déplacées. Plutôt que d'être agencées comme sur l'Arduino Uno et les précédentes cartes, elles se trouvent toutes dans l'angle gauche de la carte, entre la prise micro-USB et la prise d'alimentation (voir figure BC-10).

Figure BC-10 : Le nouvel agencement des LED sur le Leonardo.

Configurer le Leonardo

Comme avec n'importe quel périphérique de votre ordinateur, vous devez vous assurer qu'il est reconnu pour qu'il fonctionne correctement.

Sous Mac OS, la configuration du Leonardo est simple. Connectez votre Leonardo, et l'assistant d'installation d'un clavier vous avertit que « Votre clavier ne peut pas être identifié ». Vous n'avez rien de plus à faire pour configurer le Leonardo ; cliquez simplement sur le bouton rouge pour fermer la fenêtre, et vous pouvez continuer.

Sous Windows 7, vous devez trouver les bons pilotes. Lorsque vous connectez la première fois votre Leonardo, l'Assistant Ajout de matériel tente de trouver les pilotes. S'il n'y parvient pas, suivez ces étapes :

1. **Rendez-vous dans le menu Démarrer, et saisissez** `Gestionnaire de périphériques` **dans le champ de saisie de la recherche.**

2. **Sélectionnez le Gestionnaire de périphériques dans la liste qui apparaît.**

Vous devriez accéder à une liste des périphériques reliés à votre ordinateur.

3. **Localisez l'Arduino Leonardo et cliquez dessus du bouton droit.**
4. **Sélectionnez Mettre à jour le pilote, et sélectionnez Rechercher un pilote sur mon ordinateur dans la fenêtre qui apparaît.**
5. **Naviguez jusqu'au dossier de votre application Arduino jusqu'au dossier Drivers, et cliquez OK.**
6. **Continuez dans les menus jusqu'à terminer l'installation des pilotes, et vous pourrez utiliser votre Leonardo.**

Si vous utilisez Ubuntu 10.04 ou une version ultérieure, vous n'aurez pas à installer de pilotes.

Utiliser le croquis KeyboardMessage

Dans cet exemple, vous apprenez à imiter un clavier en utilisant un Arduino Leonardo. Dans le croquis KeyboardMessage, votre Leonardo tape un message chaque fois qu'un bouton-poussoir est pressé. Ce message est un mélange de texte prédéfini et d'un compteur qui est incrémenté chaque fois que le bouton est pressé.

Il vous faudra :

- Un Arduino Leonardo
- Une platine d'essais
- Un bouton-poussoir
- Une résistance de 10 kΩ
- Des straps

Le circuit est le même que celui du croquis Button de base (traité au chapitre 7), mais avec le Leonardo, vous avez la possibilité supplémentaire de simuler une souris ou un clavier. Cette fonctionnalité peut être très intéressante pour contrôler l'interface graphique d'autres logiciels ou insérer des données dans un document texte. Assemblez le circuit représenté sur les figures BC-11 et BC-12.

Sur un côté, le bouton est connecté à la broche 5 V de votre Arduino. De l'autre, le bouton est connecté à la broche 2 et aussi à GND, via une résistance de 10 kΩ.

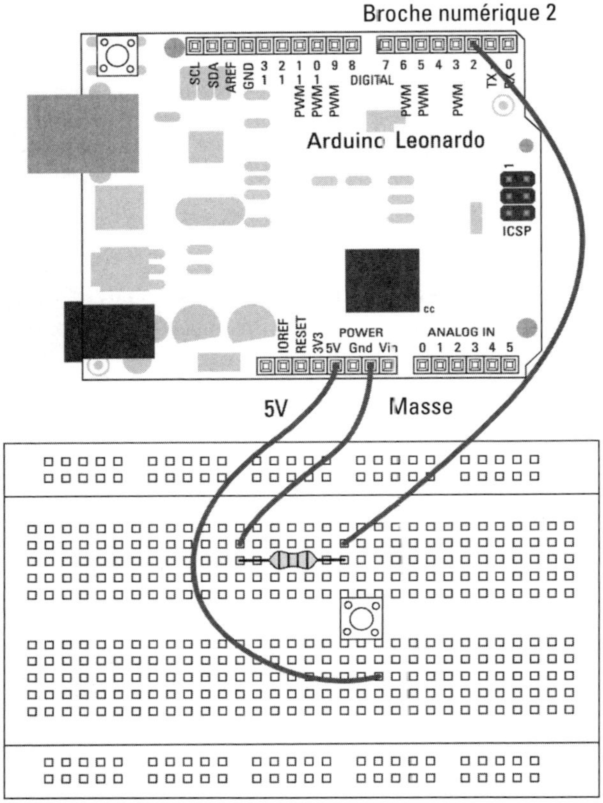

Figure BC-11 : Le diagramme d'un circuit avec un circuit communiquant avec la broche numérique 2 sur action d'un bouton-poussoir.

Lorsque votre circuit est assemblé, vous devez trouver le bon logiciel pour l'utiliser. Dans le menu Arduino, sélectionnez Fichier->Exemples->09. USB->Clavier->KeyboardMessage.

```
/*
 Test bouton clavier

 Pour Arduino Leonardo et Micro.

 Envoie du texte lorsque le bouton est pressé.

 Le circuit:
 * Bouton-poussoir relié de la broche 2 au +5 V
 * Résistance de 10-kilohms reliée de la broche 4 à la masse
```

```
 Créé le 24 Oct 2011
 Modifié le 27 Mars 2012
 Par Tom Igoe

 Cet exemple de code est dans le domaine public.

 http://www.arduino.cc/en/Tutorial/KeyboardButton
 */

const int buttonPin = 4;          // Broche d'entrée pour le bouton-poussoir
int previousButtonState = HIGH;   // Pour tester l'état du bouton-poussoir
int counter = 0;                  // Compteur de pressions sur le bouton-pous-
                                     soir

void setup() {
  // Faire du bouton-poussoir une entrée:
  pinMode(buttonPin, INPUT);
  // Prendre le contrôle sur le clavier:
  Keyboard.begin();
}

void loop() {
  // Lire l'état du bouton-poussoir:
  int buttonState = digitalRead(buttonPin);
  // Si l'état du bouton-poussoir a changé,
  if ((buttonState != previousButtonState)
    // et qu'il est pressé
  && (buttonState == HIGH)) {
    // Incrémenter le compteur du bouton-poussoir
    counter++;
    // Taper un message
    Keyboard.print(«Vous avez pressé le bouton «);
    Keyboard.print(counter);
    Keyboard.println(" fois.");
  }
  // Enregistrer l'état du bouton pour une prochaine comparaison:
  previousButtonState = buttonState;
}
```

Une fois que le croquis a été téléversé avec succès, ouvrez un éditeur de texte. En utilisant votre souris, assurez-vous qu'un endroit où il est possible de saisir du texte est sélectionné, et pressez le bouton. Vous devriez voir s'afficher un message disant « Vous avez pressé le bouton 1 fois ». Cela démontre que l'émulation du clavier fonctionne. Ce message apparaît chaque fois que le bouton est pressé pour vous tenir informé du nombre de fois où il a été pressé.

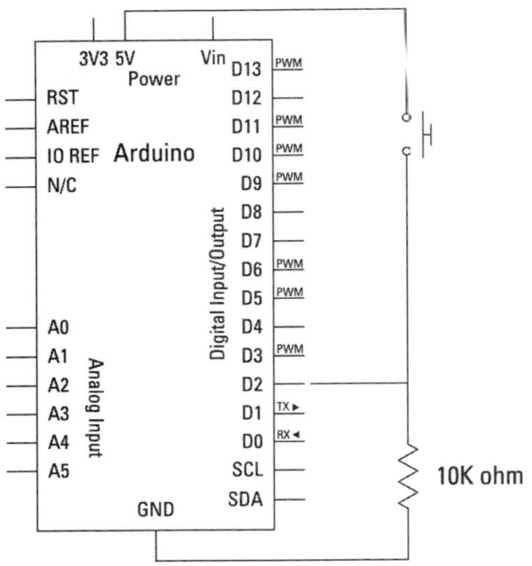

Figure BC-12 : Un schéma du même circuit.

Notez que si vous déconnectez votre Leonardo et que vous le connectez de nouveau, la LED de la broche 13 libellée « L » va scintiller tandis que la carte s'initialise. Durant ce moment, votre Leonardo ne répond pas aux entrées, et vous pouvez recevoir des réponses incomplètes si quelqu'un utilise le clavier. Mieux vaut attendre que la LED ne scintille plus avant d'utiliser la carte, pour éviter de faux départs.

Si vous ne voyez pas le message, vérifiez deux fois votre câblage :

- Vérifiez que vous utilisez les bonnes broches.
- Vérifiez les connexions sur la platine d'essais. Si les straps ou les composants ne sont pas connectés en utilisant les bonnes rangées sur la platine d'essais, elles ne fonctionneront pas.
- Vérifiez que le téléversement a bien fonctionné et que la bonne carte et le bon port série sont sélectionnés.

Comprendre le croquis KeyboardMessage

Quelques commentaires dans le croquis contiennent des erreurs qui peuvent vous dérouter.

La ligne « * Résistance de 10-kilohms reliée de la broche 4 à la masse » devrait faire référence à la broche 2 et non la broche 4.

La constante de la broche du bouton est déclarée comme étant la broche 2. Comme le croquis détecte toute pression du bouton, il faut une variable pour conserver l'état précédent du bouton. Comme la première lecture retourne LOW, la précédente valeur est à HIGH pour commencer. La valeur du compteur est aussi déclarée et initialisée avec 0.

```
const int buttonPin = 4;          // Broche d'entrée pour le bouton-poussoir
int previousButtonState = HIGH;   // Pour tester l'état du bouton-poussoir
int counter = 0;                  // Compteur de pressions sur le bouton-pous-
                                     soir
```

Dans setup, la broche buttonPin est déclarée comme sortie.

```
void setup() {
  // Faire du bouton-poussoir une entrée:
  pinMode(buttonPin, INPUT);
```

Spécifique au Leonardo, la fonction Keyboard.begin est appelée pour initialiser la communication comme si le Leonardo était un clavier. C'est comme Serial.begin, appelée pour initialiser une communication série.

```
  // Prendre le contrôle sur le clavier:
  Keyboard.begin();
}
```

La première tâche dans la boucle est de lire l'état de la broche buttonPin. Cette lecture est alors conservée dans une variable temporaire buttonState, qui est vidée à chaque itération.

```
void loop() {
  // Lire l'état du bouton-poussoir:
  int buttonState = digitalRead(buttonPin);
```

Une instruction if vérifie si l'état actuel buttonState n'est pas égal (!=) à previousButtonState et (&&) si buttonState est égal (==) à la valeur HIGH.

```
  // Si l'état du bouton-poussoir a changé,
  if ((buttonState != previousButtonState)
    // et qu'il est pressé:
  && (buttonState == HIGH)) {
```

Si cette condition est vérifiée, le bouton a été pressé, si bien que le compteur est incrémenté et que le message est affiché.

```
    // Incrémenter le compteur du bouton-poussoir
    counter++;
```

Le message est sur trois lignes. Une ligne de texte suivie par la valeur numérique que la variable du compteur contient, et une ligne de texte complète la phrase. `Keyboard.println` indique qu'un retour à la ligne est ajouté à la fin du message.

```
    // Taper un message
    Keyboard.print(«Vous avez pressé le bouton «);
    Keyboard.print(counter);
    Keyboard.println(" fois.");
  }
```

L'instruction `if` se termine et l'état actuel du bouton devient la valeur précédente pour la prochaine itération.

```
  // Enregistrer l'état du bouton pour une prochaine comparaison:
  previousButtonState = buttonState;
}
```

Ce simple croquis interagit simplement et facilement avec l'interface graphique d'un logiciel fonctionnant sur un ordinateur. Ce pourrait être utilisé pour quelque chose d'aussi simple que de presser la touche espace pour faire défiler des photos dans un diaporama ou de transformer une pression du bouton de la souris en mouvement, faisant de votre PC une manette de jeu.

Index

A

B

D

E

F

G

H

I

N

O

P

T

U

V

Notes

Notes

Notes

Notes